# TNTC
TYNDALE NEW TESTAMENT COMMENTARIES

틴데일 신약주석 시리즈 7

# 고린도전서

기독교문서선교회

기독교문서선교회(Christian Literature Center: 약칭 CLC)는 1941년 영국 콜체스터에서 켄 아담스에 의해 시작되었으며 국제 본부는 미국의 필라델피아에 있습니다.

국제 CLC는 59개 나라에서 180개의 본부를 두고, 약 650여 명의 선교사들이 이동도서차량 40대를 이용하여 문서 보급에 힘쓰고 있으며 이메일 주문을 통해 130여 국으로 책을 공급하고 있습니다.

한국 CLC는 청교도적 복음주의 신학과 신앙서적을 출판하는 문서선교기관으로서, 한 영혼이라도 구원되길 소망하면서 주님이 오시는 그날까지 최선을 다할 것입니다.

TYNDALE NEW TESTAMENT COMMENTARIES

# 1 Corinthians

*Written by*

Thomas R. Schreiner

*Translated by*

Myongil Kim

Copyright © Thomas R. Schreiner 2018
All rights reserved.
This translation of *TNTC 1 Corinthians*
first published in 2018 is published
by arrangement with Inter-Varsity Press,
London, England.

Translated and printed by permission of Inter-Varsity Press.

All rights reserved

Korean Edition
Copyright © 2022 by Christian Literature Center,
Seoul, Korea.

# 추천사

조 호 형 박사
총신대학교 신학대학원 신약학 교수

　본서는 TNTC 시리즈에 속한 주석서로서, 헬라어 본문이나 유대교, 또는 그리스-로마 연구에 대한 고도의 전문적 지식을 독자들에게 요구하지 않지만, 신약성경에 각자의 기대치를 갖고 접근하는 모든 독자를 위한 주석서임이 분명하다.
　본서는 이 시리즈의 전형적인 취지와 함께, 특히 신약학의 거장 슈라이너의 본문에 대한 해박한 이해가 잘 어우러진 주석서라고 할 수 있다. 그는 고린도전서의 각 본문에 대한 역사적 배경을 심도 있게 간파하고 본문에 접근한다.
　또한, 지면의 제한성에도 불구하고 그는 합리적으로 본문을 구분하고 주석의 범주 안에서 각 본문을 이해하기 쉽게 설명한다. 그뿐 아니라, 그는 오늘날 부각되는 이슈들과 관련해 본문들의 학문적 토론을 충분히 이해하고 자신만의 견해를 제공한다.
　본서의 훌륭한 여러 장점 때문에, 나는 고린도전서를 명쾌하게 이해하길 원하는 모든 사람에게 본서를 진심으로 추천한다. 슈라이너의 저작들이 언제나 그랬던 것처럼, 본서는 이 세대에 표준적 자료이자, 평신도와 신학생 그리고 목회자와 신학자에게 중요한 길잡이 역할을 할 것이다.

# 시리즈 서문

시리즈 편집자 | **에크하르트 슈나벨**
자문 편집자 | **니콜라스 페린**

틴데일 주석 시리즈(Tyndale Commentaries)는 60년 넘게 성경을 읽는 복음주의 독자들을 위한 대표적 시리즈였다. 기존 틴데일 시리즈(1956-1974)와 이 시리즈의 새로운 주석들(1983-2003)은 한 권의 성경 주석이 제공하는 것보다 더 많은 것을 원했던 사람들을 위한 첫 번째 참고 문헌으로 자리매김했다.

이 시리즈는 더 자세한 내용을 담은 다른 시리즈처럼 헬라어와 유대교, 그리스-로마 연구에서의 전문 기술을 요구하지 않는다. 그리고 중급 수준의 주석 시리즈보다 두껍게 쓰지 않았다는 장점이 있다.

인기 있는 새로운 주석 시리즈의 등장은 교회와 대학교에서 성경 공부 리더들의 마음을 끄는 주석에 대한 지속적 수요가 있음을 보여 준다. 틴데일 주석 시리즈의 출판인, 편집자 및 저자는 이 시리즈가 교회의 엄청난 성장과 그에 따른 기독교 신자들이 성경을 철저히 이해해야 할 필요와 함께, 특히, 오늘날 우리가 '남반구'(Global South)라고 부르는 곳에서뿐만 아니라 다른 곳에도 존재하는 기독교 공동체의 필요를 계속해서 충족시키고 있다고 믿는다.

새로운 지식, 새로운 비판적 질문, 새로운 성경 개정판들 그리고 각 구절의 문학적 맥락과 신학적 강조점에 대한 구체적 지침을 제공하기 위해서 새로운 주석 시리즈를 출판할 시점이 되었다.

두 번째 시리즈는 네 명의 저자가 개정판을 쓸 것이다. 원래의 목표는 계속 유지될 것이다. 새로운 주석들은 너무 짧지도 너무 길지도 않을 것이다. 이 주석들은 주석적이고 역사적인 맥락으로 본문을 해석한다. 모든 비판적 질문을 해결하려고 하지는 않았지만 서론, 추가 주석 또는 주석 부분에서 다룰 수 있는 주요 학문적 토론을 염두에 두고 썼다.

이 시리즈는 구체적으로 설교를 목표로 하지 않는다. 그러나 두드러지게 제시하지 않았지만 독자가 관련성과 적용 포인트를 파악하는 방식을 고려해서 구절을 이해할 수 있도록 했다.

저자는 헬라어 본문을 기반으로 주석했지만, 헬라어를 모르는 독자들을 위해 글을 썼다. 논의되는 히브리어와 헬라어 단어는 음역했다. 첫 번째 시리즈에 사용한 영어 번역은 흠정역(킹제임스성경)이었고 두 번째 시리즈는 대부분 RSV이다. 세 번째 시리즈는 저자가 특별히 명시하지 않는다면 NIV(2011) 또는 NRSV를 기본으로 사용한다.

첫 번째와 두 번째 틴데일 주석 시리즈는 테스커(R. V. G. Tasker)와 모리스(L. Morris)에게 큰 빚을 지고 있었다. 그들은 이 시리즈 네 권을 썼다. 동료 학자들이 이 프로젝트 참여에 열정적으로 반응해 세 번째 시리즈의 새로운 저자를 모집하는 일은 그리 힘들지 않았다.

이것은 주석을 쓸 능력과 의지를 가진 많은 신약학자와 폭 넓은 민족적 정체성을 지닌 공헌자들이 있다는 것을 증명한다. 그리고 틴데일 주석이 전 세계 교회에서 해 왔던 역할을 증명한다. 이 시리즈에 관계된 모든 사람은 독자들이 신약성경의 의미를 가능한 완전하고 명확하게 이해하도록 돕기 위해 하나님께서 새로운 주석 시리즈를 은혜롭게 사용하시기를 희망한다.

# 저자 서문

**토마스 R. 슈라이너 박사**
미국 Southern Baptist Theological Seminary 신약해석학 교수

틴데일 신약주석 시리즈 7, 『고린도전서』를 쓰도록 초청해 주셔서 감사한다. 틴데일 주석 시리즈는 내가 어린 학생이었을 때 읽은 복음주의적이며 학문적 최초의 주석이었다.

틴데일 주석이 나에게 큰 격려가 되었기 때문에 이 주석에 특별한 애정을 품고 있다. 그래서 에크하르트 슈나벨(Eckhard Schnabel)이 요청했을 때 특별히 감사했다. 그리고 내가 제출한 내용을 개선시켜 준 편집자로서의 언급에 특별히 감사한다. 또한, 편집 과정을 통해 원고를 잘 다루어준 Inter-Varsity Press의 필립 듀스(Philip Duce)에게 감사한다.

원고를 편집하는 데 있어 수잔 미첼의 훌륭한 작업에 감사한다. 특별히 나는 이전 틴데일 신약주석 시리즈의 『고린도전서』를 썼던 위대하고 겸손한 신약학자인 레온 모리스의 초보 학생으로서 도움을 받았다. 레온 모리스의 더없이 귀중한 작품은 절대 대체할 수 없지만, 시간이 흐르면서 새로운 주석이 쓰여야 했다. 나는 처음에 레온 모리스가 개정판을 써서 우리와 함께한다면 가장 좋았을 것이라고 말했다.

이 주석을 쓸 때 나는 신약을 이해하기 위해 도움을 찾는 평신도, 학생, 교사, 목회자를 염두에 두었다. 내가 학문적 여정을 시작할 때 틴데일 주석 시리즈를 보고 학생으로서 내가 발견했던 것을 기억한다. 간단한 주석으로는 많은 해석적 선택지들을 살펴보기에는 부족하다. 주석을 쓰는 나의 목표는 우리 앞에 놓인 본문을 설명하는 것이다.

틴데일 시리즈의 목적은 다른 자료를 인용하는 것이 아니다. 특히, 레온 모리스, C. K. 배럿, 고든 피, 앤토니 티슬턴, 리처드 헤이스, 데이비드 갈런드, 로이 씨암파와 브라이언 로스너, 그리고 에크하르트 슈나벨의 훌륭한 주석은 글을 쓰는 데 특별히 도움이 되었다. 다른 훌륭한 자료가 많이 존재한다. 그중 몇 가지를 참고 문헌에 기록했다.

주석은 헬라어 본문 연구를 기반으로 하고 있다. 그리고 특별하게 언급하지 않는 이상 NIV 성경을 영어 번역으로 사용했고, 다른 번역본들은 비교를 위해 자주 사용했다. 더 적합한 헬라어 번역이 있다면 언급했다. 특별히 언급하지 않는다면 그리스-로마 자료는 Loeb Classical Library(하버드 대학교출판부에서 출간되는 그리스-로마 고전시리즈-역주)를 인용했다.

## 역자 서문

**김 명 일 박사**
고려신학대학원·에스라성경대학원대학교 신약학 외래교수

   오늘날 한국 교회는 많은 어려운 상황에 처해 있다. 세속적 문화와 물질주의적 사상이 교회에 흘러들어 와 있다. 또한, 양극화 문제가 교회에 침투하여 세대 간, 정치 이념 간 갈등이 교회 안에 존재한다. 약 2000년 전 바울이 고린도 교회에 보낸 편지도 이런 문제들에 대한 권면이라고 볼 수 있다.

   고린도 교회에는 여러 지도자를 따르는 사람들 사이의 분쟁과 갈등이 있었다. 십자가의 길을 걸어야 하는 고린도 교인들은 오히려 세상의 길을 걷고 있었고, 자신의 자랑을 십자가가 아니라 그들이 만들어 낸 신앙의 영웅을 따르는 데 두었다. 영웅과 같은 유명한 교회 지도자들에 따라 파벌이 생겨났다.

   바울은 교회에는 영웅적 지도자가 없으며 모두가 함께 교회를 세우는 동역자일 뿐이라고 말한다. 고린도 교회에 음란의 문제도 있었다. 어떤 사람은 자기 아버지의 아내와 관계를 맺었다. 교인끼리 서로 분쟁하는 가운데 세상 법정에서 시시비비를 가렸다. 형제를 고발하는 문제는 그 형제를 어려움에 빠뜨리는 행위이며, 부유한 자들이 이런 일을 행했다. 성만찬에서도 비슷한 문제가 일어났다. 다 같이 주님의 성찬에 동등하게 참여해야 하는데도 그들은 성찬에서 불평등이 일어나게 했다.

고린도 교인들은 또한 성령의 은사를 무분별하게 사용해 교회를 어지럽히고 있었다. 예수 그리스도의 십자가와 부활이 그들 삶의 중심이 아니라, 주변부로 밀려나 있는 모습을 보였다.

마치 오늘날의 교회와 같지 않은가?

고린도 교회는 우리가 예상할 수 있는 모든 문제를 지닌 교회였다. 그러나 바울은 고린도 교회를 거룩한 무리의 공동체로 부르고 있다.

> 고린도에 있는 하나님의 교회 곧 그리스도 예수 안에서 거룩하여지고 성도라 부르심을 받은 자들과 또 각처에서 우리의 주 곧 그들과 우리의 주되신 예수 그리스도의 이름을 부르는 모든 자에게 하나님 우리 아버지와 주 예수 그리스도로부터 은혜와 평강이 있기를 원하노라(고전 1:2-3).

오늘날 우리 교회도 문제투성이지만 하나님께서 거룩하다고 선언하셨다. 우리는 온갖 어려움을 당하고 비난을 받고 있지만, 하나님의 거룩한 교회임을 잊지 않고 그 이름에 걸맞는 교회가 되도록 노력해야 하겠다.

슈라이너 박사는 훌륭한 학자이자 설교자이며 교회를 사랑하는 목자이다. 그의 주석과 해설에서 교회를 사랑하는 그의 마음이 느껴지기를 바란다.

# 약어표

**General**

| | |
|---|---|
| AB | Anchor Bible |
| *ABD* | *The Anchor Bible Dictionary*, ed. D. N. Freedman(New York: Doubleday, 1992) |
| ACCS | Ancient Christian Commentary on Scripture |
| ACNT | Augsburg Commentaries on the New Testament |
| *BAR* | *Biblical Archaeology Review* |
| *BBR* | *Bulletin for Biblical Research* |
| BDAG | *A Greek–English Lexicon of the New Testament and Other Early Christian Literature*, ed. W. Bauer, F. W. Danker, W. F. Arndt and F. W. Gingrich, 3rd edn (Chicago: University of Chicago Press, 2000) |
| BDF | *A Greek Grammar of the New Testament and Other Early Christian Literature*, ed. F. Blass, A. Debrunner and R. W. Funk (Chicago: University of Chicago Press, 1961) |
| BECNT | Baker Exegetical Commentary on the New Testament |
| *Bib* | *Biblica* |
| *BSac* | *Bibliotheca Sacra* |
| *CBQ* | *Catholic Biblical Quarterly* |
| CCSS | Catholic Commentary on Sacred Scripture |
| ConcC | Concordia Commentary |
| *CTJ* | *Calvin Theological Journal* |
| *CTR* | *Criswell Theological Review* |

| | |
|---|---|
| EKK | Evangelisch-Katholischer Kommentar zum Neuen Testament |
| *EvQ* | *Evangelical Quarterly* |
| HNTC | Harper's New Testament Commentaries |
| HTA | Historisch Theologische Auslegung |
| *HTR* | *Harvard Theological Review* |
| IBC | Interpretation: A Bible Commentary for Teaching and Preaching |
| ICC | International Critical Commentary |
| IVPNTC | InterVarsity Press New Testament Commentary |
| *JAAR* | *Journal of the American Academy of Religion* |
| *JBL* | *Journal of Biblical Literature* |
| *JETS* | *Journal of the Evangelical Theological Society* |
| *JSNT* | *Journal for the Study of the New Testament* |
| JSNTSup | Journal for the Study of the New Testament Supplement series |
| *JTS* | *Journal of Theological Studies* |
| L&N | *A Greek–English Lexicon of the New Testament Based on Semantic Domains*, ed. Johannes P. Louw and Eugene A. Nida, 2nd edn (New York: United Bible Societies, 1989) |
| LNTS | Library of New Testament Studies |
| LSJ | *A Greek–English Lexicon*, ed. H. G. Liddell, R. Scott and H. S. Jones, 9th edn, with rev. supplement by Peter G. W. Glare (Oxford: Oxford University Press, 1996) |
| LXX | Septuagint (Greek translation of the Hebrew Scriptures) |
| MT | Masoretic (Hebrew) Text |
| NA[28] | *Novum Testamentum Graece*, Nestle-Aland 28th rev. edn, by B. Aland, K. Aland, J. Karavidopoulos, C. M. Martini, B. M. Metzger and the Institut fur Neutestamentliche Textforschung (Stuttgart: Deutsche Bibelgesellschaft, 1993) |

| | |
|---|---|
| NCBC | New Cambridge Bible Commentary |
| *NETR* | *Near East School of Theology Theological Review* |
| NICNT | New International Commentary on the New Testament |
| NIGTC | New International Greek Testament Commentary |
| NIVAC | NIV Application Commentary |
| *NovT* | *Novum Testamentum* |
| NovTSupp | Novum Testamentum Supplements series |
| NT | New Testament |
| *NTS* | *New Testament Studies* |
| OT | Old Testament |
| par. | parallels |
| PNTC | Pillar New Testament Commentary |
| *RB* | *Revue biblique* |
| RNTS | Reading the New Testament Series |
| *SEÅ* | *Svensk Exegetisk Årsbok* |
| *SJT* | *Scottish Journal of Theology* |
| SNTSMS | Society for New Testament Studies Monograph Series |
| SP | Sacra Pagina |
| TNTC | Tyndale New Testament Commentary |
| *TrinJ* | *Trinity Journal* |
| *TynBul* | *Tyndale Bulletin* |
| *VT* | *Vetus Testamentum* |
| *WTJ* | *Westminster Theological Journal* |
| WUNT | Wissenschaftliche Untersuchungen zum Neuen Testament |
| *ZNW* | *Zeitschrift für die neutestamentliche Wissenschaft* |

**Ancient texts**

| | |
|---|---|
| *1 Apol.* | Justin Martyr, *First Apology* |
| *1 Clem.* | *1 Clement* |
| 1QS | *Rule of the Community, Manual of Discipline* |
| *Act. Verc.* | *Actus Vercellenses* (*Acts of Peter*) |

| | |
|---|---|
| *Add Esth* | *Additions to Esther* |
| *Alleg. Interp.* | Philo, *Allegorical Interpretation* |
| *Ant.* | Josephus, *Jewish Antiquities* |
| *Bib. Ant.* | Psuedo-Philo, *Biblical Antiquities* |
| *Cael.* | Cicero, *Pro Caelio* |
| *Claud.* | Suetonius, *Divus Claudius* |
| *Clu.* | Cicero, *Pro Cluentio* |
| *Conj. praec.* | Plutarch, *Conjugalia Praecepta* |
| *Deipn.* | Athenaeus, *Deipnosophistae* |
| *Diatr.* | Epictetus, *Diatribai* |
| *Did.* | *Didache* |
| *Geogr.* | Strabo, *Geographica* |
| *Ira* | Seneca, *De ira* |
| *Jos. As.* | *Joseph and Aseneth* |
| *m. 'Abod. Zar.* | *Abodah Zarah* (Mishnah) |
| *m. 'Abot.* | *Aboth* (Mishnah) |
| *m. Ketub.* | *Ketuboth* (Mishnah) |
| *Metam.* | Apuleius, *Metamorphoses* |
| *Nat. hist.* | Pliny (the Elder), *Natural History* |
| *Num. Rab.* | *Numbers Rabbah* |
| *Off.* | Cicero, *De officiis* |
| *P. Oxy.* | *Oxyrhynchus Papyri* |
| *Quaest. rom.* | Plutarch, *Quaestiones romanae et graecae* |
| *Rab. Perd.* | Cicero, *Pro Rabirio Perduellionis Reo* |
| *Sib. Or.* | *Sibylline Oracles* |
| *Spec. Laws* | Philo, *On the Special Laws* |
| *T. Isaac* | *Testament of Isaac* |
| *T. Job* | *Testament of Job* |
| *T. Jos.* | *Testament of Joseph* |
| *T. Judah* | *Testament of Judah* |
| *T. Reub.* | *Testament of Reuben* |
| *t. Sukkah* | *Tosefta Sukkah* |

## Bible versions

| | |
|---|---|
| ASV | American Standard Version (1901) |
| CSB | Christian Standard Bible, published and copyright © 2017 by Holman Bible Publishers |
| ESV | English Standard Version, copyright © 2001, 2004, 2007 by Crossway Bibles, a division of Good News Publishers |
| HCSB | Holman Christian Standard Bible, published and copyright © 2004, 2010 by Holman Bible Publishers |
| KJV | Authorized (King James) Version (1901) |
| NASB | New American Standard Bible © 1960, 1995 by The Lockman Foundation |
| NET | NET Bible, copyright © 2005 by Biblical Studies Press |
| NIV | New International Version, copyright © 1973, 1978, 1984, 2011 by Biblica Inc. |
| NKJV | New King James Version, published and copyright © 1982 by HarperCollins |
| NLT | New Living Translation, published and copyright © 1996, 2013 by Tyndale House Publishers, Inc. |
| NRSV | New Revised Standard Version, Anglicized edition, copyright © 1989, 1995 by the Division of Christian Education of the National Council of Churches of Christ in the USA |

# 목차

추천사　　조호형 박사 | 총신대학교 신학대학원 신약학 교수 ·················· 4
시리즈 서문　에크하르트 슈나벨 | 시리즈 편집자 ······························· 5
　　　　　　니콜라스 페린 | 자문 편집자
저자 서문　　토마스 R. 슈라이너 박사
　　　　　　미국 Southern Baptist Theological Seminary 신약해석학 교수········· 7
역자 서문　　김명일 박사 | 고려신학대학원·에스라성경대학원대학교 신학 외래교수· 9
약어표 ···························································································· 11

◆ 서론

　1. 고린도 ···················································································· 24
　2. 바울과 고린도 ·········································································· 27
　3. 고린도전서의 상황 ···································································· 32
　4. 고린도전서의 성격 ···································································· 41
　5. 중요한 신학적 주제 ·································································· 46

## ◆ 본문 주석

### Ⅰ. 서론(1:1-9) ····· 83
1. 인사말(1:1-3) ····· 84
2. 감사(1:4-9) ····· 86

### Ⅱ. 고린도 교회의 문제들(1:10-6:20) ····· 92
1. 교회의 일치를 위한 호소(1:10-4:21) ····· 92
　1) 사역자로 인한 다툼(1:10-17) ····· 94
　2) 다툼과 지혜(1:18-2:16) ····· 100
　　(1) 십자가와 지혜(1:18-25) ····· 101
　　(2) 지혜와 부르심(1:26-31) ····· 107
　　(3) 설교과 지혜(2:1-5) ····· 114
　　(4) 계시된 참된 지혜(2:6-16) ····· 117
　3) 다툼과 사역자들에 대한 잘못된 평가(3:1-9) ····· 127
　4) 사역자들에 대한 하나님의 심판(3:10-17) ····· 132
　5) 세상 지혜의 어리석음(3:18-23) ····· 137
　6) 사역자의 역할(4:1-5) ····· 142
　7) 세속적인 것에 대한 질책(4:6-13) ····· 145
　8) 회개하라는 권고(4:14-21) ····· 149

2. 교회의 순결에 대한 문제(5:1-6:20)····················· 153
　1) 징계에 대한 권고(5:1-13)························· 154
　　(1) 상황과 대답(5:1-5)··························· 155
　　(2) 구약성경의 기초(5:6-8)······················· 160
　　(3) 권고에 대한 설명(5:9-13)····················· 162
　2) 경건하지 않는 법정 소송(6:1-11)················· 166
　　(1) 수치스러운 상황(6:1-8)······················· 167
　　(2) 경고(6:9-11)································ 171
　3) 음행(6:12-20)··································· 176
　　(1) 부활의 중요성(6:12-17)······················· 177
　　(2) 음행을 피하라(6:18-20)······················· 180

## III. 교회의 현재 문제들에 대한 대답(7:1-16:4)············· 183
1. 혼인의 문제(7:1-24)······························· 184
　1) 혼인한 사람을 위한 가르침(7:1-7)················ 185
　2) 미혼자들과 과부들을 위한 가르침(7:8-9)·········· 191
　3) 이혼에 관한 가르침(7:10-11)····················· 193
　4) 불신자와 혼인했을 때 이혼에 관한 가르침(7:12-16) ······ 195
　5) 원칙: 부르심에 머물라(7:17-24)·················· 201
2. 처녀들에 대한 가르침(7:25-40)····················· 209
　1) 신중한 대답(7:25-28)···························· 210
　2) 종말론적 실재와 의미(7:29-31)··················· 214

3) 독신의 이점(7:32-35) ········································ 216
   4) 처녀들에 대한 마지막 말(7:36-38) ······················· 218
   5) 결론적 생각(7:39-40) ········································ 221
3. 우상에 바쳐진 음식: 덕을 세움과 위험(8:1-11:1) ············ 222
   1) 형제와 자매를 세움(8:1-13) ································· 227
      (1) 사랑과 지식(8:1-3) ······································· 228
      (2) 하나님의 한 분이심과 그리스도의 주 되심의 중요성(8:4-6) ··· 231
      (3) 약한 자들에게 걸림돌이 되지 말라(8:7-13) ········ 234
   2) 바울의 모범(9:1-27) ············································ 243
      (1) 바울의 사도로서의 정당성(9:1-2) ···················· 246
      (2) 사도의 후원을 지지하는 주장들(9:3-14) ············ 247
      (3) 후원받기를 거절하는 바울(9:15-18) ·················· 254
      (4) 바울의 문화적 적용의 근거(9:19-23) ················ 256
      (5) 마지막 상을 받기 위한 자기-훈련(9:24-27) ········ 262
   3) '지식 있는 자들'에 대한 위험(10:1-22) ··················· 266
      (1) 이스라엘의 예와 배교의 위험(10:1-13) ············· 267
      (2) 우상 숭배를 피하라(10:14-22) ························ 279
   4) 개인적 음식을 먹는 일에 대한 가르침(10:23-11:1) ········ 285
4. 질서와 예배(11:2-34) ················································ 293
   1) 여자들이 꾸미는 문제(11:2-16) ······························· 293
      (1) 적절한 꾸밈(11:2-6) ······································ 295
      (2) 신학적 기초(11:7-12) ···································· 307
      (3) 본성으로부터의 논증(11:13-16) ······················· 312

2) 주의 만찬(11:17-34) ················································· 316
      (1) 걸림돌이 되는 행동(11:17-22) ································· 318
      (2) 주의 만찬의 전통(11:23-26) ···································· 321
      (3) 자기 분별에 대한 요청(11:27-32) ····························· 325
      (4) 마지막 말(11:33-34) ·············································· 328

5. 성령의 은사(12:1-14:40) ················································ 330
   1) 하나 됨과 다양성(12:1-31a) ········································ 332
      (1) 그리스도의 주 되심(12:1-3) ···································· 333
      (2) 은사의 다양성(12:4-13) ········································· 335
      (3) 그리스도의 몸으로서의 하나 됨과 다양성(12:14-31a) ····· 348
   2) 사랑: 가장 뛰어난 길(12:31b-13:13) ···························· 355
      (1) 사랑이 없으면 유익이 없는 은사들(12:31b-13:3) ········· 357
      (2) 사랑에 대한 묘사(13:4-7) ······································ 360
      (3) 사랑의 영원성(13:8-13) ········································ 364
   3) 은사의 목적: 덕을 세움(14:1-40) ································· 370
      (1) 방언보다 우월한 예언(14:1-5) ································ 372
      (2) 덕을 세우지 못함: 통역되지 않은 방언(14:6-19) ·········· 374
      (3) 방언과 예언의 기능(14:20-25) ································ 378
      (4) 예배에서의 질서(14:26-36) ···································· 382
      (5) 마지막 호소(14:37-40) ·········································· 389

6. 부활(15:1-58) ·········································································· 391
   1) 복음과 그리스도의 부활에 대한 증언(15:1-11) ············· 392
   2) 나눌 수 없는 그리스도와 신자들의 부활(15:12-19) ······· 400
   3) 마지막 부활의 첫 열매, 그리스도(15:20-28) ················· 404
   4) 부활을 위한 경험적 논증(15:29-34) ····························· 411
   5) 부활의 몸을 부인하는 어리석음(15:35-58) ··················· 414
      (1) 부활에 대한 비유들(15:35-41) ····························· 415
      (2) 현재와 미래의 몸 사이의 불연속성(15:42-49) ········· 417
      (3) 미래의 변화에 대한 약속(15:50-57) ···················· 420
      (4) 마지막 호소(15:58) ············································ 423
7. 예루살렘 신자들을 위한 연보(16:1-4) ································ 424

## IV. 결론(16:5-24) ································································ 428
   1) 여행 계획(16:5-9) ······················································ 429
   2) 디모데와 아볼로(16:10-12) ········································ 430
   3) 권면(16:13-18) ························································· 431
   4) 끝인사(16:19-21) ······················································ 433
   5) 경고, 은혜와 사랑(16:22-24) ······································ 434

참고 문헌 ···································································· 437

1 CORIN

# 서론

## 1. 고린도

고린도는 오늘날 그리스 지역에 위치한다. 이 도시는 아크로코린토의 기슭에 있었다. 아크로코린토는 약 609미터(약 2000피트) 높이의 정상이다. 고린도는 펠로폰네소스와 그리스 사이의 좁은 협교(대륙이나 섬 사이를 연결한 육지)에 전략적으로 위치해 가까운 두 항구를 통제했다. 사로니코스만 동쪽의 겐그레아(약 3킬로미터)와 코린트만 북쪽의 레카이온(Lechaeum, 약 10킬로미터), 두 항구이다. 로마 역사가 스트라보(Strabo)는 다음과 같이 썼다.

> 고린도는 이스무스(Isthmus, 큰 육지 사이를 잇는 좁고 잘록한 땅)지협에 위치하고 두 항구를 통제했기 때문에 상업적으로 '부유한' 도시였다. 항구 중 하나는 아시아로, 다른 하나는 이탈리아로 이어진다. 서로 멀리 떨어져 있는 두 곳(도시)의 상품을 쉽게 교환할 수 있는 곳이었다(*Geogr.* 8.6.20).

상인들은 바닷길로 가면서 펠레폰네소스의 케이프 말레에(Cape Maleae)의 변덕스러운 바람을 시험해 볼 필요 없이, 지협을 가로지르는 육지 길을 선호했다(Strabo, *Geogr.* 8.6.20). 돌을 깔아 만든 4마일의 길 위로 상품과 화물을 운송할 수 있었다.

고린도가 로마 도시였다는 점은 고린도를 이해하는 데 중요하다. 이 도시가 가진 로마 문화의 성격은 머리에 쓰는 문제(11:2-16)와 주의 만찬(11:17-34)과 관련한 식사 관습을 이해하도록 돕는다. 이 그리스 도시는 아가야동맹(Achaean league)의 주요 도시로 BC 146년에 로마에 의해 멸망당했다. 로마는 아가야동맹의 해산을 요구했지만, 고린도는 로마에 굴복하기를 거부해서 파괴되었다.

BC 44년에 율리우스 카이사르가 고린도를 식민지로 재건했다. 도시는 새롭게 설립되었다. 그리스의 영향이 계속 있었지만, 이제는 로마의 도시였다. 새로운 도시는 다른 로마 식민지처럼 네 부분으로 나누어졌다. 이 도시에는 자유민(Strabo, *Geogr.* 8.6.23; 17.3.15)과 퇴역 군인이 살았다. 이탈리아에서 온 다른 사람들도 거주했다.

도시는 번영했으며, 그리스인, 이민자, 유대인을 포함한 다양한 사람이 거주했다. 사도행전 18:11은 고린도에 회당이 적어도 하나 이상 있었음을 보여 준다. 로마가 행정적으로 고린도를 다스렸으며, 두 명의 두오비리(duoviri)가 매년 선출되어 조영관의 역할을 했다.

고린도는 번영과 재정적 풍요를 제공했기 때문에 많은 사람의 마음이 매료되었다. 인구는 8만 명에서 10만 명으로 추정된다. 고린도는 성장하는 도시의 특징인 상업, 다신 숭배, 극장, 운동 경기, 다른 여러 활동 등으로 활기차고 분주한 곳이었다. 이 도시는 근처에서 2년마다 열리는 코린토지협경기대회(Isthmian Games, 이스트미아 경기)로 잘 알려져 있었다(Strabo, *Geogr.* 8.6.22). 바울은 고린도전서 9:24-27에서 이 경기를 암시한다. 현대 사회처럼 많은 사람이 경기를 보기 위해 몰려들었을 것이다.

동시에 고린도는 온갖 종류의 신과 제의가 가득한 도시였다. 아폴로, 아프로디테, 포세이돈, 아스클레피오스, 데메테르, 코레의 신전을 발견할 수 있다. 다른 신들도 중요한 역할을 했다. 마술이 인기였고, 이시스와 사라피스 숭배와 같은 신비주의 제의가 가득했다. 황제 숭배가 중요한 역할을 했기 때문에 이 도시에 황제 숭배가 있었음을 무시하면 안 된다.

고린도는 로마의 지배를 받는 도시로 황제에 대한 헌신을 보여 주고자 했다. 고대 세계의 사람들은 하나의 신만을 선택하지 않았고 많은 신에게 제사를 지냈을 것이다. 여러 신을 위한 숭배가 특별히 다른 신의 명예를 떨어뜨린다고 믿지 않았다.

다원주의는 당시의 문화적 분위기였기 때문에, 배타적으로 하나님과 예수 그리스도께만 헌신하는 그리스도인들은 두드러졌다. 고린도전서 8:5-6에서 바울의 말로 이 점을 알 수 있다. 많은 신과 많은 주를 섬기는 세상에서, 그리스도인은 한 분 하나님과 한 분 주 예수 그리스도께 헌신했기 때문이다.

물론 유대인들도 유일신주의자로 알려져 있었지만, 이방인에게서 유대인들을 구별하는 정체성 표지를 고수하지 않고도 신자가 될 수 있었기 때문에, 새롭게 태어난 기독교 운동은 두드러졌다. 다시 말해서, 그리스도인이 되기 위해 할례, 안식일, 정결법이 요구되지 않았다(7:18-19; 9:20-22). 그러므로 그리스도인들은 이방인 사회와 유대 사회의 사회적, 문화적 토대에서 벗어나 있었다.[1]

종교적 의식과 제도를 고려하면, 그리스도인이 되는 것이 의미하는 바는 독특하다. 그리스도인들은 유대인과 이방인 모두와 달랐다. 신전, 사제 그리고 제사가 없었다. 그리스도인들은 종교적 헌신과 엄격한 배타주의의 이질적 성격 때문에 적어도 155-157년까지 무신론자로 여겨졌다(예를 들어, 순교자 저스틴[Justin Martyr], *1 Apol.* 1.6.1을 보라).[2]

그리스도인들의 독특성은 오히려 고린도의 그리스도인들로 하여금 로마 세계의 관습과 문화에 타협하도록 유혹했다. 로마 관습과 문화를 따르지 않는 외부인은 대가를 치러야 했기 때문이다. 고린도전서는 이런 타협의 증거를 보여 준다.

고린도는 사업과 이윤에 관심을 가지는 사람들을 매료시키는 번영하는 도시였다. 이 도시에는 부자와 가난한 자, 자유인과 노예, 이방인과 유대인이 있었다. 도시 사람들의 3분의 1 정도가 노예로 추정된다. 이 도시에는 치열한 경쟁과 앞서 나가고자 하는 열망 그리고 광범위한 무역을 지원하는 각종 사업이 있었다.

그리고 많은 매춘부가 있었던 것으로 보인다. 스트라보는 로마가 새롭게 설립한 고린도가 아닌 옛 고린도에 1,000명의 매춘부가 있었다고 주장한다(*Geogr.* 8.6.20). 새로운 도시에도 많은 매춘부가 있었다. 여러 면에서 고린도는 오늘날 런던, 뉴욕과 같은 대도시와 닮았다. 흥미진진하고 활기찬 도시였지만, 동시에 가난하고 짓밟힌 사람들이 많이 살고 있었다.

---

1  신자들이 어떻게 그 시대의 문화를 따르지 않았는지에 대한 훌륭한 연구로는 Hurtado, *Destroyer of the Gods*를 보라.
2  『베드로 행전』(*Acts of Peter*)에 따르면, 베드로는 "신을 믿지 않았기 때문에"(*Act. Verc.* 36) 십자가에 못 박혔다. 적어도 BC 1세기부터 유대인들에 대해 같은 비난이 있었다. Apollonius Molon, *apud Ap.* 2.148을 참조하라. 또한, Pliny, *Nat. hist.* 13.46.을 참조하라. 이 참고 문헌을 알려준 슈나벨(Schnabel)에게 감사의 말을 전한다.

## 2. 바울과 고린도

바울은 두 번째 선교 여행 중에 고린도를 방문했다(행 18:1-18). 우리는 유명한 스토아 학자 세네카의 형제인 갈리오 총독(L. Iunius Gallio)의 취임과 관련된 로마 황제 클라우디우스 1세(글라우디오, 행 18:2)의 편지에 근거해 바울이 고린도에 도착한 시기를 알 수 있다. 갈리오는 고린도가 속한 아가야 지방의 총독이었다. 바울은 갈리오 총독 앞에서 유대인들에게 고소를 당했다(행 18:12-17).

따라서 우리는 바울이 갈리오가 총독이었을 때 고린도에 있었다는 것을 알 수 있다. 정확한 날짜를 확신할 수 없지만, 아마도 주후 50년 봄에 처음으로 고린도에서 복음을 전했으며, 주후 51년 가을까지 1년 반 동안 고린도에 머물렀을 것이다(표 1. 참조).

| | |
|---|---|
| BC 146년 | 옛 고린도가 로마와의 전쟁에서 멸망당함 |
| BC 46년 | 로마의 식민지로 설립 |
| AD 50-51년 | 바울이 18개월 동안 고린도에 머무름(행 18:11) |
| AD 51-52년 | 아가야 지방의 총독 갈리오(참조, 행 18:12-17) |
| AD 54-55년 | 에베소에서 고린도전서를 씀(고전 16:8) |
| AD 55-56년 | 마게도니아에서 고린도후서를 씀(고후 7:5) |

표 1. 고린도전서 연대표

바울이 고린도에 도착했을 때, 초기 기독교 선교에서 중요한 역할을 한 브리스길라, 아굴라와 합류했다(행 18:1-3). AD 49년에 클라우디우스 황제는 크레스투스(Chrestus) 때문에 일어난 로마 지역의 혼란에 연루된 유대인들을 로마에서 추방했다(Suetonius, *Claud*. 25.4). 대부분 학자는 수에토니우스(Suetonius)가 히브리어 메시아(*mašiah*)의 헬라어/라틴어 음역인 크리스토스(*Christos*; 라틴어. *Christus*)를 일반적 헬라어 이름인 크리스토(*Christo*)와 혼동했다는 점을 인정한다.

수에토니우스는 아마도 '그리스도'(Christ)를 알지 못했을 것이다. 따라서 실수의 원인을 쉽게 이해할 수 있다. 클라우디우스가 로마에서 몇몇 유대인을 추방한 것은 분명히 유대인 그리스도인들의 선교 활동으로 일어난 소동의 결과였다.[3] 브리스길라와 아굴라는 이때 로마에서 추방되었다. 그들은 선교 사업에 눈에 띄게 참여했다. 로마(롬 16:3-5)와 에베소(딤후 4:19)에서 그들을 발견할 수 있다.

바울은 고린도에서 그들과 같은 일을 했기 때문에 함께 일했다. 그들은 천막을 만들었다. 아마도 가죽 세공인이었을 것이다. 바울이 고린도에 도착했을 때, 브리스길라, 아굴라와 빨리 합류했다.

그리스도에 관한 논쟁으로 로마에서 추방된 것을 볼 때, 아마도 그들은 이미 그리스도인이었을 것이다. 사실 누가는 그들이 바울 때문에 회심했다고 말하지 않는다. 바울이 도착하기 전에 브리스길라와 아굴라의 사역을 통해 고린도에서 몇몇 사람이 신자가 되었을 가능성이 있지만, 이 점을 언급하지 않고 있으므로 바울이 교회를 세웠을 가능성이 더 크다. 그리고 이 사실은 고린도전서(고전 2:1-5; 3:6)의 증거와 일치한다.

바울은 안식일에 회당에서 "유대인과 헬라인을 권면"(행 18:4) 하기 위해 복음을 선포했다. 누가는 일반적으로 '헬라인'이라는 단어로 이방인을 표현한다. 그리고 이 이방인들은 아마도 회당에서 제시하는 윤리와 신학에 매료된 '하나님 경외자들'(God-fearers)이 많았을 것이다. 그러나 할례를 받으려고 하지 않았기 때문에 개종자(proselytes)가 되지 않았다. 바울은 회당을 떠난 후에 "하나님을 경외하는 자"(worshipper of God, *sebomenou ton theon*, 행 18:7, 개역개정: 하나님을 경외하는)로 묘사되는 디도 유스도의 집에서 계획을 세운다.

디모데와 실라가 마게도냐에서 고린도에 왔을 때, 바울은 전적으로 복음 선포에 자유롭게 헌신하고 있었다(행 18:5). 십자가에 못 박히신 예수님이 죽음에서 부활하셔서 하나님의 보좌 우편으로 높여지셨기 때문에 그분이 약속된 메시아와 구주라고 바울이 설교했다는 이유로 회당에서는 적대

---

3   사도행전 18:2의 "모두"는 아마도 과장된 표현일 것이다.

적 움직임이 일어났다.

　아마도 바울이 율법의 행위가 아니라 예수 그리스도를 믿음을 통해 구원을 얻는다고 가르쳤기 때문에 신성모독으로 고소당했을 것이다(롬 3:27-28). 바울은 회당을 떠나 회당 옆에 있는 집에서 이방인에게 복음을 선포하기 시작했다(행 18:6-7).

　바울은 이방인들에게서 특별한 성공을 거두었던 것 같다. 고린도전서를 읽을 때, 대부분 회중이 이방인으로 보이기 때문이다. 개종하기 전 그들의 특징적 죄들은 전형적으로 이방인들의 죄였다(6:9-11). 공동체의 노골적 성적 부도덕(고전 5:1-13; 6:12-20) 또한 이방인의 영향을 입증한다. 바울은 이방인들이 우상에 바쳐진 음식을 먹던 경험을 전한다(8:7-13). 그러므로 아마도 고린도 교회 공동체에는 유대인들이 있었지만, 대부분 이방인이었을 것이다.

　사도행전 18:8은 "회당장 그리스보가 온 집안과 더불어 주를 믿으며"라고 기록한다. 바울은 가이오(고전 1:14)와 스데바나 집 사람(고전 1:16; 16:15)의 회심과 세례를 말한다. 가이오는 로마서 16:23에 언급된 교회를 돌보는 식주인(host)이었다. 아마도 여행하는 신자들에게 환대를 베풀었을 것이다. 어떤 사람들은 가이오가 디도 유스도와 같은 사람이었다고 주장하지만(행 18:7), 확실하지 않다.

　고린도에서도 복음이 선포되는 다른 모든 곳처럼 반대가 일어났지만, 바울은 큰 성공을 거두었다. 주께서 바울에게 환상으로 나타나셔서 그 도시에서 예수의 복음을 계속 선포하도록 용기를 북돋아 주셨다. 그리고 해를 입지 않을 것을 약속하셨다. 바울에게 하신 주의 말씀으로 많은 회심자가 있을 것이 보증된다. 사도행전은 "이 성중에 내 백성이 많음이라"(행 18:10)라고 기록한다.

　이 말씀은 선교의 성공을 보장했고, 이에 바울은 고린도에 1년 반을 머물면서 말씀에 응답했다. 사도 바울은 꽤 오랫동안 고린도에 머물렀다. 바울의 복음 전파에 대한 반응이 긍정적이었고, 고린도는 여러 가지 이유로 그리스-로마 세계 각지에서 온 사람들이 모인 전략적 도시였다면 그가 고린도에 더 오래 머문 이유를 이해할 수 있다.

고린도전서 18:12-17에서 바울을 위험으로부터 보호해 주시겠다는 주님의 약속이 실현되었다. 고린도의 유대인들은 아가야 총독 갈리오 앞에서 바울을 고소했다. 아마도 이 새로운 메시아 운동과 전통적 유대교 신앙 사이에 분명한 구분을 원했을 것이다. 갈리오의 통치가 시작된 때 고소한 것으로 보이며 주후 51년경일 것이다.

유대인 지도자들은 갈리오가 새로운 믿음이 로마법에 반대된다고 판결하기를 바랐다. 이 판결은 의심할 것 없이 기독교 신앙이 확산되는 데 중요한 영향을 미칠 것이기 때문이다.

우리는 바울에 대한 고소의 정확한 내용을 알지 못한다. 아마도 바울이 전하는 메시지가 반제국적(행 17:7)이라거나 바울이 소동을 일으키는 자라고 주장했을 것이다. 어떤 경우든지 갈리오는 유대인 내부의 다툼으로 생각해 혐오를 느끼고 성가셔서 유대인들을 쫓아 버렸다. 갈리오는 그 고소가 고린도의 안전과 질서와는 아무 관련이 없고 적대감과 유대인 내부의 불일치에서 비롯되었다고 인식했다.

지켜보던 자들은 회당장 소스데네를 공격하는 기회를 잡았다(행 18:17). 그를 공격했던 사람들은 유대인이었을까? 아니면 이방인이었을까?

확실하지 않지만, 어느 쪽이든 좋은 이유가 있다. 아마도 유대인들은 소스데네가 법적 문제를 제대로 다루지 않고 은밀하게 바울을 지지한다고 느꼈기 때문에 그를 공격했을 것이다. 반면에 유대인들이 왜 바울은 공격하지 않았는지 의문이다. 아마도 그들은 바울이 로마 시민이라는 것을 알았을 것이다. 이 사실은 총독의 심문을 통해 드러났고 신체적 피해를 보지 않도록 그를 보호했을 것이다.[4]

이방인들이 유대인 지도자에게 분노를 표출했다면 이것은 반유대인의 사건이었을 가능성이 있다. 덧붙여서 이 사람이 고린도전서 1:1에 언급된

---

4  편집자 에크하르트 슈나벨이 제시한 내용이다.

소스데네와 같은 사람인지 확실하지 않다. 만약에 같은 사람이라면, 그는 회당장 그리스보처럼 결국 예수 그리스도를 믿는 자가 되었다.

앞에서 언급한 바와 같이, 사도행전의 기록은 바울이 고린도에서 중요한 복음 전도자로서 성공을 거두었다는 것을 보여 준다. 회심은 높은 계층에서부터 낮은 계층에까지, 부자에서 가난한 자까지 모두에게 일어났다(참조, 고전 1:26). 학자들은 이 공동체가 주로 낮은 계층이었는지 아니면 높은 계층이었는지 논해 왔다. 대부분은 이 공동체가 사회적으로 다양하지만 주로 낮은 계층에 속한 사람들로 구성되어 있다는 데 동의한다.

나중에 논하겠지만, 그런데도 높은 계층이 어느 정도 있었다는 것은, 그리스 수사학을 옹호하는 지혜에 대한 갈망으로 입증된다(참조, 고전 2:1-5). 같은 맥락에서, 이들은 법정 소송을 감당할 수 있는 부자였다. 그들은 주의 만찬에서 호화롭게 먹었고 같은 식사에서 가난한 사람들의 굶주림을 무시했다(11:17-34). 아마도 근친상간한 사람이 부자였기 때문에 고린도 교회 공동체는 이 문제를 간과했을 것이다(5:1-3).

우리는 이미 앞에서 가이오를 살펴보았다. 여행자를 보살피는 식주인으로서 사람들을 돌보고 있었기 때문에 부자가 확실하다(롬 16:23). 바울은 틀림없이 고린도에서 로마서를 썼을 것이다. 로마서에서 "도시의 공공업무를 담당하는 책임자"(롬 16:23, ho oikonomos tēs poleōs, 개역개정: 이 성의 재무관)로 알려진 다른 부유한 사람 에라스도의 존재를 볼 수 있다. 고린도 광장을 자신의 비용으로 포장했다고 기록된 유명한 비문에 새겨진 에라스도와 같은지는 논란이 있다.

에라스도라는 이름이 비교적 드문 점은 그 비문의 에라스도라는 주장을 뒷받침한다. "이 성의 재무관"이 무엇을 의미하는지 정확히 알기 어렵다. 어떤 학자들은 에라스도가 공공 업무 담당관(aedile)이라고 주장하는 반면에, 다른 사람들은 재무관(quaestor)으로 생각한다. 확실한 결론에 이르기에는 증거가 충분하지 않다. 어쨌든 그는 도시의 엘리트였다. 고린도에는 확실히 다른 부유한 사람들도 있었을 것이다. 그들 중에는 스데바나 집 사람들(1:16; 16:15-17)과 글로에의 집 사람들(1:11)도 포함된다.

## 3. 고린도전서의 상황

바울은 오순절 이전에 에베소에서 고린도전서를 썼다(16:8). 아마도 주후 54년 봄에 썼을 것 같지만, 55년도 가능하다. 바울은 머지않아 고린도 교인들과 많은 시간을 보내기 원했지만, 사역을 위해 자신을 대신하여 디모데를 보냈다(16:5-11).

바울은 자신의 '길'(행 4:17)을 교회에 전달하기 위해 디모데를 보냈는데 고린도 교회의 문제들에 대해 바울의 가르침과 도덕적 교훈을 전달한다는 의미이다. 아마도 바울은 디모데가 교회를 괴롭히는 몇 가지 문제를 해결하기 원했을 것이다. 그러나 글로에의 집 사람들, 스데바나의 집 사람들, 그리고 브드나도와 아가이고에게서 교회의 상황을 듣고 고린도전서를 써서 보냈다(1:11; 16:15-17).

바울은 서신을 보내려고 할 때 아볼로에게 고린도 교회를 방문하라고 권유했지만, 아볼로는 알려지지 않은 이유로 여행하기 적절한 시기가 아니라고 생각했다(16:12). 아볼로가 고린도 교회를 방문하기를 바라는 바울의 바람은 아볼로와 관련된 교회의 다툼이 전적으로 고린도 교인들의 잘못이었다는 점을 보여 준다(참조, 1:12; 3:4-6, 22; 4:6).

바울은 공동체의 분열에 대한 책임을 아볼로에게 지우지 않았다. 아볼로의 신학에 문제가 있다고 생각하지도 않았다. 아볼로의 신학이 문제의 일부라면 바울은 그가 고린도 교회로 가기 원치 않았을 것이다!

바울은 고린도 교회를 설립한 후 선교를 계속했다. 그는 수리아로 돌아간 후 세 번째 선교 여행을 시작해서 그 길을 따라 제자들을 견고히 했다(행 18:22-23). 앞에서 언급한 것처럼 에베소에 있을 때, 고린도전서를 썼다(행 19장). 바울은 51년에서 54년 사이 고린도전서를 쓰기 전에 고린도 교회에 편지를 썼는데 지금은 존재하지 않는다(5:9).

그 편지에서 바울은 고린도 교인들에게 성적으로 부도덕한 삶을 사는 사람들과 교제하지 말라고 가르쳤다. 그러나 고린도 교인들은 성적으로 부도덕한 불신자들과 교제하면 안 된다고 오해했다. 바울은 우리가 고린도전서라고 부르는 이 편지에서 고린도 교인들이 자신의 의도를 잘못 이해했다고 설명한다.

바울은 믿음의 공동체에 속해 있으면서 성적으로 부도덕한 사람들을 말한 것이었다. 왜냐하면, 세상 사람들에 관한 판단은 교회의 역할이 아니기 때문이다. 바울이 고린도 교인들에게 보낸 편지와 그 관계에 대한 문제는 복잡하다. 이 문제는 학문적 논쟁과 토론 주제인데(아래의 표 2를 보라), 고린도후서에서 특히, 중요하다.[5]

| 고린도전서 이전의 편지 | "내가 … 쓴 편지"(고전 5:9) |
| --- | --- |
| 고린도전서 | |
| 고린도전서와 고린도후서 사이 | "내가 … 썼노니"(고후 2:4) |
| | (이 편지를 고린도전서로 보는 견해는 소수의견) |
| 고린도후서 | |

표 2. 고린도 교인들에게 쓴 바울의 편지

바울은 고린도 교인들에게 받은 편지와 교회의 상황에 대한 소식을 듣고 고린도전서를 썼다. 고린도 교인들은 바울에게 편지를 보냈다(고전 7:1). NIV 성경이 일반적으로 "이제는"[6]으로 번역한 페리 데(*peri de*)라는 단어를 고린도 교인들이 바울에게 물었던 다양한 질문에 대답하기 위해 사용한다. 고린도전서 7:1, 25; 8:1; 12:1; 16:1, 12에서 이 어구를 볼 수 있다(아래 표 3을 보라). 많은 학자는 바울이 결혼(7:1-24), 처녀(7:25-40), 우상에 바쳐진 음식(8:1-11:1), 영적 은사(12:1-14:40), 연보(16:1-4), 그리고 아볼로(16:12)와 관련한 문제에 대답한다고 주장한다.

그러나 마가렛 미첼(Margaret Mitchell)은 "이제는"(*peri de*)이 정확히 고린도 교인들이 질문한 문제들을 제시하지 않는다고 주장한다. 이 어구는 단

---

5 이 문제에 대한 자세한 분석을 위해서 Kruse, *2 Corinthians*, 36-46을 보라.
6 NIV 성경은 이 문구를 "Now"라고 번역한 7:1을 제외하고는 "now about"으로 번역한다 (역주-한글 성경에는 이 단어가 따로 번역되지 않았다).

순하게 새로운 주제를 소개하는 것일 수 있다.[7] 미첼의 연구에서 "이제는"은 고린도 교인들이 묻는 질문을 반영하는지 아니면 새로운 주제로의 전환을 가리키는지 확실하지 않다.

| "이제는" | |
|---|---|
| 결혼 | 7:1-24 |
| 처녀 | 7:25-40 |
| 우상에 바쳐진 음식 | 8:1-11:1 |
| 영적 은사 | 12:1-14:40 |
| 아볼로 | 16:12 |

표 3. 고린도전서의 "이제는"(peri de)

미첼의 탁월한 연구에도 불구하고 "이제는"은 고린도 교인들의 질문을 반영하는 것으로 볼 수 있다. 아마도 아볼로에 대한 언급(16:12)은 예외일 것이다. 왜냐하면, 아볼로가 방문하는 문제에 대해 고린도 교인들이 질문했는지 분명하지 않다. 반면에 고린도 교인들은 결혼(7:1-24), 처녀와 약혼한 사람은 어떻게 해야 하는지(7:25-40), 우상에 바쳐진 음식(8:1-11:1), 영적 은사(12:1-14:40), 연보(16:1-4)에 대해 질문했을 것이다.

바울은 7:1까지 교인들이 보낸 편지를 언급하지 않는다. "이제는"은 모두 교회에서 온 편지에 대한 언급 이후에 나온다. 물론 이 점은 고린도 교인들이 보낸 편지의 질문을 다룬다는 것을 증명하지는 않는다. 이 주석에서 "이제는"이 질문에 대한 대답을 이끈다는 점을 보이겠지만, 내가 제안하는 해석은 이와 같은 재구성을 따르지 않는다.

바울은 또한 고린도전서에서 여러 갈등을 말한다. 그는 글로에의 집 사람들에게 교회의 분열에 관한 소식을 들었다(1:10-4:21). 주의 만찬에서의 행동에 대한 소식도 있었다(11:17-34). 아마도 근친상간(5:1-13), 법정 소송(6:1-11), 성적 부도덕(6:12-20)에 대한 문제도 바울에게 전해졌을 것이다.

---

7   Mitchell, 'Concerning *peri de* in 1 Corinthians'.

머리를 가리는 문제(11:2-16)와 부활에 대한 질문(15:1-58)이 바울에게 전해졌는지는 확실하지 않다. 나는 이 두 문제가 바울에게 전해졌다는 견해를 따른다(아래 표 4를 보라).

| 다음 내용에 대한 보고 | |
| --- | --- |
| 분열 | 1:10-4:21 |
| 근친상간 | 5:1-13 |
| 법적 상속 | 6:1-11 |
| 성적 부도덕 | 6:12-20 |
| 여자들의 꾸미는 문제 | 11:2-16 |
| 주의 만찬에서의 행동 | 11:17-34 |
| 부활 | 15:1-58 |

표 4. 고린도 교인들에 대한 보고

아마도 이 모든 문제에 대한 소식은 글로에의 집 사람이 전했을 것이다. 다른 한편으로 바울을 방문한 스데바나, 브드나도와 아가이고가 이 문제를 알려 주었을 수도 있다(고전 16:17). 바울이 소스데네(1:1), 그리스보와 가이오(1:14), 아볼로(16:12), 아굴라와 브리스가(16:19)로부터 몇몇 정보를 받았다고 생각할 수 있다.

에크하르트 슈나벨(Eckhard Schnabel)은 고린도전서의 주제는 갈등과 타협의 관점에서 살펴볼 수 있고, 이 두 가지 중요한 주제는 거의 비슷한 관심을 받는다는 점을 살핀다(다음 표 5 참조).[8]

---

8   Schnabel, 33을 보라. Schnabel은 다음을 따른다. Winter, 'Conflict and Compromise'.

| 갈등의 상황 | |
|---|---|
| 분열 | 1:10–4:21 |
| 법적 상속 | 6:1–11 |
| 주의 만찬 | 11:17–34 |
| 영적 은사 | 12:1–14:40 |
| 아볼로 | 16:12–14 |
| 스데바나와 동역자들 | 16:15–18 |
| **타협의 상황** | |
| 근친상간 | 5:1–13 |
| 성적 죄 | 6:12–20 |
| 결혼 | 7:1–24 |
| 처녀 | 7:25–40 |
| 우상에게 바쳐진 음식 | 8:1–11:1 |
| 머리에 쓰는 문제 | 11:2–16 |
| 부활 | 15:1–58 |

표 5. 고린도에서의 갈등과 타협

슈나벨은 또한 본문의 주제가 하나 됨 또는 거룩함이 아니라고 주장한다. 하나 됨은 갈등의 해결책이며, 거룩함은 타협을 위한 치료법이다. 본문에 나오는 모든 주제는 예수 그리스도의 십자가와 부활, 그리고 신자에게 주어진 하나님의 은혜라는 지평에서 읽어야 한다.[9]

분쟁의 모든 영역과 신자들을 분열시키는 모든 문제는 다시 교정되고 재고되어야 한다. 신자는 예수 그리스도가 십자가에 못 박히시고 부활하신 주님이라는 진리에 비추어 살아야 한다.

학자들은 또한 편지를 써야 하는 교회의 구체적 상황에 대해 자세히 논의해 왔다. 많은 제안이 있었지만, 여기에서는 가장 많은 영향을 미치는 것만 언급하려고 한다.

---

9  Schnabel, 48-53.

먼저, 1831년에 F. C. 바우어(Baur)는 고린도전서가 베드로와 바울 사이에 뚜렷한 분쟁이 있었다고 주장한다(1:12).[10] 바우어에 따르면, 베드로 분파는 바울 복음의 자유에 저항하는 유대주의자들의 분파였다. 그러나 바울 분파는 율법으로부터 자유롭게 살았다.

많은 학자가 1800년대와 1900년대 초에 바우어의 재구성을 따랐으며, 바우어가 생각했던 바울의 기독교와 베드로의 기독교 사이의 분열은 오늘날에도 여전히 학자들에게 영향을 미치고 있다. 그러나 그의 이론은 결함이 있다. 최근 학자들은 이런 재구성에 동의하지 않는다.

우리는 1:10-4:21의 주석에서 교회가 분열한 이유를 바울, 아볼로, 또는 베드로에게 돌릴 수 없다는 점을 살펴보려고 한다. 잘못은 전적으로 고린도 교회 공동체의 발 앞에 놓여 있다.

베드로가 유대주의적 경향을 보였다는 주장은 입증할 수 없다. 편지의 뒷부분에서 바울은 부활하신 그리스도께서 베드로에게 나타나셨음을 다시 언급하고(15:5), 몇 구절 뒤에 15:5-7에서 베드로와 다른 사람들도 같은 복음을 선포한다고 말한다. 바울은 복음과 부활하신 그리스도의 나타나심에 대한 논의를 결론지으면서 "그러므로 나나 그들이나 이같이 전파하매 너희도 이같이 믿었느니라"(15:11)라고 말한다.

바울은 다른 복음의 전파에 대해서는 한마디도 하지 않고, 대신 자신과 베드로가 같은 복음을 선포한다고 주장한다. 갈라디아서에서 볼 수 있는 율법에 대한 논쟁은 고린도전서에 없다. 대신에 바울은 그리스도를 믿는 사람들은 율법 아래 있지 않지만(9:20), 유대인과 함께 있을 때 율법에 따라 살아야 한다고 말한다(9:20).

할례의 문제에 대해 바울은 강한 논쟁에 휩싸이지 않는다(7:18-19). 실제로 할례를 받았는지 또는 받지 않았는지는 중요하지 않으므로 할례를 받은 사람들은 할례를 받은 표를 없애는 데 어려움을 겪지 말아야 한다고 강조한다. 고린도전서가 율법에 대한 베드로의 신학적 논쟁을 반영한다는

---

10  Baur, *Paul the Apostle*.

개념은 거부해야 한다.

  한때 큰 영향을 미쳤던 또 다른 이론은 고린도전서가 영지주의를 반대하고 있다는 주장이다. 영지주의의 영향 또는 영지주의적 궤적이 있다고 이해한 사람들은 바울이 '지혜'와 '지식' 같은 단어를 자주 사용하는 것을 지적한다.

  고린도전서 2:6-16의 "온전한"(*teleioi*[텔레이오이],'완전한'으로 번역될 수 있다) 자들에 대한 언급은 영적 엘리트가 있었다는 생각을 뒷받침할 수 있다. 이것은 영지주의적 또는 영지주의화된 사고에 적합하다. 성적 방탕과 고린도 교회 회중의 금욕주의, 그리고 육체적 부활을 거부하는 것을 설명하기 위해 영지주의적 이원론이 제시될 수 있다. 신약성경 서신의 배경이 되는 영지주의에 대한 이해는 한때 매우 인기가 있었지만, 오늘날 영지주의가 설득력이 있다고 보는 학자들은 거의 없다. 본격적 영지주의의 영향은 2세기에 나타난다. 신약성경을 이 관점으로 읽으면 안 된다.

  또한, 우리가 고린도에서 볼 수 있는 것들 배경에 초기 영지주의가 있었다는 견해는 보증할 수 없다. 모든 종류의 영지주의적 가설을 뒷받침하기 위해 좀 더 자세한 증거가 필요하다.

  성적 부도덕과 금욕주의는 영지주의에만 독특한 것이 아니다. 그리스인과 로마인들은 몸의 부활을 철학적으로 지지할 수 없다고 생각했다. 지혜와 지식에 대한 언급이 영지주의 세계관에서 나왔다는 점은 확실하지 않다. 이 주석에는 영지주의가 아니라 그리스 수사학에 초점을 맞춰서 살펴보려고 한다. 대부분 학자는 이제 고린도전서의 특징 몇 가지로 영지주의적 틀을 만들 수 없다는 것을 안다.

  또 다른 인기 있는 관점은 바울이 수신자들의 지나치게 실현된 종말론을 반대한다는 관점이다. 지나치게 실현된 종말론에 관한 증거는 고린도 교인들이 몸의 부활을 반대하고(15:1-58), 이미 왕 노릇 하고 있으며(4:8), 방언을 말할 때 이른바 하늘의 존재를 경험한다는(12:1-14:40) 주장을 한다는 점이다. 이 관점은 많은 부분에서 매우 매력적이지만, 최근에 쇠퇴하고 있다.

분열(1:10-4:21), 근친상간(5:1-13), 법정 소송(6:1-11), 성적 죄(6:12-20), 우상에 바쳐진 음식에 대한 분쟁(8:1-11) 그리고 주의 만찬(11:17-34)에서의 다툼은 지나치게 실현된 종말론과 확실한 연결점이 없다. 다시 말해서 고린도전서를 거대하게 뒤덮고 있는 흐름은 지나치게 실현된 종말론과는 관련이 없어 보인다. 지나치게 실현된 종말론과 관련한 해석은 다른 언어로 설명할 수 있다. 이 점은 이제부터 생각해 보려고 한다.

고린도에서 유행했던 이교주의와 세속성의 영향이 고린도의 문제에 대한 가장 좋은 설명이다. 어떤 학자들은 황제 숭배를 큰 영향으로 본다. 이 영향은 가능할 수 있지만, 설득력 있는 증거가 없다. 학자들은 일반적으로 카이사르에 대한 논쟁을 읽어 내려고 하지만 존재하지 않는 본문 읽기는 문제를 일으킬 위험이 있다. 바울이 걱정하는 명백한 이교주의는 우상에게 바쳐진 음식 문제에서(8:1-11:1) 부상하지만, 우리는 고린도 교인들이 황제 숭배와 타협했다는 증거를 가지고 있지 않다.

고린도 교인들은 세속 사회의 가치와 문화에 대해 많은 관심을 기울이는 경향이 있었다.[11] 예를 들어, 순회 연설자들이 수사학적 기교로 청중을 매혹시켰던 그리스-로마 세계의 가치에 고린도 교인들이 빠져 있었다. 따라서 고린도 교회는 여러 사역자 때문에 나누어져 있었다(1:10-4:21).

고린도 교인들은 수사적 능력으로 바울과 아볼로를 평가하고 그에 따라 그들의 지혜를 판단했다. 고린도 교회 공동체의 근본적 문제는 교만과 세속성이었다. 말하는 내용에 초점을 맞추는 대신에 사람들을 흥분시키고, 즐겁게 하고 군중을 이끄는 능력이라는 관점에서 설교자를 평가하는 오늘날의 교회를 생각할 수 있다. 고린도 교인들의 노골적 세속주의는 또한 근친상간을 용납하게 만들었다(5:1-13).

---

11  아마도 그들은 스토아주의(Brookins, *Corinthian Wisdom*)의 영향을 받았을 것이다. 대중적 수준에서 그들의 생각 대부분은 스토아적 사고에 의한 것일 수 있지만, 주로 낮은 계급으로 이루어진 회중이 스토아주의를 공식적으로 또는 체계적으로 받아들인 것 같지는 않다.

우리는 고린도 교인들이 이교도들조차 싫어하는 문제에 대해 왜 그렇게 해이했는지 알 수 없다. 가장 좋은 추측은 근친상간에 빠진 사람이 부유했기 때문에 공동체가 그 죄를 다루지 않았다는 것이다. 고린도 교인들(적어도 그들 중 많은 사람)은 확실히 부자와 상류층과 사회에서 권력을 행사하는 사람들에게 끌렸다(참조, 1:26; 4:6-13). 그들의 이기심과 부를 움켜쥐려고 하는 태도는 공동체를 괴롭힌 법정 소송에서 드러났다(6:1-11). 교회 구성원들은 사소한 문제로 동료 지체들을 고소했다.

세속성은 성적 부도덕에서도 분명히 드러난다(6:12-20). 매춘부를 방문하는 문제는 영지주의가 아니어도 설명할 수 있다. 또는 지나치게 실현된 종말론이 아니어도 된다. 성적으로 자유로운 사회의 가치가 교회 안에 기어들어 왔다. 같은 이유로 신실하게 살지 않거나 결혼이나 자신의 삶의 위치에 만족하지 못하는 일은 사회의 더 높은 자리로 올라가는 욕망으로 가득 찬 사람들에게 전형적 일이다(7:1-40).

바울은 고린도 교인들에게 종말론을 상기시킨다(7:29-31). 신자들이 세상의 모든 것과 관계하는 방식은 이제 예수 그리스도께서 오셨기 때문에 변했다. 말세가 왔기 때문이다(10:11).

우상에 바쳐진 음식을 먹으려는 욕망에서 이 세상의 영을 본다(8:1-11:1). 우상 숭배와 마찬가지로 여겨졌기 때문에, 고대 세계에서 그리스도인과 유대인은 일반적으로 우상에 바쳐진 음식을 먹는 것을 정죄했다. 아마도 고린도 교인들은 이교도 신전에서 먹으려고 했을 것이다. 이 일에 참여하지 않으면 차별을 당하고 지위를 잃을 가능성이 있기 때문이다.

여성들이 사회적 규범을 고수하지 않겠다고 거부하는 것(11:2-16) 또한 걸림이 되는 일이었고 하나님의 영 대신 세상의 영인 반역하는 영을 나타냈다.

가난한 사람들은 삶을 겨우 살아가는 데 비해, 이기적 부자들은 주의 만찬에서 음식을 호화롭게 먹음으로 로마 사회의 관습을 반영했다(11:17-34).

이렇게 고린도 교인들은 그들이 사는 사회와 전혀 다르지 않았다. 영적 은사에 대한 교만은 십자가의 메시지를 부인하는 사랑의 부족과 자기도취를 보여 주었다. 예수님의 죽음은 다른 이들에 대한 관심과 사랑을 보여 주었기 때문이다(12:1-14:40). 마지막으로, 육체의 부활에 대한 믿음의 거부는 육체를 경멸하는 전형적 그리스인의 견해를 반영한다(15:1-58).

고린도 교인들에게 보낸 첫 번째 편지는 오늘 우리에게 말한다. 고린도전서의 문제는 여전히 우리를 괴롭히기 때문이다. 신자들은 부자들에게 비위를 맞추고, 사회의 엘리트들과 어울리고, 힘 있는 자들에게 비위를 맞추고, 지식인들을 칭송하려고 한다. 분열은 자신의 높아짐을 나타내려는 완고한 교만 때문에 일어난다. 동시에 육체의 욕망을 추구하는 성적 죄는 교회의 거룩함을 타협하게 만든다.

우리의 신조가 우리가 살아가는 사회에 맞추어 조정되고 영적 은사가 영성의 수준을 측정하는 도구가 된다면, 우리는 오늘날 여전히 고린도 교인의 오류에 빠져 있는 것이다.

## 4. 고린도전서의 성격

고린도전서 해석 역사에서 일부 학자는 이 편지의 통일성에 의문을 제기했다. 고린도전서라고 알려진 이 편지가 구성된 역사를 설명하려는 많은 시도가 있었다. 다시 말해, 이 이론들에 따르면 고린도전서는 다른 많은 편지로 구성되어 있었다(학자들은 두 개 또는 다섯 개의 편지를 제안한다). 이런 이론들은 여러 가지 이유로 확신할 수 없다. 그 이유는 다음과 같다.

첫째, 우리의 유일한 증거는 고린도전서가 오늘날 우리가 가지고 있는 하나의 편지로 이루어져 있다는 것이다. 학자들은 이 편지가 다른 형태(사실, 다른 형태들!)로 존재했던 이전 역사에 대해 추측할 수 있다. 그러나 강력한 증거인 사본은 다른 증거를 보여 주기 때문에 그들이 하나의 편지가 아니라고 말하기는 어렵다. 다시 말해 고린도전서가 다른 많은 편지로 엮여 있다는 개념은 추측일 뿐이다.

둘째, 생각의 흐름을 방해하는 것처럼 보이는 이 서신의 여러 부분(예, 우상에 바쳐진 음식에 관한 토론[8:1-13; 10:1-11:1] 가운데 있는 바울의 보수를 받을 권리[9:1-27], 또는 영적 은사에 대한 논쟁[12:1-31; 14:1-40] 가운데 있는 사랑에 대한 논의[13:1-13])은 의도적 내용이다. 일부 비평가들은 본문해석이 서툴며 문학적 감수성이 부족하다. 왜냐하면, 바울이 의도를 가지고 특정한 내용을 배치하고 있다는 것을 알아내지 못하기 때문이다.

셋째, 바울은 우리가 기대할 수 있는 깔끔하고 질서 있는 방식으로 항상 편지를 쓰지는 않는다. 우리는 바울이 갈라디아서 2:3-5에서 문법적으로 잘 맞지 않지만 어떻게 자기 생각을 분출하고 있는지를 생각해 보면 갈라디아서를 읽는 누구나 바울의 의도를 정확히 알 수 있다. 논쟁에서 갑자기 끼어드는 내용도 완벽하게 의미가 통한다.

고린도전서의 내용을 살펴보면, 중요한 부분을 나누기는 다소 쉽다. 고린도전서는 잘 구성되어 있다. 표 6은 고린도전서의 주요 부분을 보여 준다.

| | |
|---|---|
| 서문 | 1:1-9 |
| 분열 | 1:10-4:21 |
| 근친상간 | 5:1-13 |
| 법정 소송 | 6:1-11 |
| 성적 부도덕 | 6:12-20 |
| 결혼 | 7:1-24 |
| 처녀 | 7:25-40 |
| 우상에 바쳐진 음식 | 8:1-11:1 |
| 여자가 머리에 가리는 것 | 11:2-16 |
| 주의 만찬에서 행동 | 11:17-34 |
| 영적 은사 | 12:1-14:40 |
| 부활 | 15:1-58 |
| 연보 | 16:1-4 |
| 마무리 | 16:5-24 |

표 6. 고린도전서의 주제

최근 바울서신은 수사 비평의 관점에서 연구됐다. 고린도전서도 예외는 아니다.[12]

바울은 특별히 퀸틸리아누스(Quintilian)와 키케로(Cicero)의 작품과 같은 그리스-로마 수사학 핸드북에서 추천하는 논증의 형태와 구조를 사용하고 있는가?

많은 학자는 바울의 편지를 수사학적 글로 분류한다. 수사법(Rhetoric)은 법정적, 심의적, 과시적 수사법으로 분류될 수 있다.

- 법정적(judicial) 수사법은 변호와 고발의 언어가 지배적이고, 유죄와 무죄를 고려하는 법정의 언어이다.
- 심의적(deliberative) 수사법은 미래를 고려하여, 어떤 행동 과정에서 설득하거나 그만두게 하려고 사용한다.
- 과시적(epideictic) 수사법은 공통된 가치와 염원을 기리거나, 비난받을 만한 것을 고발한다.

대부분의 수사학적 연설은 다음과 같은 네 가지 요소가 있다.

- 서론(*exordium*): 연설을 소개하고 뒤따를 내용에 대한 공감 형성
- 나레이션(*narratio*): 주장과 관련된 중요한 진술과 배경 정보 제시
- 증거(*probatio*): 중심 테제를 변호하기 위한 진술을 위한 주장 제시
- 요약과 결론(*peroratio*): 청중 설득을 위한 전체 주장 요약과 결론 제시

나는 바울이 그리스 수사학의 원칙을 따라 썼다고 확신하지 않는다. 우리는 그의 편지에서, 특별히 고린도전서의 서문(1:1-9)과 마무리(16:5-24)에서 일반적 서신 문학 양식의 틀을 발견한다. 그리스 수사학의 틀을 따라

---

12  (일부는 변형이 있는) 수사비평에 관한 내용은 Schreiner, 'Interpreting,' 414-415, 422-423에서 가져왔다.

고린도전서를 이해하는 사람들은 바울의 편지들이 매우 신중하게 구성되어 있다는 사실을 일깨워 준다. 만약 바울이 편지를 우연하게 썼다면 그리스 수사학에 일치하는지 고려할 필요가 없기 때문이다.

당시의 교육을 받은 바울은 어느 정도 수사법에 익숙했을 것이다. 팔레스타인에서도 헬레니즘의 영향이 분명했다. 그러나 여전히 바울이 수사학 핸드북에 따라 전체 편지를 썼는지는 의심스럽다.

우리는 고린도전서 1:18-2:5에서 사람들이 하나님의 능력보다 사람들의 지혜에 의존하기 때문에 수사학을 꺼렸음을 발견한다. 더욱이, 수사학의 규칙들은 글로 쓴 이야기가 아니라 '연설'을 위해 고안되었다. 수사학 핸드북은 '편지'를 거의 언급하지 않는다. 수사학 핸드북은 편지에 사용된 논증의 종류(judicial, deliberative, epideictic)에 관한 지시가 없다.

또한, 특정한 개요(*exordium*[엑소디움], *narratio*[나라티오], *probatio*[프로바티오], *peroratio*[퍼오라티오])를 권장하지 않는다.

스탠리 포터(Stanley Porter)는 다음과 같이 말함으로써 수사학 핸드북이 편지에 미치는 영향에 대해 올바르게 결론을 내린다.

> 그러므로 고대의 핸드북은 바울서신 분석에 그 종류와 구성과 같은 전형적 범주의 적용에 대한 이론적 정당성을 가지지 않는다.[13]

초대 교회 교부들이 바울의 편지가 그리스 수사학에 일치한다고 이해하지 않았다는 사실도 도움이 된다.[14]

많은 교부가 수사학에 익숙하고 훈련도 받았지만, 바울의 편지를 수사학의 형식을 따라 이해했다는 증거는 없다. 그들은 바울의 스타일이 수사학과 맞지 않아서 때때로 당황하는 것처럼 보인다.

---

13  Porter, 'Application of Rhetorical Categories', 115-116.
14  Weima, 'What Does Aristotle?', 467을 참조하라.

실제로 수사학적 틀로 이해하는 바울 편지의 주석들을 검토하면, 편지의 중요한 수사학적 측면들을 설명하는 다른 주석과 일치하지 않는다. 이것은 바울이 수사학적 범주를 사용하여 편지를 쓰지 않았다는 개념에 힘을 싣는다. 바울의 편지들은 본질적으로 목회적이며 종종 자신이 개인적으로 편지를 보내는 교회와 함께 있음을 대신한다고 말한다.[15]

바울의 편지들은 아돌프 다이스만(Adolf Deissman)이 생각한 것처럼, 단순히 개인적 편지가 아니다.[16] 오히려 교회나 사람들에게 권위 있는 가르침을 제공한다. 바울은 예수 그리스도의 사도로 편지를 썼으며, 교회에서 읽히고 순종하기를 기대했다(고전 14:37; 살전 5:27; 살후 3:14).

바울서신이 교회 또는 개인들에 대한 권위 있는 가르침이라는 점은 공적으로 읽은 점에서 알 수 있다. 구약성경은 회당에서 소리 내어 읽혔다. 바울은 그의 **편지들**을 읽고 그의 권고에 주의할 것을 기대했다. 골로새 교인들에게 편지를 라오디게아 교회에 전달하도록 명령한 것은 이 점을 이해하는 데 도움이 된다(골 4:16). 바울은 골로새 교인들에게 그 교회의 특정한 상황을 언급하지만, 라오디게아 교인들에게도 자신의 편지가 도움이 될 것을 믿었다.

그의 가르침은 지역의 상황을 초월한 중요한 의미가 있음을 보여 준다. 바울은 편지의 가르침이 권위가 있다고 믿었기 때문에 이 점은 놀랍지 않다(갈 1:8; 고전 14:37). 그의 편지는 단순히 좋은 조언 만을 담고 있을 뿐만 아니라 복음의 일부였다(참조, 살전 2:13). 따라서 다이스만은 바울서신의 권위 있는 지위를 과소 평가하고 한 교회에 전해진 편지가 다른 교회에도 적용될 수 있다는 점을 과소평가한다.

고린도전서를 해석할 때, 우리는 바울이 편지에서 논의를 어떻게 발전시키는지에 대해 특별한 주의를 기울여야 한다. 바울의 편지는 독창적이기 때문에, 편지가 어떤 역할을 하는지에 대한 이론이 아닌 편지 자체에

---

15  Weima, *Paul the Ancient Letter Writer*을 보라
16  Deissmann, *Light from the Ancient East*, 228-241; 그리고 Deissmann, *Bible Studies*, 3-59.

주의를 기울여야 한다. 편지는 폭넓게 권고적(parenetic)이면서 심의적(deliberative)이라고 이해될 수 있다. 다시 말해, 이 편지는 독자를 설득하기 위해 계획된 호소로 이루어져 있다.

## 5. 중요한 신학적 주제

### 1) 성부 하나님

아버지(1:3; 8:6; 15:24) 하나님은 고린도전서에서 중요한 역할을 한다. 바울은 고백의 선언으로 잘 알려진 쉐마(신 6:4)를 끌어낸다. 이 선언은 하나님은 한 분이시며, 아버지이시며, 만물의 창조자이시라고 주장한다(8:6; 참조, 8:4). 하나님은 그리스도의 머리이시다(11:3). 물론 이것으로 그리스도가 삼위일체의 첫 번째 위격(성부 하나님)과 동일한 권위, 능력, 위엄을 공유하지 않는다고 해석하면 안 된다. 창조주이신 하나님은 주권자이시다. 따라서 바울은 다섯 번이나 하나님의 나라에 관해 이야기한다(4:20; 6:9, 10; 15:24, 50).

하나님의 주권이라는 주제는 고린도전서에 스며들어 있다. 하나님은 크신 능력으로 그리스도를 죽은 자 가운데서 일으키셨다(15:15).

구원은 하나님의 능력의 결과이며(1:18), 그분은 "세상의 지혜"(1:20-21)를 좌절시키시고 미련하게 만드신다. 사도들이 경험하는 고난조차도 하나님의 통제 안에 있다는 점에서 하나님의 주권이 미치는 영역은 분명하다. 사실 하나님은 그들의 고난을 정하셨다(4:9).

하나님은 모든 인생을 다스리신다(11:12). 그러므로 독신과 결혼은 하나님에게서 나온다(7:7). 하나님은 인간에게 구원과 생명을 주신다. 그분은 은혜와 평화의 근원이시다(1:3, 4; 15:10).

고린도 교인들을 예수 그리스도를 믿는 믿음으로 효과적으로 부르셨다(1:24-28). 구원은 궁극적으로 인간의 자유의지가 아니라, 하나님의 선택하시는 은혜로 주어진다(1:27-28). 그러므로 하나님의 백성들이 그리스도 안에 있음은 하나님의 선택에 의한 것이다(1:30).

하나님은 인간의 지혜를 폐기하고 자신의 지혜를 높이기 위해서 십자가의 어리석은 메시지로 인류를 구원하신다(1:18-25). 마찬가지로, 하나님은 자신의 진리가 성령을 통해 드러나게 선택하셨기 때문에 하나님을 아는 지식은 인간의 지식과 성취로 돌릴 수 없다(2:6-16). 하나님은 신실하셔서 그분이 부르신 자들을 끝까지 보존하실 것이다(1:9; 10:13).

어떤 사람의 삶의 위치는 하나님의 부르심(7:17, 20, 24) 때문이며, 그의 은사는 하나님의 뜻 때문이다(12:6, 18, 24, 28).

교회는 하나님의 능력으로 자라며(3:6-7), "하나님의 교회"라고 불린다(1:2; 10:32; 11:22; 15:9).

하나님의 전능하심은 그분의 심판에서 드러난다. 그분은 자신을 믿고 순종하기를 거부하는 광야 세대를 쓸어버리신다(10:5). 하나님은 자신의 성전을 멸하는 자들을 또한 멸하실 것이다(3:17). 그리고 마지막 날에 믿지 않는 자들을 심판하실 것이다(5:13). 하나님은 질투하시는 분이며, 가볍게 대해서는 안 된다. 우상 숭배하는 자들은 그분의 진노를 피하지 못할 것이다(10:14-22).

다른 한편으로, 하나님은 마지막 날(6:13-14)에 능력으로 죽은 자들 가운데서 믿는 자들을 일으키시고 그 몸을 변화시키실 것이다(6:13-14). 부활의 몸을 주실 것이다(15:38).

하나님은 창조주이시자 구원주이시기 때문에, 인간의 사랑(8:3)과 모든 영광, 명예, 감사와 찬양을 받을 만한 분이시다. 그리고 이것을 인간에게 가장 숭고한 의무로 부여하신다(6:20; 10:31; 11:7; 14:18, 25). 궁극적으로 하나님은 만유의 주로서 만유 안에 계실 것이며, 모든 만물이 그분께 복종할 것이다(15:27-28).

## 2) 예수 그리스도

바울 신학은 그리스도 중심적이다. 예수님의 유일성은 고린도전서에서 분명하게 나타난다. 바울의 모든 편지에서 예수님에 대한 가장 중요한 말씀 중 하나가 고린도전서 8:6에 나타난다.

바울은 이 구절에서 하나님이 한 분이심을 쉐마(신 6:4)를 끌어와서 호소한다. 그러나 바울은 놀랍게도 하나님이 한 분이심이 단순하지 않음을 이해하고 있다. 왜냐하면, 바울이 주님을 하나님께만 제한시키지 않고 예수 그리스도를 포함하기 때문이다. '주'(퀴리오스, kyrios)의 특징은 예수 그리스도가 아버지보다 낮은 위치가 아니라는 것을 의미한다.

실제로 바울은 예수님이 창조와 인류의 대리자라고 구체적으로 말한다. 어떤 피조물은 창조의 대리자가 될 능력이 없다. 그러므로, 리처드 보컴(Richard Bauckham)이 말한 것처럼, 바울은 예수님을 '하나님의 정체성'(the identity of God)에 포함한다.[17]

니케아 신조와 칼케돈 신조는 성부와 성자 사이의 뚜렷한 위격적 관계의 개념을 뒷받침하기 위해 이와 같은 구절들을 캐냈다. 다시 말해, 성부와 성자는 '내재적으로'(ad intra) 같은 본질을 공유하지만, 성부는 성자를 '통해서' 자기의 일을 수행한다는 점에서 기능이 다르다.

영적 은사에 연관된 성령, 주 예수님 그리고 하나님 아버지에 대한 언급을 찾을 수 있는 구절인 고린도전서 12: 4-6을 살펴보면 이 부분에 도움이 된다. 바울은 삼위일체 교리를 선언하지는 않았지만, 분명히 성령, 주 예수님 그리고 하나님 아버지를 같은 위치에 두고 있다.

매우 어린 시절부터 바울이 교육받은 구약의 일신론을 고려하면, 바울 신학의 가장 놀라운 특징 중 하나는 그리스도의 높은 위치이다.

예를 들어, 바울은 그 "반석은 그리스도"(10:4)였다고 말한다. 이 구절의 의미는 논란이 있지만, 바울은 하나님이 반석이라는 구약의 주제를 가지

---

**17** Bauckham, *Jesus and the God of Israel*.

고 온다(참조, 창 49:24; 신 32:4, 15, 18, 30, 31; 삼하 22:32, 47; 23:3; 시 18:31, 46; 28:1; 사 17:10).

비슷한 경우를 고린도전서 10:9에서 볼 수 있다. 바울은 광야에 있던 이스라엘이 '그리스도'를 시험했기 때문에 뱀으로 멸망했다고 말한 구절이다. 그러나 바울이 이야기를 이끌어 낸 민수기 21장에서 예수 그리스도에 대한 언급은 없다. 그 대신에 이 이야기는 이스라엘이 하나님께 가졌던 조급함을 말한다(민 21:4-9).

구약의 '주'가 예수 그리스도를 포함한다는 점은 이해되지만, 하나님과 그리스도의 차이점은 사라지지 않는다. 바울은 양태론자가 아니다. 하나님은 그리스도의 머리로 정의된다(11:3; 참조, 3:23).

예수님은 높임 받으신 주님으로 다스리시고 통치하시지만, 하늘에 속한 사람(15:47-48)으로서 역사의 종말에 아버지께 복종하시고 그분께 왕국을 넘겨 주실 것이다(15:25-28).

바울은 아버지가 '내재적으로' 본질적 권위를 가지고 있고 아들은 부족하다고 말하지 않는다. 그러므로 11:3과 15:28에서 바울의 단언은 오해될 수 있다. (경륜적 삼위일체가 내재적 삼위일체와 분리된다고 말하면 안 되지만) 아버지에 대한 아들의 순종은 삼위의 구성원들 사이의 경륜적 구분과 함께, 위격적 관계와 연결된다. 이것은 결코 아들이 아버지보다 본질적으로 열등하다는 말이 아니다.

고린도전서 12:3은 예수님의 주 되심을 말한다. 이 구절의 위치에 주의를 기울여야 한다. 왜냐하면, 바울이 영적 은사에 관해 이야기를 시작할 때 발견할 수 있기 때문이다. 이 구절은 12장에서 14장까지 내용을 모두 알려 준다. 예수님의 주 되심은 공동체의 영적 은사를 평가하는 기준이 된다. 하나님의 성령으로 인도함을 받은 자들은 예수님이 주님이심을 고백한다. 예수님을 저주하면, 성령은 그 사람 안에서 역사하지 않는다. 실제로 주님을 사랑하지 않는 사람은 영원한 저주를 경험하게 될 것이다(16:22; 참조 롬 9:3; 갈 1:8-9).

이 땅에 있을 때 예수님의 주 되심은 가려져 있었기 때문에 그분의 주 되심은 모든 사람에게 분명하지 않다. 그러므로 "이 시대의 통치자들이 … 영광의 주를 십자가에 못 박았다"(2:8). 모든 이의 주님이 십자가에 못 박힐 수 있다는 역설은 세상을 움직이는 능력들에 숨겨져 있었다.

예수님의 위치는 전체 고린도전서에서 살펴볼 수 있는 '이름' 신학에 의해서도 드러난다. 그리스도인들은 "또 각처에서 우리의 주 예수 그리스도의 이름을 부르는 자들"(1:2)로 묘사된다. "이름"의 사용은 구약의 이름 신학 반향이다.

구약에서 하나님의 이름은 비교될 수 없으며(출 3:13-15), 올바르지 않게 사용하면 안 된다(출 20:7). 또한, 그분의 성품을 드러내며(출 33:19; 34:5), 그분만을 위해 보존된다(출 34:14). 따라서 그 이름은 영광을 받아야만 한다(레 18:21).

이름이 가지는 신성의 중요성은 고린도전서에서도 분명히 드러난다. 예수님의 이름을 부르는 것은 구원을 위해 그분을 부르는 것을 의미하기 때문이다. 우리는 구약에서 이스라엘 백성이 주님의 이름을 불렀던 것을 볼 수 있다(창 4:26; 왕상 18:24; 왕하 5:11; 시 79:6; 렘 10:25; 습 3:9). 그러므로 예수님은 하나님의 이름(하나님의 정체성)을 공유하기 때문에, 하나님과 같은 지위를 가진다.

또한, 예수님의 중요성은 교회가 그분의 몸이고(12:27) 그분의 이름으로 모인다(5:4)는 점에서 분명하다. 예수님은 교회의 터(3:10)이시다. 우리는 그분의 이름으로 권면을 받는다(1:10). 세례, 성화 그리고 칭의는 그분의 이름으로 이루어진다(6:11). 실제로 교회가 모일 때, 예수님은 그들과 함께 계시며(5:4), 이와 같은 임재는 그분의 초자연적 능력을 나타낸다. 그분의 능력은 예수님이 신자들에게 생명의 성령을 주시는 데서 나타난다(15:45).

교회에서 행해지는 두 예전은 예수님이 주님으로 예배를 받으신다는 개념을 증거하고, 예수님과 밀접하게 연결되어 있다. 예를 들어, 세례는 교회에 입교하는 예전으로 예수님의 이름으로(1:13, 15) 행해진다. 동시에 주의 만찬은 자신의 백성을 위한 예수님의 죽으심을 기념한다(11:23-26). 그러므로 합당하지 않게 주의 만찬에 참여하는 것은 죄이며, 그 죄는 질병이나 사망을 가져올 수 있다(11:27-32).

바울이 "주의 날"이라고 말할 때, 예수님의 위대함은 분명해진다. 예수님이 다시 오실 때, 그날은 분명히 마지막 날이 될 것이다. 왜냐하면, 그날에 예수님의 영광이 드러날 것이기 때문이다(1:7-8). 앞의 구절들(5:3-4)은 예수님의 주 되심을 분명하게 말하기 때문에, "주의 날"은 또한 5:5의 예수님의 날을 의미한다.

구약을 생각하면 "주의 날"은 이제 예수님의 날로 밝혀진다. 여기서 "주의 날"은 여호와의 심판과 구원의 날을 가리킨다(사 13:6; 겔 30:3; 욜 1:15; 2:1, 11, 31; 3:14; 암 5:18, 20; 옵 1:15; 습 1:7, 14; 슥 14:1; 말 3:5). 놀랍게도 그날은 이제 주 예수 그리스도의 날이다.

예수님이 하나님의 역할을 하신다. 주의 날과 예수님의 연결은 그분이 마지막 날에 오실 것이라는 개념(4:5)과 그날에 최후의 심판자 역할을 하실 것이라는 개념과 일치한다(4:4). "주여 오시옵소서"로 번역된 아람어 "마라나타"(*marana tha*, 16:22)는 주목할 만하다. 바울은 초기 팔레스타인 교회의 언어를 확실하게 그리는데, 예수님의 재림에 대한 갈망을 표현했다. 심판자이신 예수님의 역할은 또한 하나님으로서의 특권이며 그분의 신성의 찬란함을 증언한다.

예수님의 독특한 지위는 또한 그분의 권위로 전달된다. 이것은 그분의 주 되심에서 분명해진다. 우리는 "마라나타"와 8:6의 고백적 선언에서 예수님의 주 되심을 살펴보았다. 예수님은 주님으로 정의된다(참조, 1:2, 3, 7, 8, 9, 10; 2:8; 4:4, 5, 17, 19; 5:3, 4, 5; 6:11, 13, 14, 17; 7:10, 12, 22, 25, 32, 34, 35, 39; 9:1, 2, 14; 10:21; 11:11, 23, 27, 32; 12:3, 5; 15:31, 57, 58; 16:7, 10, 19, 23). 바울은 확실히 여호와가 칠십인역에서 "퀴리오스"(주)로 불리는 구약을 인용하고 있다.

우리는 또한 사역자들이 그리스도의 종이며(4:1), 우리의 몸은 주님께 속해 있으므로 성적 죄는 금지된다(6:13). 이 측면에서 예수님의 권위를 엿볼 수 있다. 예수님이 주님이시기 때문에, 그분을 기쁘시게 하고 그분께 헌신하는 것이 그리스도인의 삶의 특징이 되어야 한다(7:32-35).

주 예수를 믿는 자에게 특정한 사역을 정하시고(3:5), 또한 그 삶에 특정한 위치를 정하심으로(7:17) 삶 전체에 주권을 행사하신다. 예수님은 주님으로서 신자들에게 명하신다(7:10, 25; 9:14). 바울은 주께서 허락하시면 고린도 교인들을 방문할 수 있음을 인정하면서 그분의 주권을 인식한다(16:7).

예수님은 고린도전서에서 55번이나 그리스도와 동일시된다. 학자들은 자주 바울서신에서 이 용어는 유대교적, 메시아적 의미가 없어졌고 단순히 고유명사라고 주장했다. 바울이 예수님을 다윗적 메시아로 강조하지 않는 경우를 자주 말하지만, 생략의 의미가 과장되고 있다.

바울은 고린도 교회를 세웠다. 그리고 역사적으로 신뢰할 만한 사도행전은 바울이 고린도에서 예수님이 그리스도라고 설교함으로 이 점을 강조했다고 기록한다(행 18:5). 바울이 고린도전서를 쓸 때, 처음부터 고린도 교인들을 가르쳤고 그들이 잘 받아들이고 있던 내용을 다시 반복할 필요가 없었다. 논쟁의 여지가 없었기 때문에 바울은 예수님이 그 메시아라는 진리를 자세히 설명하지 않았다. 55차례의 사용은 바울이 그 개념을 포기하지 않았다는 것을 보여 준다.

매튜 노벤슨(Matthew Novenson)은 카이사르 아우구스투스(Caesar Augustus)의 아우구스투스(Augustus)나 안티오쿠스 에피파네스(Antiochus Epiphanes)의 에피파네스(Epiphanes)처럼 그리스도라는 용어가 명예로운(honorific) 용어라고 설득력 있게 주장한다.[18] 그러므로 그리스도라는 용어는 메시아를 의미하고 바울은 그리스도를 고유명사로 바꾸지 않았다.

하나님의 은혜는 특별히 예수 그리스도와 복음으로 자신의 백성에게 전해진다(1:3, 4; 16:23). 바울은 복음을 전하면서(15:1-3), 우리의 죄를 위해 죽으신 그리스도께 초점을 맞추며 시작한다. 이것은 인간이 하나님의 명령을 행하는 데 실패해서 하나님과 분리되어 있음을 확인시킨다.

---

**18** Novenson, *Christ among the Messiahs*.

예수님은 그들을 위해 자신의 생명을 버리시고 십자가에 못 박히심으로 죄인들에 대한 사랑을 보여 주셨다(1:13). 복음은 십자가를 중심으로 한다. 왜냐하면, 십자가가 선포될 때, 하나님의 구원 능력이 시작되고 그분의 지혜가 드러나기 때문이다(1:18-25).

예수님이 십자가에 못 박히신 주님이시라는 메시지가 사람들을 죽음과 죄에서 구원하기 때문에, 바울은 그리스도의 십자가만 선포하기로 결심했다(2:2). 그리스도인이 된다는 의미는 그리스도의 십자가 면에서 정의되기까지 한다. 왜냐하면, 바울은 믿는 자들을 "그리스도께서 위하여 죽으신" 자들이라고 묘사하기 때문이다(8:11).

또한, 십자가의 중요성은 "값으로 샀다"(6:20; 7:23)라는 어구와도 통한다. 값으로 사기 전에 신자들은 죄의 노예가 되어 속박에서 벗어날 수 없었다. 그리스도는 자신의 피 흘림으로 노예 상태에 있는 그들을 죄에서 자유롭게 하셨다. 마찬가지로 바울은 그리스도가 "우리의 유월절 어린 양"(5:7)으로 희생되었다는 진리를 기념한다.

바울은 매우 자주 구약을 그리스도의 죽으심이 갖는 중요성을 끌어내는 자료로 사용한다. 유월절 희생은 애굽에서 이스라엘을 해방했다. 문설주의 피는 하나님의 진노를 돌이키고 장자들을 죽음에서 구했기 때문에 대속적 희생이었다.

바울이 믿는 자들은 그분의 이름으로 씻음과 거룩함과 의롭다 하심을 받았다고 말할 때, 그리스도의 죽음을 고려했을 것이다(6:11). 씻음은 세례로 죄가 깨끗해짐을 의미하지만, 바울이 1:13-17에서 세례는 복음의 빛으로 해석되어야 한다고 밝히기 때문에, '사효론'(*ex opere operato*, 사효론이란 가톨릭교회가 성례전 집행에서 사용하는 용어이다. 성례를 통해 은총이 분명히 전해진다는 가르침이다. 성례에서 믿음이 없어도 교회의 정확한, 의식의 수행을 통해 은혜가 받는 자에게 주어진다고 한다-역주)으로 해석되어서는 안 된다. 세례는 자동적 복(참조, 10:2)을 전하지 않는다. 결코 개인의 받아들임과 믿음은 분리되지 않는다.

신자들은 또한 예수 그리스도의 죽음으로 성화된다. 이 성화는 점진적 성화로 해석되면 안 된다. 여기에서는 결정적 또는 신분적 성화를 가르친다. 신자들은 하나님 앞에서 거룩하며, 그리스도의 죽음으로 하나님께 드려지고 성별된다. 마침내 신자들은 의롭다 칭해진다. 그 의미는 그들이 심판자이신 하나님에 의해 의롭다는 선언을 받았음을 의미한다. 이처럼 칭의는 죄인들이 받아야 할 형벌을 스스로 받으신 예수 그리스도의 대속적 죽음을 기초로 한다(참조, 롬 3:21-26; 고후 5:21; 갈 3:10-13).

신자들은 십자가로 그리스도 안에 있다(1:30). 그들은 그리스도 안에서 연합되고, 그분과의 연합을 통해 그의 은혜의 모든 부요함에 참여한다. 신자들은 주의 만찬에서 그들을 위해 흘리신 피와 찢겨진 몸의 유익들에 참여한다(10:16).

하나님은 신자들을 위해서 희생당하신 그리스도의 몸과 피를 통해 그들에게 자신의 선하심을 부어 주신다. 떡을 뗄 때 상징되는 그리스도의 몸이 "너희를 위하는"(11:24)이라고 말할 때, 바울은 확실히 대속을 생각하고 있다. 그리스도께서 자신의 몸을 내어 주시고 피를 흘리셔서(참조, 레 17:11) 신자들이 살아날 수 있었다. 새 언약은 그분의 피로 제정되었다(11:25).

새 언약의 두드러진 특징 중 하나는 죄의 영원한 용서이다(렘 31:34). 그러므로, 신자들은 주의 만찬에서 "그가 오실 때까지 주의 죽으심을 전한다"(11:26). 그리스도인들은 그리스도의 사역으로 "주와 합하고" 따라서 그분과 "한 영"이다(6:17). 그들의 육체적 몸이 그리스도의 지체이다(6:15).

바울은 십자가를 선포할 뿐만 아니라 부활을 전한다(15:4). 사실 부활이 논란을 일으켰기 때문에, 15장에서 특별히 부활에 집중한다. 부활의 사실과 진리는 예수 그리스도께서 죽으신 후 많은 시-공간에 나타나심으로 확증된다(15:5-8).

예수 그리스도의 육체적 부활은 근본적 믿음이며, 선택이 아니다. 그리스도께서 부활하시지 않았다면, 신자들의 믿음은 헛되고(15:14), 여전히 죄 가운데 있을 것이기 때문이다(15:17). 그리고 그들은 멸망하게 될 것이다(15:18). 그리스도의 부활은 신자들의 부활을 보증한다. 그분의 부활은 앞으로 일어날 일의 "첫 열매"이다(15:20, 23).

### 3) 성령

성령은 부활하시고 높여지신 그리스도에 의해 수여된다(15:45). 고린도전서는 성령과 관련된 세 가지 주제가 있다.

첫째, 고린도전서 2:10-16에서 성령은 계시의 영이다.

고린도 교인들은 지혜에 빠져 있었고(1;17-2:16), 그 지혜에 빠져서 인간의 예술성과 기교, 지성을 칭송했다. 바울은 그들이 빠져 있었던 지혜를 세상의 지혜로 무시하면서 그것은 인간의 자랑을 부추긴다고 주장한다.

그러면 어디에서 지혜를 찾을 수 있을까?

바울은 구약을 따라(참조, 욥 28장; 잠언 2:6; 단 2:20-21) 지혜가 하나님의 선물이라고 가르친다. 바울은 더욱 구체적으로 성령께 지혜를 돌린다. 그러므로 지혜는 근본적으로 인간에게서 발견되지 않는다.

하나님은 그분의 성령으로 지혜를 계시하셨다(2:10). 성령은 "하나님의 깊은 것까지도 통달하시기 때문에" 지혜의 원천이시다(2:10). 성령과 하나님의 독특한 관계는 분명한데, 사람의 영이 자신의 내면 생각을 아는 방식으로 성령께서 하나님의 생각을 아시기 때문이다(2:11).

이처럼 하나님의 생각에 대한 본질적 지식은 오직 하나님 자신만이 가능하다. 동시에, 우리는 여기에서 성령과 하나님의 구별을 볼 수 있다. 그러나 앞에서 보았듯이, 바울은 일신론을 포기하지 않는다. 이 말씀에서 우리는 삼위일체의 교리를 지지하는 원재료를 볼 수 있다. 왜냐하면, 오직 한 분이신 하나님이 계시고 성령은 하나님과 구별되기 때문이다. 성령은 하나님의 일하심에 참여하신다. 더 나아가 성령은 인격이셔야 한다. 성령은 하나님의 생각을 아시고, 이 지식은 인격적 활동이기 때문이다.

신자들은 성령을 받아서 하나님의 것을 알기 때문에 자신의 지혜를 자랑할 근거가 없다(2:12). 성령을 받음은 회심의 표시이자 신호이다(갈 3:2, 5). 성령이 거하지 않으시는 사람들은 불신자이기 때문이다(롬 8:9). "성령이 없는 사람"(사이키코스, *psychikos*, 개역개정: 육에 속한 사람)은 성령의 가르침을 환영하지 않고, 성령이 전하는 진리를 어리석다고 거부한다(2:14).

바울의 가르침은 인간의 지혜가 아니라 성령께서 전하시는 지혜이다. 따라서 그는 성령을 소유한 사람들에게 영적 진리를 설명한다(2:13). 성령을 소유한 사람들은 성령을 통해 그리스도의 마음을 가지고 있으므로 실재를 평가할 수 있다(2:15-16).

바울은 고린도 교인들에게 성령의 권위로 두 가지를 상기시킨다. 결혼과 처녀에 대한 긴 이야기를 한 후에, 바울은 자신이 "하나님의 영"(7:40)을 소유하고 있다고 단언한다. 고린도전서 7장의 바울의 말은 단순히 그의 개인적 의견이 아니다. 바울은 성령의 영감을 받았다. 이것은 영적 은사에 대한 오랜 논의 후에 14:37에 나오는 바울의 언어와 비슷하다.

바울에게 동의하지 않는 사람들은 자신들이 선지자라고 또는 "영적"(프뉴마티코스, *pneumatikos*, 개역개정: 신령한)이라고 주장할 수 있지만, 바울은 그들에게 자신의 말이 주님의 명령임을 상기시킨다(14:37). 실제로 하나님은 바울의 말에 귀를 기울이지 않는 사람들을 알지 못 하신다(14:38). 다시 말해 바울은 자신이 성령의 지시를 받고 인도를 받는다고 주장한다. 그는 성령으로 받은 계시를 전하고 있다.

둘째, 성령은 영적 은사를 주신다.

영적 은사는 고린도에서 중요한 문제였으며, 고린도 교인들은 분명히 자신들이 행하는 은사를 자랑스럽게 생각했고 그 문제로 갈라져 있었다(12:1-14:40). 바울은 그 은사들이 "영적"(12:1; 14:1, 14)이라는 점을 강조한다. 이것은 은사가 사람이 아니라 성령에게서 나옴을 의미한다. 은사들은 자신을 나타내지 않고 성령을 드러낸다(12:7).

전체 논의에서 근본적 진리는 그 누구도 성령이 아니면 예수님을 주로 고백할 수 없다는 점이다(12:3). 인간은 마치 자신의 분별력으로 예수님을 주님으로 인정한 것처럼 자신의 영적 통찰력이나 지혜로는 스스로 자랑할 수 없다. 성령을 소유한 사람만 예수님의 정체성을 분별한다. 왜냐하면, 자연인은 성령의 일을 받지 못하기 때문이다(2:14).

그러므로 받은 은사에 대한 찬양을 인간에게 돌릴 수 없다. 은사의 다양성 뒤에는 성령이 있다(12:4). 바울은 지혜, 지식, 믿음, 그리고 치유를 포함하여 많은 은사를 성령께 돌린다(12:8-9). 바울은 '모든' 은사가 성령의 뜻대로 수여되는 성령의 일이라고 말한다. 이렇게 성령의 은사 목록을 완성한다(12:11).

우리는 여기 멈춰 서서 성령이 인격이시라는 사실에 주목해야 한다. 성령이 사람들이 받는 은사를 '선택'한다면 성령은 단순한 힘이나 충격이나 흐름이 아니기 때문이다.

셋째, 그리스도인은 성령으로 표현되거나 특징지어진다.

신자들은 성령에 잠겨 있거나 흠뻑 젖은 자들이며, 회심 때 성령을 마신 자들이다(12:13). 그리스도인이 되는 것은 성령의 사람이 되는 것을 의미한다(참조, 2:10-3:1). 그러므로 신자들은 자신의 몸으로 하나님을 영화롭게 해야 한다. 신자들의 몸에 성령이 거하시기 때문이다(6:19-20). 성령은 교회에 공동체적으로 임재하시기 때문에 성령의 임재하심은 개인적 실재만이 아니다(3:16). 주님은 특별히 예루살렘에 더 이상 계시지 않고 성령을 통해 예수 그리스도의 교회에 거하신다.

### 4) 교회

#### (1) 십자가와 분열

앞에서 우리는 성령이 교회에 임재하신다는 점을 살펴보았다. 특별히 고린도 교회를 괴롭힌 문제는 불일치였다. 신자들은 바울, 아볼로, 베드로 때문에 다투었다(1:11-12; 3:1-4). 고린도전서 1:17-2:16의 주장을 주의 깊게 읽으면, 그들의 싸움은 주로 바울과 아볼로의 수사적 능력을 평가하는 데 중점을 두었던 것 같다.

이 부분에서 바울은 교회의 하나 됨을 요구한다. 특히, 십자가의 메시지를 강조하면서 하나 됨을 요구한다. 고린도 교인들은 세속적 사고에 빠져 있었지만, 바울이 선포한 복음은 매우 달랐다. 십자가의 메시지는 세상에서 어리석다. 따라서 사회에서 가치 있는 것을 뒤집고 전복시킨다. 지식인, 정치적으로 힘 있는 자들, 그리고 부유한 상류층은 일반적으로 십자가의 메시지를 불쾌하게 여긴다.

하나님은 어리석다고 여겨지고 사회적으로 소외된 사람들, 세상에서 아무것도 아닌 자들을 자신의 지혜로 부르신다. 고린도 교인들은 인간의 지혜를 소중히 여기면서 그들이 받아들인 복음과 반대로 살고 있었다. 그러므로 바울은 십자가가 인간을 겸손하게 하고 하나님을 영화롭게 한다는 사실을 상기시킨다. 하나 됨을 위한 길이 십자가에 대한 진정한 이해이다.

교회의 분열은 소송 문제에서 다시 발생한다(6:1-8). 공동체의 부유하고 사회적으로 엘리트 계층에 속한 자들은 소송에 책임이 있을 가능성이 크다. 어쨌든 교회는 법적 분쟁으로 갈라졌다.

바울을 특별히 화나게 한 것은 소송을 믿지 않는 자들에게 가져갔다는 점이다. 고린도 교인들은 특별히 자신들의 지혜를 자랑스럽게 생각했지만, 아이러니하게도, 교회 안에 자신들을 괴롭히는 법적 소송을 판결할 현명한 사람이 없는 것처럼 보였다.

고린도 교인들은 예수 그리스도의 십자가로 구원받은 자로 살아야 했다. 즉, 씻음과 거룩함과 의롭다 하심을 받은 사람들처럼 살아야 한다(6:11). 많은 것을 움켜쥐고 동료 교인들의 돈을 쥐어짜고 손해를 입히려고 애쓰는 대신, 다른 사람에게 기꺼이 불이익을 당하고 속으려고 해야 한다. 왜냐하면, 다른 사람을 위해 불이익을 감수하고자 하는 것이 십자가의 길이기 때문이다.

우상에게 바쳐진 음식(8:1-11:1)이 더 자세히 설명되어 있지만, 이 부분에서도 분열을 찾을 수 있다. 이 경우 갈라진 틈은 약한 자들과 "지식 있는 자"들이라고 불리는 지식이 있다고 주장하는 자들 사이에 존재한다. 왜냐하면, 참되신 하나님은 오직 한 분뿐이며 우상들은 존재하지 않기 때문에, 지식 있는 자는 우상 신전에서 자유롭게 먹고 우상에게 바쳐진 음식을 먹을 수 있다고 생각했다.

그러므로 먹는 음식은 중요하지 않다. 바울은 지식 있는 자들의 사랑이 부족함을 책망했다(8:1-3). 그들은 사랑보다 소위 지식을 높임으로 자신의 무지를 증명한다. 왜냐하면, 그리스도께서 위하여 돌아가신 형제와 자매들에게 관심을 가져야 하고, 그렇게 해서 약한 자들에게 걸림돌이 되어서는 안 되기 때문이다(8:11). 그들은 다시 십자가를 잊어버렸다.

바울은 다른 사람들을 위해 살았다. 이와 같은 삶을 통해 다른 이들이 종말론적 구원을 경험할 수 있었다. 그러므로 여기에서 바울은 예수 그리스도의 예가 된다(9:1-22). 그렇게 그는 십자가의 본을 따랐다.

주의 만찬의 문제에서도 분열이 두드러졌다(11:17-34). 부자들은 가난한 자들의 필요를 무시했기 때문에 긴장이 생겼다. 고린도에서 주의 만찬은 식사 때 행해졌다. 그러나 사회적 엘리트들은 이 기회를 이용해 호화롭게 음식을 먹었고, 일부는 취해 버렸다.

한편, 같이 식사하는 가난한 자들은 먹을 음식이 충분하지 않았다. 바울은 이 상황에 놀랐다. 바울은 주의 만찬에서 이런 행동은 예수님의 죽음을 기념하기 위해서 모이는 목적과 모순된다고 가르친다.

부자들은 주의 만찬에서 예수님의 찢긴 몸과 그들을 위해 흘린 피를 기억한다고 하면서 돌아서서는 주의 만찬이 제시하는 예수님의 자신을 내어주시는 사랑을 본받는 데 실패했다. 대신 그들은 주의 만찬을 자신의 욕망을 충족시키는 수단으로 사용했다.

바울은 사회적 엘리트들에게 그리스도 안에 있는 하나님의 관대한 사랑과 걸맞지 않고 합당하지 않은 방식으로 주의 만찬에 참여하고 있음을 상기시켰다.

교회의 분열은 영적 은사 문제에서도 드러났다(12:1-14:40). 영적 은사 문제는 다음에 더 자세히 설명하겠지만, 여기에서는 분열에 초점을 맞추려고 한다. 이것은 바울이 고린도 교인들이 행하는 은사를 통해 다른 사람들보다 자신들을 높이는 문제를 언급하는 데서 분명해진다. 특별히 이 은사는 방언의 은사로 보인다(12:14-26; 14:1-19).

그러므로 바울은 은사가 성부, 성자, 성령을 통해 주어지고(12:4-11, 27) 자기 자신의 영성에 달려 있지 않다는 점을 가르치려고 노력했다. 은사는 자신을 세우거나 드러내기 위해서가 아니라 다른 사람들을 강하게 하고 세우는 목적을 가진다(14:1-19). 바울은 십자가를 언급하지 않지만, 예수님의 십자가에서 자신을 내어 주심은 은사 사용의 모범이다.

고린도전서 13장, 사랑 장(13:1-13)은 예수 그리스도께서 자신이 소유한 자들에게 보이신 사랑의 종류에 관해 설명한다. 사랑은 교회가 가야 할 평화의 길이다.

### (2) 교회의 치리

바울은 5장에서 교회의 치리에 대해 논의한다.

어떤 남자가 분명하게 자신의 계모와 성적 관계를 맺고 있었다(5:1). 아마도 고린도 교인들은 그 사람이 부유하고 영향력이 있었기 때문에 책망하기 꺼려했을 것이다.

고린도 교인들은 바울이 이전에 쓴 편지를 오해했다(5:9-10). 그리스도인들은 죄악의 삶의 방식으로 살아가는 사람과의 관계를 끊어야 한다고 이해했다. 고린도 교인들은 그렇게 살아가는 불신자와의 관계를 끊어야 한다는 결론을 내렸다. 아마도 너무나 비현실적이라고 생각했기 때문에 바울의 조언을 무시했을 것이다. 그러나 바울은 세상 사람들과의 사회적 관계가 아니라 신자로 알려진 사람들을 이야기하고 있다고 분명히 밝힌다(5:10-11).

바울이 교회의 지도자들에게만 아니라 함께 모였을 때 전체 교회 공동체가 행해야 할 것을 가르치고 있다는 점에 주목해야 한다. 신자들은 뻔뻔스럽게 죄를 지으면서 살아가는 사람들을 내쫓아야 할 책임이 있다(5:12-13). 세상은 사탄의 영역이기 때문에(참조, 고후 4:4; 엡 2:2; 요한 1서 5:19), 사탄에게 넘겨주는 것은 교회에서 쫓겨남을 의미한다(5:5). 바울의 주된 관심은 교회의 순결과 그것이 세상에 증거되는 것이다. 죄를 용납하면 악이 누룩 덩어리처럼 퍼지게 되기 때문이다(5:6).

바울은 구약의 출애굽 신학을 끌어온다. 교회는 유월절 희생 때 옛 이스라엘과 같이 누룩을 제거해야 한다. 누룩은 악을 상징한다. 유월절 희생은 그리스도의 죽음이다(5:7-8). 다시 한번, 그리스도의 십자가와 그 십자가를 통해 성취된 구원은 고린도 사람들 삶의 기초가 된다.

### 5) 구원의 선물

고린도 교인들에게 보낸 첫 번째 편지는 특정한 문제들을 다루기 위해서 썼기 때문에, 바울은 구원의 본질에 대해 자세히 논하지 않는다. 이미 우리는 성령을 받음이 신자 됨을 나타낸다는 점을 살펴보았다(2:12; 6:19). 사실 그리스도인들은 성령의 사람으로 정의된다(2:10-3:1). 또한, 바울은 앞에서 언급한 대로(1:18-25; 2:2) 십자가의 강력한 메시지를 강조한다. 그리스도의 죽음으로 믿는 사람들의 죄 용서가 보장된다(15:3).

하나님의 은혜의 능력과 효력은 특별히 두드러진다(1:4). 신자들은 하나님의 은혜로 믿음의 부르심을 받았다. "부르심을 받다"(1:2, 24, 26)는 거절될 수 있는 믿음으로의 초대를 의미하지 않는다. 대신에 부르심은 효력이 있으며, 믿도록 반드시 설득한다.

부르심은 전파하는 것(케뤼소, *kēryssō*, 1:23)과 구별된다. 왜냐하면, 유대인과 이방인 모두에게 전파되기 때문이다. 그러나 십자가의 메시지는 오직 부르심을 받은 자들에게만 하나님의 지혜와 능력으로 계시된다(1:24). 바울은 '부르심'(1:26)을 더 자세히 정의한다(1:27-28). 왜냐하면, 이 구절들에서 바울은 부르심이 하나님의 어리석고, 약하고, 세상의 아무것도 아닌 자들에 대한 선택과 택하심으로 분명해진다고 설명하기 때문이다.

우리에게는 또 다른 증거가 있다. 하나님의 부르심은 효과적이다. 십자가에 못 박히신 그리스도의 메시지는 자동으로 받아들여지지 않는다(2:14). 그것은 하나님의 효과적 부르심을 받는 사람들에 의해서만 받아들여진다.

그러므로 구원에 있어서 모든 영광과 자랑은 하나님께 속한다(1:29, 31). 바울이 신자들은 하나님에 의해 알려져 있다(에그노스타이, *egnōstai*)고 말할 때도 같은 개념을 볼 수 있다. 하나님의 지식은 단순히 미리 아심만을 말하는 것이 아니라 그분이 주시는 언약적 사랑을 나타낸다(갈 4:9; 참조, 롬 8:29; 11:2; 벧전 1:2). 이 개념은 구약의 개념이다. 하나님의 언약적 사랑과 지식이 아브라함(창 18:19), 이스라엘(암 3:2) 그리고 예레미야(렘 1:5)에게 주어진 점이 구약에 나타난다.

하나님의 은혜는 또한 최종적 구원을 보장한다. 왜냐하면, 하나님은 신실하시므로 성도로 부르신 자들을 끝까지 지키시고 보호하실 것이기 때문이다(1:8-9; 10:13; 참조 살전 5:24; 살후 3:3; 딤후 2:13). 하나님의 구원을 얻은 자들은 자신들에게 내재된 거룩함이 아니라 죄의 용서를 베푸는 예수 그리스도의 십자가와 부활로 성화되고 거룩해진다(1:2; 6:11).

바울은 또한 신자들이 의롭게 되었고 씻김 받았다고 말한다(6:11). 후자는 아마도 그리스도의 사역을 통해 그들의 죄가 깨끗하게 됨을 상징하는 세례를 의미할 것이다. 의롭게 하다(디카이오오, *dikaioō*)는 법정적으로 해석해야 한다(참조, 신 25:1; 왕상 8:32; 롬 2:13; 3:20, 24, 26, 28, 30; 4:2, 5; 8:30, 33; 고전 4:4; 갈 2:16; 3:8, 11, 24; 딤전 3:16). 그리스도께 속한 사람들은 그리스도의 죽음과 부활에 기초하여 하나님 앞에서 옳다고 선언되었다.

### 6) 부활

고린도전서의 중요한 주제 중 하나는 그리스도의 부활과 그것이 신자의 부활에 대해 가지는 의미이다. 15장은 어떤 고린도 교인들이 신자들의 육체적 부활을 의심해서 문제가 발생했다고 말한다. 아마도 그들은 육체적 부활이라는 개념을 싫어했던 그리스-로마 문화의 영향을 받았을 것이다. 바울은 15장에서 죽은 자들 가운데 그리스도께서 부활하셨다는 사실을 강조하면서 논쟁을 시작한다.

그리스도께서 죽음 이후 몇몇 사람에게 나타나심으로 육체적으로 일으킴을 받았다는 사실이 입증된다고 논의를 발전시킨다(15:4-8). 바울은 단순한 환상이었다는 생각을 반박한다. 한 번에 500명 이상에게 나타난 사실도 이 점을 반박한다(15:6). 500명이 동시에 환상을 경험했을 가능성은 거의 없기 때문이다. 바울은 부활하신 그리스도를 보았던 많은 사람이 여전히 살아 있음을 강조한다. 이는 부활에 대한 그들의 증언이 단순히 역사적 기록이 아니라 살아 있는 증언으로 입증될 수 있음을 의미한다.

고린도전서 15:12-19에서 바울은 예수님의 부활과 신자들의 부활 사이의 관계를 살핀다. 신자들의 육체 부활을 부인하면, 그리스도의 부활을 믿지 않는 것이라고 주장한다. 이 구절들은 네 번이나 그리스도의 부활과 신자들의 부활 사이의 떼어 놓을 수 없는 관계를 설명한다.

모든 신자는 아담보다 그리스도 안에 있기 때문에(15:20-22), 그리스도께 사실인 것은 신자들에게도 사실이다. 아담 안에서 모두가 죽은 것처럼, 그리스도 안에서 모두 부활의 생명을 얻게 될 것이다. 그리스도께서 죽은 자 가운데서 일으킴을 받지 않으셨다면 따라오는 결과도 마찬가지이다. 사도의 전파는 헛되고 거짓되며(15:14-15), 고린도 교인들의 믿음은 쓸데없으며(15:15, 17), 그들의 죄는 용서받지 못한다(15:17). 그들은 종말론적 멸망으로 향하고(15:18), 거짓말을 믿는 불쌍한 자가 된다(15:19).

고린도전서 15:23-28은 중요한 생각을 덧붙인다. 그리스도의 부활과 신자들의 부활 사이에는 간격이 있다. 그리스도는 "첫 열매"(15:20, 23)이시다. 신자들은 마지막 날, 죽음이 패배하고 악한 영적 존재들이 지배력을 잃어버리고 그리스도께서 그 왕국을 하나님께 드릴 때 일으킴을 받을 것이다. 그러므로 신자들이 죽을 육체를 가졌다는 사실은 육체적 부활에 반하는 증거가 아니다.

바울은 29-34절에서 부활을 믿어야 할 다른 이유를 제시한다. 죽은 자를 위한 세례(주석을 보라)는 미래의 부활이 없다면 의미가 없다. 그러므로 장차 부활이 없다면 바울의 사역에서 고난은 의미가 없다. 바울은 고린도 교인들이 흠 있고 타락한 사람들의 영향을 받아 길을 잃었다고 제안한다.

마지막으로 35-38절에서 바울은 미래의 부활 가능성에 대한 반대가 있다고 말한다. 분명히 어떤 사람들은 부활은 상상하기 어렵고 불가능하다고 생각했다. 그는 부활에 대한 믿음의 타당성을 보여 주기 위해 많은 설명을 한다. 바울은 '죽은' 씨앗에서 나오는 생명, 즉 씨앗이 심긴 후에 나오는 식물을 하나님이 기존 생명과 매우 다른 형태로 만드실 수 있음을 보여 준다(15:36-38).

땅에 속한 몸과 하늘에 속한 몸의 다양성은 하나님이 죽은 자 가운데서 신자를 일으키는 창조의 능력을 갖추고 계심을 증명한다(15:39-41). 이제 '육체적' 생명은 그 풍부한 다양성으로 특징지을 수 있으므로 우리는 하나님이 미래에 새로운 생명을 창조하실 수 있음을 분별할 수 있어야 한다.

바울은 현재와 미래의 몸 사이의 불연속성을 언급한다(15:42-44). 현재의 몸은 썩고, 욕되고, 약하고, 육적이다. 미래의 몸은 썩지 않고, 영광스럽고, 강하고, 영적이다. '영적'이라는 단어는 몸이 육체가 아닌 것을 의미하지 않는다. 중요한 점은 몸이 성령에 의해 살아나고 힘을 얻는다는 점이다.

부활을 의심하는 사람들은 현재와 미래 사이의 연속성과 불연속성 모두를 고려해야 한다. 먼저 아담이 왔고, 그 이후에 그리스도가 오셨다(15:45-49). 신자들은 아담에게서 육적이고 죽을 몸을 받지만, 그리스도로 하늘에 속한 몸을 받아 하늘에 속한 영역에서 살 수 있는 몸을 받는다.

그러므로 혈과 육의 몸을 가진 신자들은 하나님 나라에 들어갈 수 없다(15:50). 그러나 그리스도께서 오실 때, 그들의 몸은 즉시 변화될 것이다. 죽은 자들은 일으킴을 받으며, 살아 있는 자들은 변화될 것이다(15:51-52). 썩을 것과 죽을 것은 썩지 않을 것과 죽지 않을 것으로 바뀔 것이다(15:53-54). 그리고 사망과 죄는 예수 그리스도로 말미암아 통해 영원히 사라질 것이다(15:55-57).

### 7) 새로운 생명을 살아감

고린도전서는 권면(parenetic)의 편지로 정의할 수 있다. 따라서 신자들이 부르심을 받아 살아야 할 새로운 삶은 고린도전서에서 중심적 역할을 한다. 우리는 이미 신자들이 다른 이들과 서로 연합하여 살도록 부르심을 받았다는 점을 살펴보았다. 이 주제를 다시 반복하지는 않을 것이다. 고린도전서에 나오는 몇몇 주제는 그리스도인의 도덕적 특징인 신자들의 새로운 삶이 바울의 중대한 관심이었음을 보여 준다.

고린도전서는 교회의 성 윤리에 주목한다. 5장에서 고린도 교회는 계모와 근친상간하면서도 그리스도인이라고 주장하는 사람을 용납하고 있었다. 바울은 이와 같은 상황을 받아들이면 교회가 세속 사회보다 더 침몰할 것이라고 매우 화를 냈다. 실제로 그의 근본적 관심은 교회의 용납이 전체 공동체에 바이러스와 같은 영향을 미칠 것이라는 점이었다(5:6).

바울은 고린도 교회가 결단력 있게 행동하도록 요구한다. 그리스도인의 도덕적 아름다움이 교회 밖 사람들의 마음을 움직여서 하나님께 영광을 돌리게 해야 한다. 교회는 '악과 악의'가 아니라 순전함과 진실함으로 특징지어져야 한다(5:8).

바울은 6:12-20에서 성 윤리와 관련해서 자신의 몸으로 하나님께 영광을 돌리라는 명령을 강조한다. 어떤 고린도 교인들은 육체와 관련된 것은 중요하지 않다고 말하는 전형적 그리스 문화의 견해를 받아들인 것 같다. 이와 같은 입장은 미래의 부활에 대한 고린도 교인의 의심과 잘 맞는다(15:1-57). 우리 몸은 썩게 되어 있고 영혼만이 중요하다면 먹고 마시는 욕망을 채우는 방식으로 성적 욕망을 자유롭게 탐닉할 수 있다(6:13). 바울은 몸의 중요성과 신자들의 주님과의 연합을 강조한다(6:13-17).

주 예수께서 부활하신 것처럼 신자들의 몸은 죽음에서 일으킴을 받을 것이며, 따라서 우리의 몸은 영원한 중요성을 가진다. 더욱이 신자들은 그리스도와 연합하고 그분께 속했기 때문에, 매춘부와의 성관계는 매우 부적절하다. 성적 죄는 그 몸에 죄를 짓기 때문에, 특별히 몸이 더럽혀지고 손상되는 의미를 가진다(6:18).

결국, 신자는 자기 운명의 선장과 자기 영혼의 주인이 아니다. 그들은 예수 그리스도의 보혈로 산 것이 되었고 그리스도께서 그들의 주인(master)과 주님(Lord)이 되신다(6:19-20). 또한, 성령께서 그들 가운데 거하신다(6:19). 그러므로 그들은 자기 몸을 그리스도의 피로 산 성령의 전인 것처럼 하나님께 영광을 돌려야 한다.

그리스도인들이 살아야 할 삶은 처녀에 대한 논의에서도 엿볼 수 있다(7:32-35). 결혼했다면, 반드시 아내나 남편을 기쁘게 하는 방법을 고려해야 한다. 독신의 장점은 가정생활과 집에 얽매이지 않고 주님을 기쁘시게 하려고 전적으로 자신의 에너지를 드릴 수 있다는 점이다. 분명히 바울은 후자를 경멸하지 않는다. 그리고 하나님께 헌신하는 삶을 살아갈 자유를 위해서 독신을 추천한다.

이와 관련하여 주목할 만한 단락은 7:17-24이다. 이 단락은 결혼과 처녀에 대한 논의의 한가운데 있으며 이 단락의 위치는 중요하다. 이 단락에서 신자들은 부르심을 받은 그 부르심에 남아 있도록 네 번이나 요청받는다. 혼자라면 결코 결혼하지 말아야 한다는 의미는 아니며, 노예라면 자유를 피해야 한다는 의미도 아니다(7:21).

바울은 믿는 자로서 유익하다면 자기 삶의 위치를 바꾸어야 한다는 생각을 바로잡고 싶어 한다. 그들의 삶은 더 이상 그들 자신의 것이 아니다. "값으로 사신 것"이 되었기 때문이다(7:23). 사회에서 자신의 지위가 바뀌면 더 유익할 것으로 생각해서는 안 된다. 대신에 주어진 어떤 상황에서도 주를 섬겨야 한다.

구원받은 사람의 삶이 가지는 의미는 소송과 관련된 본문에서 분명해진다(6:1-8). 어떤 의미에서, 이 문제들은 매우 사소하다. 왜냐하면, 일상생활의 문제를 다루는 민사 소송과 관련이 있었을 것이기 때문이다. 바울을 괴롭게 한 것은 갈등이 아니라 불신자들에게 공동체 내의 분쟁을 해결해 달라는 호소 때문이었다.

신자는 사랑의 길을 추구해야 하고 속이고 속는 일을 허용해야 한다. 그러나 실제로 그들은 다른 사람을 속이고 사기를 치면서 다른 방향으로 움직이고 있었다. 이런 행동은 신자들에게 주어진 새로운 삶과 일치하지 않는다. 그들은 세례로 씻김 받았으며, 회심할 때 거룩하게 되었고, 하나님 앞에서 의롭다고 선언되었다(6:11). 불화와 속임은 주님의 거룩한 백성 됨이 의미하는 바와 모순된다.

우리는 주의 만찬에서 같은 종류의 불일치와 이기심을 본다(11:17-34). 부자들은 분명히 배불리 먹고 호화롭게 술을 마시면서 가난한 사람들의 필요를 무시했다. 다른 이들에게 자신을 내어 주는 사랑을 의미하는 주의 만찬을 기념하면서도 공동체의 갈라진 틈으로 다른 이들을 무시하는 것은 매우 기형적이다. 다시 바울은 신자들에게 십자가의 빛에 비추어 새로운 방식으로 살도록 요청한다.

바울은 신자들에게 앞에서 언급한 것처럼 "음행을 피하라"고(6:18) 또한 "우상 숭배를 피하라"고(10:14; 참조, 10:7) 권면한다. 우상 숭배의 주제는 다음에 우상에 바쳐진 음식을 다룰 때 더 생각해 볼 것이다. 우리는 여기에서 구약의 영향을 볼 수 있다. 구약에서 주님은 가장 사랑하는 분이 되어야 하고, 다른 신들의 숭배는 용납되지 않기 때문이다(20:3-6). 그리스도께서 구속하신 사람들은 그 삶에서 우상 숭배를 위한 공간을 허용해서는 안 된다.

신자들을 위한 새로운 삶의 방식은 사랑이다. 사랑은 십자가에서 자신을 내어 주신 사랑에서 가장 잘 드러난다. 유명한 사랑 장(고전 13장)은 영적 은사에 대한 논의 한가운데 놓여 있다. 영성은 황홀경의 경험이나 놀라운 재능으로 평가되지 않는다. 영성은 자신을 다른 사람에게 주는 희생적 사랑의 삶에서 드러난다. 영적 은사를 사용하여 다른 이들을 세우는 부르심은 서로 사랑해야 한다는 말의 또 다른 표현이다.

비슷하게 우상에 바쳐진 음식에 대한 논의를 시작하면서, 바울은 사랑의 우월성을 높이고 있다(8:1-3). 지식 있는 자들은 우상과 우상 음식이 가지는 중요성에 대한 통찰력을 가졌다고 자랑스럽게 생각했다. 그러나 지식을 가졌다고 하는 자들은 우상에 바쳐진 음식을 먹음으로 시험에 들게 된 약한 자들의 삶을 돌보지 않고 냉담한 자존심을 나타냈다.

고린도전서 9장은 우상에 바쳐진 음식에 대한 논의를 중개하는 역할을 한다. 영적 은사에 대한 논의에서 13장과 같은 역할을 한다. 9장은 13장과 비슷한 목적을 가진다. 왜냐하면, 바울은 자신을 다른 사람을 위해서, 특별히 그들의 구원을 위해 대가를 지불하고 권리를 포기하는 모범으로 제시하기 때문이다. 다른 말로 하면, 바울은 자신의 유익을 추구하는 대신 사랑의 원칙을 따라 다른 사람의 유익을 추구하는 사역을 한다.

실제로, 고린도전서에 나타나는 모든 윤리적 잘못은 사랑 없음이 이유가 될 수 있다. 하나 되지 못함은 자신에 대한 몰두와 자기애(나르시시즘)를 반영한다. 왜냐하면, 조화는 사랑의 열매이기 때문이다. 바울이 교만으로 생각하는 파벌을 부추기는 행위(1:29, 31; 4:6-7, 18-19)는 우리의 삶에 생명을 불어넣는 사랑의 원칙에 어긋난다.

마찬가지로, 주의 만찬에서 부자들이 가난한 사람을 대하는 태도는 도덕적으로 눈이 멀었음을 나타내고, 그들의 자존심을 말해 준다. 사랑을 모든 행동에 대한 용납으로 정의한다면 교회에서 근친상간의 허용은 사랑으로 보일 수 있다. 그러나 이런 정의는 성경의 윤리에 반대된다. 왜냐하면, 사랑은 거룩함으로 드러나야 하기 때문이다. 심지어 근친상간은 이방인 중에서도 없는 것이다(5:1).

소송에서 다른 사람을 속이고 사기를 치는 것은 분명히 사랑이 아니다(6:1-8). 그러므로 사랑은 다른 사람들의 유익을 구하고, 그리스도인의 몸은 하나님께 영광을 돌려야 하기 때문에(6:20), 헌신되지 않은 관계에서 아무렇게나 다른 사람과 성적 쾌락을 누리는 것은 사랑과 반대된다(6:12-20).

### 8) 우상에 바쳐진 음식

우상에 바쳐진 음식은 고린도전서 해석에서 가장 어렵고 논란이 되는 문제이다. 여기에서 제시된 모든 견해를 다 요약할 수 없지만, 가장 인기 있는 견해 몇 가지를 언급하려고 한다.

약한 자들이 시험에 들지 않았고 배경이 종교적이 아니라 사회적이라는 점에서, 바울이 신자들이 신전에서 우상에 바쳐진 음식을 먹는 것을 허락했다고 많은 학자가 주장한다.

예를 들어, 웬델 윌리스(Wendell Willis)는 신전으로의 초대 목적은 종교적이 아니라 사회적이었다고 주장한다. 따라서 약한 자들의 양심이 상하

지 않는 경우에는 참여가 허용됐을 것이다.[19]

고든 피(Gordon Fee)와 같은 학자들은, 신전의 경우 사회적, 종교적 구분이 어려우므로, 이방 신전에서 음식을 먹으면 결코 안 된다고 주장한다.[20] 다시 말해, 생일 축하의 경우에도 성전의 모든 식사는 본질적으로 종교적이었다. 그러므로 피의 주장은 신자들이 우상의 신전에서 음식을 먹는다면 우상 숭배를 범한다는 주장이다.

반면에 많은 주석가가 신자들이 음식을 시장에서 샀다면, 우상에 바쳐진 음식인지 알고도 음식을 먹을 권리가 있다고 생각한다(8:9). 그러나 약한 그리스도인이나 불신자들이 음식이 우상에 바쳐진 것이라고 밝히면 신자들은 삼가야 한다. 약한 자들이 모른다면, 시장에서 파는 음식은 우상에 바쳐진 것을 알아도 먹을 수 있다는 이해이다.

여기에서 나는 신자들은 우상에게 바쳐진 음식이라는 것을 안다면 그 음식을 먹으면 안 된다는 바울의 입장을 변호하려고 한다. 최근 많은 학자가 이 해석을 지지한다.[21]

이 견해는 다음과 같은 이유로 가장 설득력이 있다.

첫째, 우상에게 바쳐진 음식을 먹는 것은 신약에서 공식적으로 금지되어 있다(행 15:29; 21:25; 계 2:14, 20).

둘째, 이 문제가 역사적으로 어떻게 받아들여졌는가 하는 점이 중요하다. 초대 교회는 그리스도인들이 우상에 바쳐진 음식을 먹지 말아야 한다는 데 의견이 일치했다. 그리스도인들에게 우상에 바쳐진 음식을 먹도록 허락된 경우는 없다.

셋째, 신자들은 음식이 우상에 드려졌는지 구분하려고 노력할 필요가 없다(고전 10:27-30). 그들은 음식이 우상에게 바쳐졌는지 묻지 않고 모든 음식을 자유롭게 먹을 수 있지만, 만약에 우상에게 바쳐졌다는 말을 들었

---

19 Willis, *Idol Meat in Corinth*.
20 Fee, 'Eidōlothyta Once Again', 172-197.
21 예를 들어, Cheung, *Idol Food in Corinth*을 보라. 또한, 고린도전서 8:1-11:1에 대한 Garland와 Schnabel의 주석을 보라.

다면, 먹지 말아야 한다.

넷째, 바울이 우상에게 바쳐진 음식에 대해 말하는 것을 로마서 14:1-15:6의 음식에 대한 권면과 혼동해서는 안 된다. 두 구절은 많은 유사점이 있지만 중요한 차이점도 있다. 로마서는 구약의 음식법이 정의하는 부정한 음식을 먹는 문제이지만(롬 14:1-3, 6, 14-15, 20-21, 23), 고린도전서 8-10장은 우상에 바쳐진 음식을 말한다. 바울은 "우상에 바쳐진 음식"(에이돌로뒤톤, *eidōlothytōn*, 개역개정: 우상의 제물)을 로마서에서는 사용하지 않는다. 상황이 확실히 다르고 혼동해서는 안 된다.

신자들은 모세 언약과 그 금지하는 것의 영향을 받지 않기 때문에, 바울이 로마서에서 가르치는 것처럼 부정한 음식을 먹을 자유가 있다. 반면에, 그들은 우상 숭배를 범하지 말아야 한다. 바울은 우상에 바쳐진 제물을 먹는 것은 우상 숭배라고 믿고 있다(10:14, 18-22).

이 제안과 반대되는 핵심적 주장은 8:9이다. 이 구절에서 바울은 고린도 교인들의 우상 신전에서 먹을 "권리"(엑수시아, *exousia*, 개역개정: 자유)를 말한다. 바울은 이 주장에 덧붙여 우상은 존재하지 않으며 우상 제물은 객관적으로 아무런 문제가 없다고 주장한다(8:4-6).

이와 같은 읽기는 가능하지만, 아마도 잘못되었을 것이다. 왜냐하면, 아마도 그들은 이방 신전에서 우상에 바쳐진 음식을 먹는 것이 금지된다는 바울의 가르침에 익숙했었기 때문에, 바울이 8:9에서 그들이 말하는 먹을 권리에 대해 말하는 것일 수 있다. 다시 말해서, 고린도 교인들은 바울과 반대되는 결론을 내리고 그들은 자유를 불법적으로 확장했다. 그러므로 여기서 권리는 고린도 교인들이 주장한 것이지, 바울이 승인한 것은 아니다.

바울은 동의하지 않는 이유를 분명히 논증한다. 8장에서 자유를 주장하는 사람들에 대해 즉시 대답하지 않는다. 그는 사랑의 중심성(8:1-3), 하나님의 하나 되심과 그리스도의 주 되심, 우상과 우상의 제물(우상에 바쳐진 음식)에 대한 의미, 그리고 약한 자들에 관한 관심과 관련해서 신학적으로 논의한다. 그는 8장에서 약한 자들에게 미치는 부정적 영향에 관심을 집중시킨다.

바울은 9장에서 자신을 예로 설명하지만, 결론(9:24-27)에서 우상의 제물을 먹는 사람들이 직면한 위험을 소개하기 시작한다. 그 위험은 배교이다. 이스라엘 역사의 많은 예(10:1-11)는 이 점을 뒷받침한다. 즉, 우상 숭배는 넘어질 위험이 있지만, 그들은 '든든히 설 수 있다'는 생각을 한다(10:12). 우상 숭배는 피해야 한다(10:14). 그 길을 가는 사람들은 하나님의 나라를 상속받지 못한다.

바울은 10:19-22에서 이 점을 분명히 한다. 우상과 우상의 제물은 아무 것도 아니지만, 우상 뒤에는 귀신이 존재한다. 그러므로 우상에 바쳐진 음식을 먹는 사람들은 악한 영의 힘에 참여하고 우상 숭배의 죄를 짓는다. 바울은 밝혀지지 않았다면 시장에서 파는 음식을 먹는 것을 반대하지 않는다(10:23-11:1). 그러나 우상의 제물로 밝혀지면 먹는 것을 삼가야 한다.

### 9) 영적 은사와 교회

영적 은사는 고린도전서에서 중요한 역할을 한다. 앞에서 말했듯이, 영적 은사에 대한 논의는 그리스도의 주권에 기초한다(12:3). 영적 은사는 그리스도의 주권 아래서 행해야 한다. 은사는 그 사람의 됨됨이와 재능을 나타내지 않는다. 은사를 행하는 사람들은 그리스도의 종이다.

고린도전서(12:8-11, 28-30)에는 다양한 은사가 나타난다. 은사는 다른 본문에도 나타나기 때문에, 고린도전서에 있는 은사의 목록은 완벽하지 않다. 12-14장에서 길게 논하지만, 은사에 대한 논문이나 완전한 설명이 아니다. 아래의 표 7에는 다양한 영적 은사가 나열된다. 여기에서 다양한 은사의 본질과 정의에 대해서는 언급하지 않겠다. 이 부분은 각 구절을 주석할 때 다루겠다.

| 로마서 12:6-8 | 고린도전서 12:7-10 | 고린도전서 12:28 | 에베소서 4:11 |
|---|---|---|---|
|  |  | 사도 | 사도 |
| 예언 | 예언 | 예언 | 예언 |
|  |  |  | 복음 전하는 자 |
|  | 영들 분별함 |  |  |
|  | 지혜의 말씀 |  |  |
| 가르치는 자 | 지식의 말씀 | 교사 | 목사와 교사 |
| 위로하는 자 |  |  |  |
|  | 능력 행함 | 능력 행함 |  |
|  | 병 고치는 은사 | 병 고치는 은사 |  |
| 섬기는 일 |  | 돕는 것 |  |
| 다스리는 자 |  | 다스리는 것 |  |
|  | 각종 방언 말함 | 각종 방언 말함 |  |
|  | 방언들 통역함 |  |  |
| 구제하는 자 |  |  |  |
|  | 믿음 |  |  |
| 긍휼을 베푸는 자 |  |  |  |

표 7. 바울서신에서 영적 은사

    고린도전서의 경독(거울 읽기, mirror reading)과 인간 본성의 이해는 몇몇 고린도 교인들이 자신들이 행하는 은사, 특별히 방언의 은사를 가졌을 때, 자신들을 다른 사람보다 한두 단계 높은 수준으로 생각했음을 보여 준다.

    바울은 은사가 어떠한 자랑의 근거도 될 수 없다는 점을 강조하기 위해 노력한다. 다양한 은사 뒤에는 동일한 성령이 계시며(12:4), 여러 종류의 섬김 뒤에는 동일한 주님(12:5)이 계신다. 은사의 다양한 결과와 영향 뒤에는 동일한 하나님(12:6)이 계신다. 은사를 행하는 사람이나 섬기는 사람은 결과를 만드는 사람의 재능 대신, 성령과 성자와 성부를 보아야 한다.

    하나님의 주권에 주의를 기울여야 한다. 몸에서 지체의 기능은 하나님이 주셨으며, 그분의 뜻을 나타낸다(12:18).

그러므로 사도이든 선지자이든 교사이든 하나님의 뜻으로 생각해야 한다(12:28). 특별한 은사에서 오는 영광도 하나님의 지혜와 통치에서 온다(12:22-24). 그러므로 누구든지 우월하거나 열등하다고 느낄 이유가 없다(12:15-16).

위에서 말했듯이, 몸의 다양성은 하나님의 지혜를 반영한다. 몸은 하나 됨과 다양성으로 표현된다(12:20). 우리는 잠시 멈추고 바울이 교회를 몸과 비교하는 것에 주의를 기울여야 한다(12:12, 13, 14, 15, 16, 17, 18, 19, 20, 22, 24, 27). 많은 지체가 있지만, 몸은 하나이기 때문에 몸은 교회의 하나 됨과 다양성을 아름답게 보여 준다(12:20). 바울은 온몸이 한 눈이 되거나 온몸이 한 귀가 되는 불합리성을 유머스럽게 표현한다(12:17). 그러므로 몸의 일치와 다양성은 교회를 창조하신 하나님의 목적을 반영하며, 자신의 은사에 대한 어떠한 자랑이나 당혹감은 배제된다.

은사의 목적은 교회를 세우고, 교회의 덕을 세우며, 교회를 강하게 하는 것이다. 그러므로 신자들은 교회를 세우기 위해 더 큰 은사를 사모해야 한다. 바울이 12-14장에서 말한 것을 고려하면, 더 큰 은사는 영적 우월성을 나타내지 않는다. 은사로 영적 우월성을 주장하는 것은 교만하게 한다. 이것은 12-14장이 말하는 근본적 목적과 반대된다.

예언은 방언보다 더 낫다. 그러나 이것은 예언하는 자가 더 영적이기 때문이 아니라, 통역하지 않은 방언은 이해할 수 없어서 다른 이들을 세울 수 없기 때문이다(14:2-5).

바울은 고린도 교인들에게 덕을 세움이 신자들이 함께 모이는 목표임을 분명히 하기 위해 노력했다. 그리고 덕을 세움은 '이해'할 때 일어난다. 덕을 세움은 '마음'을 통해 일어난다. 바울은 이 점을 알려 주기 위해 여러 가지 예를 제시한다.

예를 들어, 누군가가 거문고와 피리를 너무 형편없이 연주해서 어떤 곡을 연주하고 있는지 아무도 모른다면 유익하지 않다(14:7). 그리고 전쟁에 대한 경보를 울려야 하는 나팔이 분명한 소리를 내지 못하면 아무도 전쟁을 준비하지 않을 것이다(14:8).

이해할 수 없는 방언을 말하면 벽과 대화하는 것과 같다. 언어가 이해되지 않으면, 다른 문화의 사람과 대화로는 아무 유익을 얻지 못한다(14:10-11). 사람들은 그 '마음'에 깨달음이 있을 때 세움을 받는다. 그러므로 말한 것을 이해해야 '아멘' 할 수 있다(14:13-19). 바울은 세움이 마음과 상관이 있고 이해를 통해 이루어진다고 말한다. 여기에서 질문이 하나 생긴다.

만약 하나님의 주권으로 은사를 받았다면, 왜 특정한 은사를 추구해야 하는가?

몇 가지 대답이 가능하다. 아마도 바울은 공동체 전체를 염두에 두고 있었을 것이다. 개인이 아니라 교회 전체가 더 큰 은사를 추구해야 한다는 말을 하려고 한다. 그러나 또한 바울은 교회의 개인을 염두에 두고 있다. 그들은 개인적으로 더 큰 은사를 추구해야 한다. 성경에서 하나님의 주권과 인간의 결정 사이의 긴장은 전형적이다.

예를 들어, 잠언 2:1-5는 인간이 지혜를 찾아야 한다는 점을 강조하지만, 잠언 2:6은 주께서 지혜를 주신다고 확언한다. 두 진리는 서로 모순되지 않는다. 두 가지 다 사실이다. 하나님은 주사위가 던져지는 곳에서도 모든 것을 다스리신다(잠 16:33). 인간의 결정은 진정하고 참되다.

고린도전서 14:20-25의 논의는 매우 어렵다. 자세한 내용은 주석을 참고해야 하지만, 바울은 통역이 없는 방언은 다른 사람을 격려하거나 힘을 주지 못한다고 강조한다. 불신자와 관심이 있지만 방관하는 사람들은 방언을 말하는 사람들이 제정신이 아니라고 생각할 것이다. 무슨 일이 일어나고 있는지 이해하지 못하면 덕은 세워지지 않고 오히려 흩어져 버릴 것이다. 바울은 편지의 독자들에게 이사야 28장을 상기시킨다. 앗수르 사람들의 말은 심판의 날이 왔음을 의미한다.

바울은 이사야 28장을 비슷하게 사용한다. 그의 요점은 통역되지 않은 언어는 교회에서 불신자들을 몰아내 심판을 가져올 것이다. 신자들은 '불신자의 심판이 아니라 구원을 원해야 한다.' 그러므로 예언이 훨씬 더 좋다. 왜냐하면, 불신자들이 예언의 말씀을 들을 때 그 말씀을 이해하고 회개하고 주께 돌아올 수 있기 때문이다.

은사 사용의 한 가지 가치가 '덕을 세움'이라면, 다른 가치는 '질서'와 '평화'이다. 다른 신자들과 모임은 질서가 있어야 하고 혼란스럽지 않아야 한다. 바울은 질서 자체를 위해서 질서에 가치를 두지 않는다. 질서는 덕을 세우기 위해 추구해야 한다. '질서'라는 단어는 교회가 모일 때 원하는 모든 측면을 포함하지 않는다.

고린도전서 14:26-33에서 우리는 폭넓은 참여로 한두 명이 모임 시간을 좌우하지 않도록 질서를 추구해야 함을 알 수 있다. 바울은 교회가 모일 때 많은 사람에게서 듣고 풍성해짐을 알고 있다. 한 사람이 계속 예언하는 대신 다른 사람에게 기회를 줘야 한다(14:31-32).

바울은 일부 사람이 교회 모임을 통제하는 경향에 대해 알고 있었다. 방언과 예언에도 질서가 필요하다. 모일 때 두세 명만 방언으로 말해야 하고 한 번에 한 사람만 말해야 한다(14:27). 같은 시간에 방언을 통역할 수 있는 사람이 있어야 한다는 점이 중요하다.

어떤 사람들은 모든 사람이 같이 방언으로 말하는 것을 놀라운 영적 경험이라고 생각할 수 있지만, 바울은 혼란스럽고 도움이 되지 않기 때문에 거부한다. 통역하지 않은 방언은 공동체를 세울 수 없으므로 금지된다. 질서에 대한 바울의 관심은 이와 같은 제한을 두는 데서 증명된다. 전체 시간을 방언과 예언으로 채우면 안 된다(14:27, 29). 두세 사람이 방언과 예언으로 말할 수 있지만, 방언과 예언으로 계속해서 진행할 수 없다. 하나님은 질서와 명료함의 하나님이시다.

1 CORIN

본문 주석

# 내용 분해

## Ⅰ. 서론(1:1-9)

1. 인사말(1:1-3)
2. 감사(1:4-9)

## Ⅱ. 고린도 교회의 문제들(1:10-6:20)

1. 교회의 일치를 위한 호소(1:10-4:21)
   1) 사역자로 인한 다툼(1:10-17)
   2) 다툼과 지혜(1:18-2:16)
      (1) 십자가와 지혜(1:18-25)
      (2) 지혜와 부르심(1:26-31)
      (3) 설교과 지혜(2:1-5)
      (4) 계시된 참된 지혜(2:6-16)
   3) 다툼과 사역자들에 대한 잘못된 평가(3:1-9)
   4) 사역자들에 대한 하나님의 심판(3:10-17)
   5) 세상 지혜의 어리석음(3:18-23)
   6) 사역자의 역할(4:1-5)
   7) 세속적인 것에 대한 질책(4:6-13)
   8) 회개하라는 권고(4:14-21)

2. 교회의 순결에 대한 문제(5:1-6:20)

　　1) 징계에 대한 권고(5:1-13)

　　　　(1) 상황과 대답(5:1-5)

　　　　(2) 구약성경의 기초(5:6-8)

　　　　(3) 권고에 대한 설명(5:9-13)

　　2) 경건하지 않는 법정 소송(6:1-11)

　　　　(1) 수치스러운 상황(6:1-8)

　　　　(2) 경고(6:9-11)

　　3) 음행(6:12-20)

　　　　(1) 부활의 중요성(6:12-17)

　　　　(2) 음행을 피하라(6:18-20)

## III. 교회의 현재 문제들에 대한 대답(7:1-16:4)

　1. 혼인의 문제(7:1-24)

　　1) 혼인한 사람을 위한 가르침(7:1-7)

　　2) 미혼자들과 과부들을 위한 가르침(7:8-9)

　　3) 이혼에 관한 가르침(7:10-11)

　　4) 불신자와 혼인했을 때 이혼에 관한 가르침(7:12-16)

　　5) 원칙: 부르심에 머물라(7:17-24)

　2. 처녀들에 대한 가르침(7:25-40)

　　1) 신중한 대답(7:25-28)

　　2) 종말론적 실재와 의미(7:29-31)

　　3) 독신의 이점(7:32-35)

4) 처녀들에 대한 마지막 말(7:36-38)
　　5) 결론적 생각(7:39-40)

3. 우상에 바쳐진 음식: 덕을 세움과 위험(8:1-11:1)
　　1) 형제와 자매를 세움(8:1-13)
　　　(1) 사랑과 지식(8:1-3)
　　　(2) 하나님의 한 분이심과 그리스도의 주 되심의 중요성(8:4-6)
　　　(3) 약한 자들에게 걸림돌이 되지 말라(8:7-13)
　　2) 바울의 모범(9:1-27)
　　　(1) 바울의 사도로서의 정당성(9:1-2)
　　　(2) 사도의 후원을 지지하는 주장들(9:3-14)
　　　(3) 후원받기를 거절하는 바울(9:15-18)
　　　(4) 바울의 문화적 적용의 근거(9:19-23)
　　　(5) 마지막 상을 받기 위한 자기-훈련(9:24-27)
　　3) '지식 있는 자들'에 대한 위험(10:1-22)
　　　(1) 이스라엘의 예와 배교의 위험(10:1-13)
　　　(2) 우상 숭배를 피하라(10:14-22)
　　4) 개인적 음식을 먹는 일에 대한 가르침(10:23-11:1)

4. 질서와 예배(11:2-34)
　　1) 여자들이 꾸미는 문제(11:2-16)
　　　(1) 적절한 꾸밈(11:2-6)
　　　(2) 신학적 기초(11:7-12)
　　　(3) 본성으로부터의 논증(11:13-16)

2) 주의 만찬(11:17-34)

   (1) 걸림돌이 되는 행동(11:17-22)

   (2) 주의 만찬의 전통(11:23-26)

   (3) 자기 분별에 대한 요청(11:27-32)

   (4) 마지막 말(11:33-34)

5. 성령의 은사(12:1-14:40)

  1) 하나 됨과 다양성(12:1-31a)

   (1) 그리스도의 주 되심(12:1-3)

   (2) 은사의 다양성(12:4-13)

   (3) 그리스도의 몸으로서의 하나 됨과 다양성(12:14-31a)

  2) 사랑: 가장 뛰어난 길(12:31b-13:13)

   (1) 사랑이 없으면 유익이 없는 은사들(12:31b-13:3)

   (2) 사랑에 대한 묘사(13:4-7)

   (3) 사랑의 영원성(13:8-13)

  3) 은사의 목적: 덕을 세움(14:1-40)

   (1) 방언보다 우월한 예언(14:1-5)

   (2) 덕을 세우지 못함: 통역되지 않은 방언(14:6-19)

   (3) 방언과 예언의 기능(14:20-25)

   (4) 예배에서의 질서(14:26-36)

   (5) 마지막 호소(14:37-40)

6. 부활(15:1-58)

    1) 복음과 그리스도의 부활에 대한 증언(15:1-11)

    2) 나눌 수 없는 그리스도와 신자들의 부활(15:12-19)

    3) 마지막 부활의 첫 열매, 그리스도(15:20-28)

    4) 부활을 위한 경험적 논증(15:29-34)

    5) 부활의 몸을 부인하는 어리석음(15:35-58)

       (1) 부활에 대한 비유들(15:35-41)

       (2) 현재와 미래의 몸 사이의 불연속성(15:42-49)

       (3) 미래의 변화에 대한 약속(15:50-57)

       (4) 마지막 호소(15:58)

7. 예루살렘 신자들을 위한 연보(16:1-4)

## IV. 결론(16:5-24)

    1) 여행 계획(16:5-9)

    2) 디모데와 아볼로(16:10-12)

    3) 권면(16:13-18)

    4) 끝인사(16:19-21)

    5) 경고, 은혜와 사랑(16:22-24)

# Ⅰ. 서론(1:1-9)

### 문맥

바울서신은 일반적으로 인사말과 감사로 시작한다. 고린도전서는 이 양식을 따른다. 다른 바울서신과 비교하면, 일반적 서신의 장치와는 구별되는 요소들이 두드러진다.

우리는 특별히 편지의 나머지 부분이 보여 주는 교회의 상황을 고려할 때, 고린도전서가 거룩함과 성화를 강조하는 것을 주목해야 한다. 같은 맥락에서 이 서신은 교회의 보편성에 대해 특별하게 강조한다. 고린도의 그리스도인들은 하나님의 거룩한 백성이며, 이 서신에서 자신의 신분에 따라 살아가도록 요청받는다. 그들은 세계적이며, 보편적 교회에 속해 있다.

감사(1:4-9)에서 몇 가지 점에 주의해야 한다. 교회의 상황을 고려하면, 감사의 생략을 기대할 수 있다. 그런데 바울은 고린도 교인들 가운데 있는 하나님의 은혜를 찬양한다. 우리는 바울이 고린도 교인들의 우월함이 아니라 하나님의 은혜를 강조하고 있음을 놓치지 말아야 한다.

12-14장에서 고린도 교회의 은사 이해와 사용이 왜곡되어 있음을 알 수 있다. 그러나 놀랍게도 바울은 이 공동체의 영적 은사에 감사한다(1:7). 또한, 바울은 감사에서 그들을 부르신 은혜가 마지막 날까지 그들을 견고하게 할 것을 상기시키고 확신시킨다(1:8-9). 이와 같은 약속은 고린도전서에 나오는 심각한 경고(예 6:9-11; 9:24-10:22)를 고려할 때 매우 흥미롭다.

## 1. 인사말(1:1-3)

### 주석

⟨1⟩ 바울은 자신의 사도로 부르심을 확인하면서 고린도전서를 시작한다. 바울은 일반적으로 편지의 시작에서 자신의 사도적 권위를 확인한다.[1] 주 예수님이 다메섹 도상에서 그에게 나타나셨을 때 바울은 사도로 부르심을 받았다(갈 1:12; 고전 9:1; 참조, 행 9:1-7). 아마도 바울은 하나님의 뜻을 언급할 때, 이 나타나심을 염두에 두었을 것이다.

그는 특별히 이방인에게 복음을 선포하도록 부르심을 받았다(롬 11:13; 갈 1:16; 딤전 2:7; 참조, 행 9:15). 그의 사도권은 자신이 설립한 교회들(고전 9:2)과 그가 행한 표적들(고후 12:12)로 확인되었다.

소스데네는 이 편지를 함께 보낸 것으로 1절에 나타난다. 고린도 회당의 지도자였던 소스데네인지 확실하지 않지만(행 18:17) 같은 사람이라고 할 수 있다. 소스데네는 **사도**가 아닌 **형제**(즉, 동료 신자)로 불려지기 때문에 바울과는 구별된다. 소스데네는 바울과 편지를 같이 쓴 것이 아니라, 고린도 교회의 존경을 받는 일원으로 편지 내용에 동의했음을 알려 준다.

⟨2⟩ 고린도전서는 고린도의 **교회**(에클레시아, *ekklēsia*), 회중, 또는 모임에 보내졌다.[2] 고린도전서에 기록된 고린도 교회와 관련한 많은 문제를 고려하면 바울이 신자들을 거룩하게 그리고 하나님의 **거룩한 백성**으로 그리는 것은 매우 놀랍다. 분사 **거룩하게 된**(헤기아스메노이스, *hēgiasmenois*)은 헬라어로 완료시제(perfect tense)이며 (여기에서 초점은 결과적 상태에 있다) 이 단어는 종종 '신분적' 또는 '결정적' 성화를 정의한다.

---

[1] 롬 1:1; 고전 1:1; 고후 1:1; 갈 1:1; 엡 1:1; 골 1:1; 딤전 1:1; 딤후 1:1; 딛 1:1을 보라. 그러나 빌 1:1; 몬 1:1을 보라.
[2] 고린도 도시에 대한 논의는 서론을 보라.

다시 말해, 성화는 고린도 교인에게 내재하는 거룩함이 아니라 그리스도(그리스도 예수 안에)와의 연합으로 이루어진다. 비슷하게 거룩한 백성으로 부름을 받았다. 부름을 받은(클레토이스, *klētois*, 개역개정: 부르는)은 효과적 부르심으로 이해해야 한다. 그러므로 거절될 수 있는 초청과 혼동해서는 안 된다. 고린도 교인들은 그리스도 안에서 하나님의 거룩한 백성이다.

그러나 하나님은 고린도 교인들만 거룩하게 하신 것이 아니다. 그들의 교만을 생각하면 고린도 교인들은 자신들이 매우 구별되고 인상적이라고 생각할 가능성이 있다. 따라서 바울이 말하는 그들의 성화와 거룩함은 각처에서(엔 판티 토포, *en panti topō*) 모든(파신, *pasin*) 믿는 자들에게도 사실임을 상기시킨다.

'각처에서'라는 단어는 다른 도시나 다른 가정 교회를 가리킬 수 있다(참조, 살전 1:8; 딤전 2:8). 아마도 말라기 1:11의 암시로 보이는데, 여호와는 그분의 이름이 모든 나라에서, 각처에서 크게 될 것을 맹세하신다. 이 약속은 바울의 사역을 통해 현실이 되고 있다.

성도들은 주 예수 그리스도의 이름을 부르는 자들이다. 구약에서 신자들은 여호와의 이름을 불렀다(에피칼레오, *epikaleō*, 예. 창 4:26; 왕상 18:24; 시 74:2[70인역]; 98:6[70인역]; 욜 3:5[70인역]; 습 3:9). 그리스도의 이름을 부르는 것은 기도를 의미하고 이름은 또한 그리스도의 신성을 나타낸다. 왜냐하면, 하나님의 이름은 그분의 성품을 나타내므로 그들은 구약성경에서 하나님의 이름을 영화롭게 해야 한다고 배웠기 때문이다(참조, 창 32:29; 출 20:7; 삿 13:18).

우리는 초대 교회 예배에서 예수 그리스도께서 하나님과 동일한 정체성을 공유한다는 것을 알 수 있다.[3] 하나님의 진노에서의 구원과 건짐을 위해 예수 그리스도께 구하는 것은 그리스도인들의 보편적 경험이다(참조, 살전 1:10; 5:9).

---

**3** Bauckham, *Jesus and the God of Israel*을 보라.

⟨3⟩ 바울은 항상 편지의 시작 부분에 소원의 기도를 올린다. 이 구절에서 사용하는 표현은 바울의 소원 기도에서 가장 흔한 표현이다(참조, 롬 1:7; 고후 1:2; 갈 1:3; 엡 1:2; 빌 1:2; 살후 1:2; 몬 1:3). 은혜는 예수 그리스도를 믿는 모든 사람에게 주신 하나님의 긍휼을 말한다.

바울의 은혜는 값없는 은혜에만 제한되지 않고 하나님의 변화시키는 능력도 가리킨다. 은혜는 하나님의 신실하신 사랑을 의미하는 구약의 단어 은혜(하눈, ḥannûn)와 인자(steadfast love, 헤세드, ḥesed)에서 왔다.

하나님의 은혜와 긍휼은 출애굽기 34:6-7의 말씀에 나타난다. 이는 구약에서 자주 반복되며(예, 느 9:17; 시 103:8; 145:8; 욜 2:13; 욘 4:2; 나 1:3) 죄 많은 자신의 백성에 대한 주의 용서를 나타낸다.

예를 들어, 시편 136편의 후렴처럼 구약성경은 자주 하나님의 신실하신 사랑을 찬양한다. 인사말에서 이 단어들의 순서(은혜와 평강)는 중요하다. 하나님과 그리고 다른 이들과의 평화는 하나님의 은혜 결과이기 때문이다. 은혜와 평화 모두 하나님의 선물이다.

예수 그리스도는 여기에서 은혜와 평화를 베푸시며, 하나님 아버지와 같은 지위를 공유하심을 보여 준다. 신자들이 누리는 평화는 에스겔서의 평화에 대한 언약적 약속을 성취한다(겔 37:26; 참조, 시 72:7; 사 54:10). 그리고 그 평화는 복음의 선포를 통해 온다(사 52:7; 참조, 롬 5:1; 14:17; 15:13; 엡 2:14-15, 17; 골 1:20).

## 2. 감사(1:4-9)

⟨4⟩ 인사를 하고 나서 바울은 감사로 향한다. 이것은 바울의 일반적 패턴이다. 바울은 항상 규칙적으로 신자들의 믿음, 그들의 회심, 그리고 새로운 생명을 위한 그의 기도에서 하나님께 감사한다(참조, 살전 1:9).

특별히 그는 그리스도 예수 안에서(아마도 '그리스도 예수에 의한' 또는 '그리스도 예수를 통해'를 의미한다) 그들을 붙잡고 있는 하나님의 은혜에 감사한다.

고린도전서 1:3의 주석에서 언급한 것처럼, 하나님의 은혜는 그의 값없는 선물에만 제한되지 않고 그의 변화시키는 능력도 의미한다.

바울은 그들이 받은 은혜가 그리스도 안에서 **주어졌다**고 강조함으로 하나님이 얼마나 은혜로운 분이신지 고린도 교인들에게 강조한다. 바울은 여기에서 이것을 구체적으로 밝히지는 않는다. 그러나 우리는 고린도전서의 다른 부분에서 하나님의 은혜가 예수 그리스도의 죽음과 부활을 통해 신자들에게 왔고 그것으로 죄 사함을 받았다는 것을 알고 있다(고전 1:18; 2:2; 5:7; 6:11; 11:23-26; 15:1-4).

우리는 이 편지의 나머지 부분에서 고린도 교인들이 교만하기 쉬웠음을 안다. 바울은 그들이 자기를 높이는 어떠한 근거도 처음부터 가지지 않기를 원한다.

〈5〉 바울은 고린도 교인들이 하나님 때문에 그리스도 안에서 **풍족해졌다**는 것을 수동태 동사(이 구절을 지배하는 형식)로 강조하면서 하나님의 은혜를 계속 찬양한다. 이 풍족함은 포괄적이며(모든 일에서) 예수 그리스도를 통해(그 안에서) 주어진다. 고린도 교인들은 자신들이 영적 풍족함을 알고 있었지만, 그 부요함이 그리스도 안에서 자신들의 것임을 잊고 있었다. 그들은 영적 풍성함 때문에 자신을 찬양하기 원했다.

바울은 **언변과 지식**에 집중하는, 그들의 부요함의 본질을 구체적으로 설명한다. 고린도전서 12:8과의 연결성을 볼 수 있다. 이 구절에는 두 가지 영적 은사가 등장한다. '지혜의 말씀'(로고스 소피아스, *logos sophias*)과 '지식의 말씀'(로고스 그노세오스, *logos gnōseōs*)이다.

영어 독자들은 1:5에서 *logos*(언변)는 고린도전서 12:8에서 **말씀**(message)으로 번역되기 때문에 연결성을 놓칠 수 있다. 지식은 1:5와 12:8에서 동일한 헬라어 단어이다. 그러므로 12-14장에서 고린도 교인들이 이와 같은 선물을 남용하고 있지만, 그들의 삶에서 역사하는 영적 은사에 대해 하나님께 감사가 돌려진다.

바울은 처음에 하나님이 그들에게 은사를 주셨고, 따라서 그들이 행하는 은사는 그들 자신의 덕이나 영적 지혜 덕분이 아님을 상기시켰다. 고린도전서에서 '언변'의 중요성은 분명하다. 왜냐하면, 이 용어는 십자가의 도(logos, 1:18)와 대조적으로 유창한 연설(1:17; 2:1,4)에 대한 논의에서 나타나기 때문이다. 바울은 고린도 교인들이 영적 은사를 행할 때 하나님의 능력을 누린다는 것을 부인하지 않는다. 그러나 그들의 은사는 하나님의 은혜의 산물임을 상기시킨다.

⟨6⟩ 5절과 6절의 관계는 다음과 같다. 고린도 교인들의 부요함은 그리스도의 증거가 그들 가운데 견고하게 됨을 나타낸다. **견고하게 됨**(에베바이오데, *ebebaiōthē*, 문자적으로, '확실함'이라는 의미. was confirmed)이라는 용어는 법적 용어이다. 이 단어는 8절에서 다시 언급된다.

그리스도의 증거로 바울이 의미하는 것은 복음이다. 그의 요점은 복음이 검증되고 비준되었다는 것이다. 이것은 그들 가운데 존재하는 영적 은사로 분명해졌다. '견고하게 되었다'의 수동태는 고린도 교인들 가운데 하나님의 역사가 나타나서 모든 영광과 찬양이 그에게 속해야 한다는 것을 다시 한번 보여 준다.

⟨7⟩ 6절의 생각은 7절에서 계속된다. '그리스도의 증거'가 고린도 교인들 가운데 견고해졌기 때문에, 그들은 **영적 은사가 부족하지 않았다**는 내용이 뒤따른다. 그런데도 마지막 날에 그들이 예수 그리스도의 오심을 기다린다는 점에서 종말론적 단서가 있다.

은사(카리스마, *charisma*)라는 단어는 12-14장의 영적 은사에 대한 논의를 예상하게 만든다. 이 단어는 영적 은사를 나타내는 데 5번 사용된다(12:4, 9, 28, 30, 31). 공동체에서 영적 은사가 남용됨에도 불구하고 바울은 은사가 계속 있음을 하나님의 은혜의 증거로 보고 있다. 실제로 바울은 고린도 교회의 은사가 부족함이 없다고 강조한다. 하나님의 은혜는 그들 가운데 아낌없이 분배되었다.

예수의 재림은 종말론적 간절히 기다리다(아페크데코마이, *apekdechomai*)라는 단어로 전달된다. 로마서 8장에서 세 번 나온다. 마지막 때에 하나님의 아들들이 나타나는 것과 그들의 구속을 의미한다(롬 8:19, 23, 25).

갈라디아서 5장 5절에서 신자들은 의의 소망을 기다린다. 빌립보서 3:20에서 신자들은 그리스도의 재림을 기다린다(참조, 히 9:28). 예수 그리스도께서 세상에 나타나실 때, 즉, 예수님이 다시 오실 때, 하나님께서 신자들에게 주신 것의 완성이 보장될 것이다(살후 1:7; 참조, 벧전 1:7, 13; 4:13).

⟨8⟩ 마지막 두 구절은 마지막 날에 그리고 미래에 신자들을 위해 하나님께서 하시기로 약속하신 일에 집중한다. 하나님께서는 신자들을 흠이 없이(개역개정: 책망할 것이 없는 자로) 마지막 날까지 견고하게 하시겠다고 약속하신다.[4] **견고하게 하다**(베바이오세이, *bebaiōsei*)는 6절의 '견고하게 하다'와 같은 동사이다.

그리스도인으로서 삶의 처음에 고린도 교인들을 견고하게 하신 분이 마지막 날까지 그들을 강하게 하실 것이다. 그분은 그리스도의 날에 신자들이 **흠이 없도록**(아네클레투스, *anenklētous*, 개역개정: 책망할 것이 없는) 지키실 것이다.

마지막 날에 심판을 피하기 위해서는 흠이 없어야 한다(참조, 골 1:22; 엡 5:27; 살전 3:13; 5:23). 흠이 없음은 죄 없음이 아니지만, 끝까지 보존된다는 관점으로 이해해야 한다. 그리스도와 경건에서 멀어진 사람들은 최종 상을 받지 못하겠지만 여기에서 고린도 교인들은 하나님께서 끝까지 그들을 보존하신다는 약속을 받는다.

바울이 우리 주 예수 그리스도의 날에 대해 말하는 것은 매우 놀랍다. 구약은 주의 날, 즉 여호와의 날을 반복해서 말한다.[5] 바울은 그날을 그리스도

---

4  Fee, 42를 보라. 참조는 그리스도에 대한 것일 수 있다. Thiselton, *The First Epistle to the Corinthians*를 보라.

5  예, 사 13:6, 9; 24:21; 겔 13:5; 욜 1:15; 2:1, 11, 31; 암 5:18, 20; 습 1:7, 14; 말 4:5.

의 날과 같은 날로 이해한다(또 다음을 보라. 롬 2:16; 빌 1:6, 10; 2:16). 그날을 그리스도와 연관 지어 예수 그리스도가 하나님의 지위를 가지며 하나님의 직무를 수행함을 보여 준다.

〈9〉 9절은 하나님의 신실성을 확인시키며 8절의 생각을 이어 간다. 고린도 교인들을 부르셔서 그리스도와 교제하게 하신 분은 끝까지 그들을 강하게 하실 것이다. 여기에서 하나님의 신실하심을 정확하게 설명할 필요가 있다.

바울서신에서 하나님의 신실함은 끝까지 신자들을 보존하시겠다는 약속과 항상 연결되어 있기 때문이다(고전 10:13; 살전 5:24; 살후 3:3; 2 딤후 2:13). 고린도 교인들을 **부르셔서** 그리스도와 처음 교제하게 하신 하나님께서는 반드시 처음 부르심이 무효가 되거나 취소되지 않도록 하실 것이다. 이것은 바울의 **부르심**이라는 단어가 효과적 부르심이며 믿음을 창조하는 (불러 일으키는) 부르심을 의미하기 때문에 타당하다.[6]

이 개념은 빌립보서 1:6과 매우 비슷하다. 바울은 여기에서, 너희 안에서 착한 일을 시작하신 이가 그리스도 예수의 날까지 이루실 줄을 … 확신하노라라고 말한다. 하나님께서는 믿음에 이르도록 효과적으로 부르시기 때문에, 마지막까지 그 믿음을 유지하실 것이다.

신자들은 하나님의 아들 예수 그리스도와 **교제**하도록 부르심을 받는다. 교제(코이노니아, koinōnia)는 주의 만찬에서 볼 수 있듯이(고전 10:16) 교제와 참여(빌 1:5)를 나타낸다. 신자들은 어둠과 함께할 수 없고 어둠과 사귈 수 없다(고후 6:14). 하나님은 고린도 교인들을 하나님의 아들로 그리고 주님이신 예수 그리스도와 동역자로 부르셨다. 예수님을 하나님의 아들로 이해하는 것은 그의 하나님과의 밀접한 관계를 알려 준다.[7]

---

6 고린도전서 1:23-24 그리고 1:26의 부르심, 설교, 선택에 대한 논의로 이 주장을 지지하려고 한다. 이 부분의 주석을 살펴보라.
7 롬 1:4; 8:3, 29, 32; 고전 15:28; 고후 1:19; 갈 1:16; 2:20; 4:4, 6; 엡 4:13; 골 1:13; 살전 1:10을 참조하라.

우리는 앞 구절들(1:2, 3, 7, 8)에서 예수 그리스도의 신적 정체성과 일하심을 보았다. 그러나 이 구절에서 성부와 성자가 구분되어야 한다는 점은 분명하다. 바울은 성부와 성자를 구분하지 않는 양태론자가 아니다. 성부는 하나님이시고 아들도 하나님이시지만, 한 하나님만 계신다(고전 8:5-6).

### 신학

고린도전서의 첫 두 단락은 몇 가지 주제가 두드러진다.

첫째, 바울은 권위 있는 사도이기 때문에 고린도전서에서 그의 말은 단순히 사람의 의견이 아니라 하나님의 말씀이다.

둘째, 고린도의 신자들은 결점이 있지만, 하나님의 회중, 하나님의 공동체이다. 그들은 1세기에 예수 그리스도를 주님으로 부르는 다른 신자들과 함께하고 있다.

셋째, 바울은 고린도에서 신자들을 부르셨고 그들을 준비하셨던 하나님의 은혜를 강조한다. 그들이 가진 선물은 자신의 지혜와 영성 때문이라고 할 수 없으며 그 선물은 예수 그리스도 안에서 하나님의 선하심을 나타낸다. 변화시키는 은혜로 그들을 믿음으로 부르신 하나님은 그들이 끝까지 인내하도록 힘을 주실 것이다. 은혜는 믿음의 첫날부터 예수 그리스도의 날까지 그리스도인의 삶에서 작동한다.

넷째, 예수 그리스도는 이 구절들에서 그분의 모든 영광과 능력과 아름다움을 드러내신다. 바울은 예수 그리스도의 주 되심을 강조하며, 그렇게 함으로써 예수 그리스도는 이스라엘의 하나님이신 여호와와 동일한 정체성과 지위를 공유하심을 보여 준다. 예수 그리스도는 하나님 아버지처럼 자신의 백성에게 은혜와 평화를 주셨기 때문에 완전한 하나님이시다.

더욱이 주님의 날은 이제 그리스도의 날이라는 관점에서 설명된다. 그러나 여기에서 아버지와 아들은 구별되기 때문에, 예수 그리스도와 아버지는 같은 분이 아니다.

## II. 고린도 교회의 문제들(1:10-6:20)

## 1. 교회의 일치를 위한 호소(1:10-4:21)

고린도전서를 시작하면서 바울은 고린도 교인들 사이에 분열이 생겼고 이 분열이 다른 사역자들, 특별히 바울과 아볼로(1:10-17)의 영향으로 자라났음을 알고 있다고 수신자들에게 알린다. 적어도 바울과 아볼로의 경우에, 분쟁은 다른 사역자들의 수사적 능력을 평가함으로 촉진되었다.

바울은 지혜에 대한 고린도 교인들의 개념이 세속적임을 설득하기 위해서 긴 논의를 시작한다(1:18-2:16). 이 논의는 지혜와 십자가와 관련해 시작된다(1:18-2:15). 십자가는 인간의 가치 체계를 뒤엎기 때문에 인간의 지혜를 무산시킨다. 소위 세상의 지혜 있는 자들은 십자가의 소식을 거부하기 때문에 어리석은 것으로 드러난다.

마찬가지로 하나님은 지혜 있는 자들과 엘리트 대신 세상의 눈에 어리석고 약한 사람들을 구원으로 부르신다(1:26-31). 그렇게 하나님은 인간이 하는 자랑의 기초를 모두 깎아내려서 모든 찬양과 영광이 하나님께 돌려지게 한다.

바울은 또한 그가 전할 때 수사학적 기교를 내려놓음으로 청중이 가진 믿음을 자신의 수사적 뛰어남에 의존하지 않고 십자가의 강력한 메시지에 의존할 수 있게 한다(2:1-5). 그러나 바울이 선포한 메시지가 지혜를 거스른다는 주장(1:18-2:5)으로 결론을 내리면 안 된다.

바울은 분명히 지혜를 말하지만, 그 지혜는 세상에는 숨겨지고 성령으로 하나님께 속한 사람들에게 계시 되는 지혜이다(2:6-16). 지혜는 인간의 발견이 아니라 하나님의 계시이다.

지혜에 대한 논의(1:18-2:16)에서 바울은 고린도 교회의 상황으로 되돌아간다(3:1-4:21).

고린도 교인들의 분쟁과 사역자들에 대한 다툼은 그들이 영적 사람인지에 대한 의문을 일으킨다(3:1-4). 그들이 성숙했다면, 바울과 아볼로의 역할과 기능이 다름을 인정하고 그들의 사역에서 하나님을 전적으로 신뢰할 수 있었을 것이다(3:5-9).

다음 단락은 오해 소지를 설명한다(3:10-17). 모든 성장은 하나님께로부터 왔지만, 사역자들은 자기 일에 결정적 책임을 진다. 모든 사역의 기초는 예수 그리스도시며, 일꾼들은 올바르게 그 기초위에 세워야 한다. 만약 그들이 바르게 세우면 상을 받겠지만, 형편없이 세우면 해를 입거나 파괴될 것이다.

바울은 당면한 근본적 문제로 돌아간다(3:18-23). 고린도 교인들은 세속 사회의 기준을 따라 지혜로운 척하는 것을 포기해야 한다. 왜냐하면, 주님은 이런 지혜를 무효로 하고 헛것으로 만드실 것이기 때문이다(3:18-23). 인간 지도자에 대한 모든 자랑을 멈춰야 한다. 왜냐하면, 그들이 자랑할 만한 더 큰 무언가는, 즉, 모든 것은 예수 그리스도 안에서 그들에게 속했기 때문이다. 사역자들은 하나님의 종이며, 신실해야 한다. 그들은 마침내 하나님 그분에 의해 평가될 것이다(4:1-5).

인간이 가지는 동기의 깊이와 마음의 비밀은 알려지지 않기 때문에, 누구도 사역자가 지금 하나님 앞에서 얼마나 신실한지 분별할 수 없다. 하나님은 마지막 날에 그 사람이 얼마나 유익했는지 밝히실 것이다. 바울은 자신과 아볼로에 대한 모든 논의가 고린도 교인들을 위한다는 것을 분명히 한다. 바울과 아볼로는 이미 복음을 위해 하나가 되었지만, 고린도 교인들의 교만은 사역자들에 대한 다툼에서 드러났다(4:6-7).

바울은 하나님께 속한 자들의 특징을 고난으로 제시하면서 왕처럼 살고자 하는 고린도 교인들의 세속적 사고방식을 냉소적으로 비난한다(4:8-13). 사역자 때문에 일어난 분열의 문제에 대해 결론을 지으면서 바울은 고린도 교인들을 위한 자신의 사랑을 떠올리게 한다(4:14-17). 바울은 자신과 디모데의 방식을 그들이 따르기 원한다. 만약 그들이 계속해서 교만하다면, 바울은 가서 그들을 징계해야 한다. 그는 오히려 온유와 사랑으로 그들에게 가려고 한다(4:18-21).

### 1) 사역자로 인한 다툼(1:10-17)

**문맥**

편지의 본론은 하나 됨에 대한 바울의 호소로 시작된다. 그는 글로에의 집에서 온 사람들에게서 고린도에 분열이 일어났다는 말을 들었다. 이 분열은 바울, 아볼로, 베드로에 초점을 맞추고 있다.

고린도 교인들은 바울이 그들을 위해 십자가에 못 박혔으며 심지어 바울의 이름으로 세례를 받았다고 할 수도 있으므로, 이 분열은 불행 이상의 것이다!

고린도에서 바울은 거의 세례를 베풀지 않았기 때문에 아무도 그의 명성을 좇아서 세례를 베풀어 달라고 하지 않음을 감사한다. 바울의 근본적 목적은 세례를 베푸는 것이 아니라 예수 그리스도의 복음을 선포하는 것이다. 복음의 선포는 십자가와 그 능력을 빼앗아 가버릴 수 있으므로 수사적 기교와 병행되지 않았다.

## 주석

⟨10-11⟩ 편지의 본문은 권면으로 시작한다(내가 권하노니, 파라칼로, parakalō). 이 용어는 바울이 자주 수신자들을 권면하기 위해서 사용한다.[1] 그는 우리 주 예수 그리스도의 이름으로 권한다(참조, 1:2). 이 권면은 바울의 말이 단지 개인적 의견이 아니며 그의 호소가 예수의 삶과 죽음, 부활의 결과를 공식화한다는 점을 수신자들에게 상기시킨다. 세 가지 동의어 구는 이 호소의 성격을 설명한다. 고린도 교인들은 분열에 시달리고 있으며 바울은 그들이 하나가 되고 화목하기를 원한다.

이 구절에서 바울은 가족 언어(형제와 자매)를 사용하여 고린도 교인들에 대한 애정과 사랑을 나타낸다. 그는 글로에의 집 편으로 분열과 분쟁에 대해 들었다. 글로에의 집이라는 단어는 글로에의 '사업 동료', '사업 대리인' 또는 '글로에를 위해 일하는 노예'를 의미할 수 있다.[2]

바울이 어떻게 소식을 들었는지에 대한 자세한 내용이 더 이상 언급되지 않는다. 아마도 글로에의 사람들은 고린도에서 에베소로 여행하며 바울과 연락을 했을 것이다. 스데바나와 친구들(16:17)이 글로에의 소식을 바울에게 전달했을 수도 있다.

⟨12⟩ 여기서 우리는 분열의 성격을 본다. 고린도 교인들은 사역자들의 편을 가르고 그들 중에 선택하고 있었다. 바울, 아볼로, 그리고 베드로의 편을 들었다. 분열에 대한 논의가 전개되면서, 초점은 바울과 아볼로로 옮겨간다(3:4, 5, 6, 22; 4:6). 아마도 그들 때문에 대부분 분열했기 때문일 것이다.

---

1 롬 12:1; 15:30; 16:17; 고전 4:16; 16:15; 고후 10:1; 엡 4:1; 빌 4:2; 딤전 2:1; 몬 1:9, 10을 참조하라. Bjerklund, *Parakalō*를 보라.
2 Thiselton, *The First Epistle to the Corinthians*, 121.

아볼로는 그의 유창하고 강력한 설교로 유명했으며, 우리는 그의 고린도 사역을 알고 있다(행 18:24-19;1). 베드로(여기에서 그의 아람어 이름 게바를 볼 수 있다)가 고린도에서 사역을 했는지 확신할 수 없지만 아마도 가능성이 있을 것이다. 그가 사역하지 않았다면 어떻게 신자들이 베드로 때문에 나누어질 수 있었는지 상상하기 힘들다.

바울의 이름은 고린도전서에서 여러 번 등장한다(3:22; 9:5; 15:5). 그리고 교회의 분쟁에 대한 논의에서도 다시 언급된다(3:22). 설명하기 가장 어려운 점은 그리스도이다. 문법적으로, 그리스도 분파는 다른 분파들과 비슷해 보인다. 그리스도를 따르는 일은 분명 좋은 일이기 때문에 그리스도파를 어떻게 생각해야 하는지 알기 어렵다.

주석가들은 여러 가지 방법으로 그리스도에 대한 언급을 설명하며 일부는 실제로 있었던 것으로 본다. 아마도 가장 좋은 해결책은 바울의 다음 말을 이해하는 것이다.

"여러분은 인간 지도자를 따르지만, 나 바울은 그리스도를 따릅니다."

그러므로 지도자에 대한 파벌 싸움은 그들이 그리스도인으로서 수준 아래에 있음을 보여 준다.[3]

영향력 있는 신약학자 바우어(F. C. Baur)를 따라서 신약 학자들은 고린도 교인들이 바울과 베드로로 분열된 점을 초대 교회에 바울의 기독교와 베드로의 기독교가 있었다는 개념을 뒷받침하는 데 사용했다. 해석 역사상 많은 사람이 이 개요를 신약을 해석하기 위한 렌즈로 사용했다.

그러나 이와 같은 이해는 근거가 없다. 분열은 전적으로 고린도 교인들의 잘못이었으며 바울은 베드로나 아볼로의 신학에서 잘못된 점을 찾지 못했다. 사실 바울은 베드로와 같은 복음을 선포하고 있다고 구체적으로 말한다(15:11). 그리고 아볼로가 문제의 일부라면, 바울은 고린도를 방문하라고 권하지 않았을 것이다(16:12). 곧 설명할 분열은 신학의 반대가 아니라 고린도 교인들의 자랑과 설교자의 수사학적 능력에 그들이 흠뻑 빠졌기 때문이다.

---

3   Ciampa and Rosner, 80-81.

〈13〉 이 구절은 사역자에게 초점을 맞추기 때문에 일어난 분열인 불일치가 특징이다. 첫 번째 문구는 그리스도께서 어찌 나뉘었느냐이다. 헬라어로는 의문문이 될 수 있다. 영어 번역의 전통을 따르는 NIV 성경은 의문문으로 번역한다. 의문문이 아니라도, 바울은 그리스도가 그들의 파벌 싸움으로 나누어져 있다고 주장하기 때문에, 그 의미는 크게 다르지 않을 것이다.

하지만 바울은 그리스도께서 나누어질 수 없고 따라서 분열은 매우 충격적이라는 의미의 수사적 질문을 할 가능성이 크다. 인간에게 초점을 맞추는 것은 참을 수 없는 일이며, 베드로나 아볼로를 비방하지 않기 위해서 바울은 자신을 예로 제시한다.

바울에게 초점을 맞추는 것은 고린도 교인들이 받아들인 믿음과 반대되는 일이다. 바울은 그들을 위해 십자가에 못 박히지 않았으며, 그들은 바울의 이름으로 세례를 받지 않았기 때문이다. 바울은 그들이 십자가에 못 박힌 분이신 예수 그리스도를 믿는 믿음을 상기시킨다. 이 주제는 다음 논의에서 중요한 역할을 할 것이다.

더 나아가 몇몇 사람들이 바울에게 보이는 애착은 그들이 세례를 오해하고 있으며, 아마도 바울에게 세례를 받은 것을 자랑하고 있음을 암시한다. 그러나 세례는 그리스도의 이름으로 시행되기 때문에 세례를 베푼 사람은 중요하지 않다.

〈14-16〉 바울은 세례에 대한 논의를 계속한다. 몇몇 사람들이 바울에게 세례받은 것에 자부심을 느꼈다. 고린도 교인들의 세례에 대한 잘못된 이해는 바울이 그리스보와 가이오에게만 세례를 준 것을 감사하게 만든다.

여기에서 그리스보는 아마도 고린도 회당의 지도자였으며 그리스도인으로 개종한 그리스보일 것이다(행 18:8).

가이오는 더베의 가이오는 아니다(행 19:29; 20:4). 아마도 로마서 16:23에 언급된 사람일 것이다. 그는 여행하는 신자들을 환대해 칭찬을 받았다. 가이오는 고린도 교회를 돕는 부유한 사람 중 하나였다.

바울은 고린도 교회의 유명하고 영향력 있었던 두 사람에게 세례를 베푼 것을 기억한다.

바울은 사람들이 자신의 이름으로 세례를 받았다는 것을 자랑하지 않게 제한된 사람들에게만 세례를 베푼 것을 감사한다(1:15). 이 자랑은 그리스도께서 신자들을 위해서 죽으셨고 따라서 모든 영광이 인간이 아니라 그리스도께 돌려져야 하므로 우스꽝스럽다.

바울은 자신에게 세례를 받은 사람을 더 생각해 스데바나 집 사람들도 세례를 주었음을 기억한다. 스데바나와 그 집 사람은 16:15에 다시 나타난다. 그들은 아가야에서 처음으로 개종한 사람들이었다. 고린도 교인들은 스데바나에게 순종하라는 명령을 받는다(16:16). 그는 분명히 교회의 지도자로서 중요한 역할을 했다. 고린도전서 16:17을 보면 스데바나는 바울을 방문한 대표 중에 있었다.

바울은 그리스보와 가이오에게만 세례를 베풀었다는 말로 시작하지만(1:14), 스데바나와 그 집의 사람들을 포함한다(1:16). 다른 사람들에게 세례를 주었는지 기억할 수 없다고 고백한다. 바울은 세례를 베푼 사람은 전혀 중요하지 않다고 전한다. 그러나 고린도 교인들은 세례를 준 사람에게 주목하면서 세례의 진정한 중요성을 놓치고 있었다.

〈17〉 바울은 자신의 관심이 복음을 전하는 일이라고 설명하면서 왜 세례가 상대적인지 설명한다. 복음의 전파는 설교자의 유창함에 집중되면 안 된다. 그리스도의 십자가의 능력을 빼앗기 때문이다. 마태복음 28:19를 생각하면 바울이 세례를 베풀기 위해서 보냄을 받지 않았다고 말하는 것이 이상할 수 있다. 제자를 삼는 요소 중 하나는 세례를 베푸는 일이기 때문이다.

그러나 바울은 세례는 복음의 맥락에 지배를 받아야 한다고 말한다. 세례는 사실 구원을 전달하지 않는다. 오직 예수 그리스도를 믿는 믿음만이 그렇게 한다. 바울이 세례를 주었다는 사실에 심취한 고린도 교인들은 그들의 세례에 대한 이해가 복음에서 벗어났음을 나타낸다.

복음을 전하는 것(유앙겔리제스다이, *euangelizesthai*)은 소식을 말하거나 선포하는 것을 의미하며, 항상 말로 선포하는 개념을 가진다(참조, 삼상 31:9; 삼하 1:20; 18:20; 시 39:10 70인역; 나훔 1:15). 여기에서 좋은 소식(참조, 고전 15:1-4)은 십자가에 못 박히고 부활하신 주님이신 예수 그리스도에 초점을 맞춘다.

구약에서 이스라엘의 아름다운 소식은 그들이 유배에서 돌아온다는 약속을 포함했다(사 40:9, 52:7; 61:1). 이스라엘은 죄로 유배되었다(사 40:2; 42:24; 43:24, 25; 렘 30:15). 용서는 여호와의 종의 죽음을 통해서 올 것이다(사 52:13-53:12; 참조, 렘 31:34; 33:8; 단 9:24). 바울은 유배에서 돌아옴과 용서의 약속이 예수님의 죽음과 부활에서 성취되었다고 여긴다.

바울은 **지혜와 말**(엔 소피아 로구, *en sophia logou*, 개역개정: 지혜의 말)로 하지 않는다고 주장하면서 복음을 전하는 자격을 부여한다. 많은 학자가 바울이 그리스 수사학을 반대한다는 데 동의한다.[4] 연설하는 사람은 그리스-로마 세계에서 높여지고 찬사를 받았으며, 수사적 탁월함을 기준으로 평가되었다.

퀸틸리아누스(Quintilian)와 키케로(Cicero) 같은 고대 작가들은 올바른 수사학적 스타일에 대한 핸드북을 썼다. 여기에는 아마도 사회학적 요소가 있을 것이다(참조, 1:26-28). 탁월한 수사는 특별히 우아하고 부유한 사람들에게 호소력이 있었기 때문이다.

바울은 메시지를 듣는 사람이 십자가의 메시지가 아니라 말하는 사람의 기교에 흔들리며 본질이 아닌 스타일에 초점을 맞추는 것을 비판한다.

브루스 윈터(Bruce Winter)는 바울이 경쟁적 연설과 쇼맨십으로 말하는 것에 중점을 두는 제2 소피스트의 연설을 비난한다고 주장한다. 누구든지 말

---

4　예, Winter, *Philo and Paul among the Sophists*; Litfin, *St Paul's Theology of Proclamation*; Pogoloff, *Logos and Sophia*를 보라. 세부 사항과 관련해서 학자들 사이에 차이가 있지만, 바울은 여기서 그리스 수사학에 대한 의존을 비판한다는 데 놀랍게 일치한다. 윈터(Winter)는 이것이 1세기에 고린도 교인들이 끌렸고 바울이 저항한 제2 소피스트 운동이라고 주장한다.

하는 사람의 기교와 능력에 사로잡혀 십자가의 메시지를 이해하지 못할 가능성이 있었다. 이것과 다른 기준은 전하는 자가 메시지와 일치해야 한다는 것이다. 만약 전하는 자가 인간의 탁월함과 기교를 특징으로 한다면, 인간을 낮추고 영적 빈곤을 드러내는 십자가의 소식을 뒤바꿔 버리게 된다.

**신학**

바울 신학은 매우 실천적이며, 여기에서 바울은 그리스도보다 인간 사역자에 초점을 두는 분열과 파벌에 관해 관심을 가진다. 사람들이 사역자와 그의 말하는 기교와 능력을 높이면, 십자가의 중요성은 잊어버리게 된다.

바울은 설교와 연설이 최대한 지루해야 한다고 말하지 않는다. 선포하고 전파하는 사람들은 그리스도의 십자가 대신에 자신이 집중을 받지 않도록 조심해야 한다고 말한다.

우리는 또한 바울이 세례를 복음에 종속시키는 것을 본다. 세례는 모든 신자에게 요구되지만, 복음을 전복시키는 방식으로 이해될 수 있다. 바울은 고린도 교인들에게 세례는 복음에 비추어 이해해야 하며 그 반대는 안 된다는 점을 상기시킨다. 바울의 기준과 초점은 예수님이 십자가에 못 박히심으로 죄의 용서를 선포하는 그리스도의 복음이다.

### 2) 다툼과 지혜(1:18-2:16)

수사학은 고린도전서 1:17에서처럼 지혜와 밀접한 관련이 있다. 수사학적으로 탁월한 사람들은 지혜롭다고 여겨졌고, 따라서 연설자로 재능을 가진 사람들은 지혜롭다고 판단되었다.

바울은 고린도 교인들이 참된 지혜가 무엇인지 파악할 수 있도록 지혜에 대한 상당히 긴 논의를 시작한다. 바울의 주장은 고린도전서 2장 끝까지 이어진다. 바울은 십자가의 전파와 지혜(1:18-25), 고린도 교인들의 부르심(1:26-13), 그리고 수사학을 피하고 십자가에 중심을 두는 자신의 설교(2:1-5)

를 숙고한다. 바울은 마지막으로 어떻게 지혜를 폐하지 않고 참된 지혜가 계시에서 드러나는지 설명한다(2:6-16).

### (1) 십자가와 지혜(1:18-25)

**문맥**

바울은 왜 십자가의 소식이 인간의 기교와 수사와 일치하지 않는지 설명한다. 십자가의 소식은 믿지 않는 자들에게는 어리석지만, 구원받은 자들은 십자가가 하나님의 변화시키는 능력을 발휘한다는 것을 깨닫는다.

그러나 믿지 않는 자들에게 왜 십자가는 어리석은가?

바울은 하나님의 주권을 강조하고, 이사야 29:14의 인용으로 하나님께서 세상의 지혜를 거부하신다고 강조한다. 20절은 같은 내용을 다른 방식으로 말한다.

지혜 있는 자들, 선비들, 변론가들은 사회에서 박수를 받을 수 있지만, 하나님이 그들의 지혜를 어리석게 하셨기 때문에 하나님과 관계를 맺지 못한다. 하나님은 자신의 지혜로 인간의 지혜를 미련하게 만드셨다(21절). 그들의 지혜가 하나님을 아는 방식이라면 찬양이 재능 있는 인간에게 돌려질 것이기 때문이다.

인간은 하나님을 아는 화려한 방식을 찾지만, 하나님은 십자가의 어리석은 메시지를 통해 하나님의 구원하는 지식을 가져오기를 원하셨다.

예를 들어, 유대인들은 표적을 요구하고 헬라인은 지혜를 원한다. 그러나 바울은 유대인들에게 거리끼는 것이고 이방인들에게 미련한 것으로 보이는 십자가의 메시지를 선포한다. 오직 부르심을 받은 사람만이 그리스도가 하나님의 능력이며 하나님의 지혜임을 인식한다. 약한 것처럼 보이는 것이 실제로 강하고 어리석다고 여겨지는 것이 사실 지혜롭기 때문이다. 그러므로 영광은 전적으로 인간이 아니라 하나님께 돌아간다.

## 주석

⟨18⟩ 바울은 십자가를 전파할 때, 왜 수사적 능력에 의존하면 안 되는지 설명한다. 십자가는 고대에서 가장 굴욕적 형벌의 형태이기 때문에, 인간의 기교를 보여 주고 그들에게 찬양을 돌리는 훌륭한 수사학은 십자가의 메시지에 적합하지 않다.

키케로(*Rab. Perd.* 5.16)는 '십자가는 로마 시민 그 사람뿐만 아니라 그의 생각과 눈과 귀에서도 멀리 떨어져야 한다'고 말했다. 세상에 속한 자들, 구원받지 못한 자들에게, 십자가의 메시지는 혐오스러웠다. 그러나 메시지가 어리석다고 믿는 사람들은 아이러니하게도 그들의 **멸망**으로 자신의 어리석음을 보여 준다. **멸망하는**(아폴뤼메노이스, *apollymenois*)이라는 단어는 종말론적 멸망(예, 롬 2:12; 고전 15:18; 고후 2:15; 4:3; 살후 2:10)에 대한 바울의 일반적 단어이다.

바울은 멸망하는 사람들과 **구원받는** 사람들을 대조시킨다. 바울이 사용하는 '구원하다'(소조, *sōzō*)는 마지막 때의 하나님 진노에서 구속이나 구원을 나타낸다(예, 5:9; 고전 5:5; 고후 2:15; 살전 2:16). 여기에서 현재시제분사는 항상 현재를 표현하지 않지만, 아마도 이 맥락에서 구원은 마지막 심판에서만 온전히 실현될 것이기 때문에 그리스도인들은 구원받는 과정에 있음을 나타낼 수 있다.

우리는 바울이 시작 부분에서 십자가의 메시지가 어리석음과 대조되는 '지혜'라고 말할 것을 기대한다. 그런데 바울은 십자가의 메시지가 하나님의 **능력**이라고 주장함으로 수신자들을 놀라게 한다. 이 구절과 로마서 1:16의 병행은 두드러진다. 이 복음은 모든 믿는 자에게 구원을 주시는 하나님의 능력이 됨이라(롬 1:16). 아마도 우리는 세상을 이해하는 것이 아니라 세상을 바꾸는 것이 목표라고 말하는 마르크스의 유명한 말에 끌릴 것이다. 복음은 이 변화에 영향을 미친다.

바울은 복음의 지혜에 집중하지 않는다. 그는 고린도 교인들이 인간의 영리함과 기교에 대한 숭배에서 벗어나기를 원하기 때문이다. 바울은 대신에 고린도 교인들에게 십자가에 못 박히신 주님이신 예수님에 대한 메시지가 그들의 삶을 변화시켰음을 상기시킨다. 그것은 악인들이 멸망하는 그날에 그들을 구원으로 이끌어 하나님의 진노를 피하게 될 것이다. 세상이 어리석다고 생각하는 것이 실제로 사람들을 죽음에서 구해 준다.

⟨19⟩ 바울은 이사야 29:14를 인용하면서 하나님께서 지혜로운 자의 지혜를 거절하셨음을 보여 준다. 이사야 29장에서 선지자는 예루살렘이 포위될 것이지만 해를 피할 것이라고 예언했다. 그러나 소위 선지자들과 지혜 있다고 여겨지는 자들은 주님께서 하시는 일을 전혀 알지 못할 것이다. 그들의 마음은 하나님께로부터 멀어졌기 때문에(사 29:13; 또한, 마 15:8-9; 막 7:6-7에 인용), 주님은 자신의 계획을 이해하지 못하게 하셨다.

바울은 이사야의 예언을 자신의 시대에 적용한다. 하나님은 이사야 시대와 마찬가지로 지식이 있다고 주장하는 사람들의 지혜를 좌절시키기로 하셨다. 그들의 마음이 하나님과 멀기 때문이다. 하나님은 이렇게 일하심으로 인간은 자기 지혜가 마치 하나님에 대한 진리를 알게 만드는 통로인 것처럼 자신의 지혜에 자부심을 가질 근거를 가지지 못한다.

⟨20⟩ 19절의 사고는 20절에서 다른 방식으로 표현된다. 여기에서 바울은 **지혜 있는 자**와 **율법의 선생**(개역개정: 선비), 그리고 이 시대의 **철학자**를 생각한다. 지혜 있는 자에 대한 언급은 아마도 70인역의 이사야 19:12와 33:18을 암시하시는 것 같다. 여기서 지혜 있는 자는 유대인이나 헬라인에게만 제한되어서는 안 되며 일반적 지혜를 가진 사람도 말한다.

**율법의 선생**으로 번역할 수 있는 **선비**(그라마튜스, *grammateus*)라는 단어는 정부의 공무원일 수 있다(예, 행 19:35). 지혜를 논하는 이 맥락에서 유대법의 전문가들로 볼 수도 있다(참조, 마 2:4; 16:21; 막 8:31; 10:33; 행 23:9). **철학자나 변론가**는 일반적으로 공공의 광장에서 자신의 지혜를 선전하는 지식인을 말한다.

바울은 이 시대(개역개정: 이 세대)라는 단어를 사용한다. '이 시대'와 '오는 시대' 사이의 대조는 예수님의 가르침[5]과 바울의 서술에서 일반적이다.[6] 철학자의 탁월함은 이 시대에 제한되고, 오는 시대를 고려하면 상대적이 된다.

결국, 바울이 지적한 것처럼, 세상에서 가장 존경받는 사람들은 하나님과의 관계의 측면에서 어디에 존재하는가?

바울은 자신의 수사학적 질문에 대답한다. 하나님은 그들의 지혜를 무효로 만들고 어리석게 하셨다. 바울은 사람들의 지적 또는 수사적 재능을 부정하지 않는다. 그의 요점은 자신들을 창조하시고 지탱하고 계신 우주의 하나님, 한 분이신 참하나님을 그들이 모른다면 그들의 지적 능력은 결국 어리석다는 것이다.

⟨21⟩ 세상이 지혜를 통해서 하나님을 아는 데 실패하는 것은 우연이 아니다. 우리는 20절에서 하나님이 주권적으로 세상의 지혜를 어리석게 만드신 것을 보았다. 이와 같은 상황은 하나님의 지혜를 반영한다.

왜냐하면, 하나님을 아는 지식이 지식인을 통해서, 수사적 재능이 있는 사람들을 통해서 왔다면, 학자들과 재능을 가진 사람들은 자신들을 다른 나머지 인류보다 우월하다고 자랑할 수 있었기 때문이다. 그들은 구원을 위해 오는 모든 사람에게 제사장이 될 것이다. 하나님은 자신의 지혜로 모든 사람이 예외 없이 하나님의 구원하시는 지혜가 부족하다는 것을 밝히신다.

로마서 3:10-11에서 말한 것처럼, 의인은 없나니 하나도 없으며 깨닫는 자도 없다. 지식인조차도 말이다. 모든 사람이 구원이 필요한 상태이다. 하나님은 마지막 날에 믿는 자들을 그의 진노에서 구원하시기를 기뻐하셨다. 이는 하나님의 주권적이며 선한 기쁨이었다.

---

5  예, 마 12:32; 13:39, 40, 49; 24:3; 28:20; 막 10:30; 눅 18:30; 20:35.
6  롬 12:2; 고전 2:6, 7, 8; 10:11; 고후 4:4; 갈 1:4; 엡 2:2; 딤전 6:17; 딛 2:12.

바울은 종종 칭의와 구원이 행위가 아닌 믿음에서 비롯된다고 가르친다(참조, 롬 3:19-4:8; 9:30-10:8; 갈 2:16-3:14; 엡 2:8-9; 빌 3:2-9; 딤후 1:9; 딛 3:5). 여기에서 그는 행위와 믿음을 대조하지 않는다. 그러나 전파된 메시지는 듣는 자들에게 어리석은 것처럼 보일지라도 선포된 내용을 믿는 믿음을 통해서 구원이 온다고 강조한다. 어리석지만 내용과 형식을 모두 갖춘 메시지는 어리석지만 십자가에 못 박힌 예수님을 통해서 구원이 온다고 말한다.

<22> 바울은 이제 십자가의 메시지가 유대인과 이방인 모두에게 어리석은 이유를 설명한다. 유대인들은 믿음을 입증할 **표적**(세메이아, *sēmeia*)을 구한다(다음을 보라. 마 12:38-39; 16:1-4; 눅 11:16, 29-32; 요 2:18-22; 6:30). 바울은 자신의 복음을 인정하게 만드는 표적에 호소한다(롬 15:19; 고후 12:12). 따라서 기적과 표적 자체를 거부하지 않는다.

그런데 여기에서 바울은 표적에 대한 요구를 거부한다. 특별히 십자가에 못 박힌 메시아와 관련해서 고난이 하나님의 약속과 양립할 수 없고 모순이라고 여겨지기 때문이다. 다른 곳에서 바울은 사람들에게 그리스도의 십자가는 믿지 않는 자들에게 걸림돌이 됨을 상기시킨다(갈 5:11; 6:12; 참조, 롬 9:33).

반면에 이방인을 의미하는 **헬라인**(참조, 롬 1:16; 고전 1:24; 10:32)은 **지혜를** 구한다. 구약의 지혜 문학을 형식적으로만 읽어도 지혜는 그 자체로 무시해서는 안 된다는 것을 알 수 있다. 이 구절에서 지혜는 문맥에서 알 수 있듯이 그리스 수사학과 놀라운 능력으로 인간에게 돌려지는 아낌없는 찬양과 엮여 있다. 그러나 바울은 하나님께서 인간의 지혜를 좌절시키고 그들의 기대에 반대로 행하시기 때문에 아무도 지적 능력과 수사적 능력을 자랑할 수 없다고 설명한다.

<23> 놀라운 표적이나 기사 또는 지적 깊이로 눈부신 말을 만들어 내는 대신, 바울은 그리스도를 십자가에 못 박히신 분으로 선포한다. **전하다**(케

뤼소멘, *kēryssomen*)라는 단어는 선포하거나 전하는 개념을 가진다.⁷ 십자가에 못 박힌 메시아인 예수님은 유대인과 이방인 모두에게 선포된다. 바울이 이방인이라는 용어를 사용하는 방법에 주목하라.

바울은 같은 의미로 '헬라인'과 '이방인'을 번갈아 사용한다. 그러나 유대인들은 십자가에 못 박힌 메시아의 개념을 생각할 수 없으므로 이 메시지를 걸림돌로 거부한다(참조, 사 28:16). 반대로 이방인은 세상의 구원이 십자가에 못 박힌 사람을 통해서 성취되었다는 생각은 터무니없으므로 그 메시지를 어리석다고 거부한다.

⟨24-25⟩ 예수님이 십자가에 못 박힌 주님이라는 메시지는 유대인과 이방인 모두에게 선포된다(1:23). 그러나 **부르심을 받은** 사람들만 예수님이 하나님의 능력과 지혜라는 진리를 받아들인다. 유대인과 헬라인 모두가 부르심을 받은 자들 가운데 있으며, 여기에서 헬라인이라는 단어는 1:23의 '이방인'을 묘사하는 또 다른 방법이다. 고린도전서 1:18에서 십자가의 선포가 가져오는 영향력을 요약하는 **능력**이라는 단어가 다시 나타난다. 십자가의 메시지는 부르심을 받은 사람들을 변화시킨다.

그리고 세상에서 어리석다고 취급되는 것이 하나님께 속한 사람들에게는 지혜로 받아들여진다. 우리는 이미 1:9에서 '부르심'의 개념을 생각해 보았다. 이 구절에서 우리는 1:23의 **부르심을 받은** 사람들과 말씀이 전파되는 사람들의 대조에 주목해야 한다. 십자가에 못 박히고 부활하신 그리스도에 대한 좋은 소식은 모든 사람에게 선포되지만 **부르심을 받은** 사람들만 환영한다.

우리는 부르심이 효과적이라는 실마리를 발견한다. 이것은 1:26-28에서 더 구체적이 된다. 모든 사람은 전파된 말씀으로 초대된다. 그러나 일부만 믿음을 일으키는 부르심으로 이끌린다. 바울은 계속해서 하나님의

---

7 출 32:5; 왕하 10:20; 대하 20:3; 에스드라 1서 2:1; 잠 1:21; 욜 1:14; 2:1; 욘 3:2; 습 3:14; 마 3:1; 4:17; 행 9:20; 롬 10:14-15를 참조하라.

지혜와 능력과 인간의 지혜와 능력을 대조한다. 인간은 십자가의 메시지를 어리석고 약한 것으로 거부하지만 인간의 눈에 어리석은 것은 사실 하나님의 지혜이다. 마찬가지로 인간의 기준으로 나약한 십자가는 하나님의 능력을 불러일으킨다. 따라서 하나님의 '약한 것'은 인간이 만들어 낼 수 있는 그 무엇보다 강하다.

### 신학

바울은 십자가의 어리석음을 강조한다. 고린도 교인들이 인간의 수사학과 기교에 도취되고 믿음의 뿌리를 잊어버렸기 때문이다. 십자가는 현실을 거꾸로 뒤집는다. 인간이 현명하다고 여기는 것은 실제로 하나님의 눈에 어리석다. 사실 하나님은 그분의 무한한 지혜로 인간의 지혜가 하나님을 아는 지식의 통로가 아니라고 결정하셨다.

만약 인간의 창의성과 탁월함이 구원으로 이끌어 간다면, 찬양은 가장 현명하고 재능이 있는 인간에게 돌려질 것이다. 십자가의 메시지는 인간의 기대를 뒤집고 약하게 만든다. 약함은 강함이 전달되는 길이 되며, 어리석은 것처럼 보이는 십자가의 메시지는 지혜가 전해지는 수단이 된다.

능력은 근본적으로 놀라운 표적과 기사가 아니라 십자가에 못 박힌 사람을 통해 나타난다. 십자가에 못 박힌 그 사람은 그리스-로마 세계에서 가장 모욕적 죽음에 노출되었던 모든 위엄을 강탈당한 사람이었다.

### (2) 지혜와 부르심(1:26-31)

### 문맥

고린도 교인들은 수사학과 인간의 창의성에 매료되어서 사역자들에 대한 파벌로 방황하고 있었다. 그들이 매료된 것은 자랑을 위해서이다. 바울은 어리석은 십자가의 메시지(1:18-25)에서 하나님의 능력이 드러났음을 상기시킨다(1:18-25). 1:26-31에서 우리는 또한 하나님이 구원으로 부르시는 사람들에 대한 인간적 기대를 뒤집으신다는 것을 알 수 있다. 그분은 일반적으로 지혜로운 자, 능한 자, 즉 이 세상의 '대단한 것'을 선택하지 않고, 대신에 어리석은 자, 약한 자와 이 세상의 '없는 것'에 은혜를 베푸신다.

하나님은 인간의 자랑을 배제하는 방식으로 행하신다. 구원에 합당한 지혜는 '의, 거룩함, 그리고 구원'을 포함한다. 구원은 주님의 것이기 때문에, 모든 자랑은 하나님, 그분을 향해야 한다.

### 주석

⟨26⟩ 고린도 교인들은 그들의 부르심을 고려하도록 요청받는다. 바울은 그들의 천한 신분을 강조한다. **부름을 받다**(클레신, *klēsin*)라는 단어로 24절부터 계속되는 부르심에 대한 논의를 다시 시작한다.

여기에서 부르심은 직업이 아니라 구원의 부르심을 받았을 때, 삶에서 자신의 위치와 연결되어야 한다. 고린도 교인들이 특정한 사역자들을 자랑하는 것은 지위와 명예에 대한 열망을 나타내지만 정작 그들 자신의 지위는 높지 않았다.

**인간의 기준**은 문자적으로 **육체를 따라**라고 번역된다. 바울은 사회 규범에 따라 사람들의 지위를 고려한다. 대부분의 경우, 고린도에서 믿음으로 부르심을 받은 자들은 지적 계층, 정치적 영향력을 가진 사람들, 사회의 엘리트 그룹이 아니었다. 그리스-로마 사회에서는 지위와 명예를 소중히 여기며 높은 사회적 지위를 원하는 자연스러운 유혹이 존재했다.

고린도 교회의 대부분은 사회적 지위가 낮았지만, 몇몇은 영향력과 지위를 가지고 있었다. 그리스보(1:14)와 에라스도(롬 16:23), 스데바나(1:16; 16:15), 글로에(1:11), 아굴라와 브리스길라(16:19) 등이다.[8]

---

**8** Ciampa and Rosner, 105.

〈27-28〉 바울은 이 구절들에서 하나님이 실제로 행하신 일을 고려한다. 하나님은 가난한 자, 약한 자, 멸시받는 자들을 자신의 백성이 되도록 선택하셨다. 여기에서 택하다(엑셀렉사토, exelexato)라는 단어는 세 번 등장한다. 이 동사는 26절에 나오는 부르심을 받다를 다시 정의한다.

바울은 부르심이 구원의 효과적 부르심과 연결되어야 한다고 확인한다. 바울은 여기에서 구원을 위해 택하신 하나님의 선택이라는 은혜를 특징짓는다. 이 구절에서 선택한 것들(개역개정: 택하사)이 네 번 나오지만, 문맥과 26절과의 병행은 생명이 없는 사물이 아니라 인간임을 보여 준다.

십자가가 세상이 어떻게 구원받을 것인지에 대한 인간의 기대를 뒤엎는 것처럼, 하나님께서도 어리석고 약한 자들, 즉 가장 어울리지 않는 후보자들을 구원하기 위해 선택하셨다. 지혜로는 인정받지 못하고, 세상의 권력이 없는 사람들이 하나님이 자신에게 이끄는 구원의 부르심을 받은 자들 가운데 있다.

28절에서 바울은 놀랍게도 하나님께서 택하신 자들의 낮은 지위를 강조한다. 그들은 천하고 멸시를 당한다. 그들은 세상에서 없는 것들(타 메 온타, ta mē onta)이다. 두 가지 역설이 나타난다.

첫째, 고린도 교인들은 지위를 가지고 존경을 받는 사람들이 되기를 원했지만, 하나님은 이런 특징이 없는 사람들을 매우 자주 선택하신다.

둘째, 이와 같은 지위를 자랑했지만, 그들 자신은 사실 지위가 낮았다. 다시 말해서, 이런 명예를 좇는 것은 안전을 보장해 주지 않는다.

또한, 바울은 낮은 자를 선택하시는 하나님의 목적을 선언한다. 17절에서 하나님의 목적은 지혜 있고 능력이 있다고 주장하는 자들을 부끄럽게 하는(칸타이스키노, kataischynō) 것이다. 그리스-로마 세계는 명예-수치 문화였다. 따라서 법적 그리고 사회적 기대를 부인하지 않지만, 바울은 세속 사회 가치를 계속해서 뒤엎는다. 사람들의 조합과 연결된 법정적, 법률적, 그리고 사회적 기대가 있었기 때문이다.

여기에서 수치는 현재의 경험이 아님을 알아야 한다. 바울은 종말론적 수치(또한, 다음을 참조하라. 롬 9:33; 10:11)를 말한다. 이 수치는 결코, 끝나지 않는다. 그는 회개로 이끄는 수치가 아니라 마지막 심판에서 경험되는 수치를 그리고 있다. 고린도 교인들은 마지막 때의 부끄러움으로 이어질 명예를 추구하고 있었다.

28절의 동사는 '부끄러움'이 아니라 **폐하다**이다. 여기서 바울은 낮은 계층의 사람들을 고려한다. 그들을 다음 세 가지 방식으로 설명한다. 천한 것들, **멸시받는** 것들, 없는 것들이다. 바울은 사회에서 낮은 위치인 그들의 지위를 강조한다.

정확하게 그들을 부르신 이유는 그들의 지위가 낮기 때문에 자신의 백성으로 선택하셨다. 하나님은 있는 것들을 **폐하는** 방식으로 행하셨다. **폐하다**(카타르게오, *katargeō*)는 바울이 좋아하는 단어 중 하나이다. 이 단어는 '무효로 하다', '파기하다' 또는 '제거하다'라는 의미이다(참조, 롬 4:14; 갈 5:11). 바울은 자주 종말론적 맥락에서, 특히, 고린도전서에서 이 동사를 사용한다.⁹

여기에서 바울은 종말론적 마지막 날을 생각한다. 그날에 하나님은 고린도 사회에서 사회적으로 존경받는 사람들을 무효로 만드시거나 아무것도 아닌 것으로 만드실 것이다.

⟨29⟩ 26-29절의 궁극적 목적을 이제 설명한다. 바울은 여기에서 목적을 표현하기 위해 여러 단어를 사용한다(26-28절에서 히나스[*hinas*] 대신에 호포스[*hopōs*]를 세 번 사용), 그리고 접속사를 바꿈으로 하나님의 궁극적 목적을 정의한다.

왜 하나님은 일반적으로 지혜 있는 자, 사회적 영향력 있는 자, 높은 계층을 지나치고, 어리석고 약하고 사회적으로 가장자리에 있다고 생각되는 사람들을 구원하기로 선택하시는가?

---

9   고전 2:6; 6:13; 13:8, 10, 11; 15:24, 26; 고후 3:7, 11, 13, 14; 갈 3:17; 엡 2:15; 살후 2:8; 딤후 1:10.

인간의 자랑을 없애기 위해서 그렇게 하신다. 어떤 사람도 그 지혜나 능력 또는 문벌 좋음으로 하나님께 속해 있다고 자랑할 수 없다. 우리는 바울이 이것을 고린도 교인들에게 기록하여 그들의 자랑을 무효화하는 것을 살펴보아야 한다.

고린도 교인들은 지위와 명예에 대한 욕망으로 세상을 흉내내고 있었다. 바울은 하나님께서 자신이 계신 곳에서 모든 자랑의 근거를 없애기 위해 세상적 가식을 무시하신다는 점을 상기시킨다.

⟨30⟩ 바울은 그리스도께서 고린도 교인들의 지혜, 의, 거룩함, 그리고 구원이 되심을 보여 줌으로 고린도 교인들이 그리스도 안에 속해 있음을 다른 각도에서 생각한다.

고린도 교인들은 어떻게 그리스도 예수 안에 있는가?

즉, 그들은 어떻게 예수 그리스도와 연합하는가?

바울은 그리스도와의 연합을 하나님 덕분이라고 본다. 그 이유는 그것은 그분 때문에, 또는 더 문자적으로 그분에게서 나왔기(엑스 아우투, *ex autou*, 개역개정: 하나님으로부터 나와서) 때문이다. 고린도 교인들은 전적으로 하나님의 은혜의 산물이기 때문에, 그들은 그리스도께 속한 것을 자신들의 공로로 만들지 못한다.

바울은 의미심장하게도 예수님이 우리를 위해서 **하나님으로부터 나온 지혜**라고 덧붙인다. 고린도 교인들은 인간의 지혜로 현혹되었기 때문에 지혜가 가장 중요한 자리를 차지하고 있다. 그러므로 바울은 그리스도께서 하나님의 참된 지혜라고 강조한다. 이것은 그들이 이미 가지고 있는 지혜이다.

**지혜, 의, 거룩함, 그리고 구원**이라는 일련의 네 단어는 모두 똑같이 강조된다. 그러나 지혜가 우선 고려되고 문맥에서 특별하게 강조되기 때문에, 다음 용어 의, 거룩함, 그리고 구원함은 참된 지혜의 본질을 설명하고 있을 가능성이 더 크다.

바울에 따르면 그리스-로마 세계의 규범과는 대조적으로 지혜는 수사학적 탁월함에 중심을 두지 않고 구원론적 성격을 가진다. 이는 고린도 교인들의 가장 큰 필요가 무엇인지 상기시킨다. 뒤따르는 모든 은사는 하나님으로부터 온다.

의(디카오쉬네, *dikaiosynē*)는 하나님과 올바른 관계를 맺는 의의 선물을 의미한다. 따라서 신자들은 하나님 앞에서 정죄 받지 않는다.[10] 가장 가까운 병행은 빌립보서 3:9이다. 바울은 이 구절에서 믿음으로 하나님으로부터 난 의라고 말한다.[11]

다음 용어, 거룩함(하기아스모스, *hagiasmos*)은 자주 성화로 번역된다. 이 단어 또한 구원론적으로 중요하다(예, 롬 6:19, 22; 살전 4:3, 4, 7; 살후 2:13; 딤전 2:15). 이 단어는 종종 거룩해짐에 사용되지만, 여기에서는 그 의미가 아니다.

이 맥락에서, 거룩함은 신분적 또는 결정적 성화를 표현한다(참조, 고전 1:2). 즉, 그리스도와의 연합으로 모든 신자가 소유하는 거룩함을 나타낸다. 바울은 먼저 법정적 영역을 말한다. 신자들은 하나님 앞에 올바르게 서 있다. 이어서 바울은 제의적 영역으로 옮겨 간다. 신자들은 하나님 앞에서 정결하고 거룩하다.

지혜를 묘사하는 마지막 용어는 구원함(아폴뤼트로시스, *apolytrōsis*)이다. 이것은 바울의 사고에서 중요하다(롬 3:24; 8:23; 엡 1:7, 14; 4:30; 골 1:14). 구원함이라는 단어는 그리스-로마 세계에서 상대적으로 일반적 노예의 해방과 관련되어 있을 수 있다. 또한, 이스라엘 역사의 근본적 사건인 이집트로부터 해방까지 거슬러 올라간다. 바울이 말하는 구원함(그리고 의와 거룩함)은 그것이 보장된 그리스도의 십자가에 뿌리를 두고 있다. 다시 한번 바울은 지혜가 말이 아니라 능력에 있다는 점을 강조한다(참조, 4:20).

---

10 특별히 Irons, *Righteousness of God*을 보라.
11 또한, 롬 1:17; 3:21, 22; 4:3, 5, 6, 13; 9:30, 31; 10:3, 4; 고후 3:9; 5:21; 갈 2:21; 3:6, 21; 5:5를 참조하라.

〈31〉 고린도 교인들은 하나님의 일하심으로 그리스도 안에 있고, 그리스도는 그들의 지혜, 즉, 그들의 의로움, 거룩함과 구원함이시기 때문에 그들의 자랑은 주 안에 있어야 한다. 그러므로 31절은 29절과 반대된다. 29절은 누구도 인간을 자랑해서는 안 된다고 말한다. 왜냐하면, 부르심은 하나님의 선택적 은혜가 원인이 되기 때문이다. 31절은 구원이 주님의 것이기 때문에 인간은 주 안에서 자랑해야 한다고 확언한다.

바울은 구약을 인용한다. 그 표현은 정확히 같지 않지만, 분명하게 예레미야 9:23-24에서 가져왔다.

> 여호와께서 이와 같이 말씀하시되
> 지혜로운 자는 그의 지혜를 자랑하지 말라
> 용사는 그의 용맹을 자랑하지 말라 부자는
> 그의 부함을 자랑하지 말라
> 자랑하는 자는 이것으로 자랑할지니
> 곧 명철하여 나를 아는 것과
> 나 여호와는 사랑과 정의와 공의를
> 땅에 행하는 자인 줄 깨닫는 것이라
> 나는 이 일을 기뻐하노라
> 여호와의 말씀이니라(렘 9:23-24).

이 인용의 더 넓은 문맥은 놀랍게도 고린도전서의 주제와 일치한다. 바울은 자랑의 언어를 제한시킨다. 예레미야는 지혜 있는 자, 강한 자, 부한 자가 자랑을 그만두도록 경고한다. 이 세 가지 범주는 고린도전서 1:26-28에 나오는 지혜 있고, 영향력 있고, 높은 계층의 사람들에 대한 묘사와 완벽하게 일치한다. 확실히 바울이 염두에 두는 예레미야 9:23-24의 더 큰 맥락은 이 단락의 첫 주제를 생각나게 한다.

바울의 우려는 고린도 교인들이 주님을 자랑하는 대신 자신과 지혜를 평가하는 자신의 능력을 자랑한다는 점이다.

### 신학

하나님은 높은 계층, 힘 있는 자, 그리고 지혜 있는 자 대신 천한 자, 약한 자, 그리고 어리석은 자를 택함으로 인간의 기대와 명예와 수치라는 인간의 기준을 뒤엎으신다. 구원은 하나님의 선물이다. 하나님은 자신이 뜻하신 자를 부르시고 선택하신다.

이와 같은 주장은 인간의 책임을 배제하거나 축소하지 않는다. 구원은 궁극적으로 하나님의 일하심이기 때문에 인간의 자랑이 배제된다. 모든 찬양과 존귀와 영광은 하나님께 속한 것이지만, 고린도 교인들은 인간 사역자들을 자랑함으로 사실 자신을 찬양하려고 노력하고 있었다.

### (3) 설교과 지혜(2:1-5)

### 문맥

주제는 고린도 교인의 부르심(1:26-31)에서 바울의 전도로 옮겨 간다. 바울은 고린도에 도착했을 때, 수사적 기교를 피했다. 그는 십자가에 못박힌 주님이신 예수님만 집중하기로 했다. 그는 하나님의 은혜가 아니라 자신을 의지할까 봐 두려워했다.

따라서 그는 그리스-로마 세계에서 군중을 현혹하는 수사학적 유창함을 사용하지 않았다. 그는 성령과 십자가의 능력에 의지했다. 이렇게 바울은 고린도 교인들의 믿음이 인간의 지혜가 아니라 하나님의 능력에 의지할 수 있도록 했다.

### 주석

〈1〉 바울은 사도행전 18:1-11에 기록된 사건을 회고한다. 이때 처음으로 고린도 교인들에게 복음을 전했다. 바울은 수사적 유창함이나 인간의 지혜

(휘페로켄 로구 에 소피아스, *hyperochēn logou ē sophias*, 개역개정: 말과 지혜의 아름다운 것)를 피했다. 이 표현은 연설이 부풀려지고, 화려함과 장엄함이 가득해서 화자를 찬양하게 만드는 수사학적 뛰어남에 의존하고 있음을 확실히 보여 준다.

복음의 선포는 하나님의 증거를 전하는 것이다. 사본 전통은 여기에서 나누어지지만, 가장 이른 알렉산드리아 사본은 '비밀'(NA[28])을 지지한다. '비밀'이 올바른 읽기라면, 인간에게 전파된 것, 즉 마치 바울이 자신에게 계시된 내용을 선포한 것에 대한 접근이 불가능하다는 점이 강조된다.

〈2-3〉 바울은 고린도 교인들이 자신의 수사학에 깊은 인상을 받기를 원치 않았다. 따라서 청중을 기쁘고 즐겁게 하려고 설교하지 않았다. 바울은 그의 설교에서 십자가에 못 박힌 예수 그리스도에 초점을 맞추었다. 그는 세상의 주님이 십자가에 못 박히셨다고 선포하는 일에 주춤하지 않았으며, 그러므로 처음부터 고린도 교인들은 부끄러운 십자가의 메시지를 만났다. 다시 말해서 바울의 메시지의 내용은 인간의 승인이 필요하지 않았다.

바울의 **약함**, **두려움** 그리고 **떨림**은 마치 이방인 청중에게 메시지를 전하는데 긴장했던 것과 같이 인간의 자연스러운 약함 및 두려움으로 이해될 수 있다. 다른 사람들은 육체의 약점을 반영하는 **약함**으로 이해한다. 아마도 바울의 약함은 십자가의 그리스도의 약함에 대한 당연한 결과일 것이다.

이와 같은 읽기는 고린도후서 13:4에 의해 뒷받침된다. 여기에서 바울은 그리스도가 **약하심으로** 십자가에 못 박히셨고 이어서 우리는 그 안에서 **약하다**(또한, 고전 1:25 참조)고 말한다. 사도의 삶은 (완전히 같지는 않지만) 주님의 삶을 그대로 따르고 그 삶에 일치한다. 능력으로 가는 길은 약함을 통한 길이다.

**두려움과 떨림**(참조, 고후 7:15; 빌 2:12)은 사람들이 어떻게 바울을 받아들일 수 있을지에 대한 염려가 아니라 하나님 앞에서 바울의 상태를 묘사한다. 그는 자기 자신을 의지하거나 수사적 능력에 의지하는 자신의 선포가 십자가의 메시지에 적합하지 않을까 두려워했다.

⟨4⟩ 전하는 자가 메시지와 일치되기 원하는 바울의 소망을 생각하면, 바울의 설교는 지혜 있고 설득력 있는 말이 특징이 아니었다. 바울은 다시 한 번 그리스 수사학을 겨냥한다.

리트핀(Litfin)은 바울이 청중을 설득하려고 하지 않았다는 판단은 그렇게 옳지 않다고 말한다.[12] 사도행전에 따르면, 바울은 그의 청중이 믿도록 설득하려고 노력했다(행 18:4, 13; 19:8, 26; 26:28; 28:23). 바울은 잘못된 방식으로 사람들을 설득하려는 것을 거부했다. 바울은 고린도 교인들이 자신의 말 스타일과 재주에 현혹되어서 본질적 이유가 아닌 스타일 때문에 자신의 말을 받아들이는 것을 원하지 않았다.

그러므로 바울은 전도할 때 성령의 능력에 의존했다. 몇몇 사람은 여기에서 **능력**(뒤나미스, *dynamis*)은 성령의 기적적 역사를 말한다고 생각한다(참조, 롬 15:19; 고전 12:10, 28, 29; 고후 12:12; 갈 3:5). 그러나 성령의 능력은 십자가의 선포와 연결되어 있을 가능성이 크다.

이것은 **십자가의 도가 … 하나님의 능력**(*dynamis*)이라(1:18)라는 구절이 위치하는 앞의 문맥과 바울이 그리스도를 십자가에 못 박히신 분(1:22-23)으로 선포함으로 **표적**에 대한 열망을 반대하는 문맥에 적합하다. 그는 계속해서 그리스도를 **하나님의 능력**(뒤나민, *dynamin*)으로 말하면서 하나님의 약하심이 사람보다 강하니라(1:24-25. 참조, 살전 1:5)라고 확인했다. 그러므로 성령의 능력은 십자가의 선포를 통해 나타난다.

⟨5⟩ 바울은 고린도 교인들이 예수 그리스도를 십자가에 못 박히고 부활하신 분으로 믿도록 설교했을 때, 그들을 확실한 믿음으로 설득하고 싶었다. 그러나 그는 여기에서 인간의 기교와 재능, 특별히 군중을 흔들

---

[12] Litfin, *St Paul's Theology of Proclamation*, 261.

수 있는 놀라운 수사학적 솜씨로 정의되는 인간의 지혜에 의지할까봐 염려했다.

대신 믿음은 하나님의 능력을 의지해야 하며, 앞의 구절들과 같이 능력은 예수 그리스도가 십자가에 못 박히신 분이라는 선포와 연결된다(참조, 슥 4:6). 역설적으로 하나님의 능력은 그의 아들의 약하심에서 나타난다(1:24-25).

**신학**

믿음은 인간의 능력과 힘을 의지해서는 안 된다. 이 태도는 십자가의 메시지를 전복하기 때문이다. 십자가는 깨어짐, 약함, 그리고 죄를 강조한다. 이는 인간의 상태가 보여 주는 핵심이다. 놀라운 방법으로 수사학적 탁월성을 포함하는 선물을 받았지만, 인간의 창의력은 인간의 문제를 해결할 수 없다.

예수 그리스도의 죽음과 부활 외에는 아무것도 필요하지 않다. 즉 인간의 구속에 대한 유일한 대답은 십자가에 못 박히시고 부활하신 그리스도이심을 의미한다.

### (4) 계시된 참된 지혜(2:6-16)

**문맥**

바울은 1:18-2:5에서 계속 지혜에 대해 부정적 태도를 보였지만, 이제 모퉁이를 돌아서 참된 지혜가 있음을 알려 준다. 그러나 그 지혜는 이 세상의 통치자들에게 거절되고 온전한 자들만 받아들이는 지혜이다. 모든 사람의 주님을 십자가에 못 박았다는 사실로 그들의 거절이 증명된다. 인간은 이 지혜를 거절한다. 하나님께서 그들에게 지혜를 숨기셨기 때문이다.

그러나 그 지혜는 이제 지혜를 이해하기로 정해진 사람들에게 드러났다. 그 누구도 생각하거나 상상할 수 없는 지혜는 지능의 산물이 아니고 성령에 의해 계시된다. 왜냐하면, 성령만이 하나님의 마음을 계시할 수 있기 때문이다. 신자들은 성령이 그들에게 주어졌으므로 하나님의 것을 정확하게 이해한다. 그리고 성령의 것은 성령에게서 오는 말씀으로 전해졌다.

성령이 없는 불신자들은 성령의 것을 받아들이지 않는다. 왜냐하면, 그들에게 성령의 것은 어리석기 때문이다. 성령을 가진 사람만이 성령의 것을 이해한다. 그러므로 실재를 판단할 수 있는 능력은 인간의 본질적 능력이 아니라 성령에게서 온 것이다. 오직 신자들이 그리스도의 마음을 가지고 있으므로, 주님의 마음을 이해한다. 결론적으로 신자들의 지혜는 그들에게 주어지지만, 그들이 가진 지혜는 **발견된** 것이 아니라 **계시된** 것이다.

### 주석

⟨6⟩ 바울의 지혜에 대한 논의는 쉽게 오해될 수 있으며, 따라서 잘못된 결론을 내릴 수 있다. 십자가의 메시지는 세속 사회가 보기에는 어리석은 것이지만, 바울의 메시지는 사실 어리석은 것이 아니다. 올바르게 이해하면, 바울의 복음은 지혜를 드러낸다.

그러나 전파된 지혜는 **온전한 자들**(토이스 텔레이오이스, *tois teleiois*)에게만 제한된다. 해석사에서 몇몇 학자가 주장해 온 것처럼, 바울은 기독교 신앙의 더 깊은 비밀에 입문한 엘리트 집단을 **온전한 자**라고 말하지 않는다. 모든 신자는 십자가에서 동일한 진리와 동일한 지혜에 접근하고 따라서 그들 모두는 이 구절에서 구원받은 자들(1:18)이다. 즉, 그들은 신자들(1:21), 부르심을 받은 자들(1:24), 그리고 영적인 자들(2:13, 15)이다.[13] 신자가 그가 받은 지혜를 따라 살지 못하면, 아직 성숙하지 않은 것이다.

---

13   그러므로 Schnabel, 165.

바울의 지혜는 이 시대의 지혜(개역개정: 이 세상의 지혜)가 아니다. 이 시대와 오는 시대는 신약에서 매우 일반적 구분이다. 우리는 예수님의 가르침에서 이 구분을 볼 수 있다(마 12:32; 13:39, 40, 49; 24:3; 28:20; 막 10:30; 눅 18:30; 20:35). 바울서신에서 이 시대는 이 악한 시대(개역개정: 이 악한 세대)로 정의된다(갈 1:4; 참조, 딤전 6:17). 신자들은 데마처럼(딤후 4:10), 이 시대를 본받지 말아야 한다(롬 12:2). 왜냐하면, 이 세상은 불신자들의 삶을 지배하기 때문이다(엡 2:2).[14]

신자들은 이 악한 시대 가운데서 은혜를 받아 다가올 시대의 삶을 살아야 한다. 불신자들의 사고방식을 지배하는 이 세상의 지혜 있는 자들의 세계관은 이 시대에 갇혀 있다(고전 1:20; 3:18).

사탄은 이 세상의 신으로 지배한다(고후 4:4). 이 악한 시대는 유일한 현실이 아니다. 왜냐하면, 마지막 시대(말세)는 예수 그리스도 안에서 시작되었고(고전 10:11, NRSV), 신자들은 그리스도의 십자가로 이 시대에서 구원받았기 때문이다(갈 1:4).

그리스도의 십자가는 새로운 시대의 침투, 또는 바울이 갈라디아서 6:14-15에서 말한 것처럼, 새로운 창조물을 대표한다. 이 세상의 외형은 지나간다(고전 7:31). 그러므로 예수님은 이 악한 시대를 통치하시며 그분의 다스림은 다가오는 시대에 절정에 도달할 것이다(엡 1:21; 참조, 고전 15:24-28).

그 결과 다가오는 시대에 모든 사람은 예수 그리스도 안에서 나타내신 하나님의 은혜에 놀랄 것이다(엡 2:7). 믿지 않는 자들, 특히, 이 시대의 통치자들은 이 시대의 지혜에 갇혀 있기 때문에 십자가의 중요성을 이해하지 못한다. 그들의 지혜의 부족은 예수 그리스도의 십자가 못 박히심에서 나타난다.

---

**14** 이 단락의 대부분은 약간 수정했지만, 다음 책에서 왔다. Schreiner, *New Testament Theology*, 32.

많은 학자가 이 시대의 **통치자들**이 악한 영적 세력들을 언급한다고 생각한다. 이것은 확실히 가능성이 크다. 그러나 신약에서 이 단어의 복수형은 항상 인간 통치자를 가리킨다(예, 마 20:25; 눅 14:1; 행 4:26; 롬 13:3). 단수는 몇몇 경우 사탄을 나타내기도 한다(마 9:34; 요 12:31; 16:11; 엡 2:2).

바울이 통치자를 말할 때, 악한 영들은 인간 통치자들의 무대 뒤에서 일하는 방식으로 악한 영적 세력들과 인간 통치자들이 포함할 수 있다. 그러나 바울은 8절에서 주님을 십자가에 못 박는 통치자들을 말하고 있으므로 아마도 인간 통치자들을 염두에 두고 있을 것이다.

**〈7〉** 바울이 말하는 지혜는 **비밀**(개역개정: 은밀한, 뮈스테리온, *mystērion*)이다. 비밀이라는 용어는 다니엘까지 거슬러 올라가는데 주님께서는 역사의 과정에서 숨겨진 것들을 계시하신다(참조, 단 2:18, 19, 27, 28, 29, 30, 47; 4:9).

바울은 이 용어를 이전에는 감추어졌지만, 이제는 드러난 것을 말한다.[15] **비밀**은 **감추어졌던** 것이기 때문에 이 구절은 이와 같은 구조에 잘 어울린다. 이것은 이 시대의 지혜에 갇힌 사람들이 참 지혜를 인식하지 못하는 이유를 설명해 준다.

하나님의 지혜가 감춰져 있다면 어떻게 그것을 이해할 수 있을까?

하나님은 역사가 시작되기 전에 신자들이 십자가의 지혜를 이해할 것을 계획하셨다. 즉, **예정하셨다**(참조, 행 4:28; 롬 8:29, 30; 엡 1:5, 11). 따라서 하나님의 지혜를 이해하는 사람들은 그 이해가 하나님의 주권에 달려 있기 때문에 자신의 지성을 자랑할 수 없다.

하나님의 지혜를 이해하는 것은 우리의 **영광**을 위한 것이다. 우리라는 단어는 6절의 '온전한 자를 묘사하는 다른 방법이며, '온전한 자'는 모든 신자를 나타낸다. 여기서 **영광**은 종말론적이며, 마지막 날에 신자들이 받을 광채와 아름다움을 의미한다(참조, 롬 2:7, 10; 8:18, 30; 9:23).

---

**15** 롬 11:25; 16:25; 고전 13:2; 15:51; 엡 1:9; 3:3, 4, 9; 5:32; 6:19; 골 1:26, 27; 2:2; 4:3; 살후 2:7; 딤전 3:16.

〈8〉 신자들에게 주어진 지혜, 하나님께서 그들이 이해하도록 예정하신 지혜는 불신자들, 특히, 이 시대의 **통치자들**을 피해 간다. 6절에서 언급했듯이, 여기에서 **통치자들**은 아마도 악한 영적 세력보다 통치하는 권력자들에 대한 언급일 것이다. 통치 권력은 유대인의 종교적 권력(예, 행 3:17; 4:5, 8, 26-27)과 로마 권력까지도 포함할 것이다. 통치자들이 거부한 지혜는 십자가에 초점을 맞춘다. 왜냐하면, 십자가를 통해 하나님의 구원 능력이 나타나기 때문이다(고전 1:18). 십자가에 못 박히고 부활하신 예수 그리스도를 통해 죄의 용서가 실현된다(고전 15:1-4).

이 악한 시대의 통치자들(참조, 1:4)은 예수 그리스도를 십자가에 못 박았기 때문에 십자가를 이해하지 못했다. 통치자들은 예수님을 조롱했고 십자가에서 모욕을 당했지만, 믿는 자들은 십자가에 못 박힌 분이 **영광의 주이심**을 인정했다.

구약에서 하나님은 **영광의 하나님**(시 29:3)이시다. 그러므로 예수님은 하나님과 같은 지위를 가지고 있다. 신자들은 십자가가 모든 자 위에 높임을 받은 주님이신 예수님의 영광으로 가는 길임을 이해한다.

〈9〉 바울은 성경에 호소하여 하나님의 지혜가 인간에게 계시되어야 함을 설명한다. 인간은 하나님께서 자신을 사랑하는 사람을 위해 준비하신 것들을 생각하지 못했다. 이 구절에서 이해하기 어려운 점들 중 하나는 인용된 구약 본문의 출처이다. (사 65:17과 렘 3:16도 암시가 될 수 있지만) 가장 좋은 후보지는 이사야 64:4이다.

> 주 외에는 자기를 앙망하는 자를 위하여
> 이런 일을 행한 신을 예부터 들은 자도 없고
> 귀로 들은 자도 없고
> 눈으로 본 자도 없었나이다(사 64:4).

이사야 64장의 이 구절은 문맥상 자비를 위한 기도이다. 주께서 자비를 보이시고, 오셔서 백성들에게 자신의 임재를 나타내시도록 요청한다. 이 기도는 예수 그리스도 안에서, 즉 그의 죽음과 부활에서 성취된다.

바울은 하나님의 지혜가 인간이 아니라 하나님에 의해서 계시된다는 점을 강조한다. 인간은 하나님이 **자기를 사랑하는 자들**(참조, 롬 8:28)이라고 묘사되는 신자들을 위해 예비하신 모든 것을 눈으로 보지 못하고 귀로 듣지 못하고 사람의 마음으로 생각하지도 못한다. 믿지 않는 자들은 십자가에서의 예수님의 굴욕과 수모를 보지만, 신자들은 하나님의 사랑을 인식한다. 따라서 그들을 위한 그리스도의 죽으심을 볼 때, 하나님에 대한 사랑이 그들의 마음에서 깨어난다(롬 5:6, 8, 10).

**〈10〉** 많은 주석가가 9절에서 계시에 대한 바울의 말을 예수님께서 다시 오실 때 신자들에게 주어지는 것으로 제한한다. 그러나 분명히 이 구절에서 하나님은 **예비하신 것**(2:9)을 지금 성령을 통해 신자들에게 **보이셨다**(아페칼륍센, *apekalypsen*, 참조, 단 2:22).

이것은 신자들이 계시된 모든 것을 경험했다고 말하는 것은 아니다. 왜냐하면, 하나님이 신자들에게 알리신 것의 일부는 미래에 그들의 구원의 완성을 말하기 때문이다.

성령은 모든 것, 곧 **하나님의 깊은 것**까지 통달하시기 때문에 하나님의 것을 나타내실 수 있다. **하나님의 깊은 것들**은 하나님의 지혜가 인간에게는 접근할 수 없는 것임을 다시 한번 나타내며(참조, 전 7:23), 오직 성령만이 하나님의 것을 이해하고 설명할 수 있다.

바울의 주된 목적은 삼위일체를 분명하게 표현하는 것이 아니지만, 성령이 인격적이며 하나님이시라는 점은 분명하다. 오직 인격적이며 신적 존재만이 하나님의 것을 이해하고 전달할 수 있기 때문이다.

**〈11〉** 바울은 인간의 경험을 예로 들어서 왜 성령이 하나님의 깊은 것까지 통달하실 수 있는지 설명한다. 우리는 자기 생각을 반성하고 인식할 수 있으므로, 인간으로서 우리의 생각은 우리의 영에 대해 분별할 수 있다 (참조, 잠 20:27).

그러나 우리가 생각을 표현하지 않으면 다른 사람들은 우리의 생각을 정확히 알지 못한다. 마찬가지로, 하나님께서 자기 생각을 우리에게 계시하시지 않으면 하나님의 것, 하나님의 생각은 우리가 완전히 접근할 수 없다. 오직 하나님의 영만이 하나님의 생각을 아신다.

그러므로 성령은 '하나님의 깊은 것'까지 계시하실 수 있다. 다시 한번, 성령은 하나님의 생각을 알고 계시며 이와 같은 지식은 인격적이 아닌 힘, 흐름, 또는 능력으로는 가능하지 않기 때문에, 성령의 인격적 본성은 빛이 난다.

〈12〉 신자들이 하나님의 지혜를 아는 이유를 이제 설명한다. 그들은 하나님의 것을 드러내시는 성령을 받았다. 우리는 여기에서 모든 믿는 자이며, **하나님에게서 온 성령을 받은 믿는 자들**을 의미한다. 신자들의 표는 그들이 성령을 '받았다'는 것이다. 바울은 다른 곳에서 그리스도인의 생명 시작을 성령을 받는 것(람바노, *lambanō*)으로 말하고 있다(롬 8:15; 갈 3:2, 14). 사실 그리스도인이 되는 표는 그의 삶에서의 성령의 임재이다(롬 8:9).

바울이 세상의 영을 받지 않았다고 말할 때, 악한 영의 존재에 대한 언급이 될 수 있지만, **종의 영**(롬 8:15)과 **두려움의 영**(딤후 1:7)과 같은 어구처럼 수사적일 가능성이 크다.

신자들은 성령의 은사는 하나님이 그들에게 은혜로 주셨다는 것을 이해해야 한다. 신자들은 실제로 지혜를 소유하고 있지만, 그들이 누리는 지혜는 자신의 지성이나 재능으로 돌려질 수 없다. 그것은 성령에 의해 그들에게 주어진다. 그러므로 그들이 가진 지혜는 그들 자신이 발견하지 않고 성령에 의해 그들에게 계시된다.

〈13〉 바울(그리고 확장해서 모든 신자)은 인간의 지혜가 아니라 **성령께서 가르치셨다**고 말한다. 성령의 계시는 분명하게 표현되고 이해될 수 있는 말씀으로 주어진다. 바울은 형언할 수 없는 경험이 아니라 다른 사람들에게 전할 수 있는 성령의 진리에 호소한다.

이 구절의 마지막 어구는 다른 방식으로 해석될 수 있다. 영적(프뉴마티코이스, pneumatikois)이라는 단어는 남성('영적 사람들') 또는 중성('영적인 것들'; KJV와 ASV)이 될 수 있다.

CSB 성경(Christian Standard Bible)은 남성으로 해석해서 영적인 것들을 영적 사람에게 설명하는으로 해석한다(참조, ESV, NRSV, NET).

분별하다(synkrinontes)라는 단어는 NIV와 CSB 성경에서는 설명하다라고 번역된다. 이 단어는 '비교하다'라는 의미가 될 수도 있다. KJV 성경은 영적인 것들을 영적으로 비교하는으로 다르게 번역한다. 이 단어는 또한 '결합하다'라는 의미일 수 있다. 우리는 이 단어를 ASV 성경에서 발견한다. 영적인 것들을 영적 말로 묶는이라는 번역이다.

이 단어의 의미를 결정하는 것은 쉽지 않고 문맥에 따라 결정되어야 한다(개역개정: 영적인 일은 영적인 것으로 분별하느니라). 아마도 NIV와 CSB 성경은 '설명하는'으로 받아들이는 것으로 보인다.

12절에서 지식에 대한 강조와 13절의 첫 부분에 나오는 '단어들'의 언급은 이 견해에 무게를 두게 만든다. 바울은 영적 문제를 성령과 연관된 단어로 해석하거나 설명한다. 바울은 인상적 방식으로 '영'이라는 단어에 세 단어(pneumatos[프뉴마토스], pneumatikois[프뉴마티코이스], pneumatika[프뉴마티카])를 사용한다.

신자들이 누리는 지혜는 인간의 고유한 지능 때문이 아니며 인간에게서 기원하지도 않는다. 영적 일은 인간이 접근할 수 없기 때문에 성령으로만 설명된다.

⟨14⟩ 반대로 성령이 없는 사람, 즉, 육에 속한 사람(싸이키코스 안드로포스, psychikos anthrōpos, ESV)은 성령으로부터 오는 말씀을 환영하지 않는다. 앞에서 말했듯이, 그리스도인은 성령의 사람으로 정의되기 때문에(참조, 약 3:15; 유 1:19) 육에 속한 사람은 불신자들을 가리킨다.

바울의 메시지는 진리가 높은 계층에만 전달되는 신비 종교와 다르다. 믿지 않는 사람들은 성령의 일을 듣지만, 그것을 **받아들이지 않는다**. 메시지가 어리석게 보이기 때문이다. 불신자는 복음의 메시지를 받아들이거나 이해할 수 없다.

바울의 요점은 불신자들은 복음의 메시지를 진리가 아니라고 여기기 때문에, 그들은 그 메시지를 환영하지 않거나 받아들일 수 없다는 점이다.

다시 말해, 불신자들은 선포된 메시지의 중요성을 이해하지 못한다. 참으로 이와 같은 것들은 **성령을 통해서만 분별**할 수 있으므로 그들은 복음 진리의 중요성을 이해할 수 없다. 인간은 영적 진리를 이해하고 받아들일 수 있는 고유한 능력이 부족하다. 오직 성령을 가진 사람만이 성령의 일을 이해할 수 있다.

⟨15⟩ 신령한 자(호 프뉴마티코스, *ho pneumatikos*), 즉 신자는 모든 것을 **판단**(아나크리네이, *anakrinei*) 할 수 있다. 판단은 14절에서 가져온 단어이다. 불신자들은 영적으로 '판단을 받기'(아나크리네타이, *anakrinetai*) 때문에 성령으로부터 오는 진리를 파악할 수 없다. 그러나 **신령한 자는 모든 것을 판단할 수 있다**(CSB).

바울은 믿는 사람들이 모든 실재를 이해하고 소화할 수 있다고 말하지 않는다. 이렇게 말하는 것은 모든 신자가 천재라는 의미가 된다. 문맥상 바울이 의미하는 바는 신자들이 영적 문제를 평가하고 분별할 수 있다는 것이다. 그들은 참된 지혜가 무엇인지 이해한다. 특별히 그 지혜는 십자가에 못 박히고 부활하신 그리스도를 중심으로 한다.

바울은 신령한 자, 즉 신자는 아무에게도 판단을 받지 않는다고 말한다. 바울은 신자들이 불신자들 앞에서 원하는 대로 행동할 수 있는 것처럼 판단을 받지 않는다고 주장하지 않는다. NIV 성경은 이 의미를 잘 표현한다. 단지 신자들은 **인간의 판단에 지배받지 않는다**. 불신자들은 성령의 일을 이해하지 못하기 때문에, 신자들의 삶에 존재하는 근본적 실재를 이해할 수 없다. 신자들에게 생명을 불어넣는 궁극적 약속은 불신자들에게는 비밀이다.

왜냐하면, 불신자들은 성령이 없기 때문이다.

⟨16⟩ 바울은 신자들이 실재를 정확하게 평가할 수 있는 이유와 불신자들이 신자들을 평가할 수 없는 이유를 설명한다. 그는 신자들은 그리스도의 마음을 가지지만, 불신자들은 주의 마음을 알지 못한다는 개념을 지지하기 위해서 이사야 40:13을 인용한다(참조, 23:18). 이사야 40:13의 중간 부분이 빠져 있으므로 정확한 인용이 아니다.

바울은 이 구절을 자기의 목적에 맞게 조정한다. 이 구절의 문맥은 잘 이해된다. 이사야는 40장에서 주님께서 이스라엘을 바벨론 유배 상태에서 다시 돌리실 것이라고 약속했지만, 이스라엘은 자신들이 강대한 바벨론에 비해 통의 한 방울 물과 같다고 느꼈기 때문에 이를 믿기 어려웠다.

바울이 로마서 11:34에서 인용한 질문은 하나님의 생각이 인간의 개념과는 다르고 훨씬 위에 있음을 보여 준다. 이스라엘은 유배에서 구원받기를 기대하지 않았지만, 주께서는 이사야 40장에서 비교할 수 없는 계획을 세우시고 비교할 수 없는 하나님이심을 계시하셨다.

고린도 교인들에 대한 바울의 적용은 이사야의 상황과 일치하지만, 이사야의 말씀을 새로운 상황에 적용한다. 바울은 누가 주의 마음을 알고 주를 가르칠 수 있는지 질문한다. 대답은 아무도 없다이다. 앞에서 언급했듯이, 이것은 원래 이사야의 문맥이 가지는 그 의미이다. 동일하게 고린도전서 2:6-16이 보여 주듯이, 주의 생각은 인간이 접근할 수 없다.

그러므로 불신자들은 성령의 사람이 아니기 때문에 주의 마음을 알지도 못하고 알 수도 없다. 그들은 주님의 마음을 이해하지 못하기 때문에, 성령의 사람을 평가할 능력이 없다.

반면에 그리스도인들은 **그리스도의 마음을 가졌기** 때문에 실재를 평가할 수 있다. 그럼에도 불구하고 그리스도의 마음을 아는 것은 스스로를 자랑할 이유는 아니다. 신자들은 주의 마음을 분별할 수 있는 고유한 능력을 갖추지 않기 때문이다. 그들은 오직 성령을 통해서만 주님의 생각을 안다.

### 신학

하나님을 아는 것은 인간의 발견이 아니라 하나님의 계시 문제이다. 사실 이와 같은 계시는 하나님을 아는 진리를 신자들에게 계시하시는 성령에 의해 주어진다. 성령께서 우리에게 하나님을 아는 지식을 주시기 때문에 이와 같은 지식에 대한 인간의 자랑은 근거가 없다. 하나님을 아는 고유한 능력을 갖춘 인간은 없으므로 하나님을 아는 지식의 유일한 길은 하나님이 자신을 계시하시는 데 주도권을 가지신다는 것을 아는 것이다.

하나님은 그리스도의 십자가에서 바로 그 일을 행하셨다. 그러나 불신자들은 그리스도에 대한 진리를 어리석은 것으로 거부한다. 그러므로 그들은 성령의 일을 환영하지 않는다. 성령은 하나님의 생각을 이해하시고 그것을 신자들에게 설명하시기 때문에 인격적으로 일하시며 그분을 어떤 힘이나 영향력으로 생각할 수 없다.

### 3) 다툼과 사역자들에 대한 잘못된 평가(3:1-9)

### 문맥

바울은 고린도 교인들을 괴롭히는 분열을 말한다. 그들을 신령한 자들이 아니라 육신에 속한 자들로 대해야 한다고 말한다. 그들 가운데 있는 시기와 다툼 때문에 고기 대신 우유를 먹였다. 그들의 싸움은 바울 또는 아볼로에게 속해 있는지 초점을 맞추며 여전히 인간의 수준에서 생각하고 있었음을 보여 준다.

바울은 자신과 아볼로는 단순한 종이며, 고린도 교인들은 주님께 초점을 맞추어야 한다고 설명한다. 바울은 교회를 세웠고 아볼로는 양육했지만, 모든 성장은 하나님에게서 왔다. 그러므로 고린도 교인들은 아무것도 아닌 인간 사역자를 높이는 대신 하나님이 생각의 중심에 있어야 함을 인식해야 했다. 사역자는 동역자로서 자신들의 노력에 따라 평가와 보상을 받는다. 그러나 고린도 교인들은 하나님의 밭이며 건물이다.

## 주석

⟨1⟩ 바울은 성령을 가진 사람들이 실재를 평가할 수 있다고 설명했다. 왜냐하면, 성령이 그들에게 하나님에 대한 진리를 계시했기 때문이다. 신자들은 성령의 백성이기 때문에 하나님의 지혜를 누린다. 그러나 바울은 고린도 교인들을 **신령한 자들**(프뉴마티코이스, *pneumatikois*)이라고 말할 수 없다고 불평하기 때문에 상황은 생각보다 더 복잡하다.

NIV 성경의 **성령으로 사는 사람**은 바울이 말한 충격을 제거한다. 바울은 그리스도인에게 말하는 것처럼 그들에게 말할 수 없었기 때문이라고 말한다. 대신에 그는 그들이 여전히 세상적인 것처럼, 즉 **육신에 속한 자**(사르키노이스, *sarkinois*)처럼 이야기해야 했다.

바울에 따르면 육적 사람들은 불신자이며, 성령의 사람은 그리스도인이다(롬 8:9). 따라서 바울은 그리스도인들을 대함과 같이 할 수 없다고 말함으로 그들을 놀라게 했다. 바울은 마지막 어구에서 그들이 그리스도 안에서 어린아이들이라고 말하면서 부드럽게 공격한다.

바울은 고린도 교인들이 세속적이라고 또는 육신에 속했다고 말하면서 고린도 교인들에게 충격을 준다. 그러므로 여기에서 이 범주는 어떤 사람이 **육신에 속한 그리스도인**, 즉 세상적 그리스도인으로 계속 살아갈 것이라고 설명해서는 안 된다. 고린도 교인들은 불안정한 위치, 즉 완충 지대에 있었다. 만약 회개하지 않으면 종말론적 심판의 위험에 처하게 될 것이다(참조, 10:1-12). 여기서 바울이 말하는 수사적 성격은 그의 의도를 이해하는 데 반드시 고려되어야 한다.

⟨2⟩ 고린도 교인들은 영적 어린아이들이었기 때문에 바울은 **단단한 음식** 대신 **우유**(개역개정: 젖)로 먹였다. 우리는 고린도 교인들이 자신들의 지혜를 자랑하는 것을 알고 있다. 따라서 처음 바울이 목회했을 때 단단한 음식을

먹일 수 없었다고 말하는 그의 책망은 깊은 상처를 줬음에 틀림이 없다.

바울은 더 나아간다. 그들을 우유 말고 다른 것으로는 먹일 수가 없다. 바울이 우유와 **단단한 음식**으로 무엇을 의미하는지 알기는 어렵다. 자신의 가르침이라면, 자신이 기독교 가르침의 기초를 가르쳤을 것이다. 히브리서에서 우리는 **하나님 말씀의 초보**(히 5:12)에서 비슷한 점을 발견한다.

히브리서 저자는 우유를 마시는 사람들은 **어린아이**이며 **의의 말씀을 경험하지 못한 자**라고 말한다(히 5:13). 반면에, **단단한 음식은 장성한 자의 것이다**(히 5:14). 저자는 그들이 회개함과 신앙, 세례들과 안수와 죽은 자의 부활과 마지막 심판에 관한 **초보적 가르침**(개역개정: 교훈의 터)을 넘어서기 원한다(히 6:1-2).

히브리서와 비슷한 병행이 놀랍게 눈에 띄는데, 고린도전서의 **우유**는 복음에 대한 기본적 가르침을 나타내는 것 같다. 다른 학자들은 가르치는 내용은 변하지 않는다고 말한다.

바울은 항상 예수 그리스도를 십자가에 못 박힌 자(2:2)로 그리고 그의 죽음과 부활을 통한 죄의 용서(15:1-4)를 항상 선포한다. 그러나 우유를 먹는 사람들은 바울이 단단한 음식으로 가르치는 것을 소화할 수 없다. 이 관점에서 **우유**는 가르침의 내용이 아니라 듣는 사람들의 수용력을 의미한다. 두 가지 선택 중에서 결정하기는 쉽지 않지만, 아마도 이 문맥에서 두 번째가 더 가까울 것이다. 왜냐하면, 그리스도의 못 박히심과 부활을 전하는 것은 단순한 우유로 격하될 수 없기 때문이다.

〈3-4〉 바울은 2절에서 왜 고린도 교인들이 여전히 단단한 음식을 소화할 수 없다고 말했는지 설명하기 때문에, NIV 성경에서 이 구절의 시작인 '왜냐하면'(가르, *gar*)의 생략은 안타깝다. 그들은 **여전히 세상적**이었다. 즉, 그들은 '여전히 육체적'이었다("여전히 육체의", ESV).

여기서 사용된 단어는 **육신에 속한**(사르키코이, *sarkikoi*)이다. 1절에서는 **육신으로 만들어진**(사르키노이스, *sarkinois*, 개역개정: 육신에 속한 자)이란 단어가 나타난다. 아마도 이 단어들은 동의어일 것이다. 고린도 교인들은 **질투와 다툼**으로 증명되는 자신들의 세속성 때문에 더 깊이 나아갈 수 없다(참조, 롬 13:13; 고후 12:20; 갈 5:19-20; 약 3:14). 이와 같은 다툼은 그들이 성령을 따르지 않고 단순히 인간적 수준으로 살고 있음을 나타낸다.

고린도전서 1:11-12에서 말했듯이, 다툼과 질투는 바울과 아볼로로 인한 다툼에 집중되어 있었다. 고린도 교인들은 바울과 아볼로 그리고 아마도 베드로의 편을 들면서 자신들의 영적 지혜를 판단했을 것이다. 고린도 교인들은 그들의 당파가 자신들의 영적 통찰력을 반영한다고 믿었지만, 바울은 그것이 그들의 영적 빈곤을 가리킨다고 말한다. 사실 고린도 교인들은 성령에 의지하는 대신 인간의 수준에서 살고 있었다.

⟨5-6⟩ 바울은 고린도 교인들에게 자신과 아볼로와 같은 사역자들에 대한 적절한 관점을 제공한다. 그들은 주님께서 사용하시는 고린도 교인들의 믿음을 위한 **종들**이다(디아코노이, *diakonoi*, 개역개정: 사역자들, 참조, 고후 3:6). 그들은 고린도 교인들의 믿음을 위한 수단이었지만, 그들의 유익은 그들의 것이 아니라 그들의 삶에서 일하시는 하나님 때문이었다. 바울과 아볼로에게 주어진 임무는 주님, 그분에게서 나왔다. 그러므로 그것은 사역자의 일이 아니라 주의 사역이며, 이것이 그 특징이 되어야 한다.

사역자가 만드는 유익은 주님께 돌려지지만, 바울과 아볼로의 사역은 획일적이지 않다. 사역의 다양성은 바울과 아볼로 가운데서 역사하시는 주님의 일하심과 모순되지 않고 일치한다. 사역에 나타나는 성장은 하나님에게서 나오지만, 바울과 아볼로가 행한 사역은 두드러진다. 교회는 여기에서 밭으로 묘사된다. 바울은 교회를 설립함으로 심었고, 아볼로는 물을 주고 양육함으로 교회를 세우는 일을 도왔다.

⟨7⟩ 7절에서 바울은 5-6절의 결론을 이끈다(호스테, *hōste*, '그러므로'). 심는 자 또는 교회를 설립하는 자와 물을 주거나 양육하는 자는 아무것도 아니다. 다른 사람들의 삶에 자신을 부어 넣은 사람들의 수고와 노력을 바울이 거부하지 않는 것처럼, 여기에서 교회를 세우거나 교회에 힘을 북돋우

는 자들을 거부하지 않는다.

여기서 문제는 성장의 근원이다. 그것은 인간이 아니라 하나님에게서만 나온다. 하나님만이 사역으로 얻는 모든 유익에 대한 공로를 인정받을 자격이 있다. 그러므로 사역자들은 자신들의 사역을 자랑할 이유가 없으며, 다른 사람들도 (고린도 교인들처럼) 사역자들을 신뢰할 근거가 없다.

⟨8⟩ 이제 바울은 앞의 구절에서 발생할 수 있는 오해를 바로잡는다. 교회를 세우고 양육하는 사람들은 하나의 근본적 목적이 있다. 그들은 자신들의 수고와 사역으로 주님의 뜻을 수행하기 위해 노력하면서 주를 섬기고 있다. 모든 성장은 하나님에게서 나오지만, 사역자의 일은 무시되거나 의미가 없거나 중요하지 않은 것이 아니다.

사역자의 수고, 그 사역의 가치는 하나님이 평가하실 것이며 그에 따라 상을 받을 것이다. 모든 성장을 하나님께 돌리는 것은 사역자의 책임이 없음을 의미하지 않는다. 하나님께서는 사역의 가치를 평가하시고 그에 따라 상을 베푸실 것이다.

⟨9⟩ 사역은 궁극적으로 하나님의 일이지만, 바울과 아볼로와 같은 사역자들은 하나님께 속한 **동역자이다**.[16] 하나님이 복을 주신다. 그러므로 회심이나 영적 성장은 그분에게서 온다. 동역자들은 하나님에게서 오는 성장이 현실이 되게 만드는 수단이다.

궁극적으로 사역의 모든 열매와 사역자로서 모든 긍정적 영향은 하나님의 은혜로 돌려지지만, 동역자의 사역은 중요하다. 사실 교회는 바울이나 아볼로 또는 다른 사역자에게 속하지 않는다. 교회는 **하나님의 밭**이며, 바울은 그 밭에 심었고, 아볼로는 **물을 주었다**(3:6).

---

[16] 속격 *theou*(테우)는 소유적 용법이다. Thiselton (2000), *The First Epistle to the Corinthians*, 304-306을 보라.

바울은 그림을 바꾸어 고린도 교인들을 **하나님의 집**(오이코도메, *oikodomē*)으로 보여 주고 있다. 집이라는 단어는 여기에서 교회가 하나님의 성전임을 의미하며, 농사에서 건축 비유로의 전환은 바울이 교회를 하나님의 성전으로 숙고하는 다음 구절들(3:10-17)을 위한 길을 준비한다.

### 신학

그리스도인의 삶은 복잡하다. 바울은 누군가가 평생 '육신적 그리스도인'으로 불리면서 살아간다고 믿지 않는다. 신자들의 삶에는 진보의 시간과 퇴보의 시간이 동시에 존재한다. 따라서 신자들은 계속 성령을 따라 살아야 한다.

우리는 또한 이 본문에서 사역자의 역할을 본다. 하나님은 인간을 사용하여 교회를 세우시고 양육하신다. 그들의 기여는 중요하다. 그런데도, 교회의 모든 성장은 하나님 자신에게서 오기 때문에, 인간은 사역의 수고로 높여지거나 존경받아서는 안 된다.

### 4) 사역자들에 대한 하나님의 심판(3:10-17)

### 문맥

앞의 단락은 교회를 하나님의 집으로 비유하면서 결론을 내렸다. 이번 단락에서는 건물 비유로 확장된다. 바울이 교회를 건물로 이해할 때, 이 단락의 16-17절이 증명하는 것처럼 아마도 교회가 하나님의 성전임을 생각하고 있었을 것이다.

교회를 밭으로 그리면서 바울은 자신을 심은 사람으로 묘사한 것처럼, 이제 교회를 건물로 그리면서 그는 교회의 터를 닦았다고 말한다. 그는 사역자들이 닦아 둔 터 위에 어떻게 세워야 하는지 주의해야 한다고 말한다. 교회의 터는 예수 그리스도 자신인데, 이것은 십자가에 못 박히고 부활하신 그리스도의 복음을 말하는 또 다른 방법이다.

12-13절에서 목회자들이 교회의 터를 세우는 방법이 고려된다. 주의 날에 각각의 사역이 시험받고 드러날 것이기 때문에 건축을 잘 해야 한다. 다른 세 가지 결과를 생각할 수 있다. 건축을 잘한 사람, 즉 금, 은, 보석으로 터를 세운 사람들은 상을 받을 것이다. 터 위에 나무, 풀, 짚으로 건축한 사람들은 그들의 사역이 불타고 파괴될 것이다. 그러나 자신은 구원을 받을 것이다.

16절에서 바울이 언급하는 것처럼, 교회는 성령의 전이기 때문에, 그 사역은 매우 중요하다. 그러므로 교회를 파괴하는 사람, 즉 사역자로서 하나님의 성전을 파괴하는 사람은 그들 스스로 파괴될 것이다. 왜냐하면, 거룩한 곳을 더럽혔기 때문이다.

### 주석

**〈10〉** 6절에서 바울은 교회를 세우는 일을 설명할 때 밭에 심는 비유를 사용했다. 이 구절에서 비유는 건축으로 옮겨 가고, 바울은 터를 닦는 것으로 교회를 세우는 자신의 사역을 묘사한다. 그러므로 교회는 하나님의 성전이라는 개념이 제시된다.

바울은 교회가 하나님의 은혜로 세워졌기 때문에, 자신에게 공로를 돌리지 않는다. 바울은 터 위에 어떻게 세울지 주의해야 한다고 말하면서, 자신이 그 터를 적절하게 닦았음을 암시한다. 그러므로 그 터 위에 세우는 사람은 자신의 사역이 그 터를 손상하거나 위협하지 않도록 닦여진 터에 적합하도록 세워야 한다.

앞에서, 아볼로는 이미 심은 것에 물을 준 역할로 주목받았다(3:6). 그러나 이제 바울은 아볼로의 사역을 비난하고 있다는 어떤 암시도 주고 싶지 않기 때문에 아볼로는 이 구절에서 빠져 있다. 대신에 그는 모든 사역자에게 적용되는 일반적 권면을 한다. 그들은 예수 그리스도의 교회인 하나님의 성전을 복음의 터 위에 어떻게 세울지 신중해야 한다.

⟨11⟩ 바울은 교회 터의 성격을 설명하기 위해 잠시 멈춘다. 터는 예수 그리스도 자신이다. 교회를 위해 다른 어떤 터를 놓을 수 없다. 바울이 터로 의미하는 것은 1:18-2:5에서 분명하다. 이 구절들에서 못 박히신 그리스도께서 바울의 복음의 기준이 된다는 것을 분명히 한다.

우리는 고린도전서 15:1-4에서 동일한 터를 보게 된다. 죄의 용서를 위해 십자가에 못 박히시고 부활하신 그리스도가 그 터이다. 바울은 이미 교회에 터를 닦았으며, 아무도 다른 터를 닦을 수 없다. 왜냐하면, 공동체는 복음의 기초에 세워지지 않으면 결코 교회가 아니다. 교회의 유일한 참된 기초는 그리스도의 복음이다.

⟨12-13⟩ 바울은 터 위에 세우는 것이 무엇을 의미하는지 설명한다. 예를 들어, 그는 성전이 어떻게 세워졌는지 문자적으로 생각하지 않는다. 12절에서 그는 터 위에 세우는 데 사용될 수 있는 재료들을 고려한다. 이 재료들은 두 가지 종류로 나눌 수 있다.

하나는 금, 은, 값 비싼 보석, 다른 하나는 나무, 풀, 짚이다. 전자는 하나님의 성전 터 위에 건축하는 데 유익하고 유용한 재료들을 의미한다. 후자는 쓸모없고 성전의 상부 구조에 사용되는, 결국 파괴될 재료를 의미한다.

우리는 요한계시록 21:18-21에서 아름다운 돌과 다른 재료들로 만들어진 하나님의 성전에 대한 묘사를 본다(참조, 출 28:17-20; 왕상 5:17; 6:20-21; 왕상 5:17; 6:20-21; 대상 29:2; 사 54:11-12; 겔 28:13).

바울이 설명하는 재료는 사역자들이 하나님의 성전 터 위에 세울 때, 그들의 사역을 나타낸다. 마지막 날, 주님의 날에 각자의 사역은 분명히 드러날 것이다.[17] 그날은 불과 함께 오고(참조, 벧후 3:10), 각 사람의 사역 가치가 평가될 것이다. 나무, 풀, 짚은 타버릴 것이므로 나무, 풀, 짚으로 세운 사역은 없어져 버리겠지만, 금, 은, 보석은 불을 견뎌 낼 것이다. 이것은 그

---

**17** 롬 2:5, 16; 고전 1:8; 5:5; 고후 1:14; 빌 1:6, 10; 2:16; 살후 1:10; 2:2; 딤후 1:12, 18; 4:8을 참조하라.

들 사역의 가치가 높았음을 보여 준다.

⟨14-15⟩ 이어지는 구절(3:14-17)에서 세 가지 종류의 사역이 고려된다. 그 언어는 말라기 3:1-5를 연상시킨다. 말라기는 주님께서 성전에 오셔서 자신에게 속한 자들을 제련하고 정결하게 하실 날을 그린다. 옳은 일을 하는 자는 상을 받겠지만, 악을 행하는 자는 심판을 받을 것이다.

바울은 마지막 날에 불을 견뎌 내는 사역자들에 관해 이야기하면서 시작한다(참조, 민 31:23; 사 43:2; 슥 13:9). 이들은 금, 은, 보석으로 세웠다. 그들은 하나님의 성전 윗부분을 훌륭하게 세웠기 때문에 보상을 받을 것이다.

바울은 우리에게 상급이 무엇인지 말하지 않는다. 아마도 마지막 날에 사역의 열매를 보는 만족과 기쁨일 것이다. 이와 같은 이해는 바울이 다른 곳에서 말한 구절들과 일치한다.

우리의 소망이나 기쁨이나 자랑의 면류관이 무엇이냐 그가 강림하실 때 우리 주 예수 앞에 너희가 아니냐 너희는 우리의 영광이요 기쁨이니라(살전 2:19-20; 참조, 빌 2:16; 4:1; 고후 1:14).

반면에 나무, 풀, 짚으로 터 위에 세우는 사람들은 자신들의 사역이 불로 타버린다는 것을 알게 될 것이다. 바울이 무엇을 염두에 두고 있는지는 확실히 알기 어렵다. 아마도 그는 중심을 벗어난 가르침과 사역을 생각했을 것이다. 그들은 예수님께서 십자가에 못 박힌 메시아라는 점을 확실히 가르치지 않을 것이다. 그러나 복음에서 완전히 떠나지는 않는다. 그들의 사역은 복음의 중심에서 벗어나기 때문에 계속되지 못할 것이다.

그런데도 사역자들은 **구원받을 것이다**. 사역에 큰 결함이 있을지라도 주의 날에 멸망되지 않겠지만 그 탈출은 불타는 집에서 도망치는 사람의 탈출과 같을 것이다(참조, 암 4:11; 슥 3:2). 이 사역자들은 십자가에 못 박히시고 부활하신 주님으로 예수님을 참되게 믿었기 때문에 구원을 받지만, 그 사역의 결함은 드러날 것이다. 몇몇은 이곳에서 연옥을 언급하지만, 바울은 죽음과 최종 심판 사이의 심판이 아니라 재림과 최종 심판을 언급하기

때문에 이 견해는 배제된다.[18]

⟨16⟩ 교회가 하나님의 성전(나오스, *naos*)이기 때문에 사역의 거룩함은 분명하다. 문맥은 바울이 믿는 자들을 개별적으로 언급하지 않고 교회를 공동체적으로 언급하고 있음을 보여 준다. 하나님의 성전인 교회는 이 단락을 시작하는 건축 비유와 일치한다. 여호와께서 옛 언약의 성전, 즉 이스라엘의 성전에 거하셨던 것처럼(출 25:8; 29:45; 레 26:11-12; 시 114:2), 이제 하나님의 성령은 예수 그리스도의 교회인 새 성전에 거하신다.

바울은 또한 교회가 에베소서 2:19-22의 성전임을 강조한다(참조, 고후 6:16). 이곳에서 예수님은 **모퉁잇돌**로 묘사되고 교회는 성령이 거하는 **거룩한 성전**으로 그 성장이 묘사된다.

베드로전서 2:5에서 교회는 신자들이 하나님께 **신령한 제사를 드리는** 신령한 집이다. 에베소서와 같이, 예수님은 다시 성전의 **모퉁이의 머릿돌**로 묘사된다(벧전 2:7).

⟨17⟩ 이제 우리는 세 번째 종류의 사역자로 넘어간다. 첫 번째는 잘 섬기고 상을 받는 사역자들이다(3:14). 이에 반해 두 번째는 구원은 받지만, 사역은 형편없다. 그들의 사역은 타서 없어질 것이다(3:15). 세 번째는 **하나님의 성전을 파괴하는** 사역자들이다. 예수 그리스도의 복음이 거절되고, 결과적으로 교회가 무너진다.

이 해석은 우연하게도 마태복음 16:18에서 하데스(Hades)의 문(개역개정: 음부의 권세)이 교회를 이기지 못한다는 가르침과 모순되지 않는다. 왜냐하면, 예수님은 교회를 총칭하여 말씀하시기 때문이다. 그분은 모든 지역 교회가 역사의 종말까지 계속해서 신실할 것이라고 주장하시지 않는다.

하나님의 성전이 더럽혀지고 파괴된다는 개념은 구약성경에서 찾을 수 있는데, 이와 같은 정서는 매우 자주 언급된다(참조, 시 79:1; 사 64:11; 겔 23:29).

---

[18] Hays, 55.

하나님의 거룩한 성전인 교회를 파괴하는(파데이레이, *phtheirei*) 사람들은 스스로 파괴될 것이다. 이 개념은 구약성경의 헤렘(*ḥērem*, 진멸)과 다소 비슷하다(참조, 출 22:19; 레 27:28; 신 7:26; 수 6:17; 7:11, 25).

여호수아 7장에서 아간은 헤렘 아래 있었던(멸하기로 되어 있었던) 것, 즉 주님께 바쳐진 것을 취해서 죽임을 당했다. 같은 방식으로 교회를 파괴하는 사람들은 거룩하고 하나님께 성별된 것을 파괴한다. 거룩한 것을 만지고 훼손시키는 자들은 헤렘에 놓이게 될 것이다. 하나님이 그들을 아간과 같이 멸망시키실 것이다.

### 신학

교회의 사역자들은 하나님 앞에서 책임감 있게 그리고 충실하게 가르치고 인도할 책임이 있다. 하나님께서는 그 사역의 가치를 평가할 것이며, 그에 따라 상을 받거나 벌을 받을 것이다.

우리는 또한 예수 그리스도가 교회의 터라는 것을 알고 있다. 이것은 십자가에 못 박히고 부활하신 예수님의 복음이 교회에서 근본적 역할을 한다는 의미이다. 예수 그리스도를 믿는 자들에게 죄의 용서를 약속하는 복음을 떠나서는 참된 교회가 세워질 수 없다.

마지막으로 교회는 성령의 전이다. 구약성경에서 여호와는 성막과 성전에 거하셨고 전체 이스라엘에 거하시지 않았다. 이제 주님은 그의 성령으로 자신의 백성, 즉 성도들의 공동체 전체에 임재하신다.

## 5) 세상 지혜의 어리석음(3:18-23)

### 문맥

바울은 고린도 교인들을 분열시키는 문제로 돌아간다. 고린도 교인들은 사역자들의 유익을 판단할 수 있을 만큼 현명하다고 주장한다. 사실 지혜에 대한 그들의 주장은 어리석음, 자기기만, 그리고 이 악한 세대의 것들에 대해 집착하고 있음을 드러낸다. 그들이 지혜가 있다고 자랑하는 것을 하나님은 어리석다고 거부한다.

구약의 두 인용, 욥기 5:13과 시편 94:11은 하나님께서 이 세상의 지혜를 좌절시키시고 아무것도 아닌 것으로 만드실 것을 보여 준다. 바울은 21절에서 결론을 맺는다. 바울 자신과 아볼로 같은 지도자를 자랑하지 말라고 호소한다. 모든 것이 고린도 교인들의 것이기 때문에 이와 같은 자랑은 어리석다.

바울이 의미하는 '모든 것'은 매우 놀랍다. 왜냐하면, 사역자뿐만 아니라 생명과 사망, 현재 것과 장래 것도 포함하기 때문이다. 모든 것은 고린도 교인들에게 주는 선물이다. 왜냐하면, 그들은 그리스도의 것이고 그리스도는 하나님의 것이며, 그러므로 모든 것은 그리스도 안에서 고린도 교인들의 것이기 때문이다. 그러므로 지도자에 대한 사랑은 어리석다. 이렇게 행하는 사람들은 모든 세계가 자신들의 것임에도 더 작은 일에 만족하기 때문이다.

## 주석

⟨18⟩ 바울은 스스로 속이는 일을 경고한다. 고린도전서 1:18-2:16에서 지혜의 문제를 주제로 택한다. 이 시대에 자신이 **현명하다고** 생각하는 사람들은 '어리석은 자'가 될 것이다. 2:6(참조, 1:20과 2:8)의 이 시대에서 우리는 종말론적 의미를 살펴보았다.

바울은 1:18-2:16에서 그가 가르쳤던 내용을 여기에서 적용한다. 십자가는 믿지 않는 자들에게는 어리석고, 믿는 자들에게는 하나님의 능력과 지혜이다. 그러므로 믿는 자들이 이 세상에서 '지혜'가 있다면, 그들은 십자가를 어리석다고 여기는 사람들과 함께하는 것이다. 그들은 자신이 역사의 올바른 편에 서 있다고 생각하지만, 사실 그들은 역사의 잘못된 편에 서 있다.

## Ⅱ. 고린도 교회의 문제들(1:10-6:20)

고린도 교인들은 어리석은 자가 되어야만, 즉, 예수 그리스도를 십자가에 못 박힌 자로 받아들여야만 지혜로운 자가 될 수 있다. 그들은 바울, 아볼로, 게바에 대한 자신들의 파벌로 세상의 지혜를 받아들였다. 그러나 이와 같은 파벌을 포기함으로 자신들의 참된 지혜를 드러낼 수 있을 것이다.

〈19-20〉 바울은 고린도 교인들이 세상의 지혜를 거부해야 하는 이유를 설명한다. 왜냐하면, 그것은 하나님의 관점에서 어리석기 때문이다. 바울은 구약의 인용(욥 5:13; 시 94:11)으로 하나님이 단지 이 세상의 지혜를 어리석게 여기신다고 말하지 않는다. 그는 사실 하나님께서 이 세상의 지혜를 어리석게 만드신다고 주장한다.

욥기 5:13의 인용은 MT(마소라 텍스트) 전통의 문자적 번역으로 70인역(70인역)보다는 MT 전통에 더 가깝다. 비록 이 인용은 욥을 오해한 엘리바스의 말이지만, 그의 말은 하나님에 대한 일반적 진리를 나타낸다. 인용의 요점은 악한 자들의 지식은 하나님의 계획에 따라 실패로 증명된다는 점이다.

두 번째 인용은 시편 94:11(93:11 70인역)에서 왔다. 바울은 70인역(70인역)을 정확하게 인용(MT의 문자적 번역)하지만, '사람'(안드로폰, *anthrōpōn*) 대신 지혜 있는 자로 고린도 교회의 상황에 연결한다. 주께서 지혜 있는 자들의 생각을 헛것으로 아신다는 말은 그들의 생각이 허무함을 인정한다는 의미는 아니다.

히브리어로 '알다'는 하나님께서 사람과 행동의 과정을 예정하거나 선택하신다는 의미로 자주 사용된다. 예를 들어, 주께서는 땅의 모든 족속 가운데 이스라엘을 아신다(에그논, *egnōn*, 암 3:2). 이것은 그들이 '선택됐다'는 의미이고 하나님의 결정을 의미한다. 비슷하게 의인들의 길은 여호와께서 인정하신다(아신다. ESV, 시 1:6).

하나님의 앎은 여기에서 능동적이다. 그리고 의로운 사람들을 위해서 선한 결과를 가져온다. 그러므로 여기 고린도전서 3:20에서 주께서는 지혜 있는 자들의 생각을 헛것으로 정하신다. 진리에 도달하는 대신 그들이 믿는 것은 거짓이었다는 점을 발견할 것이다.

⟨21⟩ 바울은 18-20절의 결론을 내린다(그런즉). 이 시대의 지혜는 어리석고 하나님에 의해 좌절될 것이기 때문에, 고린도 교인들은 세상의 지혜에서 떠나고 인간 **지도자를 자랑하지** 말아야 한다.

기본적으로 수사적 능력을 근거로 하는 사역자들에 대한 자랑은 성령을 소유한 사람들에게는 적합하지 않은 세속적 사고방식이다. 그들을 자랑하면 안 되는 이유는 21절의 하반부에 나와 있다. NIV 성경에는 '왜냐하면'(가르, *gar*)이 없다(개역개정도 생략). '왜냐하면'은 자랑을 그만두어야 할 이유를 분명히 한다.

바울은 **만물이 다 너희 것**이라고 말하는 이 주장은 매우 놀랍다. 바울의 의미는 다음 두 구절에서 드러나지만, 중요한 점은 고린도 교인들이 사역자들 때문에 다투면서 수준 이하로 살고 있다는 점이다. 그들은 파벌을 나누는 행동이 영적 진보와 지혜를 반영한다고 믿고 있다. 그러나 그들은 실제로 하나님이 그들에게 주시는 모든 것을 놓치고 있다.

⟨22-23⟩ 22절에는 고린도 교인에게 속한 '모든 것'을 나열한다. 바울은 자신의 이름으로 시작해서, 아볼로와 게바를 언급한다. 이 사역자들을 말하면서, 바울은 1:12로 돌아간다. 이 구절은 교회의 분열이 바울, 아볼로, 게바의 평가에 초점을 맞추고 있음을 나타낸다.

여기서 바울은 이런 구분은 어리석다고 설명한다. 그들 모두가 고린도 교인들의 유익을 위해 있는데 왜 다른 사람보다 우월하다고 여기는 한 사람을 고르는가. 분열 상태에 있는 고린도 교인들은 하나님께서 그들에게 훨씬 더 많은 것을 주실 때도 거의 만족하지 않을 것이다.

바울은 더 나아가 아무것도, 즉 '사망', '생명', 천사의 존재와 그 힘, 지금 것, 장래 것조차도 그리스도의 사랑에서 신자들을 끊을 수 없다고 확인시키는 로마서 8:38을 떠올리게 하는 언어를 사용한다. 그런데 고린도전서는 세계, 생명, 사망, 지금 것, 장래 것을 언급한다.

로마서와의 병행은 로마서 8:35-39에서 언급된 것 중 일부가 분명히 신자들에게 고통을 가져오기 때문에 이곳의 요점을 이해하는 데 도움이 된다. 그러므로 바울은 인생의 모든 것이 고린도 교인들에게 즐거운 것이라고 주장하지 않는다. 대신에 그의 요점은 인생의 모든 것이 유익을 위한 것이라는 점이다.

로마서 8:37에서 말하듯이, 신자들은 직면하는 모든 일에 넉넉히 이기며, 하나님은 자기를 사랑하는 자들의 선을 이루기 위해 모든 것을 행하신다(롬 8:28). 그리고 선은 그 아들의 형상을 본받는 것이다(롬 8:29). 고린도 교인들은 분열로 갈라졌다. 그들은 모든 사역자와 모든 상황이 그들의 유익을 위해 있었음에도 분열의 먹이가 되는 것이 잘못되었음을 이해하지 못했다.

23절은 22절의 놀라운 긍정을 위한 기초를 제공한다. 고린도 교인들은 이 약속을 본질적으로 즐거워하지 않는다. 약속은 그들이 그리스도에게 속하기 때문에 주어졌다. 예수 그리스도는 온 우주를 다스리시는 하나님의 오른편에 계신 보좌에 앉으신 왕이다(롬 8:34; 엡 1:20-22).

예수 그리스도의 온 세상에 대한 통치와 죽음에 대한 승리는 하나님과의 관계에서 그 뿌리를 찾는다. 죽음의 승리는 예수님이 하나님께 속했기 때문이다. 따라서 하나님은 순종하신 그를 모든 것 위에 주님으로 자신의 오른편에 높이셨다(빌 2:6-11; 고전 15:28).

### 신학

고린도 교인들은 그리스-로마 사회에서 지위와 명예를 주는 세상의 지혜에 기울어져 있었다. 그러나 주님은 세상이 높이는 것을 좌절시키시고 아무것도 아닌 것으로 만드실 것이다. 아이러니하게도, 고린도 교인들은 하나님이 그리스도 안에서 그들을 위해 주신 모든 것을 이해하는 데 실패했다. 그들은 삶의 모든 것이 그들의 유익을 위한다는 의미에서 이미 그리스도와 함께 통치하고 있었다.

## 6) 사역자의 역할(4:1-5)

### 문맥

고린도전서 3:10-17처럼 바울은 사역자들의 책임과 그들의 평가에 대한 문제로 되돌아간다. 그들은 그리스도의 종이면서 하나님의 비밀을 맡은 자이다. 비밀을 맡은 자로서 그들은 신실해야 한다. 바울은 고린도 교인들이 자신을 평가할 자격이 없다고 말하면서 그들이 어떻게 자신을 평가할지에 대해 관심을 기울이지 않는다. 바울은 자신을 평가하지 않는다고 말하지 않는다.

실제로 4절에서 볼 수 있듯이, 그는 자신의 사역에서 자책할 만한 아무것도 깨닫지 못한다. 그런데도, 자신의 평가로는 무죄판결을 얻지 못한다. 최종 심판자는 주님, 그분이시다. 따라서 아무도 주님의 재림 전에 아무것도 판단하지 말아야 한다. 주님께서 오실 때, 그분은 각 사람의 삶을 평가해서 숨겨져 있는 것과 그 마음의 동기를 드러내실 것이다. 마지막 날에 하나님께서 각 사람에게 상을 주실 것이다.

### 주석

⟨1-2⟩ 바울은 사역자의 평가에 대해 권면한다. 그들은 그리스도의 일꾼이며 하나님의 비밀을 맡은 자들이며 거룩한 신실함을 가지고 있다. 그러나 자신들이 받은 것을 혁신하거나 창의적으로 만들 자유가 없다.

종(휘페레타이, *hypēretai*, 개역개정: 일꾼)이라는 용어는 바울서신에서 여기서만 사용되지만 다른 곳에서 종을 의미한다(예, 잠 14:35; 그리고 단 3:46; 눅 1:2; 4:20; 행 13:5; 26:16). 맡은 자(오이코노모이, *oikonomoi*)라는 단어는 특정한 일이 맡겨진 사람을 의미한다. 예수님은 이 단어를 사용하여 제자들의 책임을 설명한다(눅 12:42). 그리고 이 용어는 감독들에게 사용된다(딛 1:7).

마찬가지로 믿는 자들은 **선한 청지기**(벧전 4:10)로 자신의 은사를 사용해야 한다. 특별히 사역자들은 하나님의 비밀을 맡은 청지기가 되어야 한다. 바울은 이미 십자가에 못 박히고 부활하신 그리스도의 진리를 위해 비밀이라는 단어를 사용했다(고전 2:1, 7). 따라서 바울은 아마도 특별히 복음을 염두에 두고 있을 것이다.

2절에서는 '맡은 자'의 역할을 묘사한다. 그들에게는 **신실함**이 요구된다. 고린도 교인들은 사역자들이 아무 책임이 없다고 생각하면 안 된다. 그들은 하나님 앞에서 자기 일에 대한 책임이 있다. 왜냐하면, 자신에게 주어진 임무를 완수해야 하기 때문이다.

〈3〉 하나님은 자신의 '일꾼'과 '맡은 자'를 판단하시는 분이시므로, 바울은 고린도 교인들이나 세상 법정이 자신을 평가하는 것(아나크리노, *anakrinō*)에 대해 관심을 가지지 않는다. 실제로 바울조차도 자신을 평가하지 (*anakrinō*) 않는다.

바울은 사역이 평가되거나 판단 받지 않아야 한다고 말하지 않는다. 실제로 바울은 안디옥에서 베드로의 사역에 대해 평가하고 비난했으며(갈 2:11-14), 다른 맥락에서 몇몇 사람들을 거짓 교사라고 평가했다(예, 고후 11:12-15). 바울은 스스로의 평가를 피하지 않는다.

그러나 고린도 교인들은 바울과 아볼로 같이 신실하고 유익하게 사역하는 사람들을 하나님 앞에서 그 사역의 유익을 평가하려고 했다. 다시 말해서, 자신들의 사역의 가치를 분별할 능력이 있는 것처럼 바울과 아볼로에게 주어질 최종적 상을 판단하려고 했다.

〈4-5〉 바울은 **내가 자책할 아무것도 깨닫지 못하나**라고 말하지만, 자신의 사역에 대한 주관적 평가는 결정적인 것이 아니다. 바울의 사역에서 그가 얼마나 신실했는지를 판단하고(다시 *anakrinō*를 사용) 결정적 말씀을 주시는 분은 주님이시기 때문이다. 주님께서 판단하시기 때문에, 그는 또한 **의롭다 하시는**(데디카이오마이, *dedikaiōmai*) 분이며 죄를 사하시는 분이다.

그리고 바울은 마지막 날, 즉, 주님께서 청지기 직에 대한 사역자들의 신실함을 심판하실 날을 숙고한다. 그러므로 고린도 교인들은 최종 심판이 있기 전에, 즉 주님께서 다시 오시기 전에 사역자나 다른 사람의 유익을 최종 판단한다고 착각해서는 안 된다.

고린도 교인들은 사역자들을 평가하고 있다. 그러나 다른 사람들에 대한 지식이 제한적이고 부분적이기 때문에 평가를 그만두어야 한다. 다른 이들의 삶에 숨겨져 있는 것은 마지막 날에 주님에 의해 빛에 노출될 것이다. 우리는 다른 사람들의 동기를 분별하는 데 실패할 수 있고 우리 자신의 마음의 깊이를 헤아릴 수 없으므로 마음의 동기를 판단할 수 없다. 그러므로 주님께서 마지막 날에 각각의 동기를 밝혀 주실 것이다.

로마서 2:16에서도 비슷한 개념을 본다. 이 구절은 곧 나의 복음에 이른 바와 같이 하나님이 예수 그리스도로 말미암아 사람들의 은밀한 것을 심판하시는 그 날을 말한다. 각각 받아야 할 보상(에파이노스, *epainos*)은 심판의 날에 주님께서 주실 것이다. 하나님의 상은 그가 마음의 동기를 이해하고 모든 사람의 모든 것을 아시기 때문에 올바를 것이다.

### 신학

사역자들은 그들이 받은 청지기 직분에서 하나님 앞에 신실해야 한다. 그들은 하나님이 자신들에게 허락하신 비밀을 정확히 전하도록 부름을 받은 종들이다. 이 땅의 삶에서 사람들의 마지막 유익에 관한 판단은 지혜의 부족을 드러낸다. 왜냐하면, 오직 주님만이 한 사람의 인생에서 비밀과 숨겨진 것을 알고 있기 때문이다.

마찬가지로 다른 이들에게 생기를 불어넣는 동기는 인간에 의해 정확히 분별 될 수 없다. 그러나 주님은 심판의 날에 그들에게 빛을 비출 것이다.

## 7) 세속적인 것에 대한 질책(4:6-13)

**문맥**

바울과 아볼로의 사역은 고린도 교인들을 위해 주어졌으므로 그들은 자신들의 자랑을 정당화하기 위해 사역자에게 호소해서는 안 된다(7절). 바울은 고린도 교인들의 자랑을 공격하고 그들이 받은 모든 것이 선물이라는 점을 상기시킨다.

바울은 8-10절에서 고린도 교인들을 풍자적으로 책망한다. 그들의 건강과 부와 이른바 땅에서의 왕 노릇을 풍자한다. 대신에 사도들은 이 시대에 하나님이 하시는 일을 대표한다. 그들이 고난과 사망에 노출됨은 이 시대의 신자들의 참된 지위가 무엇인지 보여 준다.

고린도 교인들은 자신들이 이른바 지혜, 강함, 존귀로 이 악한 세대의 일부분임을 드러낸다. 그들은 사도들의 어리석음, 약함, 멸시를 당하는 것이 하나님의 사자임을 보여 준다는 것을 아는 데 실패한다.

그러므로 바울은 주리고 목마르며 헐벗고 매 맞으며 정처가 없었다(11절). 바울의 비천한 상태는 노동으로 확인된다. 사도로서의 그의 삶은 그리스도 때문이다. 그는 모욕을 당할 때 축복하고, 박해를 받을 때 참고, 비방을 받을 때 권면했다. 사도로서 찬양을 받고 귀히 여김을 받는 대신, 바울은 더러운 것과 찌꺼기같이 거절당했다.

**주석**

〈6〉 이제 바울은 잠시 멈추어서 왜 자신과 아볼로의 사역을 더 고려하는지 설명한다. 바울은 고린도 교인들의 유익을 위해서, 즉, 너희를 위하여 이렇게 한다. 고린도 교인들은 바울과 아볼로의 사역에서 기록된 말씀 밖으로 넘어가지 말아야 하는 것을 배워야 한다. 이 마지막 어구는 고린도전서에서 가장 어려운 문제 중 하나이다.

대개 바울이 기록된 말씀이라고 말할 때, 특정 구약 본문을 언급한다. 그러나 구체적 구약성경 본문이 아니다. 따라서 학자들은 바울이 염두에 두고 있는 것을 연구한다. 아마도 가장 좋은 해결책은 다음 문장의 의도를 해석하는 것이다.

고린도 교인들이 교만의 제물이 될 때, 그들은 기록된 말씀 밖으로 넘어간다. 여기에서 기록된 말씀은 일반적으로 교만에 대한 구약의 규정을 언급한다. 아마도 이미 고린도전서에서 언급한 구약 본문일 것이다(1:19; 사 29:14; 1:31; 렘 9:23-24 70인역[70인역]; 2:9의 사 64:4[70인역]; 3:19에서; 욥 5:13; 3:20에서; 시 94:11).[19]

기록된 말씀이 무엇이든, 고린도 교인의 자랑이 주된 관심사이다. 신자들은 **교만한 마음을 가졌다**(퓌시우스데, *physiousthe*). 이 동사는 고린도전서에서 자주 사용된다(4:18, 19; 5:2; 8:1; 13:4). 다른 곳은 골로새서에서 한 번 나타난다(골 2:18). 고린도 교인들은 바울과 아볼로의 사역의 가치를 평가하는 데 자신들의 교만함을 나쁘게 이용하고 있었다.

⟨7⟩ 계속해서 고린도 교인들의 자랑은 바울의 걱정 대상이었다. 그리고 바울은 그들의 오만을 꺾는 데 수사적 질문을 사용한다. 바울은 무엇이 그들을 다르게 만드는지 혹은 **구별**(디아크리네이, *diakrinei*)하는지 질문한다. 대답은 물론 '아무것도 아니다'이다. 그러나 자만심은 현실에 눈멀게 하므로, 추가적으로 수사적 질문을 한다.

근본적 문제는 고린도 교인들이 **받지 않은 것을 가지고 있느냐** 하는 점이다. 그들의 오만은 근거가 없다. 어거스틴은 종종 펠라기우스와 유명한 토론에서 이 구절에 호소하면서 신자들이 누리는 모든 선물은 하나님의 은혜임을 강조했다. 신자가 받는 모든 것이 선물이라면, 자랑과 거만함은 설 자리가 없다. 만약 자만한다면 그것은 고린도 교인들이 가진 모든 것이 하나님에게서 온 선물임을 잊어버렸기 때문이다.

---

[19] Garland, 135를 보라.

⟨8-10⟩ 고린도 교인들의 세속성은 냉소적으로 비난받는다. 어떤 사람들은 이 구절을 고린도 교인들의 지나치게 실현된 종말론의 증거로 해석했지만, 그들이 이교적 사회에 굴복한 표시로 이해하는 것이 더 좋다. 문제는 '종말론이 아닌, 윤리의 문제이다.'[20]

지나치게 실현된 종말론 대신, 스토아-견유학파의 사고와 일치한다.[21] 예를 들어, 에픽테투스는 다음 관점을 제시한다. "누가 나를 볼 때, 그가 왕과 주인을 보고 있다고 느끼지 않겠는가?"(*Diatr*. 3.22.49)[22]

고린도 교인들은 자신들이 영적으로 충만하고 세상에서 부와 권력을 가지고 있다고 확신한다. 바울은 그들이 실제로 왕 노릇하며 그들과 함께 통치할 수 있기를 바란다(참조, 고전 6:2-3; 딤후 2:12). 고린도 교인들의 자아 인식은 기본적으로 일그러져 있다. 왜냐하면, 사도들의 지위가 세상의 신자들의 참된 위치를 드러내기 때문이다. 하나님의 계획에 따르면 사도들은 세상의 눈에 처음이 아니라 '마지막'이 되어야 한다.

바울은 승전 축하 행사에서 승리한 장군들이 전쟁에서 패배해 사로잡힌 자들을 승전 행렬에 세우는 이미지를 사용한다(참조, 고후 2:14; 골 2:15). 그 후에 그 황제의 적들은 죽임을 당했다.

사도들은 검투 경기장에서처럼 천사와 사람에게 **구경거리**가 되었다. 그러나 이 구경거리는 승리가 아니라 고난과 패배의 구경거리이다. 고린도 교인들의 번영과 승리는 그들이 그리스도인의 박해자의 편에 서고 있음을 보여 준다.

바울은 냉담하게 고린도 교인들의 삶을 자신의 삶과 비교한다. 바울은 세상의 눈에 어리석게 여겨지고 고린도 교인들은 **지혜 있게 여겨진다**(참조 1:18-19, 26). 바울은 **약하고 고난당하며**, 비천하다. 그러나 고린도 교인들은 **강하다**. 명예-수치 문화에서 바울은 수치를 당하고, 그들은 **명예롭게** 된다.

---

20 따라서 Kuck, *Judgment and Community Conflict*, 217.
21 따라서 Schnabel, 245-246.
22 Hays, 70을 참조하라.

바울은 고린도전서 1:26-28로 다시 우리를 인도한다. 우리는 부르심을 받은 자들 중에 지혜 있는 자가 많지 않고, 능하거나 문벌 좋은 자가 많지 않다는 것을 알기 때문이다. 고린도 교인들은 자신들을 하나님께 속하지 않은 사람들과 동일시했다. 그러나 하나님께서 부르신 자들은 세상의 눈에는 미련하고 약하고 천하다.

〈11〉 이 구절에서 바울은 자신이 겪은 고난의 목록을 시작한다. 우리는 고린도후서(예, 고후. 4:8-10; 6:4-10; 11:23-27; 12:10)에서도 비슷한 목록을 발견한다. 예수 그리스도의 사도인 바울의 고난은 예수 그리스도의 고난의 결과물이다. 여기서 우리는 바울의 가난과 약함을 확인한다. 바울은 종종 사역에서 주림과 목마름으로 고생했다. 마찬가지로 아마도 산이나 다른 곳을 여행할 때 추위와 헐벗음을 경험했을 것이다.

그는 또한 **난폭한 대우를 받았다**. 고린도후서 11: 23-25에서 볼 수 있는 것처럼, 옥에 갇히고 매를 맞고 채찍질 당하고 태장으로 맞았다. 바울은 또한 **집이 없었다**. 순회하는 선교사로서 정해진 거주지가 없었음을 의미한다.

〈12-13〉 이 구절은 사도 바울의 삶의 성격을 계속 설명한다. 바울은 자신의 수고와 노동의 노력을 강조한다. 특별히 높은 계층 사람들에게 적합하지 않고 그들이 못마땅하게 여기는 **손으로 직접** 일한 사실을 강조한다(참조, 행 18:3; 살전 2:9; 살후 3:8).[23]

키케로는 이렇게 말한다. "우리가 예술적 기술이 아니라, 손으로 하는 노동에 대해 돈을 지불하는 모든 고용된 노동자들의 생계 수단은 천박하며 또한 신사적이지 않다". 왜냐하면, 이 경우 그들이 받는 임금은 "굴종의 서약이기 때문이다"(Cicero. *Off.* 1.42).

바울은 세상에서 찬양을 받는 대신, **모욕을 당했다**. 그러나 이와 같은 모욕에 분노와 보복 대신 축복으로 반응했다. 바울은 종종 사회의 위험한 존

---

[23] Hock, *Social Context of Paul's Ministry*를 참조하라.

재로 여겨져 박해를 받았지만, 이런 박해에 인내로 대응했다.

또한, 바울은 비방을 받고 사도로 여겨지지 않았지만, 긍휼과 은혜로 반응했다. 사도들은 마치 세상의 더러운 것과 찌꺼기처럼 배척당했다. 이들은 배수구에 씻겨 내려가는 또는 쓰레기 더미에 던져지는 오물이다.

바울은 동정심을 불러일으키기 위해 쓰는 것이 아니라 고린도 교인들이 세상의 일부가 되었음을 보여 주기 위해 이 글을 쓴다.

### 신학

바울은 고린도 교인들에게 교만의 위험을 경고한다. 자랑이 신자들의 삶에 뿌리 내렸다면, 그들이 받은 모든 것이 하나님의 선물임을 잊었음을 의미한다. 그들이 받은 것은 모두 은혜이다.

또한, 그리스도인의 경험은 이 세상의 반대에 직면하는 것이다. 세상은 그리스도인을 찬양하거나 칭찬하지 않고 중상모략하고 거부한다. 사회가 믿는 자들을 칭찬하고 축하하면, 그것은 믿는 자들이 세상과 운명을 같이 하기로 한 표시일 것이다.

### 8) 회개하라는 권고(4:14-21)

### 문맥

바울은 냉소적 말들 이후에, 부끄러움이 아니라 사랑 때문에 바울은 편지를 쓴다는 확신을 준다. 바울의 사역으로 신자가 되었기 때문에, 바울은 고린도 교인들의 믿음의 아버지이다. 그러므로 아버지로서 자신을 본받기를 요청한다. 바울은 그리스도 안에서 자신의 길을 상기시켜 줄 디모데를 보냈다.

18절에서 바울은 자신의 근본적 관심으로 돌아간다. 일부 고린도 교인들은 자랑에 빠져 있었으며 다가오는 바울의 방문을 생각하지 않았다. 주께서 허락하시면 바울은 고린도 교인들에게 가서 자신을 반대하는 (헛된 말이 아니라) 사람들의 능력을 알아보겠다고 말한다.

바울은 하나님의 나라가 말에 있지 아니하고 능력에 있다고 설명한다. 그는 사랑과 온유한 마음으로 나아가기를 원한다. 그러나 회개하지 않으면 바울은 그들에게 갈 때 그들을 징계할 것이다.

### 주석

⟨14-16⟩ 8-13절에서 바울의 말은 냉소적이었으며 비판적이었다. 그 다음, 바울은 잠시 멈추어서 그들에게 자신의 사랑을 확인시킨다. 바울은 **부끄럽게 하려고 이것을 쓰는 것이 아니라**(그러나 다음을 참조, 6:5), 그들을 사랑하는(아가페타, *agapēta*) **자녀같이** 권하려고 썼다.

**그리스도 안에 일만**("셀 수 없는", CSB 성경) **후견인**(파이다고고스, *paidagōgos*, 개역개정: 스승)이 있을지 모르지만, 바울이 유일한 **아버지**이다. 고대 세계에서 후견인은 교사가 아니라 어린아이들이 성숙하지 않을 때 아이를 돌보는 사람(베이비 시터나 수종드는 사람)에 가까웠다.

아이들의 일상생활을 함께하면서 도덕과 예절을 가르쳤을 것이다. 고대 문헌에서 후견인은 존경과 미움을 모두 받았다. 그들은 젊은이들의 도덕적 안내자가 되어야 했지만 항상 이상처럼 살지는 못했다.

바울이 **아버지**로서 섬긴다는 말은 오네시모가 바울의 **복음을 통해** 신자가 된 것처럼(몬 1:10) 고린도 교인들이 바울이 선포한 복음으로 믿음을 가지게 되었다는 의미이다.

고린도 교인들의 아버지로서 바울은 그들에게 권위를 행사하면서도 그들을 사랑한다. 바울은 아버지로서 십자가에 못 박히신 그리스도의 터를 닦음으로(3:10), **심었다**(3:6). 바울은 고린도 교인들을 위한 사랑 때문에, 그리고 복음을 통해서 그들을 믿음으로 이끌었기 때문에 자신을 **본받으라**고 권한다. 문맥에서 본받음은 사도로서 자신의 고난에 초점을 맞춘다(4:9-13).

이 구절은 바울의 고난이 세상으로부터 소외를 반영한다고 설명한다. 고린도 교인들은 세상에 끌리는 매력을 끊어 버리고 그리스도의 제자로서 바울과 함께해야 한다.

**〈17〉** 고린도 교인들은 바울을 본받도록 권면을 받는다. 이것이 바울이 디모데를 보내는 이유이다. 디모데의 모범을 지키고 따르면 바울을 본받을 수 있기 때문이다. 디모데는 바울이 여행하면서 복음을 전할 때, 자주 그와 함께했다(행 16:1; 17:14-15; 18:5; 19:22; 20:4). 디모데가 복음을 고린도 교인들에게 선포할 때도 있었다(행 18:5; 고후 1:19). 그는 바울의 귀하고 신실한 동역자였다(특히, 빌 2:19-24를 보라; 참조, 롬16:21; 살전 3:2). 그는 특별히 바울의 사랑을 받았다(딤전 1:2, 18; 6:20; 딤후 1:2-5).

고린도전서 16:10-11절에서 바울은 디모데의 고린도 교회 방문을 예상한다. 그를 내 사랑하고 신실한 아들로 추천한다. 디모데는 바울의 길(호두스, *hodous*, 개역개정: 행사), 즉 그의 삶의 방식을 생각나게 할 것이다. 삶의 방식은 여기에서 도덕적 측면, 즉 그리스도인들에게 기대되는 변화된 삶을 말한다. 디모데의 가르침은 특이하지 않을 것이다. 왜냐하면, 모든 곳의 모든 교회에서 보여 준 바울의 가르침을 반영할 것이기 때문이다.

고린도 교인들의 목표는 그리스도께서 자신을 다른 사람에게 주심과 일치하는 방식, 특별히 죄인들을 위한 그리스도의 죽음을 반영하는 방식의 삶을 보는 것이다.

**〈18-19〉** 바울은 몇몇 사람의 교만을 걱정한다. 바울은 책망하기 위해 고린도 교인들에게 나아가지 않을 것이다. 4:6에 논의되는 **교만하다**(퓌시오오, *physioō*)라는 단어는 고린도전서에서 교회의 자랑을 표현하기 위해 자주 사용되며, 18-19절에서 두 번 나타난다. 파벌을 만드는 고린도 교인들의 특정한 사역자에 대한 지지 뒤에는 오만함이 있으며, 이는 점검되어야 한다.

바울은 속히 고린도 교인들에게 나아가기를 원하지만(참조, 11:34; 16:5-7) 그의 계획은 주님의 뜻에 달려 있음을 알고 있다. 방문하는 동안 그는 토론을 하려는 것이 아니다. 죄 가운데 있는 (교만한) 그들의 **능력**을 밝히려고 한다. 왜냐하면, 고린도전서 1:18-2:25와 같이, 능력은 놀라운 방식, 십자가에 못 박히신 그리스도를 전함으로 나타나기 때문이다(특별히 다음을 보라. 1:18, 21, 23-25; 2:2-5).

〈20-21〉 바울은 하나님의 나라가 말이 아니라 **능력**에 있다고 설명한다. 앞에서 능력(dynamis)이라는 단어는 십자가에 초점을 맞춘다(1:18, 24; 2:4, 5). 이것은 그리스 수사학의 원칙을 따라 아름답게 꾸민 연설이 아니라 죄인을 구원하는 십자가에 못 박히신 그리스도의 어리석은 메시지이다.

일부 학자는 바울이 종종 자신의 글에서 나라 또는 하나님의 나라를 자주 언급하지 않는다고 말한다.[24] 그러나 이 개념은 바울 신학에서 대부분 학자가 이해하는 것보다 더 중요하다. 여기에서 이 논쟁을 위한 중요한 뒷받침을 찾을 수 있다.

바울은 나라로 자신이 의미하는 바를 정의하지 않는다. 바울은 이미 신자들에게 전할 때 나라의 의미를 설명했음을 알 수 있다. 나라는 능력의 장소이며, 앞에서 언급한 대로 능력의 십자가에 중심을 둔다. 그러므로 나라와 십자가는 모두 하나님의 능력이 발휘되는 곳이다. 십자가는 왕이신 하나님의 능력이 나타나는 곳이라는 결론은 옳다.

바울은 고린도 교인들이 분열과 자랑을 회개하도록 이 전체 단락을 썼기 때문에(1:10-4:21) 이제는 자신의 제안에 그들이 답할지 묻고 있다. 그의 바람은 **사랑**과 **온유함**으로 **나아가는** 것이지만, 만약 고린도 교인들이 회개하지 않으면 징계를 위해 매를 들고 나아갈 것이다. 바울은 자신의 말이 고린도 교인들을 회개하도록 해서 다른 징계가 필요하지 않기를 바라고 있다.

---

[24] 롬 14:17; 고전 6:9, 10; 15:24, 50; 갈 5:21; 엡 5:5; 골 1:13; 4:11; 살전 2:12; 살후 1:5; 딤후 4:1, 18을 참조하라.

### 신학

바울의 가르침은 그리스도를 따르는 생생한 예를 제시하지 않고 추상적이기 때문에 그리스도인이 어떻게 살아가야 하는지에 대한 설명을 위해 모범을 제시한다. 바울은 자신의 모범과 디모데의 삶으로 호소한다.

이 단락에서 하나님의 나라와 십자가 사이의 매력적 연결을 제시한다. 연결점이 있다면, 공관복음 신학과 바울 신학은 가끔 주장되는 것보다 더 가깝게 연결된다. 그 나라의 능력은 예수 그리스도의 십자가를 통해 구체화된다. 그렇게 새로운 시대가 시작된다. 하나님 나라의 약속은 예수 그리스도의 죽음과 부활에서 시작되었다.

## 2. 교회의 순결에 대한 문제(5:1-6:20)

바울은 5장을 새로운 주제(근친상간의 문제)로 시작한다. 4장은 징계에 대한 가르침으로 마무리하고 5장에서 교회가 근친상간을 저지른 사람을 징계하도록 권면하기 때문에, 5장과 4장의 연결성을 찾을 수 있다. 5장과 6장은 세 가지 주제를 다룬다. 5장에서 바울은 근친상간과 연관된 사람을 추방하라고 요청한다.

6:1-11에서는 교회의 소송 문제가 다루어진다. 마지막으로 6:12-20은 바울의 성도덕에 대해 권면한다. 5:1-13과 6:12-20은 성도덕에 대해 말하기 때문에, 몇몇 학자는 법적 소송(6:1-11)도 성적 문제와 관련이 있다고 제안한다. 5-6장에서 다른 세 종류의 성적 죄를 다루기 때문에, 이 제안은 매력적이다. 그러나 이 해석(6:1-11)은 소송이 성적 죄악과 관련된다는 분명한 증거가 부족하기 때문에 억지일 것이다.

다른 학자들은 결혼과 독신이 성적 윤리에 관한 토론과 어울리기 때문에 5장과 6장을 7장에 포함한다. 바울서신은 구분을 어떻게 해야 하는지 결정하기 쉽지 않지만, 6장 마지막에서 나누든지 7장의 마지막에서 나누든지 큰 영향을 미치지 않는다. 이 장들에 대한 해석은 어떤 개요도 크게 영향을 미치지 않는다. 바울이 고린도 교인들에게 썼던 편지(7:1)에 대해 특별히 언급하고 있으므로 7장에서 새로운 단락이 시작한다는 개념을 지지한다. 이것은 고린도 교인들이 바울에게 질문한 여러 문제를 소개하는 것으로 보인다(서론을 보라).

### 1) 징계에 대한 권고(5:1-13)

**문맥**

1-5절은 상황을 소개한다. 고린도 교회는 근친상간과 관련이 있는 한 남자를 용납했다. 이방인들도 역겨워하는 죄악이 교회에 있음에도 고린도 교인은 자랑하고 있다. 바울은 그들이 통한히 여기지 않고 그 일을 행한 사람을 쫓아내지 않았음을 훈계한다. 바울은 예수님의 이름으로 모일 때 그 사람을 쫓아내 사탄에게 넘겨주라고 권면한다.

6-8절은 권면을 위한 구약의 기초를 제공한다. 구약의 배경에서 무교절과 유월절의 역할이다. 고린도 교인들은 근친상간과 관련한 사람을 징계해야 한다. 그는 교회에서 누룩을 상징한다. 누룩이 남아 있으면 덩어리 전체, 즉 교회 전체가 죄에 오염될 것이다. 신자들은 그리스도 안에서 진실하고 누룩이 없는, 순전한 덩어리이지만, 만약 그들이 교회에서 죄가 부패하도록 허락한다면 순수한 온 덩어리가 상할 것이다.

신자들에게 누룩이 없어야 하는 이유를 백성들을 더러움에서 정결하게 하는 그리스도의 유월절 희생으로 돌리고 있다. 그리스도는 신자들을 하나님의 심판에서 구원하는 유월절 희생이기 때문에, 신자들은 순전함과 진실함으로 새로운 생명을 기념하고 죄악으로 더럽혀져서는 안 된다.

마지막 구절들(9-13절)에서 바울은 교회에서 일어나는 오해 때문에 자신의 가르침을 설명한다. 바울은 이전 편지에서 **성적으로 부도덕한 자들**과 교제하지 말라고 권면했다. 고린도 교인들은 바울의 말을 오해해서 그 대상을 불신자들로 생각하고 있었다. 따라서 그들은 바울의 조언이 완전히 비현실적이라고 거부했을 것이다.

바울은 자신이 말한 의미를 분명히 하면서 노골적 죄에 연루된 형제 또는 자매에 관해 이야기하고 있다고 설명한다. 신자들은 이와 같은 이른바 형제 또는 자매라고 불리는 자들과 교제하면 안 된다. 신자들은 불신자들의 행동을 판단하도록 부르심을 받지 않았다. 왜냐하면, 하나님이 마지막 날에 그들의 죄를 심판하실 것이기 때문이다.

반면에 신자들은 교회에 있는 사람들을 판단할 책임이 있다. 그러므로 그들은 구약에서 누룩을 제거한 것처럼 근친상간을 저지른 사람을 공동체에서 내쫓아야 한다.

### (1) 상황과 대답(5:1-5)

### 주석

⟨1⟩ 1절은 분노로 시작한다. 이 구절의 첫 단어는 **사실**(홀로스, *holōs*)이다(개역개정은 생략함). 바울은 고린도 교인들에게 공동체의 **음행**에 관해 들었다고 알린다. 그들은 근친상간을 저지르는 사람에 대해 의문을 제기하지 않았다(참조, 7:1).

**포르네이아**(*porneia*, 개역개정: 음행, 성적 부도덕)라는 단어는 성적 죄를 나타내는 광범위한 용어이다. 문맥은 문제가 되는 성적 죄의 성격에 대해 구체적으로 설명한다. 이 구절은 이와 같은 문제의 훌륭한 예가 된다. 이 구절에서 문제가 되는 죄는 근친상간이기 때문이다. 이 남자는 아버지의 아내와 **자고 있다**(개역개정: 아버지의 아내를 취하였다). 즉, 성적 관계를 맺고 있다. 현재시제는 지속적 죄를 보여 준다.

바울은 그 남자가 그의 어머니와 성관계를 했다고 말하지 않는다. 생물학적 어머니는 확실히 아니다. 대부분의 주석가는 남자의 계모를 의도하고 있으며, 이것은 레위기 18:8과 일치한다는 점으로 동의한다.

너는 네 아버지의 아내의 하체를 범하지 말라(참조, 또한, 신 22:30; 27:20).

당시 이교도조차 이와 같은 행동이 지나쳤다고 생각했기 때문에 바울은 충격을 받았다.[25] 그러나 고린도 교인들은 이 죄를 용납하고 있다. 키케로는 근친상간의 예를 기록하고 그것이 얼마나 충격적인가를 다음과 같이 썼다(Clu. 6.14-15).

"오! 그 여인의 죄를 생각해 보라!

이런 예는 경험상 들어본 적이 없고 믿을 수 없다!

그녀의 악하고 절제되지 않고 길들이지 않은 정욕을 생각해 보라!

생각해 보라!

그 여자는 하늘의 보복이 있기 전에 남자들과 부적절한 관계를 멈추지 않을 것이다!"

이교도로 번역되는 단어는 이방인(에드네신, $ethnesin$)으로도 번역된다. 고린도 교인들은 주로 이방인이었기 때문에 불신자들에게 '이방인'이라는 단어를 사용하는 것은 매우 흥미롭다. 바울은 더 이상 고린도 교인들을 이방인으로 생각하지 않고, 아브라함의 자녀로(롬 4:9-17; 갈 3:6-9, 14) 참유대인과 참할례를 받은 자(롬 2:28-29)로 여긴다. 그리고 하나님의 이스라엘의 구성원(갈 6:16)으로 생각한다.

〈2〉 고린도 교인들이 여전히 교만하기 때문에 바울은 놀라고 있다. 여기서 사용된 단어는 문자적으로 '부풀어 오른' 또는 '부어오르다'는 의미이다. 이 단어는 우리가 이미 만난 단어로 고린도 교인들을 묘사하는 데 바울이 좋아하는 단어 중 하나이다(4:6, 18, 19; 13:4). 아마도 그들은 은혜와 관용에 대한 왜곡된 견해로 교만했을 것이다.

그들은 행위에 대한 책망이 그리스도 안에 있는 자유로운 은혜와 상반된다고 생각했다. 그러나 고린도 교인들은 특별히 그들이 사는 사회에서 비난받는 죄의 경우에도 그 남자의 행동이 정당하다고 변호했다고 믿기 어렵다.

---

[25] Schnabel, 275를 참조하라.

그러므로 바울은 아마도 교회에 이와 같은 노골적 죄가 있을 때 교만할 수 없다는 점을 지적하려고 했을 것이다. 바울은 근친상간에 반대하는 주장을 하지 않는다. 이것은 고린도 교인들이 근친상간이 잘못됐다고 동의했음을 보여 준다. 하지만 그들은 회중의 죄를 용납하고 받아들이고 있다.

그들은 교만 대신, 이와 같은 일이 교회에 있는 것을 깊이 애통하며 슬퍼해야 했다(참조, 스 10:6). 더 나아가 슬픔으로 근친상관에 연관된 그 사람을 공동체에서 쫓아내야 했다.

아마도 일부 학자가 제안한 것처럼, 고린도 교인들은 그가 사회적으로 높은 계층이기 때문에 반대하지 않았을 것이다. 그는 아마도 후견인(파트론, *patron*)이었을 것이다. 그들 중 일부는 그의 수혜자(client)이었을 수도 있다.[26] 이 입장은 고린도 교인들의 명예와 지위에 대한 선입견과 잘 맞을 것이다.

⟨3-4⟩ 3-4절의 구문론은 복잡하고 논란이 많지만 운 좋게도 이 구절의 요점은 분명하다. 바울은 이미 교회가 해야 할 일을 결정했다. 교회가 모여서 죄를 짓고 있는 그 사람을 사탄에게 넘기라고 요청한다. 다른 방법은 NIV 성경을 CSB 성경과 비교하면 분명해진다.

NIV 성경의 번역은 다음과 같다.

나는 육체적으로 함께 있지 않지만 영으로 너희와 함께 있다. 이런 방식으로 너희들과 함께 있는 사람으로서, 나는 이미 이 죄를 지은 사람에 대해 우리 주 예수의 이름으로 심판했다. 그러므로 당신들이 모일 때, 내가 영으로 너희들과 함께 있을 때, 그리고 우리 주 예수의 능력이 함께 있다.

CSB 성경은 다음과 같이 번역한다.

나는 육체로는 없지만, 영으로 함께 있다. 이런 방식으로 너희들과 함께하는 사람으로서 나는 이미 이 죄를 지은 사람에 대해 심판을 선언했다. 너희들이 우리 주 예수의 이름으로 모일 때, 나는 영으로, 우리 주 예수의 능력으로 … 너희와 함께 있다.

---

[26] 따라서 Garland, 158.

우리 주 예수의 이름으로라는 문구는 **심판하다**(NIV 성경)와 연결되는가? 또는 **모이다**(CSB 성경)와 연결되는가?

두 가지 모두 구문론적으로는 가능하지만 두 가지 이유로 '모이다'는 의미가 선호된다.

첫째, 헬라어 본문에서 우리 주 예수의 이름으로는 위치상 **심판하다**라는 단어보다 '모이다'라는 단어에 더 가깝다. 단어 순서가 헬라어에서 결정적이지 않지만, 그 순서는 중요한 역할을 한다.

둘째, 예수님이 "두세 사람이 내 이름으로 모인 곳에는…"(마 18:20, 또한, 다음을 보라. 신 19:16-20)이라고 말하는 마태복음 18:15-20의 교회의 징계에 관한 예수님의 가르침을 암시하는 것일 수 있다. 이 두 본문의 주된 문제는 동일하다. 바울서신에는 일부 학자가 이전에 생각한 것보다 예수님의 가르침에 대한 더 많은 암시가 있다.

바울은 **육체적으로** 떠나 있음에도 불구하고 그들과 영으로 함께 한다. 바울은 마치 그들과 함께 있는 것처럼 자신의 결정을 알려 준다. 그는 이미 죄를 범한 자를 **심판했다**(케크리카, *kekrika*, 개역개정: 판단하다).

심판이라는 개념은 성도들의 심판에 대한 책임을 예상하며, 12절에서도 표현된다. 5절에서 가리키듯이, 심판은 사람을 사탄에게 내주는 것이며 교회에서의 추방이다. 바울은 또한 이 결정이 수행되어야 하는 상황을 알려 준다.

바울이 그들과 **영으로** 함께 있을 때, 교회는 예수님의 이름으로 모여야(쉬나고, *synago*) 한다. 그리고 예수님의 **능력**이 역사할 것이다. 바울은 교회 지도자에게 죄를 범한 자를 교회에서 쫓아내는 결정을 하도록 요구하지 않는다는 점에 주목할 필요가 있다. 대신에, 교회 전체가 그를 쫓아내는 판단을 내려야 한다.

⟨5⟩ 바울의 전폭적 지지와 승인과 함께 교회는 이 **사람을 사탄에게 내주어야** 한다. 그 범죄한 사람이 마지막 날에 **구원**을 받기 원하기 때문에, 그 목적은 징벌이 아닌 교정과 구원이다. 욥은 의로웠고 이 사람은 악의 노예였기

때문에 상황은 매우 다르지만, 주님께서 사탄이 욥에게 고난 주는 일을 허락했을 때(욥 1:8-12; 2:1-7) 사탄에게 내어 줌은 욥의 시련을 반향한다. 후메내오와 알렉산더를 사단에게 내어 줌은 분명히 병행된다(딤전 1:20).

고린도전서와 같이, 이 두 사람이 회개하고 신성을 모독하지 못하게 하려는 것이다. 어떤 사람을 사탄에게 넘겨주는 일은 교회에서의 추방을 말하는 다른 방식이다. 모든 불신자는 사탄의 영역에 있다. 사탄은 모든 불순종하는 자들 가운데서 일하고(엡 2:2) 이 세상의 신(고후 4:4)이기 때문이다.

쫓아냄의 목적은 육신의 멸망이다(참조, 출 12:23). 어떤 사람들은 육신을 몸으로 삼는다. 그리고 그 형벌은 죽음이다. 고린도전서 11:29-32와 비슷한 점이 있는데, 고린도 교인 중 어떤 사람들은 주님의 만찬에 합당하게 참여하지 않아서 고린도 교인 중에 병들고 죽게 된 자들이 있다고 이 구절들은 말한다.

죽은 자들은 이와 같은 운명으로 고통당해서 세상과 함께 정죄함을 받지 않게 하려는 것이다(11:32). 병행은 가능하지만, 바울은 여기에서 육신을 성령을 가지지 않은 사람들을 지배하는 죄의 원칙으로 생각할 가능성이 더 높아 보인다(참조, 롬 7:5; 8:5-13; 갈 5:24; 골 2:13).

사실 바울은 교회가 그와 함께 식사하는 것을 금지했기 때문에 이 구절들에서 그의 죽음을 말하지 않는다(5:11). 더 나아가 사람의 죽음이 어떻게 그의 영을 구할 수 있는지 알기가 어렵다. 이 경우 바울은 육체적 죽음을 희망하지 않고 삶에서 죄의 법칙이 패배하기를 희망한다. 교회에서 쫓아내는 것은 그 사람이 죄에서 회개에 이르도록 자극해서 의로 새롭게 돌아가기를 바라기 때문이다. 만약 그가 이렇게 행하면 주님의 날에 그의 영은 구원을 받을 것이다. 주님의 날은 심판과 구원의 마지막 날이다.[27]

바울은 구원이 그의 회개에 달려 있기 때문에 그 사람이 구원 받을 것이라고 약속하거나 보증하지는 않는다.

---

**27** 고린도전서 1:8의 주석에서 논의를 살펴보라.

### 신학

예수 그리스도의 교회는 뻔뻔스럽게 회개하지 않는 죄를 용납하면 안 된다. 바울은 전체 교회가 죄를 범한 자를 징계하도록 요구한다. 그 징계는 지도자들만 하는 것이 아니다. 복수를 하거나 분노를 쏟아부음이 징계의 목적이 아니다. 그 대신, 그 바라는 것은 죄의 덫에 걸린 사람이 죄에서 돌이켜 회개함으로 마지막 날에 구원받는 것이다.

## (2) 구약성경의 기초(5:6-8)

### 주석

⟨6⟩ 바울은 교회 안에 존재하는 오만과 **자랑**을 걱정한다(참조, 1:29, 31; 3:21; 4:6, 7, 18, 19; 5:2). 그들의 자랑은 고린도 교인들이 명백한 범죄를 용납하기 때문에 매우 아이러니하다. 6-8절에서 바울은 유월절과 무교절 절기를 자신의 견해를 위한 구약성경의 토대로 삼는다.

여기서 그는 유월절과 무교절 동안 집에서 모든 누룩을 제거해야 하며, 아무것도 먹지 말아야 한다는 개념을 가지고 온다(출 12:14-20; 13:6-7). 그러므로 누룩은 악과 타락을 의미한다. 반죽 덩어리의 **적은 누룩**은 전체에 퍼질 것이다(갈 5:9; 참조, 마16:6). 그러므로 바울의 주된 관심사는 개인적 죄를 범한 자가 아니라 교회에 죄가 퍼질 가능성이다.

⟨7⟩ 그리스도는 유월절 희생 제물로 바쳐졌기 때문에, 고린도 교인들은 묵은 누룩을 깨끗하게 하고 새롭고 순수한 백성으로 살아야 한다. 7절은 **묵은 누룩을 내버리라**는 요청('오래된 누룩 제거')으로 시작하며 유월절과 무교절에 집에서 모든 누룩을 제거하라는 구약성경의 가르침을 다시 이끌어 낸다(출 12:19; 13:7).

8절은 누룩의 제거가 '악과 악의'를 버리는 것을 포함하지만, 오래된 누룩의 제거는 바로 악한 사람을 회중에서 쫓아내는 것을 의미한다. 새 덩어리가 되기 위하여 죄를 범한 자를 쫓아내야 한다. 회중에 스며드는 악은 제거될 것이며, 반죽 덩어리는 새롭고 순결하게 될 것이다.

바울 신학의 종말론적 긴장은 다음 설명에서 드러난다. 바울은 죄를 범한 자가 누룩처럼 제거되어야 하고 그 결과 교회가 새로운 덩어리가 될 것이라고 방금 말했다. 그러나 그는 즉시 그들이 **누룩 없는 자**라고 덧붙인다(ESV, NRSV).

만약 교회가 정말 '누룩이 없다면', 왜 누룩을 제거하고 새로운 덩어리가 되어야 하는가?

주석적으로 그리고 신학적으로 위험한 점은 바울서신에서 이 긴장의 어느 한 측면을 제거하는 것이다. 이것은 종종 직설법적-명령법적 긴장이라고 불린다.

한편으로 신자들은 그리스도의 유월절 희생으로 하나님 앞에 정결하고 거룩하며 진실하며 누룩이 없다.

다른 한편으로 신자들이 그들 가운데서 명백한 죄를 쫓아내지 않으면, 그들은 타락하고 더럽혀질 것이다.

그리스도 안에서 그들은 완전하고 거룩하지만(직설법), 그들 가운데 죄를 제거함으로 그 진리를 실천해야 한다(명령법). 이 구절의 결론에서 바울은 신자들이 하나님 앞에서 진실하며 누룩이 없는 근본적 이유를 제시한다.

**우리의 유월절 양 곧 그리스도께서 희생되셨느니라.** 이스라엘이 애굽에서 해방될 때, 이스라엘 백성의 집에 바른 피는 주께서 그들을 지나감으로 장자들이 멸망시키는 자의 죽음의 심판에서 보호될 것을 보장했다(출 12:13, 22-23, 27).

그러므로 그리스도의 보혈은 하나님의 심판에서 신자들을 해방하고, 죄로부터 정결하게 만들어 하나님 앞에 순결한 덩어리가 되게 한다. 그러므로 누룩을 제거하라는 요청은 그리스도의 구속 사역을 근거하기 때문에 은혜가 요구에 앞선다.

⟨8⟩ 구약에서 이스라엘은 유월절을 지키고(출 12:14, 헤오르타세테, *heorta-sete*, 기념하다) 무교절(출 23:14, 15)을 지키라는 요청을 받는다. 여기에서 그리스도는 유월절 어린양으로 희생되었으므로 신자들은 **절기를 지켜야 한다**(*heortazōmen*). 신자들은 명절(유월절과 무교절)을 지키되 누룩이 공동체를 오염시키지 않도록 해야 한다. 다시 말해, 악과 악의는 제거되어야 하며, 순전함과 진실함이 공동체의 특징이 되도록 해야 한다.

### 신학

바울의 구약 사용은 매우 흥미롭고 유익하다. 이스라엘의 유월절 구원은 그리스도의 유월절 희생을 가리키며 그 희생으로 성취된다. 이렇게 그는 하나님의 진노에서 예수 그리스도의 교회를 구원했다. 유월절과 무교절 절기의 누룩을 제거하는 것은 신자들이 자신의 삶에서 악을 제거할 필요가 있음을 가리킨다. 누룩이 있는 빵은, 즉 회중의 악은 교회가 그리스도의 희생에 비추어 살고 있지 않음을 보여 준다.

여기에서 우리는 바울의 사고에서 직설법과 명령법 사이의 관계를 본다. 직설법(그리스도의 죽음)은 명령법을 위한 기초이다. 직설법은 확실히 명령법을 위한 필요가 된다. 명령이 실행되지 않으면, 실제로 직설법을 경험했는지 의문이 생긴다.

### (3) 권고에 대한 설명(5:9-13)

#### 주석

⟨9-10⟩ 바울은 이전에 썼던 편지로 생긴 오해에 관해 설명한다. 이전 편지에서 바울은 음행하는 자들과 교제하지 말라고 권면했다(참조, 신. 22:20-22, 30). 고린도 교인들은 바울이 세상의 음행하는 자들과 사회적 관계를 맺을 수 없다고 말을 했다고 이해했다. 그들은 아마도 바울의 조언을 무시

하고 비판적으로 반응했을 것이다.

그러나 바울은 그들이 자신의 의도를 잘못 이해했다고 설명한다. 그는 세상의 성적으로 부도덕한 사람들, 욕심 많은 사람, 사기꾼들 또는 우상 숭배자들(참조 신. 17:2-7)을 염두에 두고 있지 않다. 왜냐하면, 그들은 세상에서 배타적으로 되어야 하고 완전히 분리되어야 할 것이기 때문이다.

〈11〉 바울은 지금 이전에 쓴 잃어버린 편지에서 자신이 의미했던 것을 계속 설명한다. 신자들은 하나님의 가족이라고 주장하고 자신을 형제 또는 자매(아델포스, *adelphos*)라고 밝히면서도 뻔뻔스러운 죄를 지으며 사는 사람들과 교제하면 안 된다(참조, 살후 3:14).

10절에서 언급했던 몇 가지 죄가 이 구절에 언급된다. 음행, 탐욕, 우상 숭배, 모욕, 술 취함, 사기꾼이 그 목록이다.

치암파(Ciampa)와 로스너(Rosner)는 이 목록에 대해 신명기적 예를 제시한다. 성적 부도덕(신 22:21-22, 30), 우상 숭배(신 13:1-5; 17:2-7), 모욕(신 19:16-19), 술 취함(신 21:18-21), 사기꾼(신 24:7)이다.[28] 실제로 바울은 죄가 아니라 사람들을 나열한다.

성적으로 부도덕한 사람들, 탐욕스러운 사람들을 나열한다. 이 사람들에 대한 언급은 중요할 수 있다. 피해야 할 사람들을 언급하는 죄로 특징지우기 때문이다. 이 목록은 확실히 동기 부여가 아닌 행위에 중점을 둔다.

예를 들어, 그 사람의 삶에 탐욕이 존재함을 나타내는 특정한 행동이 있다면, 그 사람은 탐욕으로 특징지워진다. 회개하지 않고 죄를 짓는 사람과 교제하지 않는 것은 그런 자와는 함께 먹지도 말라 함이라는 어구에서 설명된다.

몇몇 주석가는 이것을 주의 만찬으로 제한한다. 주의 만찬이 확실히 포함되어 있지만, 바울은 아마도 식사를 공유하는 모든 종류의 사회적 환경을 염두에 두고 있었을 것이다. 고대 세계에서 누군가와 식사를 하는 것은 친교와 환대를 나타냈다. 이것은 베드로가 안디옥에서 이방인 그리스도인

---

[28] Ciampa and Rosner, 217.

들과 식사를 하고, 사람들이 야고보에게서 왔을 때 두려워서 물러간 것에서 분명해진다(갈 2:11-14).

⟨12-13⟩ 12-13절은 신자들은 회개하지 않고 죄를 짓고 있는 다른 신자들과의 관계를 피해야 한다는 개념을 지지한다. 그러나 믿지 않는 자들과 사회적 관계는 자유로워야 한다. 이 구절은 A-B A-B 형태를 보인다. 이는 12a의 질문은 13a에서, 12b의 질문은 13b에서 답변이 이루어진다.

첫째, 바울은 신자들이 교회 밖에 있는 사람들을 판단하는 것이 무슨 상관이 있는지 질문한다.

다시 말해, 신자들은 불신자를 심판할 때 어떤 역할을 할 것인가?

대답은 13a에 나와 있다. 하나님께서 마지막 날에 불신자들을 심판하실 것이다. 분명히 바울은 여기에서 평가를 언급하지 않는다. 왜냐하면, 신자들은 불신자들의 삶을 평가하고 있기 때문이다. 요점은 그들이 불신자를 반대하는 어떤 행동도 취하지 않는다는 점이다. 특히, 신자들은 그들과의 관계를 중단하지 않는다. 그들을 심판하는 것은 하나님의 특권이며, 마지막 날에 그렇게 하실 것이다.

둘째, 12b절에서 바울은 신자들이 교회 안에 있는 사람들을 판단해야 하는지, 즉 신자들을 판단해야 하는지 묻는다.

바울은 13b절에서 긍정적으로 대답한다. 명백한 죄를 지으며 살아가면서도 회개하지 않는 사람들은 반드시 평가되어야 하며, 그 평가는 반드시 상응하는 행동이 따라와야 한다.

이 악한 사람을 너희 중에서 내쫓으라. 이 구절은 분명하게 구약을 암시한다. 반복적으로 우리가 너희 중에서 악을 제할지니라(신 17:7; 19:19; 21:21; 22:21, 22, 24; 24:7; 참조, 신 13:5)라는 구절을 읽는 부분이다. 구약에서 이 본문들은 범죄를 나타낸다. 이 구절들은 우상 숭배자들(신 17:7), 완고하고 배반하는 아들(신 21:21), 성적 죄에 연관된 사람들(신 22:21, 22, 24), 그리고 납치범들(신 24:7)을 사형에 처해야 한다고 명령하는 구절들이다.

또한, 거짓 증언은 처벌해야 한다. 거짓 증언은 다른 사람이 죄를 저질렀다고 고발하는 범죄이기 때문에 처벌해야 한다(신 19:19). 바울이 구약 본문에서 하나님의 말씀을 발견하는 것은 흥미롭다. 일반적으로 공동체에서 엄청난 죄를 지은 사람들의 죽음이 요구된다.

바울은 이 본문들을 창의적 방식으로 자신의 상황에 적용한다. 왜냐하면, 그 형벌은 더 이상 죽음이 아니라 교회 공동체에서 쫓아내는 것이 되기 때문이다. 각 경우에 공동체의 정결함은 보존되지만, 거룩함은 다른 방식으로 유지된다.

## 신학

회개하지 않는 신자들과 교제하지 말라는 요구는 미움과 오만함의 표현이 아니다. 사랑과 죄를 지은 사람이 회개하기를 바라는 소망에서 흘러나온다. 죄 가운데 있는 사람을 이전과 같이 대하면 그 사람이 상황의 심각성을 이해하지 못하게 만든다. 예수님은 믿는 자들에게 다른 사람들을 판단하는 것을 경고하지만(마 7:1-5), 여기에서 바울은 믿는 자들이 다른 사람들을 판단하도록 요청한다.

이 두 본문은 서로 모순되지 않는다. 예수님도 교회의 징계에 대해 가르치셨고(마 18:15-20) 제자들에게 개에게 거룩한 것을 주지 말라고 권면하셨다(마 7:6). 마치 도덕적으로 우월한 것처럼 자신을 다른 사람보다 높이는 오만함이 판단에서 금지된다. 모든 징계는 사랑으로 행해야 하며, 바로 잡는 자들도 죄에 빠질 수 있다는 점을 인정해야 한다(갈 6:1).

13절에서 구약의 암시는 구약과 신약의 하나님의 백성 사이의 차이점을 보여 준다. 구약의 이스라엘은 신정국가였다.

따라서 중요한 죄에 대한 징계는 죽음이었다. 구약 이스라엘에서 국가와 교회는 하나였다고 볼 수 있다. 그러나 새 언약 아래에서는 예수 그리스도의 교회는 정치 조직 또는 국가가 아니다. 그러므로 교회는 심각한 죄를 짓고 회개하지 않는 신자들에게 사형을 내리지 않고 공동체에서 쫓아낸다. 즉, 이것은 주의 만찬에 참여하지 못하고 이전처럼 교회와 교제를 누릴 수 없음을 의미한다.

## 2) 경건하지 않는 법정 소송(6:1-11)

### 문맥

고린도 교인들이 서로 분쟁을 겪었을 때 사건을 세속 법정으로 가져간 일은 걸림돌이 되었다. 그리스-로마 시대의 법정은 부패하고 지위가 높은 사람들을 선호한 것으로 잘 알려져 있다.[29]

고린도 교인들의 소송은 살인, 강간, 그리고 절도와 같은 형사 사건이 아니라 법정 소송(민사)을 만드는 사소한 문제였다. 바울은 신자들이 세상을 심판할 것이기 때문에 교회 안의 사소한 다툼을 다룰 수 있어야 한다고 주장한다. 아마도 부자들은 가난한 사람들을 이용했고, 가난한 사람들은 법정에서 사회적으로 불리했을 것이다.[30]

우리는 페트로니우스(Petronius)의 글에서 가난한 사람들을 이용하는 부자들에 대한 우려를 볼 수 있다.

> 돈만으로 지배되는 법은 무엇일까?
> 가난한 청원자(법정의 원고)는 성공할 수 있을까?
> 그때 견유학파 사람의 지갑을 가지고 조롱하는 그 사람들은 돈으로 진리를 배신하는 것으로 알려졌다. 따라서 소송은 공개 경매에 지나지 않으며, 사건을 듣고 앉아 있는 고결한 배심원은 자신의 표를 매수된 곳에다 던진다 (Satyricon, 14).

---

29 Schnabel, 305를 보라.
30 Garland, 199.

고린도 교인들은 천사를 심판할 것이기 때문에, 이와 같은 소송을 판결할 수 있어야 한다. 바울은 교회 밖의 사람들이 문제를 해결하기 위해 들어왔다고 한탄한다.

고린도 교인들은 이 상황을 깊이 부끄러워해야 한다. 고린도 교인들은 현명하다고 주장하지만, 동료 신자들 사이의 소송을 중재할 수 있는 현명한 사람이 한 명도 없다. 그 대신 신자들은 법정에 가서 불신자들에게 판결을 요구하고 있다. 법정 소송은 고린도 교회의 패배를 이끈다. 오히려 해를 입고 속는 것이 훨씬 나을 것이다.

그러나 그들 자신은 동료 신자들에게 해를 입히고 속이고 있다. 9-11절에서 소송의 심각성이 드러난다. 그 삶에서 악한 행위를 추구하는 사람들은 하나님의 나라를 상속받지 못할 것이다. 왜냐하면, 뻔뻔하게 회개하지 않고 죄를 지으면 하나님의 나라에서 배제될 것이기 때문이다.

이와 같은 죄는 과거의 삶에 적합하지만, 이제 신자들은 그리스도 안에서 그들의 새로운 생명을 따라 살아야 한다. 그들은 세례를 받고 씻음을 받았으며 예수 그리스도와 성령으로 거룩함과 의롭다 하심을 받았다.

### (1) 수치스러운 상황(6:1-8)

**주석**

<1> 이 구절의 첫 헬라어 단어는 감히 ~하다이다. 다른 신자와 법적 다툼(프라그마, *pragma*)을 해결하기 위해 '불의한 자'(아디콘, *adikōn*)에게 호소하는 것은 너무 충격적이다. 이 사건은 '성도들'(하기온, *hagiōn*) 앞에 가져와야 한다. 신자들은 하나님의 나라에 들어가지 못할 '불의한 자들'(아디코이, *adikoi*, 9절)처럼 불의하게 행동하고(아디케이테, *adikeite*, 8절) 있으므로 '불의한'이라는 단어의 사용은 의도된 것이다.

다른 한편으로 신자들은 하나님의 성도들(1:2; 6:11)이지만, 하나님의 거룩한 백성이 아니라 세상의 사람들처럼 행동한다. 앞에서 언급한 내용처

럼 아마도 부유한 사람들과 엘리트들이 부와 사회적 지위를 이용하여 가난한 사람들을 차별하는 또 다른 예가 될 것이다.

⟨2-3⟩ 신자들이 불신자들에게 법정 소송을 가져가는 부끄러운 일이 더 설명된다. 사실 '성도들이 세상을 심판할 것'이기 때문에 지금 일어나는 일은 하나님의 거룩한 백성과 공존할 수 없는 일이다. 하나님의 백성이 통치하고 다스릴 것을 다른 곳에서 볼 수 있다.

예를 들어, 지혜서 3:8은 하나님의 백성이 '나라들을 다스릴 것'(크리누신, krinousin, '심판하다', 3:8)이라고 말한다. 다른 본문들도 마지막 날에 신자들의 통치를 고대한다(참조, 단 7:22; 마 19:28; 계 20:4).

여기서 논쟁은 더 큰 것에서 작은 것으로 진행된다. 성도들이 세상을 심판할 것이라면, 이것은 세상을 '다스린다'는 의미일 수 있고, 그들 사이에 발생하는 사소한 소송들을 해결할 능력이 있어야 한다. 같은 종류의 논쟁, 더 큰 것에서 작은 것으로 진행되는 논쟁이 3절에서 진행된다.

2절과 같이, 논쟁은 너희가 알지 못하느냐라는 어구로 시작된다. 신자들이 천사들을 심판할(krinousin) 것이며, 여기서 '심판하다'라는 단어는 신자들이 천사들이 받을 상과 형벌을 평가할 것이라는 의미는 아니다. 천사들이 선한 존재인지 악한 존재인지 또는 둘 다인지 알기는 어렵지만, 아마도 신자들이 천사들을 '다스릴' 것이라는 의미일 것이다.

우리는 히브리서 2:5-18에서 비슷한 논쟁을 볼 수 있다. 이 구절들은 천사가 아니라 인간이 다가오는 세상을 다스릴 것을 보여 준다. 이 다스림은 신자들이 예수 그리스도께 속하기 때문에 그들에게 주어진다. 왜냐하면, 예수님께서 신자들이 그와 함께 보좌에 앉아 세상을 다스리도록 허락하실 것이기 때문이다(계 3:21). 그리고 이 다스림은 천사들을 다스림을 포함할 것이다. 신자들은 천사들을 다스리기 위해서 평범한 일상의 문제에서 일어난 다툼도 해결할 수 있어야 한다.

⟨4⟩ 소송은 삶의 일반적 문제(비오티카 크리테리아, *biōtika kritēria*, 개역개정: 세상 사건)와 관련이 있다. 이 문제들은 성가시고 귀찮은 사소한 법적 문제이다. 교회는 이와 같은 다툼을 해결할 수 없다는 나쁜 평판을 받는다. 정확하게 어떤 행동의 과정이 그려지고 있는지는 논의되고 있지만, 이 구절에서 바울은 교회가 행동하도록 요청한다.

KJV 성경은 바울이 교회에서 무시당하는 사회적 약자들의 문제를 해결하도록 요청하는 해석을 대표한다. "교회에서 가장 존중받지 못하는 사람들을 재판하도록 세우라." 이 해석은 매우 매력적이다. 그들의 가식이 십자가에 반대된다는 것을 일깨울 것이다. 이와 같은 읽기에 따르면, 교회에서 낮은 지위의 사람들은 교회 앞에서 이 문제를 판결해야 한다.

그러나 바울의 질문은 NIV 성경에 더 잘 반영되어 있다.

당신은 교회에서 삶이 멸시받는 사람들이 다스리도록 요청합니까?

이 단락에서 바울이 우려하는 것은 신자들이 소송을 불신자에게 가져가는 것이기 때문에 두 번째가 더 가능성이 크다. 그들을 수식하는 단어… **경멸받는다**(엑수데네메누스, *exouthenēmenous*, 개역개정: 경히 여김을 받는)는 '강한 자'이며, 바울은 충격 효과로 사용한다. 고린도 교인들이 그렇게 아첨하는 세상의 사회적 엘리트들은 하나님 앞에서 '경멸당한다.'

불신자들에게 사용된 이 단어는 수사적이고 과장된 말이다. 왜냐하면, 교회가 그 길을 다시 생각하고 내부적으로 문제를 해결하도록 자극하는 것이 바울의 의도이기 때문이다.

⟨5-6⟩ 바울이 그들을 부끄럽게 하지 않으려고 썼다면(고전 4:14), 이제는 그들을 **부끄럽게** 하려고 소송에 관해서 쓰고 있다고 말한다. 명예-수치 사회에서 이와 같은 말은 깊은 상처를 주겠지만, 바울은 그들의 소송 때문에 당황해서 대담하게 이와 같은 말을 한다. 그는 부끄럽게 하는 다른 말로 고린도 교인들을 계속 책망한다.

1-4장에서 알 수 있듯이, 고린도 교인들은 그들의 지혜를 자랑스럽게 생각했다. 그러나 바울은 이렇게 묻는다.

그들이 현명하다면, 교회에서 발생한 법적 소송을 판단할 수 있는 사람이 한 명도 없을 수 있는가?

고린도 교회는 동료 신자들 사이에서 발생하는 분쟁을 해결하기 위해 불신자들에게 호소함으로 완전히 지혜를 잃어버리고 있다.

바울은 이 문제에 대해 말하면서, 신자들의 친밀함을 강조한다. "형제가 형제와 더불어 고발하고 있다"(CSB 성경). 그들은 가족 안에서 갈등을 해결하지 않고 불신자들에게 가고 있다. 불일치가 예상되기 때문에 바울은 교회가 갈등을 겪었다고 괴로워하지 않았다. 바울을 괴롭힌 것은 그들이 자신들의 갈등을 해결하려고 불신자 앞에 서기 위해 법정에 가고 있었다는 점이다.

**〈7-8〉** 사람들은 재판에서 이기고, 무죄 선언을 받고, 권리를 다시 주장하기 위해 소송에 관여한다. 그러나 고린도 교인들은 불신자들에게 소송을 가져가고 법정에 갔다는 사실은 **완전한 잘못**(개역개정: 뚜렷한 허물)이다. 또는 NIV 성경이 적절하게 번역한 것처럼, 너희는 이미 완전히 패배했다.

신자들은 법정에서 이기고자 했지만, 바울은 소송이 바로 패배와 반전을 보여 준다고 알리고 있다. 차라리 불의를 당하고 속는 것이 더 나을 것이다. 로마서 12:17에서 바울이 말한 것과 같다. 아무에게도 악을 악으로 갚지 말고 모든 사람 앞에서 선한 일을 도모하라(살전 5:15를 보라).

바울의 권면은 마태복음 5:39에 나오는 예수님의 말씀과 일치한다. 나는 너희에게 이르노니 악한 자를 대적하지 말라 누구든지 네 오른편 뺨을 치거든 왼편도 돌려대라. '불의를 당하는'(아디케이스데, *adikeisthe*) 대신, 고린도 교인들은 사실 '악을 행하고 있다'(아디케이테, *adikeite*). '속는'(아포스테레이스데, *apostereisthe*) 대신 그들은 '속이고 있었다'(아포스테레이테, *apostereite*).

바울이 이 모든 상황을 견딜 수 없었던 것은 그들이 형제들과 자매들(아델푸스, *adelphous*)에게도 이렇게 하고 있었기 때문이다. 가족이면서도, 믿음의 동료들이 신자들에게 이처럼 잘못된 대우를 당하고 있었다.

### 신학

바울서신에서 신학은 윤리, 즉 하나님을 기쁘시게 하는, 새로운 삶의 방식을 끌어낸다. 신자들은 같은 가족이며 가족의 구성원을 함부로 대하는 것은 용납될 수 없다. 예수님의 길을 따르고 다른 신자들을 위해 자신의 권리를 포기하는 것이 훨씬 좋다.

바울은 특별히 세상의 증인 됨에 대해 걱정한다. 신자들이 서로 사랑할 때, 불신자들은 복음의 진리를 볼 것이다(요 13:34-35). 서로에 대한 소송은 희생적 사랑으로의 부르심을 노골적으로 반대한다.

### (2) 경고(6:9-11)

### 주석

⟨9⟩ 바울은 이제 죄를 짓는 자들이 하나님의 나라에서 배제될 것을 경고하면서 심각한 상황을 설명한다. **알지 못하느냐**는 신자들이 바울의 걱정을 이해해야 한다는 의미이다. 바울이 말하려고 하는 것은 그들을 놀라게 하지 않을 것이다(고전 3:16; 5:6; 6:2, 3, 15, 16, 19; 9:13, 24).

8절과 9절의 관계는 NIV 성경에 잘 드러난다. 고린도 교인들은 '불의를 행하고 있다'(아디케이테, *adikeite*, 8절). **불의한 자**(아디코이, *adikoi*)는 하나님의 나라를 유업으로 받지 못할 것이다. 바울은 종말론적이고 최종적인 심판을 분명히 언급한다.

그는 신자들에게 속지 말라고 권면한다. 계속해서 악을 저지르는 자들은 마지막 상을 기대할 수 없다. 여기에서 바울의 가르침의 중요한 요소를 볼 수 있다. 갈라디아서에서 바울은 육체의 일을 하는 자들은 **하나님의 나라를 유업으로 받지 못할 것**이라고 경고한다(갈 5:21; 참조 엡 5:5). 같은 방식으로 갈라디아 교인들은 육체를 위해서 심는 자는 **썩어질 것을 거둘 것이기**(갈 6:8) 때문에 속지 말아야 한다.

9-10절의 나머지 부분은 악의 목록을 보여 준다. 이와 같은 악의 목록은 바울에게 매우 일반적이다.[31] 악의 목록은 다양한 목적으로 사용되지만, 일관되게 어떤 사람이 불신자이거나 또는 종말론적 파멸로 가고 있음을 나타낸다.

이 목록에서 성적 죄와 탐욕과 도둑질을 포함하는 죄가 지배적이다. 이 목록은 고린도 교회의 상황을 이야기하기 위해서 썼다. **음행하는 자**(포르노이, *pornoi*)는 다양한 방법으로 성적으로 부도덕한 사람들을 나타낸다. 이 단어는 성적 부도덕을 나타내는 일반적 용어이다.

우상 숭배는 구약성경의 중요한 관심사이며 바울에게서 이것은 근본적 죄이다(참조, 롬 1:18-25; 또한, 고전 5:10, 11; 10:7, 14; 갈 5:20; 엡 5:5; 골 3:5를 보라. 그리고 출 20:3-6을 보라). **간음하는 자**는 결혼 서약에 신실하지 않은 사람들을 묘사한다(참고. 출 20:14; 레 20:10; 롬 2:22; 7:3; 13:9). 이 목록은 우연하지 않다. 왜냐하면, 흥미롭게도 이 모든 문제는 고린도전서에서 바울의 관심이기 때문이다(다음을 보라. 고전 5:1-13; 6:12-20; 10:14-22).

다음 두 단어는 남자와 성관계를 가지는 남자(개역개정: 탐색하는 자나 남색하는 자)로 번역된다. 첫 번째 단어인 말라코이(*malakoi*, 개역개정: 탐색하는 자)는 동성애 관계에서 수동적 역할을 하는 자를 말한다.

아르세노코이타이(*arsenokoitai*, 개역개정: 남색하는 자)는 레위기에서 온 것이 확실하다(참조, 딤전 1:10). 너는 여자와 동침함 같이 남자와 동침하지 말라 이는 가증한 일이니라(레 18:22). 누구든지 여인과 동침하듯 남자와 동침하면 둘 다 가증한 일을 행함인즉(레 20:13). 이 두 단어 아레세노스 코이텐(*aresenos koitēn*)은 '남자의 침대'를 의미한다.

바울의 아르세노코이타이(*arsenokoitai*)라는 단어가 어떻게 레위기에서 왔는지 알 수 있다. 어떤 사람들은 바울이 소년과의 성관계(페데라스티, *pederasty*, 남자의 소년과의 성관계를 의미하는)을 반대해 말한다고 생각한다. 그러나 이 경우

---

**31** 롬 1:29-31; 고전 5:10-11; 고후 12:20; 갈 5:19-21; 엡 4:31; 5:3-5; 골 3:5, 8; 딤전 1:9-10; 6:4-5; 딤후. 3:2-4; 딛 3:3.

에 바울이 '소년과의 성관계'(파이데라스테스, *paiderastēs*)를 의미하는지 확실하지 않다.

중요한 점은 동성애 관계에서 수동적 사람과 능동적 사람 모두 정죄 받고 있다는 점이다. 바울은 성적 학대나 소아 성애를 말하고 있지 않다. 레위기의 맥락에서 두 사람 모두는 똑같이 유죄이며 그들 모두가 받을 형벌은 죽음이다(레 20:13).

〈10〉 악의 목록은 10절에도 이어진다. 도적은 몰래 도둑질하는 사람을 말한다. 이에 반해 **속여 빼앗는 자**(하르파게스, *harpages*)는 힘으로 도둑질하는 사람을 의미한다. 이 두 단어 사이에 **탐욕**이라는 단어가 나타난다. 이 단어는 다른 사람에 대해 법정 소송을 제기하도록 자극하는 동기를 나타낸다. 술 취하는 자와 모욕하는 자도 언급된다. 전체적으로 이 목록은 돌이키지 않거나 회개하지 않으면 하나님의 나라를 유업으로 받지 못하는 뻔뻔스럽고 놀랄 만한 죄를 보여 준다.

이 목록은 5:10-11의 바울이 말한 교회의 징계와 일치한다. 이는 하나님의 나라에서 제외되도록 만드는 심각한 범죄를 기록한 것이다. 여기에서 바울은 고린도 교인들이 교회를 괴롭히는 소송은 사소한 문제가 아니라고 경고한다.

고린도 교인들이 계속 죄를 지으면 하나님의 나라를 상속받지 못할 것이다. 분명하게 하나님의 나라는 종말론적이다. 상속은 구약에서 '기업'이라는 어군으로 표현되는 단어이다. 이것은 땅에 대한 약속이며 종말론적으로 하나님의 나라로 성취될 것이다(클레론, *klēron*, 창 15:7-8; 출 23:30; 신 1:8; 6:1; 30:5; 수 1:15; 11:23 등).[32]

〈11〉 바울은 9-10절에서 고린도 사람들에게 경고했다. 그러나 이제 그들이 그리스도 예수 안에 있음을 일깨운다. 너희 중에 이와 같은 자들이 있

---

[32] Martin, *Bound for the Promised Land*을 보라.

더니라는 말로 바울은 고린도 교인들에게 회심 이전의 과거를 상기시킨다. 9-10절의 죄의 목록은 고린도 교인들의 삶의 특징이었지만 이제 그들은 더 이상 그렇지 않다. 이제 그들은 씻음과 거룩함과 의롭다 하심을 받았다. 이 세 가지 실재는 모두 예수 그리스도의 이름과 성령으로 믿는 자에게 속한다.

바울은 확실히 그리스도의 대속적 죽음을 염두에 두고 있다. 그의 대속적 죽음으로 씻음과 거룩함과 의롭다 하심을 받았다. 성령은 예수 그리스도의 일하심을 신자들에게 적용하는 수단이다. 씻김, 거룩함, 의로움은 모두 회심의 때를 가리킨다. 어떤 사람들은 씻김(아펠루사스데, *apelousasthe*)이 은유이며 세례가 아니라고 말한다. 이에 반해 초기 그리스도인들은 자연스럽게 씻김을 세례로 생각했다(예, 엡 5:26; 딛 3:5; 참조, 행 22:16; 히 10:22).

베드로는 세례는 … 너희를 구원하는(벧전 3:21)이라고까지 말한다. 그러나 이런 결론은 세례의 중생을 말하지는 않는다. 후대의 신학적 논쟁을 본문에 주입해서 읽으면 안 된다. 세례는 회심 때에 일어나는 사건의 한 부분이다. 회심한 사람들은 회개하고 예수님을 주로 고백한다. 그러므로 씻김은 회심 때에 일어나고 세례는 죄로부터의 씻김을 상징한다.

어떤 사람들은 그리스도인의 삶에서 거룩함이 점진적으로 자란다는 관점에서 거룩함(*hagiazō*)이라는 단어를 읽지만, 여기에서 바울은 회심 때 그리스도 안에서 신자들에게 주어진 결정적 상태의 거룩함을 말한다.[33] 이 용어는 바울의 편지에서 결정적이고 신분적인 중요성을 가진다(고전 1:2; 엡 5:26; 또한, 히 10:10, 29; 13:12를 참조하라). 이런 읽기는 또한 '성도들'이라는 단어가 신자들에게 돌려지는 것과도 일치한다.[34]

신자들은 그리스도의 대속의 사역과 성령의 그들을 구별하는 사역을 통해서 하나님 앞에 거룩한 자의 영역에 있다. 단어들의 순서는 성화가 결정적이며 신분적이라는 개념을 뒷받침한다. 그렇지 않다면 바울은 칭의 앞에 성화

---

[33] Peterson의 성화에 관한 중요한 책 *Possessed by God*을 보라.
[34] 롬 1:7; 고전 1:2; 고후 1:1; 엡 1:1; 빌 1:1; 골 1:2; 살후 1:10; 몬 5.

를 놓지 않았을 것이다.

마지막으로 신자들은 또한 **의롭다 하심**을 받았다. **의롭게 하다**(디카이오오, *dikaioō*)는 용어는 바울에서 법정적 의미이다.[35] 신자들은 십자가에서의 예수님의 대속적 사역을 통해서 하나님 앞에 의롭다 하심을 받는다. 바울이 사용하는 세 가지 용어는 다른 방식으로 신자들의 새로운 신분을 전달한다. 그들은 죄를 씻김 받고 깨끗하게 되었다. 그들은 하나님 앞에서 거룩하다. 그리고 그들은 하나님과 올바른 관계에 있다고 선언되었다.

바울은 다른 신자들에 대한 법적 소송이 그리스도 안에서 새로운 신분을 가진 그들에게 얼마나 비합리적인지 강조하려는 목적을 가진다. 고린도 교인들은 이제 다르다. 그들은 하나님 앞에서 새롭고, 정결하며, 거룩하며 의롭다. 그러므로 그들의 삶에는 법적 수단을 통해 형제와 자매에게 소송을 걸고 속이는 것은 설 자리가 없다.

### 신학

바울은 신자들에게 그들 자신을 악에 넘겨주지 말고 하나님의 나라에 들어가기를 지속해서 기대하라고 경고한다. 이와 같은 경고에 주의를 기울이는 사람들은 하나님의 나라를 유업으로 받을 것을 더 크게 확신하기 때문에, 이와 같은 경고는 확신을 없애지 않고 하나님 나라의 길이 된다. 경고는 신자들의 배교를 피하기 위한 수단이 된다.[36]

우리는 또한 직설법과 명령법의 역할을 본다. 그리스도 안에 있는 신자들은 씻김을 받았고 예수 그리스도 안에서 성령으로 거룩함과 의롭다 함을 받는다. 그들은 그리스도 안에서 그들의 새로움을 살아 내도록 요청받는다. 직설법은 명령법의 기초이며 궁극적 보장이지만, 직설법은 명령법

---

[35] 예, 롬 2:13; 3:4, 20, 24, 26, 28; 4:2, 5; 5:1; 8:33; 고전 4:4; 갈 2:16, 17; 3:8, 11, 24; 5:4; 딤전 3:16; 딛 3:7; 참조, 출 23:7; 신 25:1; 왕상 8:32; 대하 6:23.
[36] 더 폭넓은 해석에 관해서는 Schreiner and Caneday, *The Race Set before Us*을 보라.

을 배제하지 않고 오히려 명령법의 기초와 자극으로서 역할한다.

### 3) 음행(6:12-20)

**문맥**

근친상간은 고린도 교회 공동체의 성적 죄를 대표한다(5:1-13). 이제 바울은 성적 죄를 좀 더 자세히 다룬다. 이 부분의 해석은 쉽지 않다. 대부분 주석가는 고린도 교인이 말했던 몇몇 슬로건들을 발견하지만, 어디에서 바울이 고린도 교인들을 인용하는지 판단하기가 쉽지 않기 때문이다.

우리는 12절에서 고린도 교인들이 모든 것이 허용된다고 주장한 것을 볼 수 있다. 그러나 바울은 모든 것이 유익하지 않으므로 신자들이 어떤 것에 노예가 되는 것을 조심해야 한다고 경고한다. 비슷하게(13절) 그들은 음식이 배를 위하고 배가 음식을 위한 것이라고 주장했지만, 바울은 이 시대의 식욕은 다가오는 시대에 존재하지 않을 것이라고 일깨운다.

아마도 그들은 음식의 식욕과 같이 성에 대한 욕구가 있을 때마다 만족하게 할 수 있다고 주장했을 것이다. 어떤 사람들은 아마도 미래에 몸의 부활이 없을 것이라는 전형적 그리스적 견해로 이 생각을 변호했을 것이다(참조, 15장). 그러나 바울은 몸은 특별한 목적이 있으며 신자들은 예수님이 일으키심을 받은 것처럼 일으킴을 받을 것이라고 주장한다(14절). 그러므로 신자들이 자신들의 몸으로 하는 일은 중요하다.

바울은 그들이 그리스도의 지체이면서 창녀와 연합할 수 없음을 강조함으로 우리가 몸으로 하는 일의 중요성을 역설한다(15절). 그리스-로마 세계의 성관계에 대한 오만한 태도를 키케로의 말에서 확인할 수 있다.

그러나 만약 젊은이들의 창녀와의 성관계가 금지되어야 한다고 생각한다면, 분명히 금욕적이다(이것을 부인할 수 없다). 그러나 그의 견해는 이 시대에 허락되는 것뿐만 아니라 우리 조상의 관습과 인정한 것들과도 반대된다. 언제 이것이 일반적 관행이 아니었는가?

언제 이것이 비난받았는가?

언제 금지되었는가?

실제로 지금 허용되는 것이 허용되지 않았던 적이 있었는가?(Cael. 20. 48).**37**

어떤 사람들은 성적 연합이 중요하지 않다고 할 수 있지만, 바울은 창세기 2:24를 인용하면서 성적 연합은 두 사람을 한 몸으로 만든다고 주장한다(16절). 신자들은 주님과 한 영이기 때문에, 주님과의 연합은 더욱 깊다(17절).

이 부분의 요점은 18절에 나온다. 고린도 교인들은 음란을 피해야 한다. 바울은 고린도 교인들이 그 중요성을 무시하고 있었기 때문에 성적 죄의 심각성을 강조한다. 그들의 몸은 성령의 전이기 때문에 중요하다(19절). 신자들은 자신의 몸을 주장하는 주인이 아니다. 그들은 큰 대가를 치르고 구속받았다(20절).

### (1) 부활의 중요성(6:12-17)

⟨12⟩ 고린도전서에서 고린도 사람들의 인용을 알아내기는 까다롭다. 그러나 대부분 학자는 이 구절에 나오는 **모든 것이 내게 가하다**는 말이 고린도인의 슬로건을 반영한다고 생각한다. 이 슬로건은 특별히 자신이 원하는 성적 관계에 육체를 사용하는 일을 정당화하는 데 사용했으며, 우상에 바쳐진 음식과 관련해 같은 용어가 나온다(10:23). 아마도 슬로건은 스토아(stoic) 주의의 글에서 나왔으며 신자들이 채택했을 것이다.

바울은 이것을 완전히 거부하지 않았지만, 오해의 소지가 있고 파괴적으로 적용할 수 있으므로 슬로건을 인정하지 않는다(또한, 10:23). **모든 것이 허용되지만**(CSB 성경), 모든 것이 유익하지 않다. 어떤 문제들은 허용되기는 하지만 도움이 되지 않는다. 동시에 허용되는 것의 **지배를 받을 위험**이 있다. 어떤 사람들은 그 자체로는 틀리지 않지만, 그것의 포로가 될 수 있다.

---

**37** Garland, 227을 참조하라.

바울의 가르침처럼(갈 5:13), 자유는 사랑의 섬김이 되어야 한다.

<13> 대부분 주석가는 바울이 고린도 사람들의 슬로건을 인용한다는 데 동의한다. 그러나 인용이 어디에서 끝나는지 혼란스러워한다.

NIV 성경은 고린도 사람들의 인용에 다음을 포함시킨다. 음식은 배를 위해 있고 배는 음식을 위해 있으나 하나님은 둘 다 폐할 것이다.

반면에 CSB 성경은 고린도사람들의 말에 대한 인용을 다음과 같이 제한한다. 음식은 배를 위하여 있고 배는 음식을 위하여 있다.

이 두 가지 중의 하나를 결정하는 일은 어렵다. 두 가지 모두 좋은 의미이기 때문이다.

만약 NIV 성경을 따라 읽으면, 음식과 배가 모두 사라질 것이기 때문에, 고린도 사람들은 우리가 먹을 때 우리 몸으로 하는 것은 크게 중요하지 않다고 주장하고 있었다는 뜻이 된다.

만약 CSB 성경을 따라 본문을 읽으면, 고린도 교인들이 '하나님이 우리 배에다가 음식에 대한 식욕을 주셨고, 우리가 원한다면 그 식욕을 만족하게 해야 한다'고 주장했다는 뜻이 된다.

이어서 바울은 하나님이 음식과 배를 모두 **폐할 것**(카타르게세이, *katargēsei*)이라고 대답한다. '폐하다'(카타르게오, *katargeō*)는 바울이 가장 좋아하는 단어이기 때문에 두 번째 견해가 약간 더 가능성을 가질 것이다.[38]

그리고 다른 성경에서는 이 단어가 상대적으로 드물게 나타난다. '폐하다'(*katargeō*)라는 용어는 일반적으로 종말론적 색깔을 띤다. 따라서 바울은 이 세상을 특징짓는 식욕은 다가올 시대에는 지속하지 않을 것이라고 가르친다.

아마도 고린도 교인들은 음식에 대한 식욕과 성욕을 비유했을 것이다. 식욕을 만족하게 하는 것처럼 원할 때마다 성욕을 만족하게 해야 한다고

---

**38** 롬 3:3, 31; 4:14; 6:6; 7:2, 6; 고전 1:28; 2:6; 13:8, 10, 11; 15:24; 고후 3:7, 11, 13, 14; 갈 3:17; 5:4, 11; 엡 2:15; 살후 2:8; 딤후 1:10을 참조하라.

주장했다. 그러나 바울은 **몸은 음란**(포르네이아, *porneia*)을 위해 있지 않고 주를 위하여 있다고 주장하면서 이 비유를 지지하지 않는다.

몸은 성욕을 충족시키기 위해서가 아니라 주를 위해 만들어졌기 때문에 몸을 사용하여 주님을 기쁘시게 해야 한다. 비슷하게 **주는 몸을 위하여 계신**다. 주라는 단어는 예수님이 몸의 주인임을 나타낸다. 주님은 신자들이 몸으로 하는 것을 다스린다. 그리고 그들이 번영하도록 그들의 유익을 위한 신자들의 몸의 주인이 되신다.

⟨14⟩ 그리스인들의 전형적 견해와는 달리, 바울은 몸을 소중히 여긴다. 우리의 몸으로 하는 일은 중요하다. 바울은 고린도 교인들의 신앙에 대한 근본적 가르침을 생각나게 한다(고린도전서 15장을 보라). **하나님께서 예수님을 죽은 자 가운데서 일으키셨기** 때문에 예수 그리스도는 하나님이면서 인간으로 통치한다.

마찬가지로 그리스도의 부활처럼, 신자들의 몸은 다가올 시대에 무시 당하지 않을 것이다. 따라서 마지막 날에 신자의 몸은 **그의 능력으로** 일으킴을 받을 것이다(참조, 고후 4:14; 또한, 롬 6:4를 보라). 바울은 고린도전서 15: 12-19을 미리 맛보게 한다. 바울은 그리스도의 부활과 신자들의 부활이 나뉠 수 없음을 본다. 몸의 영원성은 신체로 하는 행위가 중요함을 보여 준다.

⟨15⟩ 성적 죄와 예수 그리스도에 속하는 것은 양립될 수 없다. 바울은 익숙한 어구인 **알지 못하느냐**를 사용하면서 신자들의 **몸이 그리스도의 지체라는** 개념을 가져온다(참조, 고전 12:27). 신자와 그리스도의 관계는 놀랍도록 친밀하다. 따라서 신자는 자기 몸으로 하는 일로 그리스도를 나타낸다. 그러므로 그리스도에게 속한 것을 **창녀와 합하게** 하는 일은 생각할 수 없고 충격적이기까지 하다.

⟨16-17⟩ 여기에서 바울은 아마도 우리 몸으로 하는 것은 중요하지 않기 때문에 창녀와 성적 관계가 고려할 문제가 아니라는 고린도 사람들의

개념에 대답하는 것으로 보인다. 아데나데우스(*Athenaeus*)는 유명하고 잘 알려진 말을 한다. "우리는 즐거움을 위해 애인(정부)을 두고, 매일 성관계를 하기 위해 첩을 둔다. 그러나 합법적으로 아이를 생산하고 우리 가족의 재산을 신뢰하며 맡길 수 있는 아내를 둔다"(*Deipn*. 13.573B).[39]

그러나 바울은 창녀와 성관계를 매우 중요한 문제로 여긴다. 창녀와 합하는 자는 그와 한 몸이 된다. 바울은 창세기 2:24를 인용하면서 자신의 주장을 뒷받침한다. 성관계를 가지는 사람들은 한 육체이다. 바울은 모든 성적 결합이 결혼 관계를 만든다고 주장하지 않지만, 성관계가 두 사람의 깊은 관계를 형성한다고 주장한다.

성관계는 우연하고 큰 의미가 없다는 생각은 구약의 성관계에 대한 가르침과 반대된다. 성관계를 맺는 것에는 깊은 심리적-육체적 연합이 있다. 그러나 주님과의 연합은 더욱 깊은 의미가 있다. 왜냐하면, 그리스도께 속한 사람은 그와 한 영이기 때문이다. 신자의 그리스도와의 연합을 고려할 때, 창녀와의 성적 결합은 그리스도와 신자 사이의 유대를 손상한다.

### (2) 음행을 피하라(6:18-20)

〈18〉 신자들의 몸은 죽은 자들에게서 일으킴을 받을 것이고 그들의 몸은 그리스도의 지체이기 때문에, 그리고 창녀와 성적 결합은 단순한 결합이 아니므로 신자들은 **음행을 피해야 한다**.

요셉과 보디발의 아내의 이야기는 성적 죄에서 피하는 것이 무엇인지 묘사한다(창 39:6-18). 이 이야기는 다른 이들에게 모범과 교훈의 역할을 했다(요셉의 유언. 2-10).

바울은 음행을 삼가는 것을 성화의 구성 요소로 가르친다(살전 4:3). 바울은 성적 죄가 얼마나 어처구니가 없는지에 대한 이유를 설명한다. 다른 범죄들은 **몸 밖**에서 행하지만, 성적 죄를 지은 사람은 자기 몸에 죄를 짓는

---

[39] Garland, 240을 참조하라.

다. 우리는 술 취함, 폭식 및 자살과 같이 몸에 짓는 다른 죄들을 생각할 수 있다.

바울은 아마도 성적 죄는 다른 사람과 육체적으로 짓는 죄이기 때문에 특히, 중요하다고 생각할 것이다. 또한, 술 취함이나 자살과 같은 죄의 경우는 알코올이나 다른 어떤 종류의 도구를 사용하여 죄를 범하지만, 성적 죄의 경우는 자신의 몸으로 죄를 짓는다. 성적 죄는 다른 사람과 만들어지는 깊은 심리적-육체적 결합 때문에(6:16-17을 보라) 특별히 그들 사이에 깊은 관계를 형성시킴으로 인간에게 영향을 미친다.

〈19〉 음란은 몸에 죄를 짓고 한 사람의 삶에 특히, 해로운 영향을 미치기 때문에 신자들은 '음란을 피해야 한다.' 이어서 바울은 고린도 교인들이 성적 죄로부터 피해야 한다는 권면을 더 옹호하기 위해서 고린도 교인들이 확실히 아는 것(알지 못하느냐)에 호소한다. 신자의 몸은 **성령의 전이다.**

구약에서 성전은 예루살렘에 있었고 주님께서 특별히 그의 백성들과 함께 거하셨던 곳이다. 성전의 거룩함은 지성소에 들어가기 전에 통과해야 했던 많은 부분에서 나타난다.

실제로 대제사장만이 주님께서 거하시는 지성소에 들어갈 수 있었고 일 년에 하루 대속죄일(레 16장)로 제한되었다. 거룩한 곳을 더럽히거나 오염시키지 않도록 특별한 주의를 기울여야 했다. 이제 하나님의 거룩한 임재는 더 이상 성전에만 제한되지 않는다. 왜냐하면, 하나님은 예수 그리스도의 교회(고전 3:16)와 심지어 신자 각각의 몸에도 내주하시기 때문이다.

하나님이 거하시는 모든 곳은 거룩하므로 신자들은 하나님의 성전, 즉 그들의 몸을 성적 죄로 더럽히지 않도록 조심해야 한다. 신자들은 더 이상 자율적이지 않다. 그들은 자신의 삶을 주장하지 못한다. 대신 그들은 하나님의 주권 아래 살고 있으며 그들은 하나님께 속하고 하나님은 그들에게 거하신다.

**⟨20⟩** 20절은 신자들이 왜 자율적이지 않은지, 왜 그들 자신의 것이 아닌지 설명한다. NIV 성경은 **왜냐하면**(가르, *gar*)를 본문에서 생략하고 있다(CSB 성경을 보라. 개역개정도 생략). '왜냐하면'은 왜 신자들의 몸이 전적으로 하나님께 속하는지 분명히 보여 준다. 그들은 **값**으로 산 것이 되었다. **샀다**(아고라조, *agorazō*)라는 단어는 다른 곳에서도 그리스도의 희생으로 속량한 결과를 나타내기 위해서 사용된다(고전 7:23; 참조, 벧후 2:1; 계 5:9; 14:3).

또한, 우리는 바울서신의 두 중요한 구절(갈 3:13; 4:5)에서 이 단어와 밀접하게 연관되는 **구속하다**(엑사고라조, *exagorazō*)라는 단어를 발견한다. 그러므로 **값**이라는 단어가 전달하는 내용을 잘 이해할 수 있다.

신자들은 그리스도의 피의 대가로 노예에서 해방되었으며, 이제 그들은 하나님께 속해 있다. 그들의 몸은 그의 주권 아래 있다(참조, 롬 6:15-23). 하나님께서는 이와 같은 방식으로 신자들을 사랑하셨기 때문에 너희 **몸**으로 하나님께 영광을 돌리라고 요청을 받는다.

### 신학

예수 그리스도의 부활은 신자들의 몸이 죽은 자들 가운데서 일으킴을 받을 것을 보증한다. 성적 결합은 다른 사람과 심리적-육체적 만남을 더 깊이 만들기 때문에, 몸을 성적 관계로 사용하는 것을 단순하게 치부할 수 없다.

또한, 신자들은 자신의 몸에 대해 자율적 권리를 누리지 않는다. 신자들의 몸은 그리스도의 지체이다. 그리스도는 자신의 피의 대가로 신자들을 구속하셨다. 그러므로 신자들은 그들의 몸으로 하나님께 영광을 돌리고 명예롭게 하도록 부름을 받았다. 이는 그들이 성적 죄에 빠지지 않아야 한다는 의미이다.

## III. 교회의 현재 문제들에 대한 대답(7:1-16:4)

서론에서 언급했듯이, "이제는"(*peri de*; 7:1, 25, 8:1; 12:1; 16:1, 12)이라는 단어가 고린도 교인들이 묻는 질문들에 대한 것이라고 확신할 수 없고 바울이 논하는 다른 문제를 단순하게 나타내는 것일 수 있다. 그러나 바울은 이 구절에서 고린도 교인들의 질문에 대답한다고 이해하는 것이 합리적이다.

바울은 고린도 교인들이 편지를 쓴 문제를 언급한다(7:1). 그리고 결혼(7:1-24), 처녀(7:25-40), 우상에 바쳐진 음식(8:1-11), 영적 은사(12:1-14:40), 연보(16:1-4)와 같은 문제는 아마도 고린도 교인들이 묻는 말을 나타낼 수 있기 때문이다. 여자의 꾸미는 문제(11:2-16), 주의 만찬(11:17-34), 부활(15:1-58)에 대해서는 이제는(페리 데, *peri de*)이 빠져 있기 때문에 확신하기 어렵다. 주의 만찬의 문제를 바울에게 보고한 것이 분명해 보이고(11:18) 이 점은 여자가 가리는 문제에도 적용할 수 있다.

바울이 11장에서 논하는 문제들을 12-14장에서 영적 은사와 함께 다룰 수 있다. 왜냐하면, 이 문제들은 모두 교회 공동체의 모임과 관련이 있기 때문이다. 아마도 부활은 그 중요성 때문에 마지막에 위치할 것이다. 이 부분의 더 큰 구조는 표 8에 나와 있다.

| | |
|---|---|
| 결혼 | 7:1-24 |
| 처녀 | 7:25-40 |
| 우상에 바쳐진 음식 | 8:1-11:1 |
| 여자의 꾸미는 문제 | 11:2-16 |
| 주의 만찬에서의 행동 | 11:17-34 |
| 영적 은사 | 12:1-14:40 |
| 부활 | 15:1-58 |
| 연보 | 16:1-4 |

표 8. 7:1-16:4의 문제

## 1. 혼인의 문제(7:1-24)

7장에서 바울은 고린도 교인들의 금욕에 대한 충동에 대답하는 것으로 보인다. 이것은 아마도 스토아-견유학파의 영향에서 비롯되었거나 종말에 가까워졌기 때문에 성적 관계를 삼가야 한다는 신념에서 비롯된 것 같다.[1]

바울이 6:12-20에서 음란에 대해 말하고 있기 때문에 이런 이해는 가능하지 않을 것 같다. 그러나 우리는 고린도 교인들의 삶이 단편적이지 않고 복잡하다는 것을 기억해야 한다. 실제로 금욕을 지지하는 사람들은 때때로 바로 그 금욕 때문에 음란을 저지르게 된다.

1-7절에서 바울은 결혼 관계에서 성관계를 금지하는 것이 바람직하다고 생각하는 결혼한 부부에게 말한다. 그는 결혼한 부부가 서로 성관계를 맺어야 한다고 가르친다. 서로 동의하지 않는다면 성관계를 삼가면 안 된다. 동의하더라도 제한된 기간이어야 한다.

8-9절에서 바울은 미혼자와 과부에게 독신을 유지하라고 조언하지만, 성욕이 강하다면 결혼을 추구해야 한다고 가르친다.

---

[1] 슈나벨의 논의를 보라. Schnabel, 355-357.

이어서 바울은 이혼 문제로 돌아간다(7:10-16). 그는 예수님의 가르침에 따라 신자들이 이혼하면 안 된다고 가르친다(7:10-11).

바울은 또한 신자들이 불신자들과 결혼하는 문제를 다룬다(7:12-16). 이런 경우, 불신자들이 이혼을 원하지 않는다면 신자들은 결혼을 유지해야 한다. 불신자가 이혼을 원하면, 신자들은 지금 유지되는 결혼에 구속되지 않는다. 불신자들이 신자들과의 연합으로 거룩하게 되기 때문에, 신자들은 불신자와 성적 관계를 통해 더럽혀지는 것을 걱정하면 안 된다.

17-24절은 7장의 중심을 이루며 7장 전체의 원칙을 나타낸다. 바울은 신자들에게 부르심을 받은 상황에 머무르라고 세 번이나 권면한다. 그들은 자신의 신분을 바꾸는 것이 하나님을 위해 더 유익할 것이라고 생각하면 안 된다. 그들은 할례를 받았거나 받지 않았거나, 노예이거나 자유인이거나 걱정해서는 안 된다. 그들은 그리스도의 죽음으로 죄에서 구속받았기 때문에 온전히 하나님께 속해 있다. 그러므로 그들은 자신이 있는 어떤 삶의 위치에서나 그리스도를 섬겨야 한다.

### 1) 혼인한 사람을 위한 가르침(7:1-7)

**문맥**

바울은 고린도 교인들의 편지에 대답한다. 고린도 교인들 중 일부는 아마도 결혼 생활에서도 성관계를 삼가는 것이 좋다고 주장했을 것이다. 바울은 이와 같은 태도가 음행의 문을 열어준다고 경고한다(2절). 그 대신 남편과 아내는 배우자와 성관계를 가질 의무가 있다. 왜냐하면 ,남편이나 아내는 자신의 몸에 대한 권한이 없다.(개역개정: 주장하지 못한다. 3-4절).

그러므로 둘 다 동의하지 않으면 상대의 성관계를 막으면 안 된다. 서로 동의하더라도 분방은 제한된 기간에만 해야 한다(5절). 왜냐하면, 성관계를 금하는 동안에 사탄에게 노출되고 그 결과 성적 죄를 지을 가능성이 있기 때문이다. 신자들이 제한된 기간 동안 성관계를 삼가는 것은 바울의 명령이 아니다. 이것은 고린도 교인들에게 허락하는 것이다(6절). 아마도 금욕을 지지하는 사람들에 대한 바울의 반응일 것이다.

모든 사람이 독신이라면 유익하다는 점에 대해 바울은 동의한다. 그러나 바울은 하나님께서 각 사람에게 다른 선물을 주심을 인정한다(7절).

## 주석

⟨1⟩ 바울은 고린도 교인들의 편지에 대답한다. 여기에서 그는 그들의 질문에 대해 대답하는 것 같다(서론을 보라). 대부분 학자는 이 구절의 다음 단어들이 고린도 교인들에게서 왔다는 데 동의한다. 다양한 해석이 제안되지만,[2] NIV 성경과 CSB 성경이 제안하는 두 가지가 눈에 띈다.

NIV 성경은 남자는 여자와 성적 관계를 갖지 않는 것이 좋다고 번역한다(개역개정: 남자가 여자를 가까이 아니함이 좋으나). 고린도 교인 중 일부가 금욕주의를 지지했으며 결혼 생활에서 성관계를 삼가려고 했다는 해석이다.

CSB 성경은 남자가 여자를 성관계를 위해 이용하지 않는 것이 좋다라고 번역한다.

둘 중에 결정하기는 쉽지 않다. CSB 성경을 지지하는 사람은 다음과 같이 주장한다. 1절(문자적으로 남자가 여자를 만지지 않는 것이 좋다[NASB 성경])에 대한 그리스-로마적 병행이 고린도 교인들이 남자가 여자를 성관계를 위해 이용하지 않는 것이 좋다는 말을 했다고 주장한다. CSB 성경을 지지한다면, 고린도의 문제는 금욕주의가 아니며 음란이 만연해 있음을 제시하는 6:12-20의 내용과 맞는다. 이 해석에 따르면, 7장의 나머지 부분에서 바울은 고린도 교인들보다 더 독신과 금욕주의를 지지한다.

---

[2] NIV 성경(1984판)은 이 문장을 다음과 같이 이해한다. "남자가 여자와 결혼하지 않는 것이 좋다." 그러나 그리스 문헌에서 동사 만지다(하프토마이, *haptomai*)가 결혼의 의미가 있지 않다. 그러므로 이 관점은 거부된다.

CSB 성경의 번역은 매력적이지만, 다음 이유로 NIV 성경이 더 좋은 번역이다.

첫째, **여성을 만짐**(개역개정: 여자를 가까이)이라는 숙어는 분명하게 성관계를 나타내지만, 성적 만족을 위해 다른 사람을 이용한다는 의미가 있는지 분명하지 않다.

둘째, 금욕주의에 관한 관심은 고린도 교인들에게서 온 것으로 보인다. 바울은 서로에게 성관계를 빼앗지 말라고 말한다(5절). 가장 중요한 점은 믿지 않는 배우자와 이혼에 대한 고린도 교인들의 질문이며 믿지 않는 자가 '거룩하게 된다'는 바울의 주장이다. 바울의 주장은 대부분 고린도 교인들이 타락에 대한 두려움으로 불신자와 성관계를 삼가려는 금욕주의적 바람에 반대된다(14절).

셋째, 바울이 즐거움을 위한 성관계에 다른 사람을 이용하면 안 된다는 생각을 인정하는지 또는 동의하지 않는지 알기 어렵다. 왜냐하면, 이것은 바울의 원래 견해와 맞지 않기 때문이다. 전적으로 동의하는 고린도 교인들의 말을 왜 바울이 인용하는지 이해하기 어렵다. 일반적으로 고린도 교인들의 말을 인용할 때 바울은 그들의 말을 인정한다. 반면에 그 말이 금욕주의를 반영하면 바울은 그 견해에 동의하지 않는다. 이것은 다음 구절들에 나타나는 바울의 견해를 더 잘 설명해 준다.

⟨2⟩ 고린도 교인 중 일부는 결혼을 제한하면서까지 금욕적 견해를 지지하는 것처럼 보인다. 아마도(5절을 보라) 어떤 사람들은 오랫동안 성관계를 금하거나 완전히 성관계를 중단해야 한다고 주장했을 것이다. 그러나 바울은 이와 같은 상황이 음행으로 이어질 수 있다고 걱정한다.

우리는 6:12-20에서 이미 음행이 고린도에서 문제였음을 살펴보았다. 성관계를 자제하려는 정말 좋은 의도를 가진 사람들이 성적 죄에 빠질 수 있다. 그런데 이와 같은 재구성은 의심스럽다.

실제로 고린도에 성적 자유주의자와 금욕주의자가 동시에 존재할 수 있었을까?

그러나 고대 세계에는 오늘날과 마찬가지로 모든 종류의 철학과 관점들이 존재했음을 기억해야 한다. 고린도의 상황에 하나의 견해만 있었다는 지나친 단순화는 조심해야 한다.

바울은 성적 죄가 흔하므로 남편과 아내 모두에게 배우자와 성관계를 갖도록 권면한다. 바울은 남편들이 아내를 주장하는 특권을 허락하지 않는다. 남편과 아내 모두 바울의 가르침을 이행할 책임을 동등하게 가진다. 분명히 바울은 결혼 외에 성관계를 금하면서 결혼에만 제한한다. 물론 바울의 말은 결혼에 대한 그의 모든 견해를 반영하지 않는다.

바울은 결혼의 유일한 목적을 성적 죄를 피하는 것으로 생각하지 않는다(참조, 엡 5:22-33). 배우자와의 성관계를 마지못해 허락하는 것도 아니다. 바울은 일부 고린도 교인들이 지지하는 결혼에서도 성관계를 금하는 특별한 상황에 대답하고 있다.

〈3-4〉 바울은 남편과 아내가 서로에게 가져야 하는 성적 책임을 계속 강조한다. 3절에서는 보상과 의무의 언어를 사용한다. **성취하다**(아포디도토, *apodidōtō*)라는 단어는 자주 계약적 의미를 가지고(BDAG 109) 배우자가 서로에게 빚진 것을 갚아야 함을 의미한다.

이 경우 바울은 성관계를 고려한다. 그 보상은 **의무**(오페이렌, *opheilēn*)와 관련해서 표현된다. 각 배우자는 상대방에게 성관계를 허락할 의무가 있다(출 21:10-11; 참조, 잠 5:15, 18, 20). 아내가 남편에게 성관계를 허락해야 한다고 단순히 말하지 않는다. 남편과 아내는 서로 허락해야 한다. 남편이든 아내든 자신들은 하나님께 드려졌고 따라서 성적 연합에 참여하지 않는다고 주장하며 빠져나갈 수 없다. 서로의 놀라운 관계는 4절에서 계속된다. 배우자는 모두 자신의 몸에 대한 **권한를 가질**(*exousiazei*, 개역개정: 주장하다) 수 없다.

남편과 아내의 몸은 배우자에게 속하므로 한 배우자가 다른 배우자에게 하나님께 대한 헌신으로 성관계를 절제하기로 결정했다고 말하는 것을 정당화되지 않는다. 우리 시대의 관점으로 볼 때 충격적 점은 결혼의 놀라운

상호 관계이며, 바울은 아내가 남편의 몸에 대한 권한을 가지고 있다고까지 말한다

⟨5⟩ 여기까지 바울의 요점은 다음과 같다.

고린도 교인들은 서로 성관계를 금지해서는 안 된다(아포스테레이테, *apostereite*, 개역개정: 분방하지 말라). 이것은 출애굽기 21:10과 흥미롭게 병행된다. 바울과 다르게 출애굽기에는 남편과 아내 간의 상호 관계에 대한 표현이 없다. 바울은 여기에서 다른 사람과 관계를 맺는 사람 때문에 성관계를 삼가는 일(분방)이 생겼다는 암시를 주지 않는다. 오히려 결혼 생활에서 성관계를 삼가는 결정은 하나님께 헌신하는 문제 때문으로 보인다.

바울은 이와 같은 잘못된 태도를 거부한다. 서로 동의할 때는 결혼 생활에서 성관계를 삼가야 한다. 이 경우에도 제한된 기간만 금지해야 한다. 반면에 일부 유대인 그룹에서는 남편이 아내의 동의 없이 성관계를 금할 수 있었다(*m. Ketub.* 5:6을 보라).

바울은 결혼한 부부가 성관계를 금하고 기도에 전념할 수 있도록 허용한다. 그러나 기도에 전념하는 일은 일방적이어서는 안 된다. 남편과 아내가 모두 동의해야 하며, 어느 쪽도 상대방의 의지를 강요할 수 없다.

사실 바울은 다시 합하라고 강조한다. 즉 성관계를 다시 가져야 한다고 강조한다. 그렇지 않으면, 결혼한 사람들, 즉 정기적으로 성관계를 가지는 사람들은 자제력이 부족해서 사탄이 유혹할 때(참조, 살전 3:5) 결혼 외의 관계로 빠져들게 될 것이다. 그러므로 바울은 금욕주의가 6:12-20에서 다루는 매춘부로 가는 문제로 이어질 수 있음을 잘 알고 있다.

⟨6⟩ 6절의 질문은 5절에서 허락한 내용에 초점을 맞춘다. 어거스틴과 다른 이들은 이 허락이 결혼과 성관계에도 허용된다고 믿었다. 만약 이 읽기가 올바르다면 결혼과 성에 대한 바울의 태도는 매우 부정적이다. 이런 바울에 대한 해석은 교회 역사 전반에 상당한 영향을 미쳤다. 그러나 이 해석을 거부하는 충분한 이유가 있다. 확실히 이것(투토, *touto*)이라는 단어

는 5절에서 논의된 주제를 가리킨다.

바울은 고린도 교인들이 원한다면 짧은 기간 동안 성관계를 삼갈 수 있음을 인정한다. 따라서 정확한 해석은 어거스틴과 완전히 반대된다. 바울은 결혼과 성관계를 허락하는 것이 아니라 그는 결혼한 부부가 원한다면 짧은 시간 동안 성관계를 금할 수 있다고 허락한다. 다르게 말하면, 바울은 결혼한 부부에게 일시적 금욕을 권하거나 요구하지 않는다. 그들이 성관계를 삼가길 원한다면 그것이 좋을 수 있지만, 바울은 그러한 조항이 필요하다거나 요구된다고 생각하지 않는다.

⟨7⟩ 어떤 학자들은 바울의 7절의 말 때문에 6절의 의미를 이해하지 못했다. 그러나 여기서 우리는 바울의 매우 전형적 모습을 본다. 예를 들어, 방언을 예언 보다 높인 후에 바울은 모든 사람이 방언으로 말하기를 원한다고 한다(14:5). 마찬가지로 방언보다 나은 예언의 유익을 어느 정도 보여 준 후에, 바울은 그가 다른 사람들보다 방언을 더 말한다고 하면서 방언에 대한 승인을 표현한다(14:18).

여기에서도 결혼과 성관계를 권한 후에 바울은 독신을 추천하며 모든 사람이 자신과 같이 독신이었으면 좋겠다고 말한다. 수사적 과장법은 바울의 다음 말에서 분명해진다. 그는 각 사람이 각각의 은사(*charisma*)를 가지고 있음을 인정한다. 어떤 사람들은 결혼의 은사를 다른 사람들은 독신의 은사를 가지고 있다.

아마도 바울은 예수님이 전해 주신 전통을 가져왔을 것이다. 왜냐하면, 예수님은 고자로 태어난 사람들, 사람들이 고자로 만든 사람들, 하나님 나라를 위해 고자가 된 사람들이 있다고 말씀하시기 때문이다(마 19:12).

바울은 모든 사람이 독신이 되기를 원하지만, 하나님의 은사는 사람마다 다르다는 것을 인정한다. 아마도 바울은 창조 기사(창 2:18-25)의 기본적 역할을 고려해서 거의 대부분 사람은 결혼해야 함을 깨달았을 것이다.

### 신학

본문의 두드러진 특징 중 하나는 남편과 아내 사이의 상호 관계다. 바울은 심지어 아내가 남편의 몸에 권위를 가진다(개역개정: 주장한다)고 말한다. 또한, 바울은 아내가 남편의 근본적 리더십 역할을 이해하고 남편에게 순종해야 한다고(엡 5:22-24) 가르쳤다.

하지만 남편의 리더십은 자기희생적 사랑의 관점으로 정의된다(엡 5:25-29). 그러므로 바울은 독재나 폭군적 리더십에 대한 여지를 두지 않는다. 고린도전서 7장에서 바울이 남편과 아내에 대해 말한 내용은 또한 아내가 남편에 대한 권한을 행사한다는 의미가 있으므로 에베소서의 군사적이고 엄격한 순종이라는 이해에서 우리를 보호해 준다.

우리는 결혼의 성관계에 대한 현실적이고 긍정적인 견해를 본다. 바울은 현실적이다. 그는 결혼 생활에서 정기적 성관계가 성적 죄를 예방한다고 인정한다. 동시에 그는 결혼 생활에서 성을 권한다. 이것은 하나님이 그의 백성에게 주신 축하받아야 하는 선물임을 의미한다.

마지막으로 우리는 어떤 사람은 결혼을 은사로 받은 대신 다른 사람들은 독신을 은사로 받았음을 알 수 있다. 신자들에게 단편적 부르심은 없다. 모든 사람은 자신의 삶에서 각자 다른 시기에 무엇을 주셨는지를 찾고 발견해야 한다.

### 2) 미혼자들과 과부들을 위한 가르침(7:8-9)

### 문맥

바울은 미혼자와 과부를 언급하고 독신으로 남는 것을 선호한다고 다시 말한다. 그러나 자제력이 부족하다면 결혼해야 한다. 정욕으로 불타는 것보다 결혼이 낫기 때문이다.

## 주석

**〈8-9〉** 미혼자(개역개정: 결혼하지 아니한 자)와 과부를 언급할 때, 바울은 미혼자(아가모이스, *agamois*)라는 단어로 '홀아비'를 말하는가?

이 해석은 가능하지만, 이 단어는 일반적으로 결혼하지 않은 사람들에게 사용되는 것처럼 보인다(4 Macc 16:9; 고전 7:11, 32, 34). 이것은 바울이 과부와 홀아비를 말한다는 이해를 넘어선다. 그는 아마도 일반적으로 결혼하지 않은 사람들을 말하며 보통 여자들이 남자들보다 더 오래 살기 때문에 과부를 언급할 것이다.

바울은 자신처럼 아내 없이 살아가는 독신을 선호한다. 앞 구절에서 다른 이들은 결혼의 은사를 가지고 있다고 설명했기 때문에 아마도 바울을 오해하지 않을 것이다.

이 구절에서 바울은 어떤 사람들은 **스스로 절제할 수 없다**(엔크라툰타이, *enkratountai*, '절제하다')는 점을 지적하면서 스스로 자격을 부여한다. 바울은 이 동사를 운동선수가 자신을 절제하며 훈련하는 의미로 사용한다(고전 9:25; 참조, 1 Clem. 30:3). 때때로 이 용어는 충동을 절제한다는 일반적 의미로 사용된다(창 43:31).

여기에서 절제할 수 없다는 바울의 말은 죄를 염두에 두지 않는다. 성적 욕구가 강한 사람이라면 결혼해야 한다. 결혼의 기회가 있고, 성적 욕구가 강하면 결혼은 최고의 선택이며, 결혼하지 않으려고 노력하면 안 된다. 정욕과 욕망으로 불타는 대신 결혼이 낫다. 몇몇 번역가는 지옥에서 불타는 것을 언급한다고 생각하지만, 문맥상 정욕으로 불타는 것이 훨씬 더 가능성이 크다. 우리는 다시 한번 바울의 실용주의를 본다. 결혼은 음란을 억제하는 데 도움이 될 수 있다(참조, 7:2).

바울의 말은 디모데전서의 젊은 과부들에게 한 권면에 적합하지만, 디모데전서의 경우 그는 젊은 과부들의 죄를 책망하고 있다(딤전 5:11-13). 그러므로 젊은이는 시집가서 아이를 낳고 집을 다스리고 대적에 비방할 기회를 조금도 주지 말기를 원하노라(딤전 5:14)라고 말한다. 고린도전서의 구절들은 독신을 선호하지만, 종종 어떤 상황들이 해결되기 때문에 특정한 상황에서는 결혼이 이상적이다.

### 신학

하나님은 독신을 가치 있게 보신다. 그리고 신자들은 결혼해야만 한다고 생각할 필요는 없지만, 강한 성욕이 있다면 결혼을 추구해야 할지도 모른다. 바울은 삶이 복잡함을 인정한다. 그는 독신을 더 선호하지만, 특정한 상황에서, 특별히 성적 욕구가 강한 경우 결혼 생활이 더 나을 수 있음을 인정한다. 각 개인은 자신의 삶에서 하나님의 부르심을 추구해야 한다.

## 3) 이혼에 관한 가르침(7:10-11)

### 문맥

바울은 결혼한 사람을 가르치면서 예수님의 역사적 말씀을 그의 명령의 기초로 삼는다. 아내는 남편과 이혼해서는 안 되지만, 이혼했다면 남편과 다시 합칠 것이지, 다른 사람과 결혼하지는 말아야 한다. 같은 가르침이 남편에게도 적용된다. 이혼은 그리스-로마 사회와 유대인 사회에서 실제로 일어났기 때문에 결혼에 대한 그리스도인의 견해는 두드러졌을 것이다.[3]

### 주석

⟨10⟩ 독신으로 남아 있는 것이 바람직하다면 결혼한 사람들은 어떠한가?

---

3　Thiselton (2000), 540-541을 보라.

바울은 여기서 **명령**하지만, 그 명령은 바울에게 나오는 것이 아니라 주님에게서 나온다. 예수님은 이혼에 대해 말씀하셨다(마 5:31-32; 19:3-12; 막 10:2-12; 눅 16:18). 바울은 복음서에서 찾을 수 있는 구체적 언어를 사용하지 않고 예수님의 일반적 가르침을 전한다.

예수님은 이혼과 재혼이 간음이 된다고 강조하셨다. 따라서 바울은 아내에게 남편과 나누어지지 말라고 지시한다. 나누어지다(코리조, *chōrizō*, 개역개정: 갈라서다)는 파피루스에서 가끔 이혼을 표현하기 위해 사용되었다(BDAG). 그러므로 영어 성경을 읽는 사람들은 이 구절의 '나누어지다'라는 개념을 현대 서구의 방식으로 읽는 것에 주의해야 한다. 바울은 이혼이 일어나기 전 별거 기간을 생각하지 않는다. 오히려 그는 아내에게 남편과 이혼하지 말라고 명령한다.

⟨11⟩ 바울은 아내가 남편과 나누어지는 경우, 즉 이혼의 경우를 고려한다. 만약 아내가 그렇게 한다면 재혼은 허용되지 않는다. 독신으로 남아 있거나 남편과 화합해야 한다. 남편에게도 같은 규칙이 적용된다. 그는 아내와 이혼하면 안 된다.

여기서 이혼하다라는 단어는 다른 단어를 사용하고 있지만(아피에미, *aphiēmi*), 10-11절에서 사용된 동사 나누어지다(*chōrizō*)와 동의어이다. 이 가르침이 어떻게 해석되는가는 예수님의 전통을 어떻게 읽느냐에 달려 있다. 주석가들은 거의 일치하지 않는다.

지면상 여기에서 이 문제를 자세히 다루지 못하지만, 마태복음 5:32와 19:9는 이혼에서 예외가 허용되는 경우이다. 배우자가 성적으로 신실하지 못한 경우 이혼이 허용된다.

하지만 바울은 예수님의 전통의 요점을 알려 준다. 이혼과 재혼은 죄이다. 이 경우 바울은 아내나 남편이 부당하게 자신의 배우자와 이혼하는 상황을 이야기한다. 교회가 이미 이 문제에 대한 역사적 예수님의 가르침을 이미 알고 있었기 때문에 바울의 지시는 간단하고 분명하다.

### 신학

바울은 이혼과 재혼에 대한 예수님의 가르침의 요점을 확인한다. 이혼은 금지되고 이혼 후 재혼은 허락되지 않는다. 남편과 아내는 결혼 생활에 신실하도록 부르심을 받았다. 이혼에 다른 예외가 있는지는 논란이 있다.

바울은 이 문제에 대해 엄격하게 말하지 않지만, 역사적 예수님의 말씀을 따르고 있고, 바울 자신이 예외를 허용하는 것처럼 보이기 때문에(7:12-16의 주석을 보라), 예수님처럼 바울이 불륜에 대한 이혼을 허락했다고 결론을 내리는 것이 타당하다

### 4) 불신자와 혼인했을 때 이혼에 관한 가르침(7:12-16)

### 문맥

12-16절은 예수님이 말하지 않은 문제를 고려한다. 즉, 신자가 불신자와 결혼을 유지해야 하는지에 대한 문제이다. 여기에서 바울은 자기 생각으로 충고한다. 형제나 자매가 믿지 않는 배우자가 기꺼이 결혼을 유지하려고 한다면 이혼해서는 안 된다. 다시 말해 신자는 이혼해서는 안 된다.

바울은 신자들이 불신자와의 성관계로 더럽혀질 것을 두려워했음을 보여 준다. 바울은 믿지 않는 배우자가 연합으로 거룩하게 되고 그 연합으로 가진 자녀들도 거룩하다고 보증한다. 반면에, 불신자가 떠나기를 원하면, 신자는 기존 결혼에 구속되지 않고 평화롭게 살 수 있다. 불신자와 결혼을 유지하는 것은 믿지 않는 배우자를 구원할 기회가 된다.

### 주석

**<12-13>** 바울은 이제 나머지 사람들에게 이야기한다. 8-9절에서는 미혼자가 주제라면 10-11절에서 바울은 신자와 결혼한 사람들에게 말한다. 다

음 구절이 보여 주듯이 **나머지 사람들**은 불신자와 결혼한 신자들이다.

바울이 주의 명령이 아니라고 말할 때 마치 독자들이 바울의 가르침을 자유롭게 받아들이거나 거부할 수 있는 것처럼 권위가 낮다는 뜻이 아니다. 바울은 그의 말이 예수 그리스도의 사도로서의 권위가 있다고 생각한다(참조, 14:37; 살전 2:13). 그는 단지 그의 말과 역사적 예수님의 말을 구별한다. 예수님은 이혼과 재혼에 대해 지시하셨지만, 불신자와 결혼한 신자들의 문제는 다루지 않으셨다. 사도 바울은 여기서 중요한 문제를 언급한다.

고린도 교인 중 일부는 아마도 예수 그리스도께 속하고 성령이 거하시면 불신자와의 이혼이 옳다고 믿었을 것이다. 아마도 그들은 신자들은 하나님으로부터 소외된 사람들과의 성관계로 더럽혀지기 때문에 그리스도께 속한 사람은 불신자와 성관계를 가지면 안 된다고 주장했을 것이다.

아마도 그들은 에스라가 유다의 믿는 자들에게 말한 그 **지방 사람들과 이방 여인을 끊어 버리라**(에 10:11)라는 구약에 호소했을 것이다. 유대 전통에 따르면 요셉은 아스낫(Aseneth)이 우상 숭배를 하는 동안 입맞춤을 거부했다(*Jos. As.* 8:5-7).

이 구절에서 바울의 언어는 놀랍다. 구약에서 우리는 부정한 것이 정결한 것을 더럽힐 수 있음을 예상할 수 있다(학 2:11-13). 그러나 바울은 믿지 않는 배우자가 기꺼이 결혼 생활을 계속하려고 한다면 믿는 배우자는 결혼 생활을 계속하라고 권면한다. 바울은 구체적으로 믿는 남편과 믿는 아내의 관점에서 말하기 때문에 믿지 않는 아내 또는 믿지 않는 남편과의 결혼 생활의 유지가 하나님께 기쁨이 됨을 의심할 필요가 없을 것이다.

바울 시대의 문화를 고려하면 아내가 남편과 같은 지위를 가지고 있다는 점은 놀랍다. 아마도 대부분 사람은 아내가 남편의 종교를 따라야 한다고 믿었다. 플루타르크는 다음과 같이 말했다.

> 아내는 자신의 친구를 사귀지 말고 남편과 함께 남편의 친구들을 누려야 한다. 신은 첫 번째이자 가장 중요한 친구이다. 그러므로 아내는 남편이

III. 교회의 현재 문제들에 대한 대답(7:1-16:4)   197

믿는 신들만 숭배하고 알아야 하고, 모든 이상한 의식과 외설적 미신에 대해 문을 단단히 닫고 있어야 한다(Conj. praec. 19).

바울은 플루타르크의 견해와 다르다. 아내의 첫 번째 헌신은 분명히 남편이 아니라 그리스도께 대한 것이기 때문이다. 그런데도, 믿지 않는 배우자가 결혼을 기꺼이 유지하려는 경우, 신자들은 이혼하면 안 되고 결혼을 유지해야 한다.

<14> 바울은 이제 믿지 않는 배우자와의 결혼이 더 이상 믿는 배우자를 더럽히거나 불결하게 만들지 않는 이유('왜냐하면', gar)를 알려 준다. 다시 한번 믿는 아내와 믿는 남편의 상황은 이 본문에 나타나는 상호 관계의 관점에서 고려된다.

불신자가 믿는 아내나 믿는 남편과 결혼한다면 믿지 않는 배우자는 **거룩하게 된다**(에기아스타이, ēgiastai, 현재완료시제). 현재완료시제는 믿지 않는 배우자의 바울은 이제 믿지 않는 배우자와의 결혼이 더 이상 믿는 배우자를 더럽히거나 불결하게 만들지 않는 이유를 알려 준다.

다시 한번 믿는 아내와 믿는 남편의 상황은 이 본문에 나타나는 상호 관계의 관점에서 고려된다. 불신자가 믿는 아내나 믿는 남편과 결혼한다면 믿지 않는 배우자는 거룩하게 된다. 현재완료시제는 믿지 않는 배우자의 상태를 나타낸다.

바울의 말은 매우 놀랍다. 구약에서 부정한 사람이 정결한 사람을 더럽힐 수 있다고 생각할 수 있기 때문이다. 특별히 성관계를 가질 때 그렇다(참조, 고전 6:16). 그러나 바울은 그 반대로 주장한다. 신자의 거룩함은 믿지 않는 배우자를 변화시켜서 그들은 거룩하게 된다. 결혼과 성적 연합은 더럽히는 것이 아니고 거룩하고 아름다운 것이다.

이것은 어떤 면에서 예수님이 나병 환자를 만지시는 것과 유사하다(마 8:1-4). 나병의 부정함은 예수님을 더럽히지 않는다. 대신 예수님의 거룩함과 치유하는 권세가 나병 환자를 깨끗하게 한다.

배우자가 **거룩하게 되었다는** 말은 그의 구원을 의미하지 않는다. 16절은 믿지 않는 배우자가 구원받을 것을 보장하지 않는다. 그런데도 믿지 않는 배우자들은 바울의 말에 따라 거룩의 영역에 들어간다. 아마도 그들은 구원받을 가능성이 있을 것이다.

마찬가지로 불신자와 신자의 결혼에서 가진 자녀는 부정하지 않고 거룩하다. 믿지 않는 배우자가 거룩해지므로, 그리고 믿는 자와 믿지 않는 자의 성적 연합이 거룩하므로 그들의 자손도 거룩하고 하나님을 기쁘시게 한다. 때때로 자녀들에 대한 언급은 유아세례를 정당화하기 위해 사용되지만, 그러한 체계적 신학적 관심은 본문을 벗어난다. 왜냐하면, 자녀들이 거룩하므로 세례를 받을 수 있다면 거룩하게 된 믿지 않는 배우자에게도 동일하게 적용되어야 하지만 배우자에게 이렇게 적용하는 것은 틀렸기 때문이다.

⟨15⟩ 바울은 불신자가 결혼 관계를 떠나려는 상황을 그리고 있다. **떠나다**(코리조, *chōrizō*, 개역개정: 갈리다)라는 단어는 10절에서 **나누어지다**(개역개정: 갈라서다)로 번역된다. 앞에서 언급한 것처럼, 이 단어는 일반적 서구 문화의 별거를 말하지 않는다. 여기서 떠나다는 말은 '이혼'을 의미한다. 불신자가 믿는 배우자와 이혼하기 원한다면, 신자는 그렇게 하도록 허락해야 한다. 결혼은 어떤 일이 있더라도 보존해야 하는 것은 아니다.

바울이 **형제 또는 자매**에게 말하는 것처럼 이 담론에서 상호 관계는 계속된다. 불신자가 이혼하려고 하는 경우, 신자들은 그것에 **구속되지 않는다**(데둘로타이, *dedoulōtai*, 개역개정: 구애되다). 이것은 분명히 다른 사람이 결혼 관계를 떠나기로 했기 때문에 더 이상 결혼의 약속을 이행할 의무가 없음을 의미한다.

바울은 또한 재혼의 자유를 의미하는가?

주석가들은 이에 동의하지 않는다. 어떤 학자들은 그 대답이 '아니다'라고 생각한다. 이 본문에서 고린도 교인들은 결혼할 방법을 찾는 대신 결혼을 금하는 데 관심을 가지기 때문이다. 더 나아가 그들은 예수님의 전통이 재혼을 금지한다고 생각한다. 확실하지는 않지만, 바울은 아마도 다음의 경우에 재혼이 허용된다고 생각할 것이다.

첫째, 유대인과 그리스-로마 전통에 따르면, 이혼은 재혼의 자유를 의미한다. 바울이 그 전통에 동의하지 않는다면 이것을 분명히 해야 할 필요가 있다.[4]

둘째, 나는 7:10-11의 해석에서 예수님이 성적으로 신실하지 않은 경우에 재혼을 허용했다고 제안했다.

셋째, 일부 고린도 교인들은 금욕주의에 관심이 있었음에도 그들 모두가 금욕적이었다고 말할 수 없다. 바울은 그리스도의 지혜로운 종으로 인간의 본성을 알았다. 그는 어떤 사람들이 재혼을 원할 수 있음을 인정할 것이다.

넷째, 이 구절에서 사용된 **묶다**(둘로오, *douloō*, 개역개정: 구애되다)와 7:39에서 **매다**(데오, *deō*)는 같은 의미 범위에 속하기 때문에 거의 동의어이다. 그러므로 바울은 결혼한 여성은 남편이 살아 있는 동안 **묶여 있다**(데데타이, *dedetai*, 개역개정: 매인다)고 생각하지만(롬 7:2; 고전 7:39), 남편이 죽으면, 그들은 **자유롭다**(엘류데라, *eleuthera*, 롬 7:3; 고전 7:39). 여기에서도 믿지 않는 배우자가 이혼하기로 결정할 때까지 결혼 관계에 매인다.

바울의 요점은 믿지 않는 사람이 이혼을 원하고 결혼 관계를 떠나고자 하는 경우에, 신자들은 결혼 관계가 끝나는 것으로 스스로 자책하면 안 된다는 것이다. 하나님은 신자들을 **화평 중에 부르셨다**. 다시 말해 배우자가 남아 있기를 거부하는 결혼 생활을 구하려고 스트레스를 받고 걱정하지 말아야 한다. 하나님은 신자들이 자신들의 환경에서 만족하고 기쁨과 평안을 찾도록 부르셨다.

---

4 Instone-Brewer, '1 Corinthians 7 in the Light of the Jewish Greek and Aramaic Divorce Papyri', 239-241과 '1 Corinthians 7 in the Light of the Graeco-Roman Marriage and Divorce Papyri', 109-113을 보라.

〈16〉 바울은 신자들이 믿지 않는 남편이나 아내를 구원할 수 있을지 알 수 있는가 하는 수사학적 질문으로 논의를 끝낸다. 그는 믿는 아내나 믿는 남편 모두에게 같은 질문을 하면서 상호 관계를 다시 말한다. 주석가들은 이 질문이 낙관적인지 또는 비관적인지 질문을 던진다.

이 구절이 14절에 연결되면 낙관적이다. 만약 15절에 연결되면 비관적이다. 둘 다 의미가 통하기 때문에 결정하기 매우 어렵다. 낙관적 읽기는 단락 전체와 단락의 요점에 적합하다. 신자들은 불신자와의 결혼 생활에서 떠나지 말아야 한다. 하나님은 신자들을 사용해 배우자를 믿음으로 인도하실 수 있기 때문이다(참조, 벧전 3:1).

반면에 화평으로 부르심은 비관적 견해와 잘 맞는다. 불신자가 결혼을 떠난다면 그는 구원을 받을 보장이 없기 때문이다. 둘 다 사실이지만, 아마도 첫 번째가 단락의 주제를 고려하면 더 바람직할 것이다. 신자는 불신자와의 결혼을 떠나는 선택을 하지 말아야 한다.

## 신학

바울은 결혼에 대한 신실성과 헌신을 가장 중요하게 생각한다. 결혼한 사람들은 이혼하지 않고 결혼 서약을 유지해야 한다. 신자가 불신자와 결혼한 경우에도 불신자는 신자로 거룩하게 되기 때문에 결혼을 유지해야 한다. 불신자가 이혼하기를 원한다면 신자는 화평 가운데 살면서 결혼의 유지를 걱정하지 말아야 한다.

다른 본문은 불륜의 경우 이혼과 재혼이 허락된다고 말하는데(마 5:31-32; 19:9), 바울은 여기에서 이혼한(또한, 재혼도) 배우자에게 버려진 경우 허용될 수 있다고 생각한다.

## 5) 원칙: 부르심에 머물라(7:17-24)

### 문맥

7장 전체 논의를 알려 주는 원리가 이 단락에서 설명된다. 바울은 이 단락에서 모든 교회를 위해 자신이 따르는 규칙을 세 번 말한다. 그 원칙은 모든 사람이 자신이 부름을 받는 상황에 머물러야 한다는 것이다(17, 20, 24절). 17절에서 주제를 소개하고 24절에서 논의의 결론을 내리면서 바울의 원칙은 이 단락을 구성한다. 또한, 논의의 중간에도 이 원칙이 나타난다(20절). 따라서 독자들은 이 원칙에 대한 강조를 놓칠 수 없다.

먼저, 바울은 18-19절에서 할례와 연결한다. 각 사람은 할례의 표시를 없애거나 할례를 받지 말아야 한다(개역개정: 할례자로서 부르심을 받은 자가 있느냐 무할례자가 되지 말며 무할례자로 부르심을 받은 자가 있느냐 할례를 받지 말라). 할례와 무할례 모두 하나님 앞에 중요하지 않기 때문이다. 하나님의 계명을 지키는 것이 중요하다.

21-23절의 두 번째 예는 노예 제도와 관련이 있다. 여기에서 바울은 노예도 주님 안에서 자유인이기 때문에 만약 노예인 경우 하나님이 기뻐하시지 않을까 걱정하면 안 된다는 점을 분명히 한다.

반대로 자유인의 신분은 자랑할 이유가 아니다. 그들은 그리스도의 노예이기 때문이다. 바울은 흥미롭게도 노예가 자유롭게 될 수 있으면 그렇게 하라고 권유하기 때문에 이 '규칙'은 유연하다. 노예와 자유인 모두 그리스도의 죽음으로 사셨기 때문에 하나님께 속한다. 그리고 그들은 사람에게 종이 되지 말아야 한다.

### 주석

⟨17⟩ 바울은 결혼, 독신, 처녀에 대한 논의에서 말했던 규칙을 이 단락에서 세 번이나 분명하게 말한다(17, 20, 24). 모든 신자는 하나님이 정하신

대로(개역개정: 나눠 주신 대로) 살아야 한다. 즉 하나님께서 나누어 주신 또는 지명하신 삶을 살아야 한다.

바울은 자신이 의미하는 바를 더 자세히 설명한다. 그들은 **하나님이 부르신 그대로** 계속해야 살아야 한다. 앞에서 우리는 **부르심**(1:9, 24, 26)이 효과적 구원의 부르심을 의미하며, 여기에서는 구원의 부르심을 받은 사람의 삶의 상황이나 위치를 고려한다.

이 구절에서 **그대로**(호스, *hōs*)라는 단어가 중요한데 부르심 자체가 아니라 신자가 부르심을 받은 상황을 나타낸다. 신자들은 그들의 사회적 신분이나 특정한 상황이 하나님과의 관계에 결정적인 것처럼 그것들의 변화를 걱정해서는 안 된다. 대신 그들은 특정한 자신의 지위와 환경에서 자신들의 삶을 살아가는 데 만족해야 한다.

바울의 가르침은 고린도 교인들에게만 국한되지 않는다. 그는 모든 교회에 다시 권면하기 때문이다. 그러므로 우리는 지역적 상황을 초월하는 보편적 규칙을 볼 수 있다(참조, 4:17; 11:16; 14:33).

**〈18〉** 1:17, 20, 24절의 규칙의 예로 할례가 소개된다. 바울은 할례받은 사람으로 구원의 부르심을 받은 사람의 예를 고려한다. 이런 사람은 할례의 표시를 없애면 안 된다. 바울이 편지를 쓸 당시 이것이 가능했다.

예를 들어, 그리스-로마 세계에서 운동선수는 옷을 벗고 경기에 참여했다. 유대인 선수는 포피를 뒤로 당겨 이전에 받은 할례의 증거를 없앰으로 유대인이라는 문화적 비난을 피할 수 있었다. 어떤 저자는 조상의 관습을 떠난 유대인들이 "김나지움을 만들고, … 할례의 표시를 없애고, 거룩한 언약을 저버렸다"(1 Macc 1:14-15, 참조, Josephus, *Ant.* 12.241)고 기록한다.

아마도 할례의 표시를 없애려는 동기가 있었을 것이다. 바울에게 할례가 구원을 가능하게 하지 못함을 배웠기 때문에 그들은 하나님을 더 기쁘시게 하려고 했다는 결론을 내릴 수 있다(롬 4:9-12; 갈 2:3-5; 5:2-4; 6:12-13; 빌 3:2-3; 골 2:11-12).

어떤 사람이 할례가 구원에 필수적이라고 생각하지 않는다면 바울은 할례 자체에 반대하지 않는다. 그는 유대인에게 전도할 때, 디모데를 데려올 수 있도록 할례에 동의했다(행 16:3). 주님은 할례보다 무할례의 상태를 더 좋아하신다고 생각하면 안 된다. 반대로, 무할례자가 부르심을 받을 때 할례를 받겠다고 결정하면 안 된다.

바울이 구원을 위해 할례를 받고자 하는 사람들에 대해 논쟁을 벌였던 앞에 기록된 본문이 적용된다. 구원을 위해서 할례에 의존하는 사람들은 그리스도 안에 있는 하나님의 은혜가 아니라 율법의 순종에 의존한다. 사실 그들은 그리스도께서 헛되이 죽었다고 선포하고 있으며(갈 2:21), 그리스도께서 그들을 위해 성취하신 것을 신뢰하는 대신 구원을 위한 행위에 의존하고 있다(롬 3:27-28; 갈 3:1-5).

⟨19⟩ 바울은 할례자나 무할례자나 자신들의 상황을 바꾸지 않아야 하는 신학적 이유를 제공한다. 그는 할례와 무할례 모두 아무것도 아니라고 선언한다. 우리는 바울이 구원을 위해 할례를 요구한 적들과 싸워야 했기 때문에 할례를 더 직접 반대할 것으로 생각할 수 있다.

그러나 바울은 할례 자체를 반대하지 않는다. 그들이 하는 일(할례)이나 하지 않은 일(무할례)에 근거해서 인간이 하나님께 무엇인가 요구하는 것을 바울은 저항한다. 할례나 무할례 모두 하나님의 관점에서는 전혀 중요하지 않으며 무의미하다. 중요한 것은 하나님의 **계명**을 지키는 것이다.

바리새인이었던 유대인 바울이 하는 이 말은 매우 놀랍다. 왜냐하면, 할례는 분명히 하나님의 계명 중 하나였기 때문이다. 지금 바울은 할례를 지키지 않고 하나님의 계명을 지키는 사람을 그리고 있다(참조, 롬 2:26).

하나님의 계명은 예수 그리스도께서 오심으로 새로운 방식으로 표현되고, 바울은 아마도 **그리스도의 법**(갈 6:2; 참조, 고전 9:21)을 염두에 두었을 것이다. 그리스도의 법은 모세 율법에서 볼 수 있는 규례와 같을 수 없다. 바울이 두 본문에서 할례와 무할례가 중요하지 않다고 말한다.

갈라디아서 5:6에서 바울은 중요한 것은 **사랑으로써 역사하는 믿음뿐이니**라고 말하면서 이 점을 확실히 한다. 비슷하게 갈라디아서 6:15에서 바울은 할례와 무할례가 아무것도 아니로되 오직 새로 지으심을 받는 것만이 중요하다고 주장한다.

이 병행에서 사랑이 하나님의 계명을 지키는 데서 명백해진다. 사랑은 그리스도의 법의 총체이며 실체라는 것이 분명하다. 사랑은 계명을 무시하거나 관련이 없는 것으로 생각하지 않는다. 오히려 그것을 성취한다.

또한, 하나님의 계명(그리스도의 법)을 지키는 것이 믿음의 열매이다. 왜냐하면, 믿음이 사랑으로 표현된다면, 믿음이 하나님의 계명을 지키는 데서 표현된다고 말할 수 있다. 또한, 하나님의 명령을 지키는 것은 새로운 창조에 속한 결과이다. 그러므로 하나님의 변화시키는 역사 때문에 하나님의 계명을 지킨다.

〈20〉 바울은 7장 전체가 말하는 원리로 돌아간다. 우리는 17절과 24절에서 이 원리가 7장의 단락을 형성하는 것을 보았다. 이 원리는 토론의 중심으로 들어가 독자들이 그 중요성을 파악할 수 있도록 한다. 부르심을 받은 개인을 통해 하나님의 새로운 창조의 역사하심을 말한다.

부르심의 개인적 성격은 **각 사람**(헤카스토스, *hekastos*)이라는 단어에서 명확해진다. '부르심을 받다'(클레세이, *klēsei*)는 각 개인의 삶의 위치를 나타낸다. 바울은 각 사람이 자신을 발견한 상황에 머물러 있어야 한다고 강조한다. 삶의 환경이 바뀌면 하나님을 더 기쁘시게 할 것으로 생각해서는 안 된다.

〈21〉 바울은 삶의 상황을 바꾸지 말아야 한다는 원리를 설명하면서 노예 제도와 관련한 두 번째 예를 든다. 노예 제도는 그리스-로마 세계에서 일반적이었다.

학자들은 고린도의 '삼 분의 일은 노예였고, 삼 분의 일은 해방된 노예였고, 삼 분의 일은 자유민이었다'고 추측한다.[5] 노예로 태어났거나, 빚을 갚기 위해서 자신을 팔았거나, 노예로 팔렸거나, 전쟁에서 포로가 되면 노예가 될 수 있었다.[6] 많은 노예, 특히, 광산에서 일한 노예들의 삶은 비참했다. 어떤 노예들은 의사, 교사, 관리자, 음악가, 장인, 이발사, 요리사 또는 가게를 지키는 자로 일했으며 다른 노예를 소유할 수도 있었다.[7]

어떤 경우에는 노예가 주인보다 교육을 더 잘 받았다. 대서양을 횡단하는 노예 무역의 역사에 익숙한 사람들은 신약 시대에 자신의 역사적 경험을 집어넣지 않도록 유의해야 한다. 그리스-로마 세계의 노예 제도는 인종에 기반을 두지 않았기 때문이다. 대서양 횡단 노예 무역에서 노예의 주인은 노예의 교육을 막았다.

그리스-로마 세계의 노예들도 주인의 지배를 받았으며 독립적 존재가 아니었다. 그들은 법적 권리가 없었으며, 주인에게 잔인한 학대를 받을 수도 있었다. 주인은 그들을 때리고, 상표를 붙이고, 육체적으로 그리고 성적으로 학대할 수 있었다. 노예 제도에서 태어난 자녀들은 그들을 낳은 부모가 아니라 주인에게 속해 있었다.

세네카(Seneca)는 노예 제도의 악을 폭로한다.

> 당신은 노예를 사슬로 끌고 갈 수 있으며 기뻐할 때마다 그의 인내를 시험할 수 있다. 너무 과격하게 폭력적으로 때려서 종종 관절이 탈구되거나 이빨이 부러졌다. 피해자가 복종하는 경우에도 분노로 많은 사람을 불구와 장애인으로 만들었다(*Ira* 3.27.3).

---

[5] Ciampa and Rosner, 316.
[6] Thiselton (2000), 562-563을 보라.
[7] Harrill, *Manumission of Slaves in Early Christianity*, 47을 보라.

고대 노예 제도가 잔인하고 종종 억압적이었지만, 모든 주인이 잔인하지는 않았다.[8] 위에서 언급했듯이, 고대 노예 제도는 인종에 따른 것이 아니었기 때문에 서구의 노예 제도 역사와 구별된다. 그리스-로마 세계에서 노예들은 주인의 도움으로 자유를 살 수 있었다.

바울은 노예일 때 구원으로 부르심을 받은 사람들을 언급한다. 그는 노예들에게 직접 말함으로써 그들의 인격과 존엄성을 소중히 한다. 그들은 자신들의 상황을 걱정하면 안 된다. '염려하다'(멜레토, *meletō*)라는 단어는 걱정을 표현한다.

바울의 권면은 그가 말하는 상황을 분별하는 데 도움이 된다. 고린도 교인 중 일부는 노예 신분이 그리스도인으로서 유익하지 않고 쓸모없게 만든다고 걱정했을 것이다. 그러나 바울은 신분을 바꾸는 일은 중요하지 않으며 자신이 노예라는 점을 염려하면 안 된다고 말한다.

바울은 이어서 더 언급하는데 그 해석에 대한 논란이 있다. NIV 성경은 노예에게 자유를 얻으라는 권면으로 해석한다. "그러나 자유를 얻을 수 있다면 그렇게 하라." NRSV 성경은 다른 해석을 보여 준다. 노예는 자유가 가능하더라도 노예로 남아 있어야 한다. "자유를 얻을 수 있더라도 현재의 상태를 더 이용하라." 두 가지 번역이 가능한 모호한 문장이다.

어떤 학자들은 노예가 자유를 포기하고 노예로 계속 살아야 한다는 개념을 지지한다. 왜냐하면, 이 단락의 주제는 우리가 자신의 삶의 상황에 남아 있어야 한다는 것이기 때문이다. 가장 간단한 견해는 바울이 노예로 남으라고 말한다는 것이다. 이 견해를 선호하는 또 다른 주장은 NASB의 문자적 번역을 살펴보면 알 수 있다. "그러나 당신도 자유로워질 수 있다면 오히려 그렇게 하라."

바울이 노예로 계속 그대로 섬기라고 가르친다고 생각하는 사람들에게 자유롭게 될 기회와 반대되는 개념을 말한다. 다시 말해, 노예가 자유로워질 수 있다면 이 제안을 거절하고 대신 노예가 되어야 한다.

---

**8** 균형있는 연구에 관해서는 Harris, *Slave of Christ*, 41-44를 보라.

그러나 바울은 다음과 같은 이유로 노예들에게 자유를 구하라고 권고할 가능성이 더 크다.

첫째, 바울은 부르심을 받은 상황에 머물러야 한다는 규칙에 예외를 두기 때문에 이것을 허락한다. 바울이 예외를 허락하지 않으면 다른 단어들(즉, 허락하는 말)은 불필요하다.

둘째, 바울은 결혼이 죄가 아니라는 점을 고린도 교인에게 반복해서 확신시키기 때문에, 자신의 위치에 머무르는 규칙은 융통성을 가지며, 이 점은 7장 전체에서 분명하다. 그가 말하는 원칙은 모든 상황에 적용되는 융통성이 없고 엄격한 규칙이 아니다.

셋째, 우리가 NASB 성경의 문자적 번역을 다시 고려한다면(위를 보라), 오히려 그렇게 하라는 자유롭게 될 기회를 말한다. 그들은 노예로 남아 있는 대신 자유를 누리는 특권을 사용해야 한다.

넷째, 사람들의 종이 되지 말라(7:23)의 권고는 노예로 남아 있는 것이 이상적이지 않다는 생각을 뒷받침한다.

다섯째, 이것은 동료 히브리인을 노예로 만드는 일을 눈살을 찌푸리게 만드는 일로 표현하는 구약성경과 어울린다(출 21:2-11; 느 5:5).

⟨22⟩ 22절은 21절의 요점을 지지한다. 노예인 사람들은 자신의 사회적 상황에 대해 걱정해서는 안 된다. 노예로 섬기지만, 구원의 부르심을 받은 사람은 주 안에서 자유인이기 때문이다. 그들은 죄에서 해방되었기 때문에 자유하다(롬 6:18, 22). 바울의 근본적 자유는 그리스도의 죽음을 통한 이 **악한 시대로부터**(갈 1:4, 개역개정 : 이 악한 세대에서) 구원이다.

자유롭게 됨이 하나님 앞에서 그들의 행위를 더 중요하게 또는 더 칭찬받을 수 있게 만드는 것처럼 자유민들은 그들의 사회적 지위에 기뻐할 수 없다. 그들은 자유민으로 그리고 구원으로 부르심을 받았지만, 그리스도의 종이다. 그들의 자유는 그들 자신에게 가장 중요한 사실이 아니다. 다른 곳에서 바울은 신자들을 **하나님께 종이 되어라**고 묘사한다(롬 6:22). 그들은 그리스도의 죽음을 통해 이제 **하나님을 위하여 열매를 맺게 하려** 하기 위해 그분께 속한다(롬 7:4).

**〈23-24〉** 바울은 계속해서 노예이든 자유인이든 사회적 지위가 상관이 없는 이유를 밝히고 있다. 모든 신자는 값으로 산 것이 되었다. 이것은 6:12-20의 성 윤리의 토론에서 언급된 것과 같은 진리이다(6:20의 주석을 보라). 여기에서 그리스도의 구속 역사가 사회적 지위에 적용된다.

바울은 고린도 사회의 사회적 가치를 계속해서 전복시킨다. 그들의 눈에는 사회적 지위가 중요했고 명예 또는 수치의 근원이었지만, 바울은 사회에서 그 사람의 위치가 하나님의 눈에는 의미가 없다고 주장한다.

중요한 것은 그리스도의 피로 구원을 받았는지 여부이다. 그리스도로 구속받았다면 그는 전적으로 하나님께 속해 있으며 그리스도의 주권 아래 산다. 그리스도께서는 주님이시기 때문에, 고린도 교인들은 가능하다면 다른 사람에게 노예가 되면 안 된다.

그러나 바울의 노예에 대한 이해는 더욱 깊어진다. 다른 사람의 평가가 중요하다고 생각하면서 사회에서 자신의 지위에 초점을 맞추면 다른 사람에게 노예가 된다. 대신 신자들은 그들이 그리스도의 보혈로 산 것이 되었음을 깨달아야 한다. 그리고 그들은 그리스도께 속해 있기 때문에 모든 삶에서 그를 섬겨야 한다.

이 단락은 17절과 20절에서 언급된 규칙 또는 원리로 끝난다. 여기에서 바울의 말은 몇 가지 차이점을 제외하고는 20절의 언어와 비슷하다. 바울은 각 사람이 자신이 부르심을 받은 상황에 머물러 있어야 한다고 반복한다. 신자는 자신이 처한 상황에 상관없이 신실하게 섬길 수 있다. 그러므로 그들은 자신의 위치에 대해 걱정하지 말아야 한다.

## 신학

그리스도께서는 자신의 피의 대가로 자신에게 속한 자들을 사셨다. 이것으로 그리스도의 주 되심은 사회적 지위에 대해서도 알려 준다. 고린도 교인들은 아마도 자신들의 다양한 삶의 사회적 위치가 유익할 수 있을지 걱정했을 것이다. 이 염려를 21절에서 볼 수 있다. 이 구절에서 노예들은 자신의 노예의 상황이 그리스도인으로서 덜 유익한지를 걱정한다.

바울은 사회적 신분이 동시대의 사람들의 눈에는 매우 중요하지만, 하나님께는 거의 중요하지 않다고 신자들을 확신시킨다. 그들은 하나님께서 그들을 심으신 곳에서 쉼을 가지고 하나님께서 구원으로 부르신 곳에서 자신들의 임무를 수행해야 한다.

바울은 융통성 없는 규칙을 제시하지 않는다. 왜냐하면, 만약 노예들이 자유를 얻을 수 있다면 그 기회를 이용해야 하기 때문이다. 그런데도 특정한 사회적 위치와 연결된 명예는 하나님이 보시기에 더 명예로운 것은 아니다. 고린도 교인 중 일부는 자신의 위치를 바꾸면 유익할 것으로 생각했지만, 바울은 확실히 그들이 심긴 곳에서도 꽃을 피워야 한다고 말한다.

## 2. 처녀들에 대한 가르침(7:25-40)

### 문맥

이제 처녀의 문제를 논의한다. 바울은 아마도 이 주제에 대한 고린도 교인들의 질문에 대답하고 있을 것이다. 바울은 예수님의 말을 받지 않았지만, 예수 그리스도의 사도로서 자신의 의견을 제시한다.

바울은 '현재의 위기 때문에' 처녀가 결혼하면 안 된다고 말한다. 위기의 성격은 논란의 여지가 있다. 마지막 때가 종말론적으로 가까워짐에 대한 언급이 선호되지만, 많은 학자가 기근으로 생각한다. 결혼에 얽매이지 않은 사람들은 결혼을 추구하지 않아도 되고, 결혼을 약속한 사람들은 약속에 따르는데 자유로워야 한다.

바울은 고린도 교인들에게 결혼이 죄가 아니라고 보장하지만, 결혼이 문제를 일으키기 때문에 결혼을 반대하는 권면을 한다.

바울의 말에 대한 종말론적 기초는 29-31절에 나타난다. 마지막 때가 다가왔기 때문에 신자들은 이 세상에서 중요성을 찾아서는 안 된다. 결혼, 슬픔, 기쁨, 또는 소유물이든 이 삶의 모든 경험은 지나간다. 신자들은 자유롭게 세상을 사용하지만 다 쓰지 않는다. 이 세상은 '지나가기' 때문이다.

독신을 선호하는 몇 가지 이유가 제시된다(7:32-35). 결혼하지 않은 사람은 주님을 기쁘시게 하는 데 집중할 수 있지만, 결혼한 사람은 아내를 기쁘게 하는 방법을 생각해야 한다. 비슷하게 독신인 여자는 삶의 모든 차원에서 주님께 헌신할 수 있으나, 결혼한 여성은 자연스럽게 남편에게 유익이 되는 방법을 생각해야 한다.

바울은 고린도 교인들에게 올무를 놓으려고 쓰는 것이 아니라 그들이 전적으로 주님께 헌신할 수 있도록 쓰고 있다.

36-38절에 처녀에 대한 문제가 다시 나타난다. 바울은 약혼한 처녀들과 부적절하게 행동하는 사람들에게 결혼하는 것이 죄가 아니라고 확신시킨다. 바울은 또한 결혼하지 않기로 한 사람을 칭찬한다. 결혼은 좋은 일이지만 결혼하지 않으려는 결정은 잘하는 것이다.

논의는 결혼에 대한 마지막 말로 끝난다(7:39-40). 결혼이 계속된다면 신실해야 한다. 남편이 죽을 때 아내는 선택한 사람과 결혼할 수 있다. 다만 그는 신자여야 한다. 하지만 바울은 그냥 지내라고 권면하고 자신이 하나님의 영을 받은 사도임을 상기시킨다.

### 1) 신중한 대답(7:25-28)

#### 주석

⟨25⟩ 다음 주제는 아마도 고린도 교인들이 보낸 편지(서론을 보라)에서 나왔을 것이다. 이제(페리 데, *peri de*, 개역개정은 *peri de*의 의미를 생략) 처녀에 대하여는이라고 시작한다. 고린도 교인들은 아마도 처녀와 약혼한 사람들에

대해 질문을 했을 것이다.

처녀라는 단어는 남자와 성관계를 경험하지 않은 사람들을 의미한다. 어쩌면 고린도 교인 중 일부는 금욕을 이유로 결혼을 반대했을 것이다. 결혼을 금지한 사람들이 하나님을 더 기쁘게 했다고 말했을 것이다. 그러나 우리에게는 확실한 정보가 충분하지 않다.

바울이 내가 주께 받은 계명이 없다고 말할 때, 그의 요점은 역사적 예수님의 가르침을 가지고 있지 않다는 말이다. 그러나 바울은 자신의 말이 중요하지 않다고 말하지 않는다. 바울 자신의 **판단 또는 의견**(그노멘, *gnōmēn*)은 신뢰할 만하다(개역개정: 충성스러운). 바울의 신뢰성은 주의 자비하심에 근거하고(참조, 고후 4:1) 자신이 가진 덕으로 돌릴 수 없다. 바울은 하나님의 영을 받았고 권위 있는 판단을 하는 사람이라고 말한다(참조, 고전 7:40; 14:37).

〈26〉 26절은 처녀와 약혼했거나 서약을 한 사람에 대한 바울의 판단이나 의견을 보여 준다. 바울은 그냥 지내는 것이 좋다고 조언한다. 즉, 독신으로 남아 처녀와의 결혼을 구하지 않는다는 의미이다. 바울이 보여 주는 이유는 **현재의 위기**(개역개정: 임박한 환란) 때문이다.

현재의 위기는 논쟁이 되고 있다. 어떤 학자들은 박해에 대한 언급으로 볼 수도 있다고 생각하지만, 아마도 가장 일반적 견해는 고린도에 영향을 미치는 기근일 것이다. 기근이라면, 독신 상태를 선호하는 것은 적어도 바울 시대 고린도의 특별한 상황 때문이다.[9] 이 견해가 인기가 있지만, **현재의 고난은 종말론과 관련이 있을 가능성이 크다.**

바울은 마지막이 가까워졌음을 반영하고 예수님의 첫 번째 오심과 다시 오심 사이의 전체 기간을 포함한다. 이런 읽기는 29-31절의 종말론적 강조와 일치한다.

---

9 Winter, *After Paul Left Corinth*, 216-226을 보라.

누가복음 21:23은 또한 종말의 환난을 말한다. 종말의 고난과 저주는 다른 곳에도 기록되어 있다(예, 렘 30:7; 단 8:19; 12:1). 그러나 기근이 종말의 환란을 나타내는 하나의 표시였기 때문에 두 견해가 반드시 서로 배타적일 필요는 없다(마 24:7 단락; 롬 8:35; 계 6:8). 어쨌든 이 시대는 여전히 악하지만, 바울은 그리스도인들이 성취의 시대에 살고 있다고 믿었다(고전 10:11; 갈 4:4-5). 그러므로 결혼에 대한 바울의 망설임은 근본적으로 종말론적이다.

**〈27〉** NIV 성경은 27절에서 상당하게 의역을 하지만 바울의 뜻을 정확히 말한다. CSB 성경은 좀 더 문자적 번역을 한다. 아내에게 매여 있습니까? 아내에게서 자유롭게 되려 하지 마십시오. 아내에게 매여 있지 않습니까? 아내를 찾지 마십시오.

이 구절은 이미 결혼한 사람을 언급하는 것으로 해석될 수 있다(참조, 롬 7:1-3). 남자가 결혼으로 아내에게 매였으면 이혼을 하지 말아야 한다. 남자가 이혼했다면 재혼하려 하지 말아야 한다. 그러나 이 해석은 문맥에 맞지 않기 때문에 거부되어야 한다. 대신 NIV 성경은 바울은 처녀와 결혼하겠다고 맹세한(데데사이, *dedesai*) 사람에 대해 말한다고 보여 준다. 이렇게 읽는 것은 25절의 처녀에 대한 바울의 말과 일치한다.

또한, 바울은 결혼한 신자가 이혼할 수 있는지에 대해 이미 논의했다(7:10-11). 그러므로 그는 새로운 주제를 다루고 있을 가능성이 크다.

처녀와 결혼을 맹세한 사람은 약혼을 깨고 약속을 포기하면 안 된다. 또는 처녀에게 맹세하지 않은 사람, 어떤 약속에도 구속되지 않는 남자는 아내를 찾는 것(제테이, *zētei*)을 목표로 삼으면 안 된다. 그가 결혼하면 그 결정은 잘못이 아니지만(28절을 보라) 결혼이 그의 목표와 목적이 되면 안 된다.

이 구절에서 17-24절에 묘사된 바울의 규칙이 적용된다. 약혼한 사람은 약혼을 깨면 안 되고, 약혼을 서약하지 않은 사람은 자신의 위치를 바꾸려 하면 안 된다. 그는 그대로 남아 있어야 한다. 동시에 다음 구절에서 처녀에게 맹세하지 않은 사람은 결혼에 자유롭다는 점에 대한 이해가 나타난다. 남자가 아내를 찾지 않더라도 결혼을 하는 상황이 발생할 수 있고 그 결혼이 좋은 것일 수 있다.

**〈28〉** 28절에는 27절의 논의가 계속된다. 독신이 바람직하지만, 결혼을 결정한 사람들은 죄를 지은 것이 아니다.

바울은 왜 결혼하는 사람이 좋은 일을 했다고 긍정적으로 말하지 않는가?

아마도 바울은 여기에서 금욕주의의 경향을 보이는 사람들에게 대답하고 있을 것이다. 왜 그가 긍정적이지 않고 부정적으로(개역개정: 죄를 짓는 것이 아니요) 강조하는지 설명한다. 이 해석은 처녀가 결혼해도 죄를 짓지 않는다는 추가적 언급으로 지지가 하는 것처럼 보인다. 이 같은 관찰은 불필요하다. 그러나 바울이 결혼 자체가 죄가 아니라고 강조하려고 한다면 의미가 통한다.

바울은 결혼에 수반되는 어려움과 걱정에서 고린도 교인들을 **보호하기 위**해서 편지를 쓰고 있다. 따라서 그는 독신 상태를 추천한다.

## 신학

이 부분의 논의는 성경이 결혼에 대해 가르치는 모든 것을 반영하지 않는다. 바울은 고린도 교인들이 금욕주의를 선호하는 특별한 상황에 대해 심사숙고하고 있음을 기억해야 한다. 그런데도 바울은 결혼이 문제를 일으킨다고 경고하며 독신상태를 더 높게 취급한다.

여기에서 제안되는 해석에 따르면 바울의 조언은 종말론에서 나온다. 이제 그리스도께서 오셨으므로 역사의 마지막이 와 있다. 신자들은 그리스도의 죽음과 부활과 높아지심에서 시작된 종말에 비추어 살아야 한다.

## 2) 종말론적 실재와 의미(7:29-31)

### 주석

**〈29〉** 바울의 가르침에 대한 종말론적 틀과 기초가 이제 밝혀진다. 그 틀과 기초는 현재의 고난(개역개정: 임박한 환난, 26절)이라는 개념을 지지한다. 그리스도께서 오셨고 그분은 지금 하나님의 보좌 우편에서 통치하시므로 종말 이전의 시간은 단축되었다. 예수 그리스도 안에서 시대의 정점이 왔다(고전 10:11).

종말 이전의 시간은 단축되었고 신자들은 계속해서 마지막 때에 비추어 살아야 한다(롬 13:11-14). 삶의 모든 것을 마지막 때가 임박했다는 관점에서 다시 조정하고 고려해야 한다. 그러므로 아내가 있는 자들은 없는 것같이 살아야 한다.

이 구절을 융통성 없이 읽으면 바울을 매우 잘못 이해하게 될 것이다. 왜냐하면, 다른 구절에서 그리스도께서 교회의 구원을 위해 자신을 내어 주심으로 교회를 위해 보여 주신 희생적 사랑을 제시하면서 바울은 남편에게 아내를 사랑하고 소중히 여기라고 가르치기 때문이다(엡 5:25-29).

바울의 요점은 결혼이 일시적이라는 점이다. 그러므로 신자들은 궁극적 기쁨과 만족이 결혼 관계에서 나오는 것처럼 살면 안 된다. 결혼은 영원하지 않기 때문에 신자들은 결혼이 아니라 그리스도와의 관계에서 궁극적 기쁨을 추구해야 한다.

**〈30〉** 종말의 시작은 기쁨과 슬픔에 대한 바울의 이해에도 영향을 미친다. 다시 한번 여기에서 바울의 언어는 스토아주의적으로 마치 세상을 부정하는 것처럼 이해될 수 있다. 그러나 이는 로마서 12:15의 말씀과 모순되지 않는다. 즐거워하는 자들과 함께 즐거워하고 우는 자들과 함께 울라. 확실히 슬퍼하거나 기뻐해서는 안 된다는 의미는 아니다.

바울은 종말론적으로 강조하고 있다. 모든 슬픔과 기쁨은 일시적이다.

영원히 지속하는 것은 없다. 그러므로 슬픔이나 기쁨이 영원하거나 궁극적이라고 생각해서는 안 된다. 온전하고 영원한 기쁨은 이 악한 시대가 아니라 다가올 시대에 속한다.

소유에 대해서도 같은 자세를 취해야 한다. 바울은 매매한 것은 소유물로 이해한다. 바울이 소유물을 자기 것으로 지키면 안 된다고(개역개정: 없는 자 같이) 말할 때, 그는 종말론적으로 생각한다. 모든 소유는 신자에게 영원히 속하지 않는다. 마지막이 오면 모든 소유물은 사라질 것이다.

⟨31⟩ 우리는 31절에서 헬라어의 언어 유희를 볼 수 있다.
CSB 성경은 이것을 그대로 보여 주려고 한다.
**세상을 사용하는**(크로메노이, *chrōmenoi*) **자는 마치 세상을 다 사용하지**(카타크로메노이, *katachrōmenoi*) **않는 것처럼 하라.**
NIV 성경은 다음과 같이 번역한다.
**세상 물건을 사용하는 자는 세상에 사로잡히지 않은 것처럼 하라.**
바울은 이 세상의 것들을 사용하는 것을 못마땅해하는 것처럼 세상을 부정하지 않는다. 바울이 걱정하는 것은 이 세상의 것들로 다가올 세상을 잊어버리는 것이다.

현재의 모든 실재는 다가올 실체와 비교되는 그림자이기 때문이다. 이 짧은 단락은 종말론의 틀로 이루어진다. 바울이 그때가 단축되었다는 말로 이 단락을 시작하는 것처럼 고린도 교인들에게 현재의 세상은 **지나가고 있음**(파라게이, *paragei*, 개역개정: 지나감이니라)을 일깨우며 결론을 내린다. 이 개념은 요한 1서 2:15-17에 나오는 언어와 매우 비슷하다. 독자들은 세상과 세상의 것들을 사랑하지 말라고 경고를 받는다.

요한은 바울이 사용하는 동사로 논의를 마친다. 이 세상은 ··· **지나가고 있다**(파라게타이, *paragetai*, 개역개정: 지나가되)고 주장한다. 이 세상의 현재 형태(스케마, *schēma*, 개역개정: 외형)에 대해 말하면서 이 세상의 물리적 구조가 아니라 '삶의 방식'과 그 '문화'를 언급한다(L&N 58.7).

### 신학

이 단락에서 바울 신학의 종말론적 이해가 빛난다. 그러므로 우리는 세상의 것들과 경험이 완전히 거부되는 것처럼 읽는 것을 주의해야 한다. 현재 삶에 속하는 결혼, 소유물, 또는 기쁨이든지 세상의 질서에서 하나님의 선한 선물을 보는 것은 바울 신학과 일치한다. 그러나 바울은 이 세상에서 삶의 일시적 성격을 강조한다. 일시적인 것에 궁극적 기쁨과 중요성을 두는 것은 현명하지 않다.

### 3) 독신의 이점(7:32-35)

### 주석

⟨32-34⟩ 독신으로 남을지 결혼을 할 것인지에 대한 바울의 조언은 그의 종말론적 관점에서 나온다. 그들의 걱정이 이 시대에 집중된다면 다가올 세상, 즉 영원한 세상을 잊거나 무시하기 쉽다.

**결혼하지 않는 남자**(개역개정: 장가 가지 않은 자)는 주님의 일에 집중한다. 주님을 위해 사는 것은 그분을 기쁘시게 하려고 한다는 의미이다. 골로새서 3:17에 같은 목표가 나타난다. 무엇을 하든지 말에나 일에나 다 주 예수의 이름으로 하고 그를 힘입어 하나님 아버지께 감사하라(참조, 고전 10:31).

**결혼한 남자**(개역개정: 장가 간 자)는 독신인 남자(장가 가지 않은 자)와 다르게 세상의 일을 염려한다. 다른 말로 하면, 그는 아내를 기쁘게 하는 방법에 사로잡혀 있고 사로잡힐 것이다. 세상의 일이나 아내를 기쁘게 하는 일에 대한 염려가 부정적인 것처럼 읽힐 수 있다.

그러나 이렇게 읽는 것은 틀렸다. 바울의 걱정은 지금 세상에 초점을 맞춤으로 다가올 세상을 잊어버리는 것이다. 마음이 나누어지는 것은 더 이상 주님을 찾지 않는다는 의미에서 (아내를 기쁘게 하는 일 때문에) 남편을 그리스도에게서 분리할 수 있다.

남자에 대한 바울의 가르침은 결혼을 하지 않았거나 처녀인 여자에게도 적용된다. 결혼하지 않은 여자는 주님의 일에 집중할 수 있다. 그녀는 자신의 모든 삶의 영역이 그리스도의 주권 아래 있도록 **몸과 영**을 다 주님께 속하게 하는 일에 집중할 수 있다. 반대로 결혼한 여자는 세상의 일에 자신을 드리고 남편을 어떻게 기쁘게 할 수 있는지 생각해야 한다.

〈35〉 독신 생활에 대한 바울의 선호는 어떤 사람에게는 강제적일 수 있다. 따라서 바울은 그의 가르침이 그들의 유익(쉼포론, *symphoron*)을 위한 것이라고 강조한다. 바울은 그들의 행복을 약화시키지 않고 극대화하기 위해서 편지를 쓰고 있다. 그는 올무(브로콘, *brochon*)를 놓거나 '구속'하려고 하지 않는다. 바울은 그들이 '합당하고'(유스케몬, *euschēmon*) 적절한 방식으로 살기를 원한다. 그들은 이 세상의 일로 방해받지 않고 주님을 섬기고 헌신할 수 있다. 다시 말해 그는 다가올 미래와 새로운 세상에 비추어 살기를 원한다.

### 신학

독신이 결혼보다 선호된다. 남편이나 아내를 기쁘게 하는 일로 마음이 흐트러지지 않고 주님께 봉사할 수 있기 때문이다. 남편과 아내를 기쁘게 하는 일은 세상적이다. 오는 세상 대신 이 세상에 초점을 맞추기 때문이다.

바울은 결혼 생활이 세속적이거나 합당하지 않다고 가르치지 않는다. 단지 이 세상에 투자하는 사람은 다가올 세상을 무시할 수 있다. 그러므로 이 세상에 집중하는 것은 다가올 세상이 아니라 지금 세상에서 이익이 됨을 의미할 수 있다.

바울의 충고는 강제적으로 보일 수 있다. 그러므로 그는 자신의 가르침이 그들의 안녕과 미래의 행복을 위한다고 강조한다. 동시에 우리는 바울의 말이 고린도전서에 언급된 상황에 제한된다는 것을 알아야 한다.

디모데전서 5:14에서 젊은 과부는 시집가서, 아이를 낳고, 집을 다스려야 한다는 조언을 받는다. 바울은 분명히 다른 경우에는 결혼을 독려하고 있다. 그러므로 우리는 고린도전서에서 바울의 가르침이 결혼에 대한 생각 전체를 대표한다는 생각에 주의를 기울여야 한다.

### 4) 처녀들에 대한 마지막 말(7:36-38)

〈36〉 NIV 성경과 대부분 성경은 약혼한 사람과 약혼한 처녀에 대한 관계를 다루고 있다고 이해한다.[10]

NASB 성경은 소수의 관점으로 아버지와 딸의 관계로 번역한다.

그러나 어떤 남자가 처녀인 딸에 대해 합당하지 못한 행동을 하고 있다고 생각하고 만약 그녀가 젊은 시절이 지났다면 그리고 그렇게 할 필요가 있으면 그가 원하는 대로 하라. 그는 죄짓는 것이 아니니 그녀가 결혼하도록 하라(7:36).

NASB 성경은 다음과 같이 지지받는다.

첫째, 딸은 가족이기 때문에 그의 처녀(NASB)라는 단어는 아버지를 암시한다.

둘째, 복수형 동사 그들은 결혼할 수 있다(가메이토산, *gameitōsan*)는 아마도 사위와 딸의 결혼을 아버지가 허락한다고 암시할 수 있다.

셋째, 그의 처녀를 그대로 두라(개역개정: 약혼녀[처녀]를 그대로 두기로 하여도, 테레인 텐 헤아우투 파르데논, *tērein tēn heautou parthenon*, 7:37)는 가족에 딸을 그대로 두는 결정을 한 아버지를 언급한다.

넷째, 분사 가미존(*gamizōn*)은 딸을 **결혼시키는** 아버지를 나타낸다(NASB).

이 두 가지 해석 중의 하나를 선택하는 일은 쉽지 않지만, 다음 이유로 약혼자와 약혼한 여자의 관계일 가능성이 크다.

첫째, 앞 구절(25-35절)에서 바울은 결혼의 결정에 직면한 사람들을 언

---

10  어떤 학자들은 (남자와 여자가 결혼을 했지만 성관계를 가지지 않는) 영적 결혼에 대한 언급으로 이해한다. 그러나 영적 결혼이 1세기에 행해진 증거가 없다.

급하는데 여기에서 주제가 바뀌었는지 분명하지 않다.

둘째, 결혼한 사람이 죄를 짓는 것이 아니라는 언급은 결혼하려는 사람의 행동을 다루기 때문에 약혼자에게 더 적절하다.

셋째, **그의 처녀**(개역개정: 자기의 약혼녀)라는 단어는 남자와 그가 약혼한 처녀와 쉽게 연결될 수 있다. 이 단어는 완벽하게 자연스럽다.

넷째, **자신의 처녀를 지키라**(개역개정: 약혼녀를 그대로 두기로 하여도)는 말은 그 여자가 영원히 남자의 소유로 남음을 의미하지 않는다. 이 말은 여자가 처녀로 남아 결혼하지 않을 것을 알려 준다.

다섯째, *gamizō* 동사는 항상 '결혼하게 하다'라는 의미가 아니라 '결혼하다'(NIV, BDAG, BDF § 101)라는 의미일 수 있다.

여섯째, **그들이 결혼할 수 있다**(가메이토산, *gameitōsan*, 개역개정: 그들로 결혼하게 하라)라는 단어는 약혼자와 처녀에 대한 바울의 의견을 반영할 수 있다.

특히, 36절을 보면, **약혼한 처녀에 대해 명예롭게**(아스케모네인, *aschēmonein*) 또는 **합당하지 않게**(개역개정: 합당하지 못한) 행동하는지가 문제가 된다.

헬라어 단어 휘페라크모스(*hyperakmos*)는 논쟁의 여지가 있다. 남자 또는 처녀를 가리킬 수 있는데, 일부 주석가들은 이 단어가 처녀를 언급하고 그 여자의 결혼 연령이 지나가고 있다고 이해한다. 그녀가 결혼을 위한 일반적 나이를 넘어가고 있다(CSB), 그녀가 꽃다운 나이를 지나면(KJV), 그녀가 젊음이 꽃 필 때를 지나면(NET)과 같은 번역이다.

다른 해석은 이 단어가 남자의 성적 욕망을 의미한다는 것이다. 그의 열정이 너무 강하다면(NIV), 그의 열정이 강하면(ESV, NRSV)으로 해석한다.

이들 중 하나를 선택하는 것은 어렵다. 둘 다 의미가 통하고 문맥에도 어울리기 때문이다. 나는 남자의 성적 욕망이라는 개념을 선호한다. 왜냐하면, 동사의 주어가 같고(남자) 이 용어는 종종 성적 욕망을 나타낸다.[11] 따라서 **결혼을 해야 한다고 느껴도** 죄를 짓는 것이 아니다. 확신을 하고 양심의 거리낌 없이 결혼하려는 욕구를 실행할 수 있다. 바울은 이 상황에서

---

11  Winter, 'Puberty or Passion?', 71-89를 보라.

남자가 원하는 일을 하는 것이 좋다고 확언한다.

〈37-38〉 처녀와 결혼하는 것은 좋은 선택이지만, 바울은 또한 독신에 머무르는 결정을 한 사람을 격려하려고 한다. 만약 약혼한 사람이 강제성 없이 (아마도 자신의 성적 욕구를 통제할 수 없다는 의미라면) 결혼하지 않기로 했다면 약혼한 처녀와 결혼하지 않고 평화롭게 지내야 한다.

아마도 그녀가 그 사람의 영원한 영적 처녀인 것처럼 영원히 그 여자를 그의 약혼녀로 지켜야 한다(CSB, 또한, ESV, NET, NRSV)는 의미는 아닐 것이다. 대신 NIV는 다음과 같이 의미를 잘 파악한다. 그는 그 처녀와 결혼하지 않기로 마음을 정했다.

38절에서 이 문제에 대한 바울의 공평한 접근을 보여 주지만, 독신의 헌신된 삶에 대한 바울의 선호가 드러난다.

첫째, 바울은 처녀와 결혼하는 사람이 잘한다(CSB)라고 말하면서 결혼의 긍정적 유익을 밝힌다. 바울은 금욕주의를 받아들이지 않고 그것을 명령하지 않는다.

둘째, 동시에 그는 결혼하지 않는 사람이 더 잘한다고 확언한다. 이 판단은 놀랍지 않다. '잘'과 '더 나은'이라는 단어는 개별적이 아니라 기능적으로 받아들여야 한다. 결혼의 은사를 받은 사람들(7:7)이 차선이라는 말이 아니다. 왜냐하면, 그들은 결혼으로 부르심을 받았기 때문이다. 여기서 바울의 목적은 하나님의 나라의 진전이기 때문에 독신이 기능적으로 선호된다는 것이다. 각 개인은 자신의 소명을 고려하여 분별해서 선택해야 한다.

### 신학

우리가 바울의 논의에서 끌어낼 수 있는 놀라운 결론 중 하나는 성행위가 사람의 본질에 속하지 않는다는 것이다. 인간은 하나님이 남성과 여성으로 창조한 성적 존재이지만, 바울은 만약 누군가 성관계를 하지 않으면 자신의 잠재력에 이르지 못한다고 가르치지 않는다. 오히려 그는 독신을 선호한다.

누군가는 독신으로 주님을 기쁘시게 하는 데 전적으로 헌신한다. 그래도 각 사람은 자신의 선물과 부르심을 분별해야 한다. 결혼을 선택한다고 누구도 부적절하거나 불완전하다고 생각해서는 안 된다. 결혼은 대부분 사람을 위한 기준이며 창세기 2: 18-25의 창조 기사와 조화를 이룬다.

### 5) 결론적 생각(7:39-40)

**주석**

〈39〉 어떤 면에서 바울의 마지막 말은 7장 전체를 정리한다. 한 여자는 살아 있는 동안에 한 **남편에게 매여 있다**(참조, 롬 7:1-3). 다시 말해, 그녀는 결혼에 전념해야 하며 결혼에서 자유하게 되는 것과 자신의 위치를 바꾸는 것(7:17-24!)이 좋다고 생각하면 안 된다.

바울은 이 사실을 7:10-16에서 매우 분명하게 밝혔다. 바울이 아내들에게 한 말은 남편에게도 적용된다는 것은 앞의 논의에서도 분명하다. 그러나 남편이 죽으면 결혼 관계는 끝난다(롬 7:2-3). 그러면 아내는 **원하는 사람과 결혼할 수 있다**(개역개정: 자기 뜻대로 시집갈 것이나). 죽음으로 재혼이 허용되며 배우자의 선택은 여자의 바람에 달려 있다. 그녀는 자신의 의지에 반해서 누군가와 결혼하도록 강요받으면 안 된다.

주님과 그분의 뜻을 따르는 사람으로서, 그녀는 자신의 바람이 주님의 뜻과 일치한다고 확신할 수 있다. 바울은 마지막 조건을 제시한다. 그녀는 주 안에서만 결혼해야 한다. NIV 성경은 그 남자가 주님께 속해야 한다고 제대로 번역한다.

아내는 원하는 사람과 결혼할 수 있지만, 그 남자는 신자여야 한다. 불신자인 남자와 자유롭게 결혼할 수 없다. 분명히 그리스도에게 속해 있고 그리스도를 사랑하는 여자는 예수 그리스도께 속한 이성과 결혼함으로 그리스도인으로서의 믿음을 표현한다.

⟨40⟩ 배우자가 죽은 후에 동료인 남자 그리스도인과 결혼한다면, 결혼은 허용된다. 바울은 재혼이 악하거나 멸시를 받아야 한다고 주장하지 않는다. 바울의 판단에 따르면, 그래도 독신으로 남아 있는 사람들이 더 행복해질 것이다. 하나님의 영을 가졌다는 마지막 바울의 말은 여기서 말하는 내용이 하나님의 권위 있는 말씀임을 보여 준다.

### 신학

바울은 독신생활을 높이면서 독신인 사람들은 하나님께 헌신을 위한 부르심을 받았음을 강조한다. 그런데도 결혼을 해야 하는지 아니면 독신으로 살아야 하는지는 다른 명령이 아니라 개인적 결정이다.

신자들은 동료 신자들과 결혼해야 하지만, 첫 배우자가 사망한 후에 재혼해야 하는지 아닌지는 그 사람의 양심과 바람에 달려 있다. 하나님께서는 이와 같은 상황을 이끌어 가시고 인도하신다. 그러므로 각 개인은 하나님의 부르심이라고 믿는 것을 추구할 자유를 가진다.

## 3. 우상에 바쳐진 음식: 덕을 세움과 위험(8:1-11:1)

8:1-11:1은 우상에 바쳐진 음식의 주제를 다룬다. 바울은 아마도 고린도 교인들의 질문에 대답하는 것으로 보인다. 고린도와 같은 도시는 많은 신전과 신이 있었다. 음식이 우상에 바쳐지는 신전에 참여하는 일이 일반적이었다.

음식은 제사의 형태로 바쳐졌지만, 일부 음식은 신전의 축제에 참여하는 사람들을 위해 남겨졌다. 남은 음식은 시장에서 판매되었을 것이다. 옥시리쿠스 파피루스(Oxyrhynchus Papyri)에서 신전의 초대가 발견된다. "아폴로니우스(Apollonius)는 토에리스(Thoeris)의 신전에 그의 형제들의 시대가

올 때 주 세라피스의 식사에 당신을 초대한다"(P. Oxy. 1484).[12]

그리스-로마 세계에서 조합들(associations)은 인기가 있었으며 같은 사업을 하는 사람들은 식사와 제사를 위해 함께 모였다. 어떤 축제들은 신을 기념하여 열렸지만, 생일, 장례식, 자녀의 탄생 등과 같은 사적 행사를 위해 성전에 참석할 수 있었다. 윌리스는 많은 성전의 식사가 사회적 목적을 가진다고 주장하지만, 고대 세계에서는 사회와 종교가 분명하게 분리되어 있지 않았다.

서구 개념인 사회 영역에서 종교의 분리가 그리스-로마 세계에서 특별히 신전의 식사와 관련해서는 없었다. 그리스도인들의 이와 같은 환경에서 식사 거부는 믿지 않는 자들에게 반사회적 놀라운 일이었다. 그리스도인들이 좋은 시민이 아니라고 생각하게 되어 사회에서 추방자로 취급할 수 있었다. 그리스도인들은 우상에 바쳐진 음식을 먹는 것이 허용되는지 토론했다.

바울은 신전에서 이와 같은 음식을 먹지 말라고 금지한다. 만약 신자들이 우상에 바쳤다는 말을 듣는다면 먹는 것을 삼가야 한다. 그러나 신자들은 음식이 우상에 바쳐졌는지에 대해 조사할 필요가 없다. 만약 그들이 음식이 어디에서 왔는지 알지 못하면 자유롭게 먹을 수 있다. 바울의 규칙은 당시 유대교가 따랐던 규칙보다 느슨했다. 유대인들은 종종 음식이 우상에 바쳐졌는지 확실하지 않더라도 더럽혀졌다는 두려움으로 이방인의 음식을 먹지 않았기 때문이다.

고린도전서 8:11-11:1과 로마서 14:1-15:13과의 관계도 살펴볼 필요가 있다. 어떤 학자들은 로마 교인들이 고린도전서에서 볼 수 있는 음식과 동일한 문제를 다루고 있다고 생각하고 있기 때문이다. 우리는 고린도전서 8-10장과 로마서 14-15장 사이에 상당한 중복이 있음을 발견한다.

두 본문에 **약한 자**(롬 14:1, 2; 15:1; 고전 8:7, 9, 10, 11, 12)가 언급된다. 두 본문의 논쟁은 신자들이 특정한 음식을 삼가야 하는지에 초점을 맞춘다(롬

---

[12] 이 인용에 대해 Thiselton (2000), 619를 보라.

14:2-3, 6, 14, 15, 17, 20, 21, 23; 고전 8:1, 4, 7, 8, 10, 13; 10:19, 21, 25, 27, 28, 31).

바울은 두 경우 모두 신자들이 하나님 앞에서 살고 있으며 주님을 위해 살아야 하고 그분께 감사와 영광을 돌려야 한다고 강조한다(롬 14:6-9; 15:6; 고전 10:30-31). 음식을 먹는 것으로 상처를 입거나 슬퍼하는 사람들 앞에 장애물을 두지 말아야 한다고 권고한다(롬 14:13, 15, 21; 고전 8:9, 11, 13; 10:32). 왜냐하면, 약한 자들이 '망할' 수 있기 때문이다(롬 14:15, 20; 고전 8:11). 대신 형제나 자매의 덕을 세우거나 그들을 기쁘게 해야 한다(롬 14:19; 15:2; 고전 8:1; 10:23, 24, 33).

고린도전서 8-10장과 로마서 14-15장 사이에 뚜렷한 연속성이 있지만, 두 본문의 차이점도 매우 뚜렷하다. 실제로 로마서 14-15장과 고린도전서 8-10장의 주제 유사성 때문에 두 논의의 중요한 차이점을 이해하지 못할 수 있다.

가장 중요한 점은 우상에 바쳐진 음식(에이돌로뒤톤, *eidōlothyton*)이 고린도전서의 중심 주제이지만(8:1, 4, 7, 10; 10:19; 참조, 10:28), 로마서 14-15장은 우상에 바쳐진 음식에 대한 언급이 없다는 것이다. 고기(롬 14:2, 21)와 포도주(롬 14:21)를 금하는 것이 로마서에서 구체적으로 언급되지만, 고린도전서에는 이런 언급이 없다.

고린도전서에서 약한 자는 우상 숭배에 익숙해져서 더러워진다고 느꼈다. 이들은 이전에 이교도였다(고전 8:7, 10, 12). 로마서에서 약한 자는 유대인의 음식법에 끌렸으며 어떤 음식이 깨끗하며, 정결한지에 대해 관심을 가졌다(롬 14:14, 20; 아래를 보라).

약한 자들은 구약의 율법의 규례에 따라 더럽혀진다고 여겼기 때문에 특정한 음식은 먹지 않았을 가능성이 크다. 따라서 음식에 대한 우려는 두 편지에서 구별되어야 한다. 로마서에서는 이 문제가 부정한 음식이지만, 고린도전서에서는 우상에 바쳐진 음식이다.

또한, 고린도전서(8:7, 10, 12; 10:25, 27-29)에서 양심이 두드러지지만, 로마서 14:1-15:13에서는 양심이 언급되지 않는다.

두 상황의 차이는 고린도전서 10:19-22에서 분명히 드러난다. 왜냐하면, 우상의 신전에서 음식을 먹는 것이 금지되기 때문이다. 로마서에서 우상의 신전에서 먹는 것이 적절한지에 대한 질문은 나오지 않는다.

로마서에서 바울은 서로 다른 그룹을 '받기'를 요청한다(14:1, 3, 15:7). 그러나 이 권면은 고린도전서에서 잘 나타나지 않는다. 그러므로 우리는 고린도전서 8-10장을 연구하면서 우상에 바쳐진 음식의 주제가 중심 논의이며, 로마서에서는 그 문제가 제기되지 않음을 알 수 있다.

이 장들에서 바울의 주장은 광범위하게 그려질 것이다. 본문은 4개의 주요 부분으로 구성된다.

첫째, 8:1-13에서 바울은 동료 신자들을 세우는 방식으로 행동하라고 신자들을 권면한다. 어떤 자들은 지식을 자랑한다. 우리는 이들을 '지식 있는 자'라고 부른다. 그러나 사랑은 지식보다 중요하다(8:1-3). 오직 한 하나님과 한 주 예수 그리스도만이 계시다는 것은 신자들의 일반적 고백이다. 그러므로 우상들이 실제로 능력이나 효력을 가지고 있다고 믿는 사람들은 잘못 알고 있다(8:4-6).

지식 있는 자들은 신전에서 우상의 음식을 먹을 권리를 주장한다. 이것은 10장에서 바울이 다시 다루는 문제이다. 여기서 그는 약한 자들에게 사랑을 나타내고 이와 같은 음식을 먹어서 약한 자들의 믿음이 망하지 않게 하라고 일깨운다(8:7-13). 신자들은 다른 사람들을 위해 자신들의 욕망을 포기하고 우상의 음식을 먹지 않을 때 그리스도의 희생적 사랑을 본받는다.

9:1-27에서 바울은 자신을 다른 이들, 즉 고린도 교인들을 위해 자신이 누리는 권리를 포기하는 사람의 예로 든다. 1-12절에서 바울은 고린도 교인들로부터 재정적 보상을 받을 자격이 있다는 이유를 길게 제시한다. 그러나 바울은 복음을 위해 자신이 가진 권리를 이용하기를 거부한다(9:15-18). 그의 보상은 보상을 받는 대신 복음을 전하는 것이다.

19-23절은 바울의 행동에 대한 이론적 근거를 제시한다. 그는 유대인이든 이방인이든 약한 사람이든 강한 사람이든 자신이 사역하는 대상에 맞

도록 생활 양식을 맞춘다. 바울의 문화적 유연성은 의지가 약하거나 신념이 부족한 것이 아니라 사람들이 구원받기를 바라는 그의 열망 때문이다.

이 장의 마지막 구절 9:24-27은 전환의 성격을 가진다. 경주와 복싱과 같은 경기를 포함한 선수들의 세계를 예로 소개한다. 끝까지 경주를 마치는 사람들만 영생의 상을 받게 된다. 그러므로 바울은 자신을 훈련해 상을 받을것이다.

훈련과 달리기 경주의 중요성은 자연스럽게 다음 부분(10:1-13)으로 이어지며, 여기서 바울은 그리스도인의 삶에 문제가 되는 것에 대해 고린도 교인들을 경고한다. 애굽으로부터 큰 구원을 누렸음에도 광야 세대가 약속을 받지 못했음을 보여 주면서 구약성경의 많은 예를 제시한다. 따라서 고린도 교인들도, 특히, 지식 있는 자들도 심각한 죄에 빠지더라도 심판을 피할 수 있다고 생각하면서 느슨해지지 않도록 조심해야 한다.

바울은 10:14-22에서 우상에 바쳐진 음식 문제를 경고한다. 고린도 교인들은 우상 숭배를 피해야 하므로 우상에 바쳐진 음식에 참여해서는 안 된다. 주의 만찬이나 구약의 제사에 참여하는 사람들이 바쳐진 제물로 유익을 얻는 것처럼, 우상에 바쳐진 음식을 먹는 사람들은 귀신과 함께 식탁에 앉는 책임을 져야 할 것이다. 왜냐하면, 우상 뒤에 있는 귀신의 힘이 그들을 파괴할 것이기 때문이다.

바울은 지식 있는 자들이 우상 숭배일지라도 심판을 피할 것처럼 어떤 영향을 받지 않고 우상 음식을 먹을 수 있다고 생각하는 것을 우려한다.

바울은 마지막 단락인 10:23-11:1에서 사물들(-것)을 묶는다. 먹고 마시는 일에서 신자들은 하나님의 영광을 위해서 살아야 하며 다른 이들을 세우려고 해야 한다. 그들은 다른 신자들을 화나게 하거나 걸림돌이 되어서는 안 된다. 신자들은 음식이 우상에 바쳐졌는지 조사하고 찾을 필요는 없지만, 공공 시장에서 판매하는 음식이 우상에게 바쳐졌음을 발견하면 먹지 말아야 한다.

## 1) 형제와 자매를 세움(8:1-13)

**문맥**

제8장은 세 부분으로 나눌 수 있다. 근본적 접근(8:1-3), 기초적 진리(8:4-6) 그리고 희생적 사랑(8:7-13)이다.

바울은 사랑이 지식보다 우선한다고 설명한다. 그 근본적 접근(8:1-3)으로 우상에 바쳐진 음식에 대한 전체 논의를 알려 준다. 사랑이 어떻게 그들을 강하게 하는지 보여 주지만, 음식과 우상에 대한 이해를 자랑하는 사람들은 그들의 지성을 돋보이게 하려 한다. 참된 지식은 겸손을 이끈다. 하나님에 대한 진정한 사랑은 하나님의 은혜에서 흘러나오기 때문이다.

바울이 호소하는 기초적 진리(8:4-6)는 쉐마-하나님의 한 분이심(신 6:4)이다. 하나님이 한 분이심을 이해하는 자들은 우상이 아무것도 아님을 깨닫는다. 사람들은 많은 신과 주를 숭배하지만, 신자들은 모든 것의 창조주이신 한 분 참하나님만이 계심을 인정한다. 흥미롭게도 바울은 쉐마를 재정의하여 하나님의 한 분 되심에 주 예수 그리스도를 포함한다. 왜냐하면, 그는 창조의 대리자이기 때문이다. 예수 그리스도를 통해서 신자들은 하나님을 위해서 산다.

8:7-13에서 이 기초적 진리를 아는 자들은 약한 자들에 대한 희생적 사랑으로 진리를 실천하도록 요청받는다. 약한 자들은 우상이 실재한다는 생각을 버릴 수 없으므로 우상의 음식을 먹을 때 양심이 상하게 된다. 바울은 자유롭게 먹는 자들에게 먹는 것을 삼가도 잃을 것이 없고 만약 먹어도 유익이 없음을 일깨운다. 그들은 약한 자들에게 걸림돌이 되는 우상의 음식을 먹는 '권리'를 사용하는 것에 주의해야 한다.

우리는 소위 권리가 진정한 권리가 아님을 나중에 살펴볼 것이다. 그러나 이 논의의 중점은 바울이 지식 있는 자들의 약한 자들을 사랑해야 할 책임에 초점을 맞추고 있다는 것이다. 지식 있는 자들이 우상의 신전에서 먹는 것을 약한 자들이 본다면, 우상의 음식을 먹을 용기를 불어넣는 것이다. 이렇게 먹는 것은 실제로 죄를 짓고 양심이 약해지기 때문에 종말론적 멸망으로 이어질 수 있다.

지식 있는 자들은 이렇게 약한 자를 다치게 하므로 실제로 그리스도를 대적하는 죄를 짓는다. 그 대신 만약 필요하다면 형제나 자매가 넘어지지 않도록 고기를 먹지 않으려고 해야 한다.

### (1) 사랑과 지식(8:1-3)

### 주석

⟨1⟩ 우상에 바쳐진 음식은 고린도에서 논란이 되었다. 많은 신전과 신이 있었으며 신전의 식사는 사회적으로나 종교적으로 일반적이었기 때문에, 신전을 자주 방문하지 않는 사람들은 도시의 중심적 지위에서 제외되었다.

우상에 바쳐진 음식(에이돌로뒤톤, *eidōlothyton*)[13]은 신전에 바쳐진 음식에 대한 유대인의 평가를 반영한다. 이 용어는 이교적 문헌에서는 나타나지 않는다. 이교도들은 신적 존재에 바쳐진 음식(히에로뒤토스, *hierothytos*)을 사용한다.[14] 이 구절에서 사용된 단어는 유대인 집단에서 흔히 볼 수 있는 음식에 대한 부정적 관점을 전달한다.[15]

바울은 고린도의 두 그룹에 대해 초점을 맞춘다. 이와 같은 음식을 먹는 것이 적절하다고 믿는 지식 있는 자와 우상의 음식을 먹는 것은 더럽히는 일이라고 믿는 약한 자이다. 바울은 실제로 두 그룹에 동의하지 않고 뚜렷한 견해를 밝힌다.

---

13  4 Macc. 5:2; *Sib. Or.* 2.96; 행 15:29; 21:25; 고전 8:4, 7, 10; 10:19; 계 2:14, 20.
14  이 정의는 BDAG에서 가져왔다. L&N 53.21는 "희생된 것", 즉 "신에게 희생된 것"으로 번역한다.
15  또한, 출 23:13, 24, 32-33; 34:12-16; 신 7:1-6, 23-26; 12:2-3; *m. Demai* 6:10; *m. ʿAbod. Zar.* 5:3-7; 행 10:28; 11:3을 보라.

우리는 바울이 고린도 교인들의 말을 인용하는지에 관한 질문에 다시 직면한다. 바울은 우리가 다 지식이 있다고 주장하는 지식 있는 자(NIV 성경)를 언급하면서 시작할 수 있다. 지식은 우상에 바쳐진 음식에 대한 지식이며, 지식 있는 자들은 자신들의 신학이 이와 같은 음식을 먹는 데 합법적인지 대한 질문을 해결했다고 확신한다.

바울이 고린도 교인들을 인용한 것일 수 있지만(NIV에 의하면), 아마도 자신의 말일 가능성이 더 크다. 모든 신자는 지식을 가진다. 그러나 약한 자들은 그들이 아는 것의 충분한 의미를 이해하지 못한다. 다행히 바울이 고린도 교인들의 말을 인용하고 있는지는 본문의 해석에 큰 영향을 미치지 않는다.

어쨌든 바울은 고린도 교인들의 교만을 경고하면서 그가 좋아하는 말 중 하나로 돌아간다. 지식은 **교만하게 한다**(퓌시오이, *physioi*). 이 단어는 고린도전서(4:6, 18, 19; 5:2; 13:4)에 여러 번 나오며, 고린도 교인들의 교만이 바울의 주요 관심사임을 보여 준다. 교만은 자아를 부풀리고 자기애적(나르시시즘)이며 자기에게만 몰두한다.

반면에 사랑은 다른 사람 중심적이며, 다른 사람들을 세우고(오이코도메이, *oikodomei*) 강하게 하는 데 관심이 있다(참조, 10:23; 14:4, 17). 지식은 자신을 계발하는 도구가 아니라 다른 사람을 돕는 수단이 되어야 한다.

〈2〉 이어서 2절에서 고린도 교인들의 교만은 바울의 비판 대상이 된다. 자신의 지식을 자랑하는 자들은 참된 지식을 가지고 있다고 할 수 없다. 그들은 자신의 지식을 올바르게 적용하지 않았다는 의미에서이다. 바울의 서술은 철학적 상대주의를 지지하는 것처럼 보일 수 있다. 그 결과 지식에 대한 모든 주장이 전복된다.

그러나 이와 같은 읽기는 이 장의 맥락과 바울 전체의 맥락을 고려하지 않는 것이다. 왜냐하면, 바울은 상대주의적이 아니기 때문이다. 더 적절한 병행이 고린도전서 3:18에 나타난다. 바울은 자신들이 지혜롭다고 생각하는 사람들을 경고한다. 그들은 어리석은 자가 되어야 지혜로운 자가 될 것이다. 다른 병행은 갈라디아서 6:3에 나타난다. 만일 누가 아무것도 되지 못하고 된 줄로 생각하면 스스로 속임이라(갈 6:3).

진정한 지식은 겸손으로 표현되며, 사랑을 동반한다. 이런 특징들이 없다면 지식이 제대로 적용되지 않은 것이다.

〈3〉 사랑은 그리스도인임을 나타내는 특징이며 표지이다(참조, 13:1-13; 요 13:34-35). 이와 같은 하나님에 대한 사랑은 또한 형제자매들을 사랑함으로 나타나지만, 하나님을 최고로 사랑한다.

지식 있는 자들은 아마도 자신의 지식을 자랑했을지 모르지만, 결정적인 것은 하나님에 의해 알려져 있는지 여부이다(개역개정: 하나님도 알아주시느니라). 하나님에 의해 알려진(에그노스타이, egnōstai) 것은 하나님의 선택하시는 은혜를 말하는 다른 방식이다.

예를 들어, 주님은 이스라엘에게 내가 땅의 모든 족속 가운데 너희만을 알았나니(암 3:2)라고 말씀하신다. 여기에서 '선택하다'라는 단어가 '알았다'(에그논, egnōn)로 번역된다. 비슷하게 주께서는 아브라함에게 말씀하신다. 내가 … 그를 '택하였나니'(에데인, ēdein, 문자적으로 '알다')(창 18:19)라고 말씀하신다. 이것은 아브라함의 선택을 말한다.

예레미야가 선지자로 선택된 장면에서 같은 주제를 찾을 수 있다. 내가 너를 모태에 짓기 전에 너를 '알았고'(에피스타마이, epistamai)(렘 1:5).

예레미야 1:5의 '알다'는 다른 영어 성경에서 '선택하다'로 번역된다(HCSB, NASB, NET). 바울은 또한 미리 알다(프로기노스코, proginōskō)를 자기 백성에게 베푸시는(롬 8:29; 11:2) 하나님의 언약적 사랑을 나타내는 데 사용한다. 고린도 교인들의 이른바 지식에 대한 자랑은 하나님의 백성에 속함이 그의 선택하시는 사랑 때문임을 인정하고 없어져야 한다.

### 신학

바울 신학에서 지식은 사랑에 종속된다. 앞에서 언급했듯이, 바울은 지식이 중요하다고 믿는다. 또한, 그는 상대주의자가 아니다. 지식을 주장하는 사람들은 적어도 부분적으로는 사랑과 겸손으로 지식의 참됨을 보여준다. 자신의 지식을 자랑하는 자들은 그들이 하나님에 의해 알려진 것을 잊어버렸다. 무엇보다도 그들이 아는 것이 아니라 하나님이 아는 것이 무엇인지 중요하다.

### (2) 하나님의 한 분이심과 그리스도의 주 되심의 중요성(8:4-6)

### 주석

〈4〉 4-6절은 1-3절의 추론이다(그러므로, 운, *oun*). 바울은 지식 있는 자들의 콧대를 꺾는다. 우상에 바쳐진 음식에 대해 알아야 할 진리가 있고, 바울은 이제 그 진리를 전한다. 우리가 안다는 모든 그리스도인이 아는 진리 또는 알아야 할 진리를 나타내기 위해 사용된다(참조, 롬 2:2; 3:19; 7:14; 8:22, 26, 28; 고전 8:1; 고후 5:1, 6; 딤전 1:8).

첫째, 세상에 우상은 아무것도 아니다. 사람들은 다른 많은 신과 많은 주를 숭배할 수 있지만(8:5), 이들은 실체가 없다. 바울은 구약성경에서 우상이 능력이 전혀 없으므로 조롱을 당하는 본문을 반향한다.[16] 바울이 갈라디아서 4:8에서 언급한 것처럼 회심 전에 갈라디아 교인들은 본질상 하나님이 아닌 자들에게 종노릇하였다.

둘째, 한 분이신 참하나님은 상상의 조각이 아니다. 그는 유일하신 참하나님이시다. 유대인들은 쉐마를 말하면서 이 점을 매일 확인했다. 이스라엘

---

[16] 사 41:28; 렘 14:22; 16:19; 합 2:18; 시 115:4-8 (그러므로 또한 시 135:15-18; 다음을 참조하라. Wis. 15:15-16; *Sir.* 30:19).

아 들으라 우리 하나님 여호와는 오직 유일한 여호와이시니(신 6:4).

   구약의 많은 본문은 우상들과 한 분이신 참하나님을 대조한다. 가장 유명한 구절 중 하나는 이사야 44:5-28이다. 모든 것을 창조하시고 자기 백성 이스라엘을 구속하신 하나님과 반대로 우상들은 조롱당한다. 이와 같은 말은 바울의 말과 모순되지 않는다. 바울은 우상으로 거짓 신을 숭배하도록 인간을 설득하려고 우상을 이용하는 악한 영들에 대해 말한다(고전 10:19-22).

   〈5〉 그리스도인들이 우상과 한 분이신 참하나님에 대해 알고 있는 지식은 거의 모든 세상에 숨겨져 있다. 왜냐하면, 그리스-로마 세계에는 많은 사람이 신으로 생각되었기 때문이다. 하늘과 땅에 셀 수 없이 많은 신이 있었다. 그러므로, 많은 신과 많은 주가 있었다. 많은 수의 신은 이방인들에게는 그들이 효과적임을 표현하는 표시였다.

   그들은 아마도 모든 삶의 영역과 관련이 있다고 여겨졌을 것이다. 그러나 구약으로 양육되고 훈련된 바울과 같은 유대인들에게 많은 신이 있다는 것은 그들이 사실 신이나 주가 아님을 가리킨다. 그런데 사람들이 그것에 헌신했기 때문에 인간의 삶에 영향을 미쳤다. 바울이 나중에 설명하듯이 우상들은 귀신의 영향을 받게 만든다(고전 10:19-22).

   〈6〉 바울 자신이 이 구절의 내용을 썼을 가능성이 있지만, 6절의 신조적 성격은 초기 기독교 신앙 고백을 나타낼 수 있다. 내용이 전통으로 전해진 것이라도 바울이 자신의 주장에 이 구절을 포함했기 때문에 이 구절은 쓰인 해석되어야 한다.

   신명기 6:4의 쉐마는 예수 그리스도를 포함하도록 재구성했으며, 따라서 우리는 바울의 글에서 가장 중요한 기독론적 진술 중 하나를 보게 된다. 시편 136:2-3이 선포하는 것처럼, 참하나님은 신 중에 뛰어난 하나님과 주들 중에 뛰어난 주이시다. 바울은 유일하신 한 하나님이라는 구약의 믿음을 확언하지만, 예수님의 가르침은 그의 언어에 깊은 인상을 주었다. 왜냐하면, 하나님도 아버지로 정의되기 때문이다.

바울은 하나님이 한 분이심을 자주 확언한다(롬 3:30; 엡 4:6; 딤전 2:5). 특별히 에베소서 4:6에서 비슷하게 병행되는데, 이 구절에서 하나님은 한 분이시니 곧 만유의 아버지시라 만유 위에 계시고 만유를 통일하시고 만유 가운데 계시도다라고 이해된다. 고린도전서에서 하나님의 아버지 되심은 특별히 그의 만물의 창조와 연결된다. 창조된 모든 실재는 아버지이신 하나님에게서 나온다.

하나님께서 만물을 창조하셨기 때문에, 모든 피조물은 그에게 영광을 돌리고 찬양해야 한다. 그러므로 바울은 우리도 그를 위하여 있고라고 말한다. 모든 사람은 모든 일에서 하나님을 영화롭게 하도록 부르심을 받았다(롬 1:21; 고전 10:31). 이 진리는 로마서 11:36에서 영광송으로 불린다. 이는 만물이 주에게서 나오고 주로 말미암고 주에게로 돌아감이라 그에게 영광이 세세에 있을지어다 아멘(롬 11:36).

그러나 하나님의 한 분 되심은 구약성경에서 기대되는 것보다 더 복잡하다. 왜냐하면, 한 주 예수 그리스도가 계시기 때문이다. 예수 그리스도는 창조의 대리자이자 세상의 모든 것이 존재하게 되는 수단이다(다음을 보라. 요 1:3; 골 1:16; 히 1:2). 앞에서 언급한 것처럼, 바울은 한 하나님, 하나님의 아버지이심, 그리고 그분의 주권을 에베소서 4:6에서 확언한다. 그러나 우리가 본 것처럼 동시에 예수님이 한 주(엡 4:5)로 고백된다.

디모데전서 2:5에서 하나님의 한 분 되심은 하나님과 사람 사이의 중보자 역할을 하시는 예수님의 역할과 밀접한 관련이 있다. 주와 창조주로서 그는 아버지와 같은 지위를 공유하며, 한 분이신 참하나님의 정체성에 포함되어야 한다. 그는 창조의 대리자이기 때문에 만물과 모든 창조물이 그를 통해서 존재하게 되었다.

그러므로 유대교의 일신론은 많은 유대인이 상상했던 것보다 더 복잡하다. 왜냐하면, 아버지와 예수 그리스도 모두 하나님의 지위와 완전한 신성을 가지시기 때문에, 하나님의 한 분 되심은 복잡성을 배제하지 않기 때문이다.

### 신학

여기서 눈에 띄는 것은 신론이다. 바울은 한 분이신 창조주 하나님이 계시므로 모든 영광과 찬양이 그에게 돌려져야 한다는 구약의 진리를 재확인한다. 그분은 신자들의 아버지이며, 아버지라는 단어는 여기서 아들이라는 단어가 사용되지 않지만, 아들 예수와의 관계를 제시한다. 그러나 하나님의 정체성은 아버지에게만 적용되지 않는다. 아들 또한 주이시며, 창조의 대리자이다.

바울은 하나님이 한 분이라는 진리를 타협하거나 부인하지 않고 아들에 관한 놀라운 진리를 확증한다. 아버지와 아들이 동일한 정체성을 공유할 때 어떻게 한 분 하나님이 존재할 수 있는지에 대해서는 설명이 없다. 여기에 언급된 내용의 의미를 해결하는 일은 주석가들에게 남겨졌다. 이와 같은 작업은 니케아-콘스탄티노플과 칼케돈 신조에서 신실하게 수행되었다.

### (3) 약한 자들에게 걸림돌이 되지 말라(8:7-13)

### 주석

〈7〉 4-6절에는 초기의 고백적 선언이 포함되어 있지만, 놀랍게도 이 지식은 모든 사람에게 있는 것은 아니므로라는 말이 따라온다. 어떤 그리스도인들이 한 분 하나님이 있음을 모르거나 또는 어떤 그리스도인들이 유일하신 주님이신 예수 그리스도가 있음을 모른다는 말을 의도하지 않는다. 모든 그리스도인, 심지어 약한 자들도 이 진리를 긍정한다. 모든 사람이 이 지식을 가지고 있지 않다고 말하면서 약한 자들은 그들이 가지는 지식의 의미를 파악하고 있지 못한다고 지적한다.

창조주 하나님과 주 그리스도에 대한 적절한 이해로 약한 자들은 우상에 바쳐진 음식에 대해 다른 이해를 한다. 그러나 그들은 아직 우상에 바쳐진 음식에 대해 하나님과 그리스도를 아는 지식을 적용할 수 있는 지점까지 이르지 못했다.

여기에서 언급되는 어떤 이들은 8:7-12에서 다섯 번이나 **약한 자**로 묘사된다. 문자적으로, 본문은 이 음식을 **우상의 제물**(에이돌로뒤톤, *eidōlothyton*)로 말하지만, NIV 성경은 **신에게 바쳐진**으로 번역하여 약한 자들이 우상의 실재를 믿었다는 개념을 전달한다. 우상들은 약한 자들에게 아무것도 아닌 그림자가 아니라 실재하는 신이다.

여기에서 그리고 10절과 12절에서 그들은 **약한 양심**을 가지고 있다고 표현된다. 그들의 양심은 약하다. 왜냐하면, 우상에 바쳐진 음식을 먹을 때, 그들은 오랫동안 우상 숭배와 연관되어 있었기 때문이다.

그리고 그들은 이와 같은 음식이 본질적으로 오염되었다는 생각을 떨칠 수 없다. 양심은 "옳고 그른 것을 구별하는 내적 능력이다"(BDAG; 참조, 롬 2:15; 13:5; 고전 8:10, 12; 10:25, 27, 28, 29; 고후 1:12; 4:2; 5:11; 딤전 1:5, 19; 3:9; 4:2; 딤후 1:3; 딛 1:15). 여기에서 바울은 자신들의 기준을 어기고 나면 일어나는 죄책감과 더러워졌다고 되돌아보는 감정을 강조한다.

다른 말로, 약한 자들은 우상은 세상에 아무것도 아닌 것(8:4)처럼 느끼지 않는다. 우상은 그들에게 너무나도 실제적이다. 우상의 음식을 먹는 것은 그들을 우상 숭배의 세계로 되돌린다.

**〈8〉** 바울에게 음식은 마지막 심판에서 하나님 앞에 서는 것과 관련이 없다(롬 14:17). **우리를 하나님께 가까이 데려간다**고 번역되는 단어들은 아마도 **하나님께 우리를 세운다**(개역개정: 하나님 앞에 내세우지)로 번역하는 것이 더 낫다. 바울은 고린도의 지식 있는 자들을 인용할 수 있지만, 아마도 인용이 아니라 바울 자신의 언어일 것이다.

여기서 **세우다**(파리스테미, *paristēmi*)라는 동사는 마지막 심판에 하나님 앞에 서는 것을 의미한다(롬 14:10). 마지막 날에 다른 신자들과 세워지고(고후 4:14), 순결한 처녀로 그리스도께 세워지며(고후 11:2), 교회가 그리스도께 거룩하고 흠이 없이 세워지며(엡 5:27), 신자들이 하나님 앞에 거룩하고 흠이 없이 세워지며(골 1:28), 모든 사람이 그리스도 안에 완전히 세워진다는 의미로 사용된다. 이 단어는 종종 종말론적이다. 바울은 마지막 심판을 생각하고 있다.

우리가 먹는 음식이 중요하지 않다고 확언하는 것은 오늘날 많은 사람에게는 평범해 보일지 모른다. 그러나 유대인들은 구약에 의지하여 많은 음식을 부정하다고(레 11장; 신 14장) 믿었기 때문에 바울의 이 말은 매우 놀랍다. 예를 들어, 다니엘과 그 친구들은 왕의 음식으로 더럽히지 않도록 야채와 물만 먹었다(단 1:8, 10, 12, 16).

마카비 시대부터 유대교의 경계표지(할례, 인식품, 식품법)는 유대인의 사고에 가장 우선되는 것이었다. 헬레니즘 운동은 안티오쿠스 에피파네스 치하에서 유대인들의 구별을 억압했으며, 율법을 지키는 자들은 박해를 받았다(참조, 1 Macc 7:6; 4 Macc 7:6; Josephus, Ant. 11.8.7 § 346).

뉴스너(Neusner)에 따르면 바리새인들은 순결의 규칙에 따라서 자신의 삶 전체를 규제하려고 했다.[17] 요세푸스는 제사장들이 무화과와 견과류만 먹음으로 부정한 것으로 여겨지는 고기를 금했다고 말한다(Life 3 § 13-14), 유딧은 이방인의 고기와 포도주를 먹지 않았다(Jdt. 12:1-2). 사실 규약 정결법의 준수에 관한 관심은 유대 문학에서 공통된 주제이다.[18] 따라서 우리는 본문에서 유대인의 삶에서 중요한 문제들 중 하나를 중요하지 않다고 선언하는 바울을 볼 수 있다.

그럼에도 불구하고, 이어서 바울은 우상에 바쳐진 음식을 자유롭게 먹는 사람들, 지식 있는 자들에게 특별하게 말한다. 음식이 중요한 문제가 아니라면, 지식 있는 자들은 동일한 원칙이 그들의 삶에 적용된다는 것을 깨달아야 한다. 그들이 먹었을 때, 믿음이 분명해진다고 믿었을지 모르지만, 바울은 우리가 먹지 않는다고 해서 더 못사는 것도 아니고라고 말한다.

---

17　Neusner, *Rabbinic Traditions*을 보라.
18　다음과 같은 문헌이다. *Esth* 4:17; Tob. 1:10-12; *T. Reub.* 1:10; *T. Judah* 15:4; *T. Isaac* 4:5-6; 2 Macc. 5:27; 4 Macc. 1:33-34; 4:26; *Jos. As.* 7:1; 8:5; 1QS 5.16-18; *m. ʿAbod. Zar.* 2.3-4; 4.8-12.

다시 말해 약한 자들이 먹지 못한다고 해서 불리한 점을 가지지 않는다. 지식 있는 자들은 불신자와의 관계를 키웠고 사회와 단절하려고 하지 않았기 때문에 우상의 음식을 먹는 것이 더 낫다고 주장했을지 모른다. 그러나 바울에 따르면 먹는 사람에게 영적 유익이 없다. 음식은 중요하지 않기 때문에 자유를 자랑할 여지가 없다. 자유롭게 먹는 것이 더 현명하거나 더 성숙하다고 생각할 필요가 없다.

⟨9⟩ **조심하라**(블레페테, *blepete*)라는 말은 지식 있는 자들에 대한 경고이다(참조, 같은 동사가 갈 5:15; 빌 3:2; 골 2:8에 나온다). 이방인 신전(다음 구절을 보라)에서 먹을 수 있는 그들의 **권리**(엑수시아, *exousia*, 개역개정: 자유)는 약한 자들에게 걸림돌이 되어 그들이 넘어지고 죄에 빠질 수 있다.

바울은 로마 교인들에게도 같은 걱정을 표현하며, 부정한 음식을 먹을 때 강한 자의 자유가 약한 자의 걸림돌이 될 수 있다고 걱정한다(롬 14:13, 20). 11절(아래를 보라)에서 지금 제시되는 걸림돌이 최종 심판에서 치명적이라는 점이 분명해진다. 그러므로 바울은 사소한 문제를 말하는 것이 아니다.

학자들은 지식 있는 자들이 먹을 '권리'가 있다고 말하는 바울의 의도에 대해 논쟁한다. 많은 학자가 바울이 우상에 바쳐진 음식을 먹는 것을 허용했다는 개념을 지지한다. 어떤 학자들은 우상의 신전에서의 식사도 허용된다고 생각한다. 그러나 또 다른 학자들은 바울이 시장에서 판매되는 우상에 바쳐진 음식에 제한해서 허락한다고 생각한다.

우상의 음식을 먹는 것을 지지하는 가장 강한 증거는 바울이 그들의 먹을 '권리'를 말한다는 점과(8:9) 바울이 여기에서 우상에 바쳐진 음식을 먹는 것이 본질적으로 잘못이라고 말하지 않는다는 점이다. 실제로 바울은 지식 있는 자들에게 신학적으로 동의하지만 그들의 과도한 부분과 약한 자들에 관한 관심 부족을 바로잡으려고 하는 것처럼 보인다.

이 관점을 선호하는 또 다른 주장은 바로 이어지는 단락의 바울 호소와 연결된다. 바울은 사도로서 재정 후원에 대한 **권리**를 호소한다(9:1-14). 재정 후원에 대한 바울의 권리는 확실한 사실이다. 그러므로 지식 있는 자들이 우상의 음식을 먹을 수 있는 권리 또한 사실이다. 바울이 지식 있는 자들의 먹을 수 있는 '권리'가 참되다고 생각하지 않는다면, 8장과 9장의 '권리'는 다른 의미로 사용되어야 한다. 그리고 (하나는 모순이고 하나는 사실인) 이 단어의 의미 변화는 타당하지 않다고 주장할 수 있다.

위의 해석은 장점이 있지만, 바울은 9절에서 '권리'라는 단어를 반어적으로 사용했을 가능성이 크다. 따라서 그는 지식 있는 자들이 말하는 '소위 권리'를 염두에 두었다. 이 해석은 다음과 같은 주장에 의해 뒷받침된다.

첫째, 로마서 14-15장과 고린도전서 8-10장의 상황은 서로 다르다. 로마 교인들은 신자들이 부정한 음식을 먹을 수 있는지에 대해 말한다. 고린도전서는 우상에 바쳐진 음식을 먹을 수 있는지에 대해 말한다. 따라서 로마서의 부정한 음식을 먹을 수 있는지에 대한 허락은 고린도전서로 옮겨질 수 없다.

둘째, 신약(다음을 보라. 행 15:20, 29; 21:25; 계 2:14, 20)과 초대 교회사에서 우상에 바쳐진 음식을 먹는 것에 대해 보편적으로 예외 없이 정죄했다. 예를 들어, 디다케 6:3은 "죽은 신들에 대한 숭배를 포함하기 때문에 엄격하게 우상에 바쳐진 고기를 멀리해야 한다"라고 말한다.[19] 따라서 바울은 이 부분에서 이와 같은 이해를 하고 있다고 추정할 수 있다.

셋째, 고린도 교인들은 이 문제에 대한 바울의 의견을 이미 알고 있었기 때문에, 우상에 바쳐진 음식을 먹는 것에 반대하는 태도를 밝히지 않는다. 지식 있는 자들은 바울의 가르침을 어기는 방식으로 자신들의 '자유'를 표현하고 있었음을 깨달았다.

그들은 아마도 먹지 않으면 사회적 차별을 겪을 것이기 때문에 우상의 음식을 먹었을 것이다. 그리고 친구와 사업 파트너가 우상 신전의 식사에 초대한 것을 근거로 자신들의 먹을 권리를 정당화했을 것이다.

---

**19** 이 번역은 Holmes, *The Apostolic Fathers*. 개정판 번역이다.

바울은 지식 있는 자들이 하는 일을 곧바로 정죄하지 않고 이 문제를 목회적으로 접근한다. 그는 10장에서 이 문제에 관한 판단을 내리기 전에 신학적이고 목회적인 맥락을 설정한다.

넷째, 8:9의 먹을 '권리'에 이어서 바로 우상의 신전에서 먹는 것에 대한 언급이 따라온다. 그러나 우리는 10:19-22(아래 주석을 보라)에서 신전에서 먹는 것이 금지됨을 알 수 있다. 따라서 우리는 여기서 '권리'가 반어적이라고 생각할 수 있는 주석적 이유가 있다.

다섯째, 재정적 후원을 받을 수 있는 바울의 권리는 이른바 우상의 음식을 먹을 수 있는 지식 있는 자의 권리와 병행되지 않는다.

두 권리가 동일하지 않다면 바울은 왜 병행을 만들고 있는가?

바울은 다른 사람들이 자신의 이른바 권리를 고려하기 전에 다른 사람들을 생각하기를 원하기 때문이다. 바울은 그들이 다른 사람들을 중심으로 하고 다른 사람들에게 목회적 태도를 보이기를 원한다.

지식 있는 자들은 그리스도(8:11)와 바울(9:15-22)과 같이 되어서 다른 사람들을 위해 희생적으로 살아야 한다. 따라서 지식 있는 자들은 다른 사람들을 사랑하고 다른 사람들을 위한 '권리'를 포기하는 방식으로 살도록 요청받는다.

**〈10〉** 10절의 **왜냐하면**(*gar*, 개역개정은 생략)은 9절과 10절을 밀접하게 연결하며, 9절의 '권리'가 우상의 신전에서 먹을 권리임을 보여 준다. 바울은 이제 우상이 실재한다고 믿는 약한 신자들이 우상의 신전에서 먹는 지식 있는 자들을 보고 있는 상황을 그리고 있다. 이미 언급한 것처럼(8:7) 이와 같은 상황에서 지식 있는 자들이 먹으면 약한 사람들의 양심은 더럽혀질 수 있다. 왜냐하면, 우상 숭배로 이해할 수 있기 때문이다.

신전에서 지식 있는 자들이 먹는 것을 보면 양심이 강화되어 우상에 바쳐진 음식을 먹게 될 것이다. 양심을 세우는(오이코도메데세타이, *oikodomēthēsetai*, 개역개정: 양심이 담력을 얻어) 것은 좋은 것이라고 주장할 수 있다. 확실히 지식 있는 자들은 이 평가에 동의했을 것이다.

그러나 실제로 이 구절과 10:14-22는 우상에 바쳐진 음식을 먹는 것이 파괴적임을 분명히 보여 준다. 바울은 다음 구절에서 바로 이 점을 지적한다. 바울이 우상에 바쳐진 음식을 먹는 것을 긍정적으로 생각했다면 그는 약한 자들이 거리낌 없이 먹을 수 있게 양심이 강해지는 것을 추천했을 것이다. 그런데도 약한 자들은 우상 음식을 먹는 것이 잘못되었다는 생각에서 벗어날 수 없었으며, 지식 있는 자들이 먹을 때 양심이 상처를 입었다.

바울은 여기에서 우상 신전에서 먹는 것을 비판하지는 않지만, 10:14-22에서 지적할 것이다. 바울은 여기에서 지식 있는 자들에게 약한 자들에 대한 사랑과 관심을 보이라고 요청한다. 지식 있는 자들은 믿음이 약한 자들을 강하게 하려고 노력해야 하기 때문이다.

⟨11⟩ 10절과 11절 사이의 연결은 매우 중요하다. 10절과 11절은 **왜냐하면**(*gar*, 개역개정은 생략)으로 연결된다. 우상에 바쳐진 음식을 먹을 때 네 **지식으로 약한 형제 또는 자매**는 상처를 입고 **멸망한다**(아폴뤼타이, *apollytai*). 이른바 지식 있는 자들의 지식(참조 8:1-3)은 우상에 바쳐진 음식을 먹도록 설득함으로 약한 자들을 멸망시키는 도구가 된다.

바울은 지식 있는 자들이 약한 자들을 사랑하지 않아서 그들이 죽음의 위험에 노출되는 것을 걱정한다. 실제로 지식 있는 자들의 지식은 약한 자들을 망하게 하는 수단이 될 수 있다.

앞에서 언급한 것처럼, **멸망**이라는 단어는 아폴뤼미(*apollymi*)에서 나왔는데 이 단어는 종말론적 멸망을 정의하기 위해 바울이 사용한다.[20] 이 구절은 로마서 14:15, 20과 병행된다(카탈뤼에, *katalue*). 이 구절들은 강한 자들에게 먹는 것으로 약한 자들을 멸망시키지 말라고 경고한다.

어떤 주석가들은 그 경고가 영적 상처와 관련이 있다고 주장하면서 종말론적 파괴와 연결될 수 없다고 주장한다. 그러나 9:23-10:22에서 볼 수 있듯이, 이 해석은 여기서 파괴라는 단어의 의미를 정당하게 다루지 않는

---

20 특별히 롬 2:12; 고전 1:18, 19; 10:9, 10; 15:18; 고후 2:15; 4:3; 살후 2:10을 보라.

다. 또한, 바울의 경고를 설명하지도 못한다. 우상의 신전에서 먹는 것은 우상 숭배이며, 우상 숭배를 행하는 사람들은 하나님 나라를 상속받지 못할 것이다(고전 6:9; 갈 5:20-21; 엡 5:5).

지식 있는 자들은 자신들의 행동이 그리스도께서 위해서 죽으신 자들을 멸망으로 이끌지 않도록 염려해야 한다. 로마서 14:15와 매우 밀접하게 병행된다. 만일 음식으로 말미암아 네 형제가 근심하게 되면 이는 네가 사랑으로 행하지 아니함이라 그리스도께서 대신하여 죽으신 형제를 네 음식으로 망하게 하지 말라(롬 14:15).

그리스도께서 위하여 죽은 사람이 영원히 멸망할 수 있는가?

이 문제는 성경 전체의 증거를 어떻게 이해하는지에 달려 있다. 일부 주석가들은 이와 같은 구절에 근거하여 가능하다고 주장한다. 이 해석은 변호 될 수 있고 이해가 가능한 해석이다. 반면에 바울은 고린도전서 1:8-9에서 효과적 구원의 부르심을 받은 자들은 반드시 끝까지 보존될 것이라고 확언한다(참조, 롬 8:28-39; 엡 1:13-14; 빌 1:6).

고린도전서에서 바울은 이 구절에서 문제를 조율하는 것으로 보이지 않는다. 그는 고린도의 지식 있는 자들에게 목회적으로 말한다. 형제나 자매가 저주를 받도록 행할 것인지 묻는다. 만약 누군가가 실제로 넘어져서 배교하는 경우 그 사람은 처음부터 진정한 신자가 아님이 증명된다(고전 11:19; 딤후 2:18-19; 요한1서 2:19).

아마도 바울은 목회적 훈계를 위해 겉으로 드러나는 언어(외관의 언어)를 사용하면서 현상학적으로 말하는 것처럼 보인다. 어쨌든 언어는 수사학적으로 강력하다.

그리스도께서 약한 자들을 위해 목숨을 바치셨는데 지식 있는 자들은 너무 자기에게 도취 되어서 약한 형제자매들을 위해 우상에 바쳐진 음식을 기꺼이 포기하지 않으려고 하는가?

그들은 그리스도를 본받아 다른 사람들을 위해서 자신을 희생함으로 자신을 드리도록 부르심을 받았다.

**〈12-13〉** 약한 자들은 지식 있는 자들이 우상의 신전에서 먹는 것을 볼 때, 대담해져서 그들과 똑같이 행한다. 그러므로 형제자매의 **약한 양심이** 상하기 때문에 지식 있는 자들은 무감각하게 그들을 고려하지 않으면서 그들에게 죄를 짓는다. 약한 자들은 우상에 바쳐진 음식을 먹는 것으로 개인적 죄만 짓지 않는다.

지식 있는 자들은 약한 자들이 먹도록 만들어서 수평적 죄뿐만 아니라 그리스도에게 죄를 짓는다. 사실 그리스도는 약한 자들을 위해 자신을 주셔서 그들을 죄에서 구원해 주셨는데, 지식 있는 자들은 이기적 삶으로 약한 자들이 죄를 짓도록 영향을 미친다는 의미에서 적그리스도로 행한다.

13절의 결론은 과장되었다. 고기를 삼가는 것이 문제가 아니기 때문이다. 근본적 사랑은 고기를 먹음으로 **형제나 자매가 죄에 빠질** 가능성이 있다면 다시는 고기를 먹지 않으려고 하는 것이다. 사랑은 지식보다 가치가 있다(8:1-3). 사랑은 다른 사람을 위해 목숨을 바치신 십자가에 못 박히신 예수님의 본을 따르기 때문이다.

여기에서 두 번 사용된 **실족하다**(스칸달리조, *skandalizō*)라는 단어는 로마서 14:13에서 명사 형태(스칸달론, *skandalon*)로 다른 사람들이 죄에 빠지게 만드는 것에 대해 신자들을 경고한다. 9절에서 언급한 것처럼, 일부 주석가는 여기에서 실족 하다는 의미는 종말론적이며, 마지막 심판에서의 실족이라고 주장한다. 그러나 이 해석은 분명히 틀렸다.

바울서신에서 명사 실족(롬 9:33; 11:9; 16:17; 고전 1:23; 갈 5:11)은 보통 마지막 심판에서의 실족이다. 이 단어는 종종 복음서 전통과 같은 의미이다. '실족하거나 넘어지거나 걸리게 되는 자들'은 마지막 심판을 받을 것이다 (예, 마5:29, 30; 11:6; 13:21; 24:10; 요 6:61; 16:1).

특별히 흥미로운 점은 예수님이 **작은 자**(마 18:6)에 대해 사람들에게 경고하시는 것인데, 바울의 약한 자들과 매우 유사하다. 작은 자들을 실족하게(스칸달리세, *skandalisē*) 하는 사람들은 바다에 던져지는 것이 더 나을 것이다(마 18:6). 이어서 예수님은 만일 네 손이나 네 발이 너를 범죄하게 하거든 찍어 내버리라 장애인이나 다리 저는 자로 영생에 들어가는 것이 두 손과 두 발을 가지고 영원한 불에 던져지는 것보다 나으니라(마 18:8; 참조, 18:9)라고 말씀하신다.

분명히 이 맥락에서 걸림돌은 마지막 심판으로 이어진다. 바울이 여기에서 다루는 문제는 삶과 죽음의 문제이다. 왜냐하면, 만약 약한 자들이 우상을 숭배하면 그들은 마지막 심판에서 위험에 처하기 때문이다. 지식 있는 자들은 약한 자들이 넘어질 수 있는 음식 먹는 것을 삼가면서 그들에 대한 사랑을 보일 것이다.

**신학**

이 단락은 믿는 자들이 그리스도의 희생적 사랑을 본받아 그리스도에 대한 사랑을 실천하는 것을 보여 준다. 그리스도께서 죄인들을 위해 자신을 주셔서 그들은 살 수 있었다. 그러므로 신자들은 희생적으로 살고 우상에 바쳐진 음식을 삼가는 것으로 약한 자들에 대한 사랑을 나타낸다. 왜냐하면, 이와 같은 음식에 참여하면 약한 자가 그리스도로부터 실족하여 떨어질 수 있기 때문이다.

## 2) 바울의 모범(9:1-27)

**문맥**

9장에서 바울은 특정한 권리를 누리는 사람의 예로 자신을 제시한다. 그러나 바울은 그가 가진 권리를 사용하지 않는다. 특별히 재정적 후원을 받을 권리이다. 그는 다른 사람들의 유익, 특히, 그들의 구원을 위해서 그 권리를 포기했다.

일부 주석가들은 바울이 9장에서 고린도의 반대자들에게 비난을 받고 있다고 주장하면서 바울이 자신을 변호하고 있다고 말한다.

특별히 고린도후서 10-13장에서 바울의 사도권이 공격받는 것은 분명하다. 그러나 고린도전서에서는 설득력이 없다. 확실히 어떤 사람들은 아볼로의 사역이 바울보다 더 효과적이라고 믿었지만(1:10-4:21), 고린도전서에는 바울의 사도권에 의문을 제기했다는 분명한 증거는 없다.

사도로서 사용할 수 있는 자신의 권리에 대한 호소는 방어적이라기보다 본보기로 읽는 것이 더 그럴듯하다. 그는 고린도 교인들을 위해 자신을 모범으로 삼는다. 그의 사도권에 대해 의문을 제기하지 않았기 때문에 이것이 가능하다. 사도의 자격이 논란이 되었다면, 모범으로 자신의 사용하는 것은 수사적으로 효과적이지 않을 것이다.

바울은 고린도 교인들에게 자신의 사도로서의 적법성을 상기시키며 시작한다(9:1-20). 그의 사도권은 주 예수님이 그에게 나타나심과 고린도 교회의 설립으로 증명된다.

3-14절에서 바울은 자신이 사도로서 재정적 후원을 받을 자격이 있음을 보여 준다. 군인들은 일에 대한 대가를 받을 자격이 있다. 포도를 심는 사람들은 그 열매를 먹는다. 양 떼를 기르는 사람들은 양 떼의 젖을 즐긴다. 재정적 후원에 관한 주장은 일상에서 찾을 수 있는 것으로만 설명하지 않는다. 왜냐하면, 구약성경도 같은 진리를 보여 주기 때문이다. 곡식을 밟아 떠는 황소는 일하는 동안 먹이를 주어야 한다. 사역하는 자들에게도 같은 원칙이 적용된다.

바울이 복음을 선포하면서 영적 씨를 뿌렸으므로 청중에게 물질적 수확을 기대하는 것은 옳다. 사실 바울은 고린도에 교회를 세웠기 때문에, 이 권리가 있다. 바울은 복음에 장애가 되지 않게 하려고 이 권리를 사용하지 않았지만, 재정적 후원을 변호하는 데 더 많은 논쟁을 하고 있다. 성전과 제단에서 섬기는 자들은 성전에서 나는 것을 먹는다. 마지막으로 주님 자신도 복음을 선포하는 자들이 사역을 위해 재정적 후원을 받아야 한다고 가르치셨다.

15-18절에서 논쟁의 새로운 단계가 등장한다. 바울은 후원을 받기 위해서 보수에 대한 권리를 다시 말하지 않겠다고 설명한다. 자신이 그 권리를

사용하지 않을 것이라고 주장한다. 그는 복음을 전하도록 명령을 받았지만, 기꺼이 그리고 자발적으로 재정적 후원을 포기한다. 그의 보상은 복음을 무료로 전하는 것이다. 따라서 자신이 가진 권리를 이용하지 않음으로 고린도 교인들에게 모범이 된다.

이어서 바울은 보수를 받지 않는 이유와 그의 사역에 대한 이유를 일반적으로 설명한다(9:19-23). 바울은 자유롭지만, 더 많은 사람을 그리스도를 믿는 믿음으로 얻기 위해서 스스로 다른 사람들에게 종이 된다.

바울은 율법에 자유롭지만 여러 상황에도 잘 적응하고 유연하여 유대인과 함께 있을 때는 율법 아래 살았다. 율법 아래 있지 않은 사람들과 함께 있을 때는 구약의 율법에 자신을 복종시키지 않았다. 그는 여전히 그리스도의 법에 따라 있었다. 그는 약한 자들을 얻기 위해서 그들을 위해 약해졌다.

바울은 모든 상황에서 다른 사람들을 복음을 위해 얻기 위해 자신을 적응시켰다. 그러나 다른 사람들을 얻는 계획이 자신을 적응시키는 유일한 이유는 아니었다. 그는 또한 복음 자체의 복을 나누는 방식으로 행동했다.

23절은 다음 부분으로 넘어가는데 여기에서 바울은 끝까지 경주해야 할 필요성을 강조한다.

24-27절은 23절에서 나오는 내용이다. 다른 사람을 위해 사는 것은 믿는 자들에게 선택 사항이 아니다. 종말론적 상을 얻기 위해서는 모든 믿는 자들은 끝까지 경주해야 한다. 바울은 거의 매년 고린도에서 열렸던 코린토지협경기대회(Isthmian Games, 이스트미아 경기)를 염두에 두었다(Strabo, *Geogr.* 8.6.22). 이 경기에서 경쟁자들은 썩을 승리자의 관을 받기 위해 스스로 훈련하지만, 신자들은 썩지 않을 승리자의 관을 받기 위해 훈련한다.

그러므로 바울은 목표를 가지고 달리고 허공을 치는 것처럼 싸우지 않는다. 바울은 다른 사람들에게 전파한 후에 영생의 상을 받는 자격을 잃어버리기 원하지 않기 때문에 이와 같은 훈련을 한다.

그러므로 이 마지막 구절들은 10:1-12에서 고린도 교인들에게 주는 강한 경고에 대해 우리를 준비시킨다. 그들은 바울이 주는 경고에 주의를 기울여야 하기 때문이다. 그렇게 하지 않으면 광야에 있는 이스라엘이 죄 때문에 그 땅에 들어가지 못한 것처럼 상을 얻지 못할 것이다.

### (1) 바울의 사도로서의 정당성(9:1-2)

#### 주석

⟨1-2⟩ 9장에서 바울은 자신이 권리를 가진 사람, 즉 보상을 받을 권리가 있지만, 자신이 가진 권리를 사용하지 않는 사람의 예로 제시한다. 그러나 그가 보상을 받을 권리가 있음을 보여 주려면 사도직을 보여 주어야 한다. 앞에서 언급한 것 같이, 고린도 교인들은 바울의 사도권을 논쟁하지 않았다. 그의 사도권은 바울이 그들에게 자신이 가진 권리를 사용하지 않는 본이 되었기 때문에 특징적이다.

권리의 문제가 고려될 때, 바울은 고린도 교인들에게 자신의 자유를 상기 시킴으로 시작한다. 이 구절은 다음 구절에서 보여 주듯이 재정적 후원을 받을 자유를 의미한다. 다시 말하면, 그는 자신의 손으로 하는 노동에서 자유하다. 바울은 고린도 교인들에게 사도로서의 자신의 역할을 상기시킨다. 후원을 받을 수 있는 그의 자유는 위임받은 사도적 사역으로 지지가 된다.

예수님 우리 주를 제시하면서 바울은 진정한 사도임을 확인시킨다. 예수님은 다메섹으로 가는 길에 바울에게 나타나셔서 그를 사도로 부르셨기 때문이다(참조, 행 9:1-19; 22:1-21; 26:1-23; 고전 15:8; 갈 1:1, 11-17).

또한, 고린도 교인들의 회심은 바울의 사도권을 확인시킨다. 왜냐하면, 그들은 바울의 사도적 사역을 보여 주기 때문이다. 바울은 교회를 심었다(고전 3:6). 또한, 고린도전서 3:10에서 말한 것처럼 그는 교회의 터를 닦았다. 바울은 고린도 교인들에게 복음을 선포함으로 교회를 설립했다. 다른 사람들은 바울을 사도로서 인정하지 않았을 것이다. 아마도 바울이 모든 지역에서 교회를 세우지 않았기 때문일 것이다.

그러나 고린도 교인들은 바울의 사도임을 인정한다. 왜냐하면 그들이 바울의 사도적 사역에 대한 인침이기 때문이다(도장, 스프라기스, *sphragis*). 즉 그들은 바울이 진정한 사도임을 증명하고 비준하고 뒷받침한다. 고린도후서 3장 2절에서 바울이 말한 것처럼, 고린도 교인들은 그의 '편지'이다. 그들은 바울 사도의 자격을 나타내며, 예수 그리스도의 사도임을 확실히 보여 준다.

### (2) 사도의 후원을 지지하는 주장들(9:3-14)

〈3-4〉 바울은 고린도 교인들에게 자신의 사도의 자격을 상기시켰다. 그리고 사도의 자격은 사도에 대한 후원과 함께한다. 여기에서 바울의 **변호**는 재정적 후원과 관련이 있다. 이 후원은 바울이 사도이기 때문에 보증된다. 여기에서 고린도 교인들은 사도적 권위에 의문을 제기하지 않았기 때문에 바울의 변호는 그들과 특별한 관련이 없다.

바울은 자신을 **시험하는**(아나크리누신, *anakrinousin*, 개역개정: 비판하는) 자들에게 제시하듯 사도적 지지를 위한 변호를 한다(참조, 4:3-4). 바울은 '예'라는 대답이 따라오는 일곱 가지 수사적 질문 중 첫 번째를 시작한다.

여기에서 변호는 바울의 먹고 마실 권리와 관련이 있다. **권리**(엑수시안, *exousian*)는 8:9와 연결되는데, 여기에서 지식 있는 자들은 음식을 먹을 '권리'(엑수시아, *exousia*)를 주장한다. 이것은 바울이 자신을 고린도 교인들의 모범으로 소개하는 또 다른 증거이다. 먹고 마실 권리에 대해 자신이 먹을 권리가 있음을 말하지 않는다. 오히려 자신의 사도적 사역을 자유롭게 추구할 수 있도록 재정적 후원을 받을 권리가 있음을 의미한다.

〈5〉 사도 바울의 권리 문제는 분명한 대답이 따라오는 또 다른 수사학적 질문으로 계속된다. 우리는 6절에서 알 수 있듯이 바나바도 포함된다(4절). 여기에서 **믿는 아내를 선교 사업에 데리고 다닐 권리**(엑수시안, *exousian*)를 말한다. 분명히 이것은 주의 형제들과 게바의 방식이다.

마태복음 13:55에서 '야고보, 요셉, 시몬, 그리고 유다'는 주님의 형제들이다(막 6:3). 야고보는 신약에서 매우 두드러진다(행 12:17; 15:13; 21:18; 고전 15:7; 갈 1:19; 2:9, 12). 그는 아마도 야고보서의 저자일 것이다(약 1:10. 유다는 유다서의 저자일지 모르지만(유다서 1장), 우리는 유다에 대해서는 알지 못한다.

신약성경에는 시몬과 요셉에 대해 아무것도 말하지 않는다. 우리는 여기에서 결혼에 대한 초기 견해를 볼 수 있다. 게바가 결혼을 했기 때문이다(다음을 보라. 마 8:14; 막 1:30; 눅 4:38). 그러므로 결혼은 사역을 위해 부족하다고 또는 금지된다고 여겨지지 않았다(참조, 딤전 3:2; 4:3; 히 13:4). 게바는 교회의 분열과 관련해 고린도전서에 일찍 언급되었다(1:12; 3:22). 여기서 그 권리는 결혼의 허락으로 제한되면 안 된다.

바울이 염두에 둔 것은 많은 사람이 아내와 함께 재정적으로 후원을 받았다는 사실이다. 남편과 아내 모두 지원을 받을 자격이 있다면, 바울과 바나바도 같은 자격을 가져야 한다.

⟨6⟩ 바울은 바나바를 끌어온다. 바나바도 결혼하지 않았고 항상 재정적 후원을 받지 않았음을 보여 준다. 바나바는 그의 넉넉함(행 4:36-37)으로 알려졌으며, 그의 위로(행 9:27; 11:22-24; 15:36-39)와 바울과의 사역(행 13:1, 2, 7, 42, 43, 46, 50; 14:12, 14, 20; 15:2, 12, 35; 갈 2:1, 9)으로 알려졌다.

바나바가 고린도를 방문한 기록은 없지만, 바나바에 대한 설명을 하지 않고 언급하기 때문에 아마 그는 고린도를 방문했을 것이다. 바울이 바나바를 언급한 목적은 주님의 형제들과 게바가 재정적으로 후원을 받는다면, 바울과 바나바도 후원을 받을 권리가 분명하다는 주장을 하기 위해서이다.

⟨7⟩ 바울은 일상생활과 관련된 세 가지 수사학적 질문으로 재정적 후원을 받을 권리에 대한 주장을 계속하고 있다.

첫째, 군인으로 봉사하는 사람들과 관련이 있다. 병사들은 자기 백성을 위해서 싸우기 때문에 먹을 것과 마실 것을 제공 받는다. 그러므로 아무도 자신의 식량을 스스로 마련할 필요가 없다. 같은 방식으로 복음으로 섬기는 사람은 다른 사람에게 재정적으로 보살핌을 받아야 한다.

둘째, 포도원을 세우고 그 포도를 먹지 못한다는 말은 들어보지 못했다(참조, 신 20:6). 포도원을 세우는 목적은 그 생산물에 참여하기 위한 것이다.

셋째, 양떼를 기르기 위해 힘을 쓰는 사람은 양 떼가 생산하는 **우유**를 마시기 위해서이다.

바울은 자연적 영역과 일상에 적용되는 점은 영적 영역에서도 적용된다고 주장한다. 사람들은 다양한 영역에서 일하면서 살아갈 비용을 얻기 때문에 복음을 선포하는 사람들도 실질적으로 지원을 받아야 한다.

**⟨8⟩** 7절은 세상의 일상적 생활, 즉 군인, 포도원 소유자, 목자가 하는 일에서 예를 보여 준다. 바울이 **사람의 예로** 근거를 제시하기 때문에 세속적이고 세상적인 예는 거의 설득력이 없다고 반대할 수 있다.

바울의 주장은 바울의 사도권에 대해 의문이 제기됐음을 보여 주지 않는다. 그 대신에 바울은 매우 전형적 랍비의 방식으로 자신의 주장을 뒷받침하기 위해 근거들을 모으고 있다. 바울은 자신의 주장을 뒷받침하기 위해 **율법**(노모스, *nomos*)으로 돌아간다.

바울서신에서 율법은 종종 모세 율법에서 나오는 금지와 명령을 언급한다. 여기에서 신명기 25:4가 인용되는데 9절에서 **모세의 율법**에서 끌어냈다. 자연적 세계에서 끌어낸 바울의 예는 모세 율법과 하나님의 권위로 지지받는다.

**⟨9-11⟩** 바울이 모세의 율법에 호소하면서 신명기 25:4를 인용하는 것은 다소 놀랍다(참조, 딤전 5:18). 곡식을 밟아 떠는 동안 소에게 망을 씌우지 말라는 명령은 언뜻 보기에 복음을 전하는 사람들을 위한 재정적 후원과는 아무런 관련이 없는 것 같다. 바울은 신자들이 더 이상 모세 율법 아래 있지 않다고 가르치기 때문에 바울이 왜 율법에 호소하는지 의문을 던질 수 있다(롬 6:14-15; 7:4-6; 고전 9:20-21; 갈 3:15-4:7).

모세 언약은 이전 시대에 속하며 이제 믿는 자들은 그리스도의 법 아래 있다(고전 9:20-21; 갈 6:2). 할례(롬 2:25-29; 고전 7:19; 갈 5:2-6; 6:12-13; 빌 3:2-3), 음식법(롬 14:14, 20; 골 2:16-23; 딤전 4:4), 그리고 안식일(롬 14:5; 골 2:16-17)은 더 이상 믿는 자들에게 요구되지 않는다. 그리스도 안에서 유대인과 이방인은 한 백성으로 회복된 이스라엘을 구성한다(엡 2:11-3:13).

신자들은 모세 언약 아래 있지 않지만, 그런데도 구약의 언어는 여전히 하나님의 말씀을 구성하고 신자들에게 권위 있는 말씀이다. 구체적 명령들이 어떻게 적용되는지는 예수 그리스도 안에서 도래한 성취에 비추어 평가되어야 한다.

바울은 하나님이 참으로 소들을 염려하는지 질문하면서 그 구절의 명백한 의미를 부인하는 것처럼 보인다. 소에 대한 성경 구절은 **분명히**(판토스, *pantōs*), **실제로**(CSB 성경), **전적으로**(NRSV 성경), 또는 **확실히**(ESV 성경) 우리를 위해서(CSB 성경)라고 이해된다.

바울은 역사적 의미와는 완전히 다른 알레고리적으로 성경을 사용하는가?

어떤 학자들은 바울이 알레고리적으로 사용하고 있으며 이것을 변호할 수 없다고 말한다. 다른 학자들은 신명기 24-25장의 문맥을 자세히 읽으면 인간의 복지를 위한 많은 가르침을 찾을 수 있기 때문에, 소에 대한 본문을 비슷하게 읽어야 하는 어떤 암시가 있다고 주장해 왔다. 논란의 여지가 있지만, 여전히 이 구절을 읽는 가장 자연스러운 방법은 소에 대해 문자적으로 언급한다고 보는 것이다.

바울은 문자적 의미를 부인하지 않았을 것 같다. 바울은 잠언 12:10을 알고 있었을 것이다. 의인은 자기의 가축의 생명을 돌본다. 발람의 당나귀 이야기는 인간이 동물을 때릴 권리를 가지고 있지 않다는 것을 암시한다(민 22:28). 바울은 작은 것에서부터 큰 것에까지 전형적으로 랍비적 주장에 의지한다.

소가 일하고 곡식을 타작할 때 먹이를 주어야 한다면, 이것은 복음을 선포하는 사람들에게 더욱더 사실이 아니겠는가?

신명기의 원래 문맥에서 타작을 위해서 소를 빌린 사람들을 훈계했다는 베르브루겐(Verbruggen)의 제안은 아마도 옳을 것이다.[21] 그들은 아마도 타작할 때 소가 먹는 것을 막으려고 할 수 있지만, 그렇게 하면 약하게 된 소를 돌려주게 될 것이다. 그러므로 일에 사용된 소를 돌려받을 때 약해질 것이기 때문에, 소의 주인은 경제적으로 해를 입을 것이다.

바울의 요점은 소가 일하는 동안 먹여야 하므로 성경은 이 세상에서 일한 것은 보상을 받아야 한다고 가르친다는 점이다. 만약 이것이 자연적 영역에서 사실이라면 영적 영역도 분명할 것이다.

바울은 이어지는 11절에서 영적인 것을 뿌린 사람들은 물질적 상을 거두어야 한다고 주장하며, 물질적인 것보다 영적인 것이 더 중요하기 때문이라고 주장한다. 그러므로 바울은 소에 대한 문자적 의미를 부정하지 않고 복음을 선포하는 사람들을 위한 재정적 공급에 관련된 원칙을 이해하면서 영적 현실에 적용한다.

바울은 이것이 우리를 위하여 말씀하심이라고 말한다. 어떤 학자들은 말씀하심이 10절에 이어 나오는 말을 언급하는 것이라고 이해한다. 이 경우에는 시락서(Sirach) 6:19이 다소 비슷한 내용을 말하지만, 이 말씀의 출처를 알기 어렵다. 그러나 '~ 것'(that) 대신 왜냐하면으로 번역된다면(NIV 성경처럼), 그 내용은 신명기 25:4를 의미한다.

바울은 일상생활에서 자신을 본보기로 제시하지만, 이제는 신명기 25:4의 성경의 렌즈를 통해 그 예를 모은다. 따라서 갈며 곡식 떠는 자는 모두 그 노동의 열매를 누릴 것이라는 전망하고 그렇게 한다.

물질적 일을 하는 사람들이 그 보상을 받는다면 동일한 원칙이 영적 측면에도 적용된다. 복음의 일을 사람들은 보상을 받아야 한다. 로마서 15:27은 매우 비슷하다. 만일 이방인들이 그들의 영적인 것을 나누어 가졌으면 육적인 것으로 그들을 섬기는 것이 마땅하니라.

---

**21** Verbruggen, 'Of Muzzles and Oxen'.

그러므로 고린도전서 9:11에서도 바울은 영적으로 적용한다. 복음을 선포하는 자들은 **신령한 씨를 뿌렸으며** 그렇게 했기 때문에 **물질적 추수를 거두어야 한다**. 즉, 그들은 재정적 지원을 받아야 한다. 그러므로 바울은 일상적 삶과 성경 모두 같은 결론을 가리킨다는 것을 보여 주는 데 성공했다. 복음을 선포하는 사람들은 물질적 지원을 받아야 한다.

**〈12〉** 권리(*exousia*)는 이 구절에서 두 번 나타난다. 따라서 바울은 계속해서 자신의 권리를 사용하지 않는 본보기로 자기 자신을 제시한다. 복음을 선포하는 다른 사람들은 고린도 교인들로부터 도움을 받았다. 그러므로 바울은 고린도 교회를 심고 세웠기 때문에 그들로부터 후원을 받을 자격이 있다(참조, 9:2).

우리는 이 말이 마치 바울의 사도직을 고린도 교인들이 논쟁하고 있는 것으로 해석하면 안 된다. 그는 자신을 후원할 의사가 없다거나 부족하다고 슬퍼하지 않는다. 오히려 그는 자신의 후원을 받을 권리를 설명하기 위한 목적 때문에 강조한다. 실제로 그는 고린도전서 9장에서 자신의 주장에 대한 주요 목적을 전하려고 후원을 받을 자격이 있다는 말을 중단한다.

바울은 물질적 후원에 대한 권리를 이용하지 않는다. 반대로 그는 복음의 진보에 방해가 되지 않도록 **참는다**(스테고멘, *stegomen*). 사실 사랑은 **모든 것을 참는다**고 선언(NIV 성경의 보호하다는 이 연결점을 놓치고 있다)하는 13:7이 예상된다. 다른 사람에 대한 사랑은 자신의 삶에서 그리스도의 복음이 극대화되기를 원한다는 것을 의미하며, 이것은 바울의 물질적 후원에 대한 거부를 설명한다.

이 문제는 바울의 사도권이 공격받는 고린도후서에 다시 나타난다. 고린도후서에서 바울은 고린도 교인들로부터 재정적 후원을 받지 않을 것이라고 주장한다. 따라서 바울은 장사꾼인 거짓 사도들과 자신을 구분할 수 있었다(고후 2:17; 11:7-15; 12:13).

재정 문제에 대한 바울의 온전함은 그의 사역에서 무엇보다도 중요했다(행 20:33-35; 고후 12:14-18; 살전 2:9).

그는 고린도 교회와의 관계에서 그들이 후견인(patron)-피후견인(client) 관계로 이해하는 것을 원하지 않았다. 아마도 그들과의 관계에서 다른 단계에 있었을 것이다. 후견인-피후견인 관계는 그리스-로마 세계에서 어디에나 있었다. 고린도 교인들이 바울을 자신들의 피후견인이라고 생각했다면 그의 사역을 제한할 수 있다고 기대했을 것이다. 만약 고린도 교인들이 바울의 후견인이라면, 바울은 피후견인의 역할을 수행해야 할 필요가 있었을 것이다.

〈13-14〉 바울은 재정적 후원에 대한 변호로 돌아간다. 그는 13절의 구약의 의식과 14절의 예수님의 말씀에 호소한다. 거룩한 일을 하는 사람들은 재정적 후원이 보장된다. 성전의 일을 하는 이들은 성전에서 나는 것을 먹는다.

바울은 여기에서 이교도 신전의 관습을 언급할 가능성이 있지만, 그의 유대교 배경을 고려한다면, 바울은 분명히 구약을 말하고 있을 것이다. 사실 그는 다른 권위 있는 예를 성경을 근거로 제시한다. 제단에서 섬기는 이들은 제단에 드려진 음식에 참여한다. 예를 들어, 이스라엘이 가져온 제물 중 일부는 아론과 그의 아들들이 먹었다(민 18:8, 18; 참조, 신 18:1-4).

재정적 후원에 관한 주장의 클라이맥스는 예수님의 말씀에서 온다. 바울은 우연히 예수님의 말씀이 권위적이라는 것을 보여 준다(참조, 7:10-11). 주님은 복음을 선포한 자들에게 그들의 생계(물질적으로 제공되는 수단)가 복음에서 온다고 가르치셨다.

예수님이 하나님의 나라를 선포하라고 제자들을 가르치신 강화에서 일꾼이 그 삯을 받는 것이 마땅하니라(눅 10:7)고 말씀하신다. 디모데전서 5:18에서 바울은 두 성경 구절로 돌아가서(신 25:4; 눅 10:7) 신자들에게 장로들을 재정적으로 후원하라고 권고한다. 그러나 예수님의 말씀이 이 관점으로 기록된 것이 아니며 바울이 구전전통을 인용했을 가능성이 있다.

우리는 갈라디아서 6:6에서 교사들을 후원하라는 비슷한 명령을 발견할 수 있다.

### 신학

1-2절에서 사도는 부활하신 주님이 임명하셔야 한다. 이 임명에 부활하신 주님의 나타나심이 포함된다. 엄밀한 의미에서 오늘날 사도는 존재하지 않는다. 바울은 마지막 사도였다(고전 15:8). 우리는 또한 3-14절에서 사역을 하는 사람들은 재정적 후원을 받을 자격이 있음을 알 수 있다. 물질적 지원은 일상생활, 구약의 율법, 더 큰 영적 실재의 중요성, 그리고 예수님 자신의 말씀에 대한 관찰에 근거하고 또한 합당한 것이다.

### (3) 후원받기를 거절하는 바울(9:15-18)

### 주석

〈15〉 (12절에 예상되었지만) 바울은 자신이 가진 권리를 이용하지 않았다고 선언하면서 다시 논쟁한다. 바울의 요점은 상황을 개선해서 고린도 교인들이 바울에게 물질적 후원을 제공하게 만드는 것이 아니다. 사실 이 문제에 대한 바울의 열정은 놀랍다. 왜냐하면, 그는 자신이 자랑하는 것을 헛되게 만드는 것보다 죽음이 낫다고 말한다. 이 자랑은 후원의 거절이다.

후원을 거절하는 바울의 주장은 고린도후서 11:7-15의 후원을 받지 않겠다는 말로 강하게 드러난다. 고린도후서 뒷부분에서 자신을 거짓 선생들과 구별하기 원하지만, 15절에서 바울은 자신을 고린도 교인들에게 본보기로 제시한다. 바울의 자랑은 그가 자주 자랑을 비판하기 때문에 이상해 보인다(롬 3:27; 4:2; 고전 1:29, 31; 3:21; 4:7; 5:6; 13:4; 엡 2:9). 그러나 여기서 그의 자랑은 자신을 높이는 것이 아니다. 바울은 복음을 위해 받는 것을 거부한다.

〈16〉 바울이 복음을 전하는 데 있어 자랑할 여지가 없다. 설교는 바울이 해야 하는 일이다(아낭케, *ananke*, 개역개정: 부득불 할 일이라). 이 말은 부활하신 주님께서 바울에게 나타나셔서 이방인들에게 복음을 전하도록 부르신 다메섹 사건을 말한다(행 9:1-19; 22:1-21; 26:1-23; 갈 1:11-17).

바울은 복음을 전해야 할 충동과 필요성을 말하면서 자신의 사도로 부르심을 언급한다. 이 말은 과장되어 있다. 마치 예수 그리스도께서 다메섹 도상에서 그를 만나고 구원했기 때문에 바울이 복음을 전하는 일 외에는 다른 선택의 여지가 없는 것처럼 보인다.

그러므로 바울은 **복음을 전하지 않으면** 자신에게 화가 있을 것이라고 선언할 수 있다(행 9:15; 26:16을 보라). 하나님의 필요가 말씀을 선포하도록 바울을 억누른다(참조, 롬 1:14-15). 바울의 경험은 우리에게 예레미야를 생각나게 한다. 예레미야는 주님의 이름으로 더 이상 말하지 않기로 했지만, 그렇게 할 수 없었다. 그 이유를 예레미야는 이렇게 말한다. 나의 **마음이 불붙는 것 같아서 골수에 사무치니 답답하여 견딜 수 없나이다**(렘 20:9).

**〈17-18〉** 바울의 사역이 자발적이었다면, 그는 **보상**(미스돈, *misthon*)을 즐길 수 있을 것이다. 그러나 우리는 바울이 다메섹 도상에서 예수 그리스도를 만났을 때, 그 사역에 사로잡혔음을 본다. 어떤 의미에서 바울의 사역은 '자의가 아니다.' 그는 사도의 사역을 하지 않고는 살 수 없었다.

그러므로 사도로서 그는 '사명을 받았다.' 이것은 자신에게 주어진 **사명**(오이코노미안, *oikonomian*)에 신실해야 함을 의미한다(참조, 고전 4:1; 갈 2:7). 말하자면, 바울은 자기 뜻에 반하여 부르심을 받았지만, 이제는 긍휼을 입었기 때문에 맡겨진 일에 신실해야 한다(참조, 딤전 1:12-14).

바울은 자신의 **상**(미스도스, *misthos*)이 무엇인지 물을 때 복음 전파로 받을 상의 가능성을 무시한다. 복음을 선포하도록 명령을 받았기 때문에 상은 불가능하다. 그는 저항할 수 없는 복음 전파에 대한 내적 충동을 느꼈다.

한편, 사역에 대한 대가를 받을지는 다른 문제이다. 이 관점에서 바울은 결정을 내린다. 실제로 어떤 상황에서는 대가를 받는다. 그러므로 이 상황에서 그의 '대가', 그의 상은 값없이 복음을 전하는 것이다.

바울은 복음을 전파하는 사람으로서 자신의 권리(*exousia*)를 행사하지 않는다. 바울은 이 논의에서 본보기를 다시 보인다. 바울은 그들이 권리를 포기할 것을 원하기 때문이다. 고린도 교인들은 다른 사람들을 위해서 바울을 본받아야 한다.

### (4) 바울의 문화적 적용의 근거(9:19-23)

〈19〉 19-23절은 왜 바울이 물질적 후원을 받을 권리를 포기하는지 설명한다. 그리고 사역에 대한 자기 뜻을 설명한다. 그는 자신의 자유를 이익을 추구할 기회로 보지 않는다. 대신 그는 자발적으로 자신을 모든 사람의 노예로 만들면서(에둘로사, *edoulōsa*, 개역개정: 종이 된 것은) 자유를 희생시킨다.

자유라는 단어는 바울이 그의 자유를 주장하는 9장의 시작 부분을 반향한다. 여기에서 그는 자유가 종으로의 길이 됨을 설명한다(참조, 8:1-3; 13:1-7). 이것은 매우 충격적 생각이다.

바울에게 참된 자유는 다른 이들을 사랑하고 그들에게 자신을 주는 자유이다. 마찬가지로 갈라디아서 5:13은 이렇게 말한다. 형제들아 너희가 자유를 위하여 부르심을 입었으나 그 자유로 육체의 기회로 삼지 말고 오직 사랑으로 서로 종노릇하라.

여기서 **섬기다**(개역개정: 종이 되다)는 서로에게 '종이 된다'(둘루에테, *doulouete*)는 의미이다. 역설적으로 자유는 다른 사람들의 기대와 유익에 구속된다. 자유가 지향하는 선은 다른 사람들의 구원이다. 이것이 얻는다(케르데소, *kerdēsō*)라는 단어의 의미이다.

얻는다는 19-22절에서 다섯 번 사용되고 22절의 구원하다라는 단어와 동의어이다. 바울은 자신을 다른 사람들에게 복종시키지 않았고 자신의 자유를 다른 사람들의 이기적 야심을 북돋는 데 두지 않았다. 그는 복음을 위해 그들을 얻는 데 그리고 그들을 예수 그리스도께 회심시키는 데 자신의 자유를 제한했다(참조, 빌 3:7-8).

〈20〉 20-22절에서 바울은 자신이 '종'이 되는 사람들의 네 가지 종류를 언급하고, 22절에서 요약하는 글로 마무리 짓는다. 20절에서 바울은 유대인과 율법 아래에 있는 사람들과의 관계를 고려한다.

첫 번째 바울의 말에서 유대인들을 섬길 때 자신이 **유대인처럼 되었다**고 말하는 점에 주목해야 한다. 바울이 유대인이었기 때문에 이와 같은 단언은 놀랍다. 유대인으로서 그의 민족적 정체성은 더 이상 그의 삶에서 중요한 실재가 아니었다.

가장 먼저 바울은 자신을 그리스도인으로 간주한다. 유대인과 같이 되었다고 말하면서, 특별히 모세율법의 고수를 염두에 두고 있다. 그것은 실제로 매주 안식일과 유대인이 준수했던 정결법을 지키는 것으로 볼 수 있다.

이 예는 디모데의 할례를 포함한다(행 16:1-3). 바울은 디모데가 할례를 받게 했지만, 디모데의 할례는 구원을 위해 필수적이라고 보지 않았다. 오히려 그 반대이다. 예루살렘 공의회도 할례가 구원을 위해 필요하지 않다고 결정했다(행 15:1-29).

바울은 문화적 이유로 디모데가 할례를 받게 했다. 이 할례로 회당의 유대인 선교사역에 디모데를 데려올 수 있었다. 바울은 아마도 나실인 서원을 하고 있던 유대인의 관습을 따라(행 18:19) 자신을 정결하게 하고 예루살렘에 있는 다른 네 사람의 서원을 갚음으로 자신이 유대인들에게 율법을 포기하라고 요구했다는 주장을 반박했다(행 21:20-25).

바울은 유대인들과 함께할 때 그들을 얻기 위해 유대인으로 살았다. 그 결과로 예수 그리스도 안에서 그들에게 믿음과 새 생명을 가져오기 위해서 자신을 맞추었다.

두 번째 범주는 율법 아래에 있는 자들이다. 이 범주는 유대인들이 율법을 따라 살았던 사람들이기 때문에 여러 가지 면에서 처음과 동일해 보인다. 그러나 이방인의 일부도 율법을 따라 살기로 했기 때문에 첫 번째와 두 번째 범주는 완전히 일치하지 않는다.

바울은 **율법 아래로** 구속사의 옛 시대를 나타낸다. 이 시대는 모세 언약의 영향 아래 있었다. 그러나 바울이 모세 언약 아래 살았던 사람들과 함께 있을 때, 그는 그들을 위해서 자신의 삶을 율법 아래 살았다. 그는 예수 그리스도 안에서 누렸던 자유를 따라 살도록 그들에게 강요하지 않음으로 자신의 사랑을 나타냈다. 바울은 율법 아래 있는 사람들이 예수 그리스도를 믿는 믿음을 가지도록 즉, 그들을 얻기 위해 유연하게 행동했다. 그런데도 바울은 자신은 **율법 아래에** 있지 않다고 조심스럽게 말한다.

그리스도인들은 더 이상 '율법 아래에' 있는 것이 아니라 은혜 아래에 있다(롬 6:14-15). 그리스도를 믿는 믿음이 계시될 때까지 믿는 자들은 율법 아래 매인 바 된다(갈 3:23). 예수님은 율법 아래에 있는 사람들을 구속하시고 해방하셨다(갈 4:5). 사실, 올바른 성경 이해는, 그리스도 안에서 성취되면, 신자들이 율법 아래에 있지 않고(갈 4:21) 성령의 인도하심을 받는다(갈 5:18)는 것이다.

율법 아래에 있는 사람들은 죄 아래에(롬 7:14; 갈 3:22), 저주 아래에(갈 3:10), **후견인 아래에**(개역개정: 초등교사 아래에, 갈 3:25), **후견인과 청지기 아래에**(갈 4:2), 그리고 **초등학문 아래에**(갈 4:3) 있다. 율법 아래에 있는 사람들은 구속사의 옛 시대에 속해 있다. 바울은 율법 아래에 있는 사람들을 회심시키기 위해 율법을 따라 살기를 기뻐했지만, 예수 그리스도께서 시작한 구속 역사의 새로운 시대에 살면서, 율법의 규정에서 자유했다.

〈21〉 다음은 **율법 없는 자**(아노모이스, *anomois*)이다. 이 단어는 대다수 이방인을 묘사하는 다른 방법이다. 율법을 따르지 않는 사람들 가운데 살 때, 바울은 율법의 규정을 따르지 않았다. 분명히 바울은 할례, 안식일, 정결법과 같은 문제들을 생각하고 있다. 이것들은 흔히 '경계 표지'라고 불린다. 바울은 유대인의 율법을 따르지 않았던 사람들을 섬길 때 이런 표지를 강조하지 않았다. 이방인 가운데 있을 때, 율법 없는 자와 같이 된 것은 그들에게 호의를 베풀려는 의도가 아니었다.

바울의 목표는 **율법이 없는 사람들**을 얻고, 즉 그리스도를 믿는 믿음으로 이끌기 위함이었다. 바울의 동기는 근본적으로 문화적이 아니라 선교적이었다. 이것은 바울이 문화적 상황에 민감하지 않았다는 말은 아니지만, 그의 주된 동기는 복음적이라는 점을 생각하게 한다.

율법 없는 자라는 말은 오해되기 쉽다. 20절에서 보았듯이, 율법 아래에 있는 자 같이 되었다는 언급이 추가적 조건이 필요했던 것과 같다. 바울은 모세 율법으로부터 자유가 신자들은 도덕적 규범을 가지지 않는 것이라는 결론을 피하고 싶었다. 비록 모세 율법의 규례들을 지키지 않았지만, 바울은 하나님의 율법이 없지 않았다(메 온 아노모스 데우, *mē ōn anomos theou*, 개역개정: 하나님께는 율법 없는 자가 아니요). 다시 말해, 그는 그리스도의 법 아래(에노모스 크리스투, *ennomos Christou*) 있었다.

그리스도의 법으로 바울이 의미하는 것이 무엇인지는 논란의 여지가 있으며 이것은 모세 율법과 그리스도인의 관계를 전반적으로 어떻게 이해하느냐에 달려 있다. 20절의 논의와 같이 신자들은 더 이상 모세 언약 아래 있지 않기 때문에, 그 언약의 규정은 더 이상 신자들에게 요구되지 않는다. 모세 언약은 구속사의 특정 기간에 실행된 임시적 언약이었다(참조, 갈 3:15-4:7).

그리스도가 오심으로 그 언약과 언약의 규정들은 부차적으로 되었지만, 구약성경은 하나님의 말씀으로 남아 있다. 그리고 신자들에게 도덕 규범이 없다고 결론을 내리면 안 된다. 그 대신 신자들은 그리스도의 법을 따라 살아간다. 그리스도의 법의 성격(참조, 갈 6:2)은 바울이 쓴 모든 것을 읽고 분별 해야 한다.

로마서 13:8-10에서 알 수 있듯이 그리스도의 법에는 구약 율법의 도덕 규범이 포함되어 있다. 이 법들은 모세 율법 일부가 아니라 하나님의 성품을 구성하기 때문에 권위가 있다. 그리스도의 법을 판단하는 것은 자의적이 아니다. 그것은 성경을 언약적으로 그리고 구속-역사적으로 읽기 때문에 분별된다.

그리스도의 법은 특별히 십자가에서 그리스도께서 자신을 내어 주시는 사랑으로 구체화한다. 이런 사랑으로 사는 사람들(갈 5:14)은 그리스도의 법을 성취하며, 예수님의 삶과 죽음은 믿는 자들의 본보기로 역할 한다. 믿는 자들은 다른 사람들의 유익을 위해 살 때, 특별히 다른 사람들을 구원으로 인도하는 것에 관심을 가질 때, 그리스도의 법을 따라 산다. 왜냐하면, 예수의 십자가에서 자신을 내어 주시는 사랑의 목적은 사람들을 하나님과 화목하게 하는 것이었기 때문이다.

<22> 마지막 범주는 특히, 바울과 관련된 문제에 초점을 맞춘다. 즉, 지식 있는 자들이 약한 자들을 어떻게 대하고 있는가 하는 문제이다. 바울은 **약한 자들**을 위해서 **약해졌다**. 다시 말해, 그는 문화적 감수성과 관습을 따라 약한 자들을 기쁘게 하는 방식으로 살았다.

이와 같은 자세는 사랑의 방법이며, 바울은 지식 있는 자들이 같은 방식으로 반응하기를 원한다. 그들의 동기는 약한 자들의 구원이 되어야 한다. 8:11에 이미 언급한 것처럼 강한 자의 행동은 약한 자들의 종말론적 유업이 위협받지 않는 것이어야 한다. 바울은 약한 자들을 얻는다고 말할 때 약간 혼란스럽다.

왜냐하면, 그들은 이미 하나님의 백성의 일부가 아니기 때문일까?

얻는다는 개념에는 그들이 이미 소유한 구원에서 인내하는 개념을 포함하는가?

또는 처음 회심으로 제한되는 용어인가?

아마도 고린도전서 1장 27절에서 볼 수 있듯이, 바울은 사회에서 소외된 사람들을 생각하고 있을 것이다. 확실히, 바울은 믿음이 구원받기까지 계속되어야 한다고 믿었다. 따라서 약한 자에 대한 믿음의 인내를 염두에 두는 것은 가능하다.

결정하기 쉽지 않지만 **얻다**(케르다이노, *kerdainō*)는 처음 회심을 나타내는 것으로 보이며(벧전 3:1) 인내를 포함하는 의미로 확장되어서는 안 된다. 아마도 바울은 적어도 부분적으로는 수사적 이유로 약한 자들의 회심을 포함했을 것이다. 9장에서 그들의 선함이 설명을 위한 이유이기 때문에 바울은 그들을 논의에 포함하려고 한다. 바울의 표현을 더 엄격하게 이해하더라도 여기에서 **약한 자들**은 회심할 때 약한 자의 범주에 속하게 될 이방인일 수 있다.

바울은 다양한 사회적이며 문화적 본질에 적응하는 일에 대한 논의를 요약하면서 마무리한다. 이 요약은 바울의 다른 사람들과의 상호작용에 대한 근본적 동기를 담고 있다.

바울은 여러 사람에게 여러 모습이 되었다. 이것은 그가 그리스도의 법을 위반하지 않는 범위에서 문화적으로 기꺼이 적응했다는 의미이다. 바울의 유연함은 가능하다면 **몇 사람이라도 구원**하려고 하는 열망에 기인한다. 바울의 삶의 방식에서 '일관되지 않음'은 더 높은 이론적 근거가 있다. 그것은 그리스도를 알지 못하는 사람들의 구원이다. 바울은 자신을 본보기로 제시해서 특별히 지식 있는 자들이 그를 본받게 하려고 한다.

**〈23〉** 23절은 종말론적 상을 받기 위해 경주를 해야 할 필요성을 설명하는 24-27절로 전환하는 역할을 한다. 여기서 바울은 그의 삶의 방식이 단순히 다른 사람들의 유익을 위한 것이 아니라고 설명한다. 그가 그리스도를 따르는 자로서 어떻게 살아가는가 하는 점은 자신에게도 중요하다. 바울은 **복음을 위하여** 모든 것을 행한다. 그의 목표는 모든 곳에서 모든 방법으로 복음의 진전되는 것이다.

바울은 그렇게 함으로 그 복에 참여할 수 있었다. 어떤 학자들은 참여(쉰코이노노스, *synkoinōnos*)가 일반적 방식으로 복음의 복과 유익을 나누는 것으로 생각한다. 그러나 바울은 구원 자체를 생각하고 있을 가능성이 크다. 왜냐하면, 이것이 '참여'라는 용어의 맥락과 의미에 적합하기 때문이다(참조, 롬 11:17; 빌 1:7; 계 1:9). 만약 바울이 복음을 위해 살지 못하면 종말론적 구원을 경험하지 못할 것이다. 다시 말해, 바울이 9:24-27에서 말하듯이, 모두가 상을 받기 위해서 경주를 해야 한다.

## 신학

신자들에게는 권리가 있다. 그러나 그리스도인이 다른 이들의 유익과 구원을 위해 살도록 그 권리를 항상 사랑으로 행해야 한다. 신자들의 삶의 방식은 십자가의 형상이어야 한다. 이는 다른 사람의 유익과 선을 위해서 자신이 선호하는 삶의 방식을 희생함을 의미한다. 19-22절은 상황화의 논의에서 중요한 역할을 한다. 구원을 발견하게 만드는 상황화는 바울의 발자취를 따른다.

그리스도인들은 다른 문화들에 자신의 문화적 패턴을 강요해서는 안 된다. 이것은 복음을 위해 얻기 위함이다. 그러나 문화적 유연성은 무제한으로 탄력성을 가지지는 않는다. 예를 들어, 바울은 도덕 규범이나 복음의 근본적 진리를 타협하지 않는다. 예를 들어, 그는 예수님이 하나님의 아들이심을 포기하지 않는다. 그러나 관습과 문화적 실천에서는 매우 융통성이 있다.

### (5) 마지막 상을 받기 위한 자기-훈련(9:24-27)

### 주석

⟨24⟩ 주제는 운동 경기, 특히, 달리기와 복싱으로 바뀐다. 바울은 이것을 신자의 삶에 적용한다. 바울은 아마 매년 고린도에서 열렸던 코린토지협경기대회(Isthmian Games, 이스트미아 경기)를 생각했을 것이다. 경기장의 달리기를 언급하기 때문에 분명히 공식적 경쟁을 언급한다. 여기서 그리스도인의 삶은 우리가 신약의 다른 곳에서 찾을 수 있는 이미지인 경주로 생각된다(빌 3:14; 히 12:1-2). 경주의 목적은 상(브라베이온, *brabeion*), 즉 경주의 우승의 대가인 상을 받는 것이다.

그러므로 신자들은 상을 얻기 위해 모든 노력을 기울여야 한다. 여기서 상이나 보상은 영생 그 자체이다. 영생을 넘어서는 보상이 아니다. 이스라엘에 대한 설명으로 그들이 죄 때문에 그 땅에 들어가지 못했음을 보여 준다(10:1-12). 그러므로 신자들은 승리를 위해 그리고 하늘의 유업으로 들어가기 위해 경주를 달려야 한다.

〈25〉 경쟁하는 사람(호 아고니조메노스, *ho agōnizomenos*)은 엄격한 훈련을 받거나 그들이 하는 모든 일에 문자 그대로 절제한다(CSB 성경, 개역개정). 그들은 경주를 위해 모든 노력을 기울인다. 운동선수들이 얻으려고 경쟁하는 승리자의 관은 썩을 것이다. 따라서 승리의 기쁨은 사라진다.

승리자의 관은 셀러리, 소나무 잎, 또는 다른 잎들로 만든다. 그러나 신자들은 썩지 아니할 관을 얻기 위해 경쟁한다. 여기서 승리자의 관(스테파논, *stephanon*)은 영생 그 자체일 것이다. 바울이 받기로 기대하는 의의 관은 그에게만 주어지는 특별한 상이 아니라 모든 신자, 주(그리스도)의 나타나심을 사모하는 모든 자(딤후 4:8)에게 주어지는 보상이다.

마찬가지로 생명의 면류관도 영생이다. 왜냐하면, 그것은 그리스도를 사랑하는 자들에게 약속하신 것이기 때문이다(약 1:12). 생명의 면류관은 영생 그 자체이며 이 점은 요한계시록 2:10에 분명하게 나타난다.

다음 구절에서는 이 면류관을 받는 사람들은 둘째 사망의 해를 받지 않을 것이다(계 2:11). 그리고 두 번째 사망은 불못과 같다(계 20:14). 마찬가지로 바울은 그리스도인들에게 영원한 생명의 상을 얻기 위해 경쟁하라고 호소한다.

〈26〉 경주는 커다란 결과를 가져오기 때문에 바울과 모든 신자는 목표에 도달하려고 결심하고 달린다. 그들은 경주할 때 최종 보상에 눈을 고정한다. 이미지는 복싱으로 전환된다. 복싱은 코린토지협경기대회(Isthmian Games, 이스트미아 경기)의 경기 중 하나였다. 효율적 복싱 선수는 허공을 쳐서 자신을 소진하지 않고 상대에게 직접 타격을 날려야 한다. 따라서 신자들도 목적과 계획을 세우고 생활하면서 필요한 훈련을 한다.

〈27〉 경쟁은 강하게 그리고 엄격하게 추구해야 한다. 그러므로 바울은 자신의 몸을 친다. 마치 그가 자신을 때리고 눈을 가격하는 것과 같다. 승리를 위해 노력하는 선수들과 마찬가지로 자신의 몸을 복종시키고 있다. 몇몇 신자는 이 글을 엄격한 금욕주의를 지지한다고 읽었다. 그러나 이 이미지에 너무 시달리면 안 된다. 이런 읽기는 바울의 설명보다 더 짜내는 것이다. 바울은 신자들에게 금욕주의의 경향을 경고한다(골 2:16-23; 딤전 4:1-5).

바울은 다른 사람에게 복음을 전파한 후에 **버림을 당하지** 않도록 자신을 훈련한다. 바울은 수신자들을 위한 모범으로 자신을 제시한다. 왜냐하면, 다음 구절들이 보여 주는 것처럼(10:1-22), 그들이 버림받는 것을 원하지 않기 때문이다.

어떤 주석가들은 버림(아도키모스, *adokimos*)이 사역에서 상을 잃지만, 구원은 여전히 안전할 것이라는 의미라고 주장한다. 이런 해석은 이해는 되지만, 문맥과는 동떨어진다.

바울은 10:1-22에서 수신자들에게 구원과 관련된 문제에 대해 경고하기 때문이다. 더욱이 여기서 헬라어 단어(*adokimos*)는 어떤 방식으로든 진정한 믿음에서 자격을 잃은 자들을 나타내기 위해 자주 사용된다. 불신자들은 **상실한**(아도키몬, *adokimon*) **마음**(롬 1:28)을 가지고 있다.

예수 그리스도는 고린도 교인들이 시험에 **실패**(아도키모이, *adokimoi*)하지 않는다면, 즉 불신자가 아니라면(고후 13:5), 참으로 그들 가운데 거한다. 바울은 고린도 교인들이 그의 참된 믿음을 알기를 바란다(고후 13:6). 우리가 **버림받은 자 되지 아니한 것을**(우크 에스멘 아도키모이, *ouk esmen adokimoi*) 알기 소망한다. 바울은 **버림받은**(*adokimoi*, 고후 13:7)자와 같이 생각될지라도 고린도 교인들의 믿음이 진전되기를 원한다.

바울이 실패했다고 생각하더라도 그들이 시험에 통과하는 것이 더 좋을 것이다. 얀네와 얌브레는 **믿음에 관하여는 버림받은 자들이다**(아도키모이 페리 텐 피스틴, *adokimoi peri tēn pistin*, 딤후 3:8). 이것은 그들이 불신자임을 분명하게 의미한다. 디도서의 거짓 선생들은 하나님을 안다고 주장하지만 그들의 삶의 방식을 볼 때 그들은 하나님을 부인하고 있다. 그리고 그들은 **모든 선한 일을 버리는 자**(*adokimoi*)이다(딛 1:16). 경주에서 승리하기 위해 달리고 영생을 얻기 위해서 열심히 경쟁해야 한다.

따라서 10장에서 바울이 고린도 교인들에게 경고하기 전에 그들에게 같은 요구를 하고 있음을 상기시킨다.

여기에서 바울의 말은 자신의 은혜의 신학과 일치하는가?

그 문제는 아래의 신학 부분에서 계속될 것이다.

**신학**

바울은 영생의 상을 얻기 위해 끝까지 경주를 달려야 한다고 가르쳤다. 이 해석이 바울의 구원에 대한 확신과 예수 그리스도 안에 있는 하나님의 은혜와 맞는 내용인지 의문이다. 분명히 완벽하게 다룰 수 없는 복잡한 문제들이 있다. 하지만 구원을 얻기 위해 끝까지 인내하라는 경고와 호소는 신약에서 일반적이다(예, 마 10:22, 33; 요 15:1-8; 롬 11:19-22; 갈 5:2-4; 히 6:4-8).

동시에 우리는 하나님이 마지막 날까지 자신의 백성을 보존하실 것이라는 약속을 알고 있다. 구원의 선한 역사를 시작하시는 이는 자기 백성에게 그것을 이루실 것이다(빌 1:6; 또한, 요 6:37-40; 10:28-30; 롬 8:28-39). 학자들은 어떻게 경고와 확신의 본문이 서로 연관되는지 오랫동안 토론해 왔다. 이 문제는 고린도전서에도 나타난다. 1:8-9에서 신자들은 하나님께서 마지막까지 그들을 믿음에 견고하게 하실 것을 확신한다.

그러나 9:24-27과 10:1-22에서 바울은 그들이 구원받기 위해 끝까지 그 믿음을 유지해야 한다고 말한다. 나는 신약의 경고와 호소가 그리스도인들을 믿음으로 보존하는 데 사용되는 기본적 수단 중 하나라고 제안한다. 신자들이 경고에 응답할 때, 그들의 확신은 약해지지 않고 깊어진다.

끝까지 경주해야 할 필요성은 바울을 의심하게 하거나 그의 확신을 흔들지 않는다. 대신, 경주하라는 충고는 그에게 계속 믿음을 유지하도록 자극했으며, 그의 인내심은 마지막 구원을 받을 것이라는 자신감을 강화했다. 인내하지 않는 사람들은 그들이 참되지 않음을 나타낸다(11:19). 따라서 인내는 참된 신자의 표시이다.

### 3) '지식 있는 자들'에 대한 위험(10:1-22)

바울은 고린도 교인들에게 배교의 위험을 경고하는 고린도전서 10:1-13에서 주제를 전환한다. 그는 상을 받기 위해 경주를 달리고 경쟁해야 할 필요성을 보여 준다. 이스라엘의 경험과 예수 그리스도의 교회는 병행된다. 이스라엘의 죄에 대한 장황한 설명은 옛 이스라엘처럼 교회가 타락하지 않도록 권면하기 위해서이다.

이스라엘은 변절로 약속의 땅에 들어가지 못했다. 그러므로 바울은 고린도 교인들이 심판의 날에 종말론적 상을 받도록 권고한다. 이 부분은 위로의 말씀(10:13)으로 끝난다. 바울은 신자들에게 하나님이 자신에게 속한 자들을 배교로부터 신실하게 지킬 것을 일깨운다.

바울이 이끌어 가는 요점이 10:14-22에 드러난다. 고린도 교인들은 우상 숭배를 피해야 한다. 왜냐하면, 우상 숭배는 최종 심판으로 이어질 것이기 때문이다. 제물을 먹는 자들이 제단에 바쳐진 것으로 유익을 얻는 것처럼, 그리스도의 몸과 피에 참여하는 사람들은 그분이 성취한 유익을 나눈다.

바울은 아무것도 아닌 우상들에 대해 했던 말을 취소하지 않지만, 상황은 눈에 보이는 것보다 더 심각하다. 8장에서 보았듯이 지식 있는 자들은 우상이 존재하지 않기 때문에 우상의 성전에서 먹을 수 있다고 믿었다.

우상은 존재하지 않지만, 바울은 고린도 교인들에게 우상의 배후에 귀신의 힘이 있다고 가르친다. 그러므로 그들이 우상의 신전에서 식사에 참여하면 귀신과 교제하게 된다. 여기에서 타협점은 없다. 주님의 식탁과 귀신의 식탁에서 먹을 수 없다. 만약 고린도 교인들이 그 길을 간다면 광야에서 이스라엘이 했던 것처럼 주님의 질투를 일으켜 하나님의 심판에 직면하게 될 것이다.

### (1) 이스라엘의 예와 배교의 위험(10:1-13)

광야에서의 이스라엘의 경험은 예수 그리스도 안에 있는 신자들과 연결된다. 신자들에게 이스라엘의 죄악을 같은 패턴으로 따르지 말라는 권면을 한다. 바울은 11절에서 자신의 목적을 설명한다. 광야에서의 이스라엘의 경험은 예수 그리스도의 교회를 예표하고 기대함으로 모형론적 역할을 했다. 왜냐하면, 예수 그리스도의 오심으로 종말이 시작되었기 때문이다.

이스라엘 백성의 특권은 1-4절에 기록되어 있다. 하나님은 구름 기둥으로 임재하시고 보호하셨다. 그들은 홍해를 통해서 구원받았다. 그들은 구름과 바다에서 하나님의 백성의 지도자인 모세에게 속했다. 어떤 의미에서 그들이 만나에 참여할 때 주의 만찬과 같은 식사를 했다.

마찬가지로 그들은 신자들이 주의 만찬에서 잔을 마시는 것처럼 광야에서 그 물을 마심으로 그리스도를 마셨다. 그러나 이 모든 특권과 유익에도 불구하고 하나님께서 기뻐하지 않으셨기 때문에 이스라엘은 그 땅에 들어가는 데 실패했다(10:5).

6-10절은 하나님이 왜 이스라엘 백성을 기뻐하지 않으셨는지에 대해 짧게 묘사하고 왜 그들이 그 땅에 들어가지 못하게 하셨는지 설명한다. 이스라엘의 경험은 본보기가 된다. 그러므로 신자들은 이스라엘처럼 악을 바라면 안 된다(개역개정: 즐겨 하는 자가 되지 않게).

이스라엘 사람들이 금송아지를 만들었을 때처럼 우상 숭배 하는 자가 되지 말아야 한다. 중요하게도 우상 숭배는 고린도 교인들의 먹는 것과 관련이 있었다. 이스라엘은 또한 미디안과의 음란의 희생양이었으며 그 결과로 수천 명이 사망했다.

바울은 이스라엘이 그리스도를 시험했고 그 결과 뱀으로 멸망했다고 주장하면서 이스라엘과 교회의 밀접한 관계를 만든다. 어떤 이스라엘 백성은 불평했고 그에 따른 심판을 받았다. 광야에서 이스라엘의 실패는 신자들에게 경고의 역할을 한다. 그들은 하나님의 은혜를 가정하고 노골적 죄를 지어도 마지막 상을 받을 것으로 생각해서는 안 된다(10:12).

그러나 여전히 하나님은 신실하시다(10:13). 하나님은 사람이 감당하지 못할 시험을 허락하시지 않고 신자들이 끝까지 인내할 수 있도록 배교를 피할 방법을 제공할 것이다.

### 주석

〈1〉 바울은 고린도 교인들이 이스라엘과 교회의 경험 사이의 연속성을 알기 원한다. 고린도 교인들의 대부분이 이방인이지만, 그는 이스라엘을 우리 조상이라고 부르면서 예수 그리스도 안에 있는 신자들은 회복된 이스라엘 일부라는 사실을 나타낸다.

이스라엘의 역사, 이스라엘의 이야기는 그들의 역사이다. 이스라엘 백성은 출애굽과 광야에서 **구름 아래** 있었다. 여기서 언급되는 구름 기둥은 이스라엘을 인도했고 밤에는 빛을 비췄다(출 13:21). '구름 아래'에서의 이스라엘 백성의 경험은 하나님의 보호를 받았음을 나타낸다.

시편 105:39는 여호와께서 구름을 펴사 덮개로 삼으시고라고 말한다. 덮개는 보호를 나타낸다. 또한, 이스라엘은 바다 가운데 지날 때 구원을 받았다(참조, 출 14:21). 이스라엘의 보호와 구원은 구름을 통해 바다 가운데를 지날 때 이루어졌음이 솔로몬의 시편 19:7-8에 잘 나타난다. 여호와의 율법은 완전하여 영혼을 소성시키며 여호와의 증거는 확실하여 우둔한 자를 지혜롭게 하며 여호와의 교훈은 정직하여 마음을 기쁘게 하고 여호와의 계명은 순결하여 눈을 밝게 하시도다(시 19:7-8).

교회는 그리스도의 구속을 받아 하나님의 보호 아래 살고 있다. 이스라엘도 비슷한 경험을 했지만, 바울이 5절에서 언급한 것처럼 그 땅에 들어가지 못했다.

〈2〉 이스라엘의 경험과 교회의 경험 사이의 유사점을 끌어내려는 경향이 다시 분명해진다. 바울은 그리스도인들이 그리스도 예수와 합하여 세례를 받은(롬 6:3) 것처럼 광야 세대가 모세에게 속하여 세례를 받았다고 말한다. 이스라엘이 **구름과 바다**에 있을 때, 이스라엘의 지도자로서 모세의 독특한 역할이 승인되었다. 이스라엘이 물에 닿지 않고 마른 땅에 있었기 때문에 세례의 언어는 조금 이상해 보인다.

우리는 바울이 비유적으로 주장하는 것을 알 수 있다. 그리스도인의 세례에서 신자들은 **그리스도로 옷 입는다**(갈 3:27). 그들은 교회로 한 몸이 되었다(고전 12:13). 출애굽의 큰 구속의 사건을 통해서 이스라엘은 모세에게 속하고 하나님의 백성으로 세워졌다는 의미가 있다.

어떤 주석가들은 고린도 교인들이 세례와 주의 만찬에 대한 마술적이면서 성례적 견해를 가지고 있었다고 주장한다(3-4절). 성례가 그들을 어떤 심판의 가능성으로부터도 보호한다고 생각했다. 이와 같은 성례에 대한 견해는 확실한 증거가 부족하다.

따라서 이 구절과의 연결은 과도한 해석이다. 우상에 바쳐진 음식을 먹는 문제와 관련되어 있으므로 세례와 주의 만찬이 소개된다. 바울은 하나님의 은혜로 구원을 받고 그분의 자비(세례와 주의 만찬)를 누리는 사람들은 반드시 심판에서 보호받는다는 개념에 대답한다. 이스라엘 백성은 이와 같은 축복을 모형론적으로 받았지만, 약속의 땅에 들어가지 못했다.

⟨3⟩ 이스라엘 백성들이 일종의 세례를 누렸다면 그들은 또한 기다렸던 주의 만찬도 경험했다. 그들은 다 같은 **신령한 음식**을 먹었다. 광야에서 이스라엘에게 40년 동안 계속되었던 만나에 대한 언급이다(출 16:4, 35; 느 9:20; 시 78:24-25). 바울은 그들이 단지 만나를 먹었다거나 음식을 먹었다고 말하지 않는다. 그는 음식을 **신령한** 것으로 보고 다시 이스라엘의 경험과 예수 그리스도의 경험 사이의 유사점을 이끌어 낸다.

⟨4⟩ 이스라엘은 '신령한 음식'을 먹었을 뿐만 아니라 **신령한 음료**를 마셨다. 주의 만찬에서 떡을 먹는 것과 잔을 마시는 것의 유사점이 완성된다. 이스라엘은 주의 만찬에서 떡을 먹고 포도주를 마시는 신자들의 경험으로 예상되는 예전적 경험을 했다. 바울은 그 음료가 왜 신령한지 자세하게 구

체화해서 설명한다.

　이스라엘 백성은 그들과 함께하는 신령한 반석으로부터 마셨다. 바위의 신령함이 다시 강조된다. 반석이 함께 했다. 또는 따랐다(아콜루두세스, *akolouthousēs*)는 의미를 문자적으로 받아들인다면 아마도 광야에서 이스라엘을 따르는 우물에 대한 랍비 전통에서 비롯된 것일 수 있다.[22] 또는 민수기 21:17의 암시일 수 있다. 우물물아 솟아나라 너희는 그것을 노래하라.

　그러나 따르는이라는 단어는 문자적 의미가 아니다. NIV 성경은 함께하다로 번역한다. 수신자들은 모세가 백성들에게 반석에서 물을 공급했던 구약의 광야 이야기로 돌아간다(출 17:6; 민 20:7-11; 시 78:15-16). 아마도 바울은 이 본문과 하나님은 이스라엘의 '반석'이라는 고백을 연결시켰을 것이다(신 32:4, 15, 18, 30, 31).

　광야에서 그들에게 주어진 물은 다른 반석이 아닌 그 반석에서 나왔다. 다시 말해, 참하나님은 근본적으로 우상과 다르다(신 32:31). 아마도 바울은 그리스도가 바위라는 것을 암시하는 것을 볼 때 하나님은 반석이라는 구약의 주장을 읽었을 것이다. 그는 그 바위가 물리적이 아니라 영적이라고 생각하고 있었음을 보여 준다. 이 해석은 신약 기자들에게서 흔히 볼 수 있다. 구약에서 야훼에게 돌려지는 것이 예수 그리스도께 적용된다(예, 롬 10:13; 고전 10:9; 빌 2:10-11).

　우리가 본 것처럼, 바울의 목적은 이스라엘과 교회 사이의 가능한 한 가장 가까운 관계를 끌어내는 것이다. 그는 고린도 교인들이 구약의 이스라엘이 교회와 너무 떨어져 있어서 적절한 병행이 되지 않는다고 주장하면서 자신의 권면을 무시하지 않기를 원한다. 실제로 그리스도는 이스라엘과 함께하셨다.

---

**22**　Psuedo-Philo, *Bib. Ant.* 10:7; 11:15; *t. Sukkah* 3:11-12; *Sipre Num.* 11:21; *Targum Onqelos* on Num. 21:16-20; *Num. Rab.* 1:5 on 21:17. 이 문헌들을 위해서 Garland, 470을 보라.

## III. 교회의 현재 문제들에 대한 대답(7:1-16:4)　271

⟨5⟩ 새 언약 신자들의 축복을 기대하게 만드는 이스라엘이 받은 축복은 1-4절에서 적절하게 언급된다. 바울은 광야 세대의 장점을 어느 정도 낭독함으로 수신자들에게 망치로 때리는 것 같은 충격을 준다. 이 모든 축복에도 불구하고 그들의 다수를 하나님이 기뻐하지 아니하셨다.

하나님이 그들 대다수를 인정하지 않으셨다는 증거는 그들이 광야에서 '멸망을 받았다'는 것이다. 이어서 이스라엘의 믿음과 그 땅에 들어가지 못한 실패에 대한 기록은 민수기 14장에서 나타난다. 다른 신약 기자들은 이 사건을 언급하면서 신자들에게 이스라엘의 실패를 상기시킴으로 훈계한다(히 3:17; 유 1:5).

히브리서는 이스라엘 역사의 같은 사건을 하나님의 안식에 들어가는 것에 적용한다(히 3:7-4:13). 히브리서는 이스라엘이 불신과 불순종으로 그 땅의 안식에 들어가지 못했다면 신자들은 같은 이유로 하늘의 안식을 잃어버리지 않도록 조심해야 한다고 주장한다.

바울은 이 구절에서 비슷한 주장을 한다. 광야에 있는 이스라엘이 많은 축복을 받은 후에 심판을 받았다면 신자들도 주의해야 한다. 그들은 하나님의 심판에서 면제되었다고 생각해서는 안 된다.

⟨6⟩ 6-10절은 광야의 이스라엘이 지은 죄의 5가지 예를 기록한다. 바울이 논하는 방식은 고린도 교인들에게 이스라엘의 역사의 중요성을 강조한다. 광야 세대의 이야기는 고린도 교인들에게 **본보기**(티포이, *typoi*)로 기능한다. 이스라엘의 역사는 단순히 골동품을 수집하는 사람들의 관심거리가 아니다.

바울 시대의 교회에도 적합하고 적용된다. 특별히 우상의 제물과 관련이 있다. 첫 번째 예는 악한 욕망에 초점을 맞춘다. 고린도 교인들은 **악을 즐겨한** 이스라엘의 예를 따르지 말아야 한다. 바울은 거의 확실하게 이스라엘 가운데 일부가 **탐욕**(에페뒤메산 에피뒤미안, *epethymēsan epithymian*, 70인역)을 품는 민수기 11:4를 암시한다.

바울은 즐겨하다(에피뒤메타스, *epithymētas*)와 즐겨했다(에페뒤메산, *epethymēsan*)를 사용한다. 이것은 민수기 11:4와 매우 비슷하다(참조, 민 11:34). 시편 106:14는 또한 광야 세대의 악한 욕망에 주의를 기울인다. 광야에서 욕망에 사로잡혔다(*epethymēsan epithymian*, 개역개정 : 욕심을 크게 내며). 이 구절의 70인역(70인역)도 악한 욕망을 강조한다. 욕망과 즐겨 함은 탐심의 죄와 관련이 있다(출 20:17).

흥미롭게도 사람들은 고기를 즐겼고, 고린도 교인들은 또한 음식을 즐겼다. 따라서 우상에 바쳐진 음식과의 관계가 만들어진다. 이 욕망은 사소한 잘못으로 여겨지지 않는다. 왜냐하면, 악한 욕망의 죄를 지은 이스라엘 사람들을 (여호와께서) 큰 재앙으로 치셨기(민 11:33) 때문이다. 고린도 교인들은 악한 욕망에 대해 경고를 받는다. 왜냐하면, 심판으로 이어질 것이기 때문이다. 그들은 우상의 제물과 관련된 악한 욕망을 피해야 한다.

〈7〉 6절에서 이스라엘의 죄는 죄의 욕망, 특별히 음식에 대한 죄의 욕망에 초점을 맞추었다. 여기서 고린도 교인들에게 우상 숭배자가 되지 말라고 권면한다. 광야의 이스라엘은 그렇게 길을 잃었다. 6절과 7절 사이의 흥미로운 관계에 주목해야 한다. 6절의 죄는 악한 욕망이지만, 다른 곳에서 바울은 탐심을 우상 숭배로 본다(엡 5:5; 골 3:5).

골로새서 3:5에서는 탐심을 위해 다른 헬라어 단어가 사용되지만(플레오넥시아, *pleonexia*), 동일한 의미론적 범위에 있으며 개념은 동일하다. 여기서 바울은 우상 숭배를 보다 구체적으로 지적한다. 그는 성경에서 아마도 가장 비참하고 노골적 우상 숭배의 예를 선택한다. 이스라엘은 방금 주님과 언약을 맺었고, 언약의 규정들에 동의했다(출 24:3-8). 그러나 시내산으로 올라갔을 때 이스라엘은 빨리 언약의 규율들에서 돌이켜 금송아지를 만들었다(출 32:8; 참조, 출 20:4). 출애굽기 32:6의 인용이 나타난다.

바울이 이스라엘이 먹고 마시면서 우상 숭배를 저지르는 것을 묘사하는 구절을 선택한 것은 우연이 아니다. 고린도 교인들에 대한 경고는 분명하다. 우상의 신전에서 먹고 마신다면 그들도 우상 숭배의 죄를 짓게 될 것이다. 바울이 가져온 인용문에서 **흥청거리다**(개역개정: 뛰논다)라는 단어는 우상 숭배를 나타낸다. 고린도 교인들이 신전에서 우상에 바쳐진 음식을 먹으면 같은 죄를 짓는 것이 될 것이다.

〈8〉 광야에서의 이스라엘로부터 얻는 세 번째 경고는 민수기 25장에서 온다. 바울은 고린도 교인에게 음행에 빠져 이스라엘의 본보기를 따르는 것을 경고한다. 우리는 고린도전서 16:18에서 이미 고린도 교인들이 음행을 피하라는 호소를 받은 것을 보았다. 민수기 25장의 이야기는 더 넓은 맥락에서 읽을 때 놀랍게 고린도 교인들의 상황에 적용된다.

이스라엘 사람들은 모압 여인들과 성관계를 맺었다(민 25:1). 특별히 흥미로운 점은 2절에 나타난다. 그 여자들이 자기 신들에게 제사할 때에 이스라엘 백성을 청하매 백성이 먹고 그들의 신들에게 절하므로…. 시간 순서는 분명하지 않다. 성적 죄가 우상의 신전에서 먹었던 잔치보다 앞서는지 분명하지 않다. 우연히 **우상**(에이돌로이, *eidōloi*)이라는 단어가 2절의 헬라어 번역에서 두 번 사용된다. 어쨌든 성적 죄는 우상 숭배와 밀접한 관련이 있으며 특별히 다른 신들에게 바쳐진 제물을 먹는 것과 밀접한 관련이 있다.

이스라엘의 지도자들이 처형되었다는 점에서 주의 심판은 엄중했다(민 25:4-5). 그리고 24,000명이 염병으로 죽었다(민 25:9). 신전에서 우상에게 바쳐진 음식을 먹는 것은 이스라엘이 바알브올에서 했던 일로 되돌리는 것이다.

다른 흥미로운 문제는 구약의 24,000명을 바울은 23,000명으로 언급한다는 점이다. 이 어려운 문제를 해결하기 위한 명확한 대답은 없다.

어떤 학자들은 실제로 23,500명이 죽었고 바울은 23,000명으로 내림하고, 민수기는 24,000명으로 올림한다고 주장한다.

이 해결책은 가능하지만, 사실인지 결정할 수 없다. 아마도 바울의 시대에 23,000명이 죽는 또 다른 전통이 있었을 것이다. 그러나 증거가 없으며 이런 이론은 추측일 뿐이다. 구약성경은 숫자를 전달하는 데 항상 확실하지 않다.

우리의 당혹감과 질문은 우리 문화에서 기대되는 정확성에서 비롯된다. 고대 세계에서는 숫자를 반올림하고 근삿값을 사용하는 것이 일반적이었다. 따라서 23,000명과 24,000명 사이의 불일치는 원래 독자들에게는 문제가 아닌 것처럼 보일 수 있다.

갈런드는 바울이 출애굽기 32:28에서 죽은 3,000명을 이 본문에서 죽은 20,000명에 더하는 것이 가능하다고 제안한다.

<9> 네 번째 예는 그리스도를 시험하는 것과 관련이 있다. 고린도 교인들은 이스라엘 가운데 어떤 사람들처럼 **그리스도를** 시험하면 안 된다. 이스라엘의 죄로 많은 사람이 뱀에 물려 죽었다(민 21:5-9). 요한은 또한 이 이야기에서 다른 점을 강조한다. 즉, 믿는 자들은 심판에서 구원을 받을 수 있다(요 3:14-15).

바울은 구원받은 사람들이 아니라 심판받은 사람들을 강조한다. 심판에 사용된 단어 **멸망하다**(아폴륀토, *apōllynto*)는 민수기 21장의 육체적 사망과 관련이 있다. 실제로 민수기 21:6에서 심판의 단어는 **죽다**(아페다넨, *apethanen*)이다.

그러나 바울은 대신에 '멸망하다'를 사용한다. '멸망하다'는 육체적 사망을 의미할 수 있는데, 분명히 이스라엘에 내려진 심판이다. 바울은 종종 종말론적 멸망을 나타낼 때 이 단어를 사용한다(롬 2:12; 14:15; 고전 1:18, 19; 8:11; 15:18; 고후 2:15; 4:3; 살후 2:10). 이스라엘이 육체적 징계를 받았다면, 바울은 여기에서 마지막 종말론적 심판에 대해 고린도 교인들을 경고한다. 구속 역사에서 이스라엘의 심판은 더 크고, 더 엄중한 심판을 가리키고 예견한다. 그 심판은 일시적이 아니라 영원하다.

바울은 이스라엘의 시험과 고린도 교인들이 직면한 위험 사이를 긴밀하게 연결한다. 가장 좋은 본문 읽기는 그들이 **그리스도를 시험하다**(했다)이다. 민수기 21:5-9에서 이 단어가 나오지 않기 때문에 '시험'이라는 단어의 사용이 무엇인지 설명한다. 우리는 이 내러티브에 대한 바울의 읽기와 해석을 본다.

우리는 다른 곳에서 이스라엘이 **탐욕대로** 음식을 **구하여** 주님을 시험했음을 본다(시 78:18; 참조, 78:41, 56). 고린도 교인들이 우상의 제물을 신전에서 먹으면 그들은 하나님을 시험하게 되고 심판이 그 결과로 일어날 것이다.

〈10〉 다섯 번째이자 마지막 예는 이스라엘이 했던 것처럼 원망하고 불평하지 말라고 고린도 교인들에게 요청한다(참조, 빌 2:14). 이스라엘은 식량(출 16:1-3, 7, 8)과 물(출 15:24; 17:7) 부족과 광야 여행의 어려움에 대해(민 11:1), 아론의 리더십에 대해(민 16:11), 고라, 다단, 아비람의 죽음에 대해(민 16:41), 그리고 특별히 약속의 땅으로 인도하실 것이라는 주의 약속에 대해(민 14:2, 27, 29, 36; 신 1:27; 시 106:24) 원망했다.

빌립보서 2:14-15를 살펴보면, 이 명령의 중요성이 분명해진다. 왜냐하면, 이 구절에서 우리는 원망하는 자들이 참된 하나님의 자녀가 아니라는 것을 알 수 있다. 원망하는 자들은 **어그러지고 거스르는** 자들이다. 이는 신명기 32:5를 암시한다. 이스라엘은 **흠이 있고 삐뚤어진** 세대로 묘사한다.

그러므로 모세는 이스라엘에 대해 이렇게 선언했다. (그들은) **하나님의 자녀가 아니요**(신 32:5). 원망은 분명하게 주님으로부터 떠나는 것이다. 바울은 구약에서 원망하는 자들이 **멸망시키는 천사**(개역개정: 멸망시키는 자)에 의해 죽었다고 주장하면서 그 사실을 확인한다. '멸망시키는 천사'는 아마도 불평에 부과되는 심판의 일반적 묘사일 것이다. 이것은 불평하는 자들을 멸하는 불(민 11:1-3)과 고라, 다단, 아비람과 그 추종자들의 멸망(민 16:22-35)을 포함하며 그리고 광야 세대가 약속의 땅에서 배제되는 것을 포함한다.

바울은 다시 **멸망하였나니**(아폴뤼온토, *apōlyonto*)를 사용하여 심판을 정의하는데 이것은 신자들이 이스라엘이 한 것처럼 죄에 대해 굴복할 때 그들에게 주어지는 종말론적 심판을 가리킨다.

〈11〉 이제 6-10절에 기록된 사건들의 중요성이 설명된다. 이스라엘의 경험은 결코 그들만의 것이 아니라 처음부터 본보기를 목적으로 했다. 즉, 하나님이 구속사를 계획하셨고 이스라엘의 삶은 **모형론적으로**(튀피코스,

*typikōs*, 여기에서는 본보기로 번역) 기능한다. 예수 그리스도의 교회가 하는 경험은 이스라엘의 경험에 부합하고 놀라울 정도로 이스라엘의 경험을 재현한다(참조, 고전 9:10). 사건들은 회고적 모형론으로만 인식되지 않는다.

오히려 하나님은 처음부터 본보기를 의도했다. 그 병행은 모든 측면에서 유사하다고 말할 수 없다. 모형론의 일반적 특징은 단계적 확대이기 때문이다. 즉, 원형은 모형보다 더 크다.

예를 들어, 그리스도의 희생은 동물의 희생에 대한 원형이지만, 그 성취는 분명히 모형보다 더 크다. 따라서 새 언약의 약속을 받아들인 예수 그리스도의 교회는 옛 이스라엘보다 하나님께 더 위대하게 다가가고 뛰어난 복을 누리고 있다. 그런데도 이스라엘의 역사는 교회의 삶에서 끊어지지 않는다. 이 경우 광야에서 이스라엘이 멸망한 것은 교회에 경고가 된다. 교회는 하나님의 보존에 매달림으로 이스라엘의 실패가 무의미하다고 주장할 수 없다. 오히려 경고는 하나님의 보존 약속이 보장되는 수단 중 하나이다.

여기에 제공된 모형론에 대한 이해는 말세가 예수 그리스도를 믿는 사람들에게 왔다는 주장과 일치한다. 예수 그리스도 안에서 마지막 때, 즉 역사의 종말이 왔다는 개념은 신약에서 일반적이다. 요한은 마지막 때(요일 2:18)라고 말하고 베드로는 만물의 마지막이 가까이 왔으니(벧전 4:7)라고 선언한다. 하나님은 아들을 통해 **이 모든 날 마지막에 그의 아들을 통해서 자신의 백성에게 말씀하셨다**(히 1:2). 그리고 '말세에' 성령을 부어 주셨다(행 2:17-18). 모든 역사와 하나님의 언약은 예수 그리스도 안에서 성취된다.

마지막 날은 시작되었지만 예수 그리스도 안에서 완성되지 않았다. 그러므로 이스라엘의 역사는 예수 그리스도를 믿는 사람과 특별히 고린도 교인들을 위한 것이다. 그들은 광야에서 하나님에 대한 이스라엘의 반응에서 얼마나 심각하게 하나님을 불신하고 그분께 불순종했는지를 본다.

〈12〉 특히, 고린도 교인들이 이스라엘의 역사에서 배워야 하는 교훈은 자신감과 관련이 있다. 이것은 실제로 뻔뻔스러움에 해당한다. 예수 그리스도 안에서 그들에게 주어진 은혜는 참으로 독특하고 강력하다. 그들은 깨어 있을 필요가 없다고 생각하면 안 된다. 넘어질 가능성을 생각하고 피할 때 그들은 서게(에스타나이, *estanai*) 될 것이다.

바울은 종종 '서다'라는 단어로 인내를 표현한다. 예를 들어, 바울은 신자들이 계속 믿음에 서 있지 않으면(롬 11:20; 참조, 고후 1:24) 감람나무에서 끊어질 것이라고 경고한다.

반면에 로마서 14:4에서 그는 주께서 신자들을 세우시는 은혜를 주실 것이라고 확신시킨다. 고린도전서 15:1-2에서 고린도 교인들은 복음 가운데 서 있다고 바울은 말한다. 그러나 바울은 곧 그들이 계속해서 믿음을 유지하도록 요청한다(또한, 엡 6:11, 13, 14). 마찬가지로 동사 '넘어지다'(피프토, *piptō*)는 종종 배교를 나타내며 믿음에서 멀어짐을 가리킨다. 우리는 로마서 11: 22 바울의 권면에서 이것을 다시 볼 수 있다. 넘어지는 사람들은 하나님의 심판에 직면할 것이다.

그러므로 광야에서 이스라엘의 넘어짐(에페산, *epesan*, 개역개정: 죽었나니, 고전 10:8)은 교회가 같은 길을 따르지 않도록 경고한다. 마찬가지로 바울은 로마서 14:4에서 '세움'과 '넘어짐'을 대조한다(참조, 갈 5:1; 살후 2:15). 경고는 고린도 교인들을 두렵게 하거나 마비시키기 위해서 계획된 것이 아니며 자기 성찰에 대한 요구도 아니다. 바울은 신자의 영적 지위에 의문을 던지지 않는다. 경고에 주의를 기울이는 자들이 더 확신하므로 이와 같은 경고는 확신에 위협이 되지 않는다.

〈13〉 13절은 약속과 경고가 고린도 교인들이 끝까지 경주할 힘을 준다는 점을 확인시킨다(고전 9:24-27). 바울은 그들의 억측을 경고하고 하나님의 신실하심을 확신시킨다. 그들이 직면한 유혹은 이례적이고 흔하지 않지만, 모든 곳의 모든 사람의 경험과 일치한다(참조, 약 1:13-14). 이와 같은 유혹에서도 하나님은 신실하시다.

특히, 배교하려는 유혹은 우상에게 바쳐진 음식을 먹음으로 표현된다. 고린도 교인들이 거짓 신들의 신전으로 초대를 받아들이지 않으면 사회에서 배제될 것이라는 유혹이 매우 강하다고 하더라도 하나님은 죄에 대한 유혹 가운데 있는 자신의 백성을 버리지 않으신다.

이 구절의 초점은 실제로 일반적 유혹이 아니라 문맥상 이스라엘의 실패(10:1-10)와 그 이후의 구절(10:14-22)이 확인하는 것처럼 배교의 유혹이다. 하나님의 신실하심은 유혹이 신자들의 능력을 넘어서는 것을 허용하지 않을 것이다. 그는 또한 신자들에게 유혹을 견딜 수 있는 능력을 주신다. 하나님의 은혜는 신자들을 부추기는 유혹에 저항할 결심을 하게 한다. 따라서 그들은 유혹을 견딜 수 있는데, 이 유혹은 우상에 바쳐진 음식을 먹고자 하는 열망이다.

**하나님께서 신실하시다**(개역개정: 하나님은 미쁘사)라는 주장은 끝까지 자신의 백성을 지키시겠다는 하나님의 맹세에 대한 바울의 생각과 일관성 있게 연결된다. 고린도 교인들은 끝까지 **책망할 것이 없는 자**가 될 것을 확신했다. 이 약속의 기초는 **하나님의 미쁘심**이다(고전 1:8-9). 비슷하게 데살로니가전서 5:23에서 바울은 믿는 자들이 우리 주 예수 그리스도께서 강림하실 때에 흠 없이 보전될 것을 기도한다.

그리고 이어서 너희를 부르시는 이는 미쁘시니라고 말하며 그 기도가 이루어질 것이라고 그들을 확신시킨다(살후 5:24). 또한, 데살로니가후서 3:3에서 주님의 신실하심은 신자들을 사탄에게서 지키시고 굳건하게 지키심에서 드러난다. 이것은 그들이 배교를 저지르지 않도록 보호받을 것이라고 말하는 또 다른 방법이다.

우리는 디모데후서 2:13에서 믿는 자들은 **신실할 수 있지만**, 그리스도는 **항상 신실하시다**. 즉, 신실하지 않아서 죄를 지은 사람들이 돌이킬 수 없는 죄를 짓지 않고 마지막 멸망에서 구원을 받는다는 의미이다. 하나님 또는 그리스도의 신실하심을 확인하는 모든 본문은 최종 구원을 약속하는 문맥에서 나온다.

### 신학

바울의 구약 읽기는 매우 흥미롭다. 이스라엘과 교회가 모든 의미에서 동일하지 않지만, 이스라엘은 우리 조상들(10:1)로 정의된다. 같은 방식으로 이스라엘의 반석은 그리스도였고 이스라엘은 광야에서 그리스도를 시험했다. 이스라엘과 교회 사이에는 신학적 관계가 형성된다.

모형론의 역사는 역사의 주인인 하나님께 단순히 회고적이지 않다. 처음부터 이스라엘이 교회의 모형으로 사용될 계획이었다. 모형론의 또 다른 특징은 확장이다.

예를 들어, 이스라엘은 물리적 처벌을 받았지만, 교회를 위협하는 처벌은 영원한 멸망이다. 이스라엘은 신정국가였기 때문에 이스라엘과 교회 사이에 불연속이 존재하지만, 교회는 특정한 국가에 제한되지 않고 모든 국가와 사람들이 구성원이 된다.

12절과 13절은 매우 놀랍게 병렬된다. 바울은 한편으로 수신자들에게 그들의 억측을 경고한다. 그는 깨어서 인내하라고 요청한다. 다음 구절에서 그들에게 하나님의 신실하심을 확신시키며 하나님께서 마지막까지 보존하실 것을 약속한다. 두 주제 사이에는 바울이 분명하게 인식한 긴장이 있다. 신자들이 경고에 주의를 기울이면서 마침내 구원을 받을 것이라는 확신이 커지기 때문에 경고는 확신을 꺾기보다 실제로 구축한다. 인내는 궁극적으로 하나님의 힘과 보존케 하심에 근거한다.

### (2) 우상 숭배를 피하라(10:14-22)

10:14-22에서 바울은 논의의 결론을 끌어낸다. 수신자들은 끝까지 경주하도록 요청을 받았다(9:24-27). 그리고 이스라엘의 역사에서 배워서 넘어지지 않도록 경고를 받았다. 특별히 그들은 우상 숭배를 피해야 한다(10:14).

8장의 모든 주장은 이 경고를 바탕으로 한다. 우상의 신전에서 먹는 것은 우상 숭배에 지나지 않으며, 고린도 교인들은 스스로 이것을 이해할 수 있어야 한다(10:15). 바울은 두 가지 설명으로 이 주장을 뒷받침한다.

첫째, 주의 만찬과 관련이 있다(10:16-17). 주님의 식탁에서 잔을 마시고 떡을 먹을 때, 신자들은 그리스도께서 그들에게 주신 유익에 참여하고 공동체적으로 그 축복에 참여한다.

둘째, 구약의 제물에서도 같은 원칙이 나타난다(10:18). 희생 제물을 먹는 사람들은 제단에서 나눈 것의 유익에 참여한다. 바울은 고린도 교인들이 자기주장의 취지를 듣고 이어지는 결론에 반대할 것이라고 예상한다(10:19).

만일 주님의 식탁에서 먹는 자들 또는 희생 제사를 먹는 자들이 바쳐진 것과 그 유익에 참여한다면, 바울은 우상의 식탁에서 먹는 일에 대해 동일한 의도를 가지는가?

우상이 아무것도 아니므로 우상에 바쳐진 음식이 신자들에게 영향을 줄 수 없다면 어떻게 고린도 교인들은 그 음식으로 부담을 느낄 수 있는가?

바울은 이 점에 동의하지만, 이제 이 논쟁에서 지금까지 숨겨져 있던 진리를 밝힌다(10:20). 우상은 아무것도 아니지만, 이방인들이 먹는 것은 실제로 귀신에게 바쳐진 것이다. 그러므로 우상 신전에서 식사함으로 귀신의 영향에 노출된다. 이 상황에서는 어떤 타협이 있을 수 없다(10:21). 신자들은 주님의 식탁과 마귀의 식탁에 참여할 수 없다. 그렇게 한다면 이스라엘이 광야에서 했던 것처럼 주를 노여워하시게 할 것이다(10:22). 그들은 주님께 저항할 수 없으며 유익을 얻을 수 없다.

### 주석

**〈14-15〉** 특별히 9:23에서부터 진행된 전체 주장에 대한 결론(그런즉)이 이제 나타난다. 바울의 사랑하는 형제들과 자매들은 **우상 숭배를 피해야 한다**(개역개정: 우상 숭배 하는 일을 피하라). 앞에서 바울은 수신자들에게 **음행을** 피하라고 요청했다(6:18).

이제 고린도 교인들의 다른 큰 문제를 다룬다. 우상 숭배는 우상의 신전에서 우상에 바쳐진 음식을 먹는 것이다. 또한, 신자들이 우상에 바쳐진 음식을 알면서도 먹을 때 존재한다.

바울은 고린도 교인들의 선한 뜻과 영적 지혜에 호소한다. 어떤 사람들은 자신들의 지혜에 대한 말이 모순적 또는 냉소적이라고 생각하지만, 문맥은 그렇게 보이지 않는다. 왜냐하면, 바울은 고린도 교인들이 그 상황을 스스로 평가하도록 격려하기 때문이다.

실제로 1:5에서 고린도 교인들은 너희가 … **모든 지식에 풍족하다**라는 말을 들었다. 그러므로 그들은 스스로 판단할 수 있다. 다음 장에서 여성이 머리를 가리는 문제를 스스로 **판단하라**는 동일한 호소가 나타난다(11:13). 비슷하게 로마서에서도 바울은 신자들이 **모든 지식이 차서 능히 서로 권하는** 자임을 확신한다(롬 15:14).

⟨16⟩ 귀신의 식탁에서 먹는 일의 중요성은 먼저 주의 만찬을 고려하는 것으로 의미가 밝혀진다. 신자들이 마시는 포도주의 잔(참조, 마 26:17)은 **감사**(개역개정: 축복)의 잔이다. 신자들은 이 잔을 마실 때, 그리스도의 사랑을 강력하고 구체적 방식으로 일깨우기 때문에 **감사하거나 축복한다**.

보다 구체적으로 그들은 그리스도의 피 흘림이 '죄의 용서'를 보장했기 때문에(마 26:28) 그분의 피의 유익에 **참여**(코이노니아, *koinōnia*)한다. 마찬가지로 떡을 뗄 때 그들은 떡이 분명하게 상징하는 그리스도의 찢겨진 몸으로 얻어지는 유익에 참여한다.[23]

어떤 학자들은 떡을 떼는 것이 유대인의 식사에서 흔한 일이기 때문에 그리스도의 찢겨진 몸을 의미하지 않는다고 주장한다. 그러나 그들은 유월절 식사처럼 주의 만찬이 중요성을 띠기 때문에 그 만찬이 한 가지 의미 이상임을 알지 못한다. 그러므로 그 식사는 그리스도의 죽음과 관련해서

---

[23] 마 26:26; 막 14:22; 눅 22:19; 24:30; 행 2:42, 46; 20:7, 11; 고전 11:24를 참조하라.

해석된다(고전 5:7).²⁴ 주의 식탁에 참여함은 사소한 경험이 아니다. 신자들은 그들을 위해 흘리신 그리스도의 피와 찢겨진 몸의 유익에 참여하기 때문이다. 주의 만찬에서 신자와 그리스도와의 교제가 깊어지고, 신자와 그리스도 사이의 연결이 입증된다.

〈17〉 신자들이 먹는 떡이나 덩어리가 모두 같은 주 예수 그리스도라는 의미에서 그들은 하나이다. 하나의 덩어리가 있으므로, 많은 신자는 다양하지만 **하나의 몸이다**. 다양성은 사회적, 문화적 차이, 특별히 가난한 사람들과 부유한 사람들 사이에서 나타난다. 우상에 바쳐진 음식에 대한 반응에서 나타나는 놀랄 만한 차이에도 불구하고 신자들은 그리스도 안에서 한 몸이다.

교회는 여기에서 그리스도의 몸과 동일하지 않지만(참조, 12:27), 같은 개념이 존재한다. 신자들은 모두 **한 덩어리를 공유하기 때문에** 하나이다. 그들은 같은 삶의 원천을 먹기 때문에, 문화적으로 사회적으로 현저하게 다를 수 있지만, 공통의 유대를 공유한다. 언뜻 보면 이 구절은 논쟁과는 무관하고 불필요하게 보이지만 자세히 살펴보면 논의에서 중요한 역할을 한다는 것을 알 수 있다.

바울은 고린도 교인들이 먹고 마시는 일에 대한 그들의 결속을 상기시킨다. 한 그룹은 다른 그룹을 잘라낼 수 없으며 몸 전체에 영향을 미치지 않으면 마음대로 할 수 없다. 모두 그리스도께 속하며 모두 서로에게 속한다.

〈18〉 두 번째 예는 이스라엘 성막/성전의 제물로 소개된다. 이스라엘 백성이 제물을 드릴 때, 종종 제사장(레 7:6)이나 제사를 드리는 사람(레 7:15)이 제물의 일부를 먹었다. 제물을 먹은 사람은 하나님과의 교제를 누

---

24  주의 만찬을 유월절 식사로 보는 견해는 Jeremias, *Eucharistic Words of Jesus*와 Marshall, *Last Supper and Lord's Supper*를 보라.

리고 성전에 바쳐진 것으로 유익을 얻었다. 아마도 바울은 또한 모든 백성이 십일조를 먹는 것을 염두에 두었을 것이다(신 14:23-26).

바울이 광야에서 우상 숭배를 한 사람들의 제물을 언급하면서 이스라엘을 비판하는 것 같지 않다. 그는 예루살렘 성전에서 일어난 일과 이교도 신전에서 행해지던 일을 비유한다. 이교도 신전에서 음식 일부가 우상에 바쳐지지만 남은 것은 신전에서 먹었다. 이스라엘에서는 제사를 드린 사람들이 제단에 바쳐진 유익을 얻었다.

<19> 바울은 수사학적 감수성과 기교를 가지고 고린도 교인들에게 질문한다. 그는 자신이 이해한 결론 즉, 고린도 교인들이 주의 만찬과 구약의 제사에 대한 언급에서 얻을 수 있는 결론을 깨닫는 것을 원하기 때문이다.

바울은 우상에 바쳐진 음식에 대해 이전에 말한 것으로 돌아가는가? (참조, 8:4)

바울은 식탁에서 영향을 받거나 유익이 있다고 주장하면서 우상이 힘을 가지고 있고 우상 음식이 더럽힌다고 제안하는가?

<20> 전체적 논의는 이 구절의 주장으로 이어진다. 이는 전체 토론의 놀라운 결론이다. 우상은 아무것도 아니며, 우상의 제물도 아무것도 아니지만, 귀신은 우상이 있는 곳에서 일하고 있다. 귀신은 상상 일부분이 아니며 현실이다. 바울에 따르면 귀신은 비인격적 힘이 아니라 실제 존재이다. 그러므로 우상의 신전 제물은 귀신에게 바쳐진다. 여기에서 신명기적 배경은 중요하다.

우리는 신명기 32장에서 광야 세대가 그들의 허무한 우상들(신 32:20-21) 때문에 주님의 질투를 불러일으켜 화를 내게 했다는 것을 볼 수 있다. 거짓 신들은 무력했고 그들은 **귀신**(다이모니오이스, *daimoniois*, 신 32:17, 70인역)으로 정의되었다. 그러므로 우상은 힘이 없지만, 귀신들은 존재하며 인간에게 해를 끼칠 수 있다(참조, 레 17:7; 시 106:37; 바룩서 4:7).

그러므로 신자들이 우상의 신전에서 식사한다면, 그들은 귀신에게 바쳐진 것에 참여한다. 이것을 바울이 우상 숭배와 동일하다고 보는 것이다(10:14; 참조, 사 65:11, 70인역). 신자들은 귀신들과 교제할 수 없고, 아무 탈 없이 빠져나올 수 없다.

바울은 올바른 동기로 먹거나 올바른 지식을 가진다면 우상의 제물을 먹을 수 있다고 암시하지 않는다. 우상의 제물로 알려져 있다면 그것을 먹는 것은 객관적으로 잘못이다. 그것을 먹음으로 귀신의 힘과 합쳐지고 그 영향을 받는다.

**〈21〉** 우상의 신전에서 먹는 것과 신전에서 우상의 제물을 먹는 것은 그리스도를 믿는 신앙과 양립할 수 없다. 신자들은 둘 다 할 수 없다. 그들은 귀신의 식탁에서 먹고 마시면서 주님의 식탁에서 먹고 마실 수 없고 주님께 속함으로 누릴 수 있는 유익을 누릴 수 없다.

바울은 고린도후서 6:15-16에서 벨리알과 우상을 섬기면서 동시에 한 분 참하나님을 섬기는 일 사이의 근본적 괴리를 표현한다. 또한, 예수님도 타협의 모순을 강력하게 언급했다(마 6:24; 눅 16:13).

**〈22〉** 우상과의 타협, 즉 우상의 신전에서 음식을 먹는 것은 다름 아닌 우상 숭배이며 용납될 수 없다. 이런 행동은 **주님의 질투를 불러일으킬** 것이다. 구약에서 주님의 질투는 중요한 역할을 한다. 두 번째 계명을 어기고 우상을 만들면 하나님의 질투가 일어난다(출 20:4-5). 실제로, 주님의 질투는 구약에서 우상 숭배와 연결되어 있다(출 34:14; 신 4:24; 6:14-15; 29:18-20; 32:16, 21; 수 24:19-20; 왕상 14:22-23; 시 78:58; 겔 8:3-6).

하나님의 질투는 필연적으로 징계로 이어지며, 하나님은 다른 신들을 숭배한 사람들에게 자신의 진노를 쏟아붓는다. 그러므로 바울은 그들이 하나님보다 강하다고 생각하는지 물으면서 결론을 내린다. 왜냐하면, 구약에 익숙한 사람들은 주님의 질투가 진노와 심판을 일으킨다는 것을 알기 때문이다. 그러므로 고린도에 있는 지식 있는 자들은 '우상 숭배에서 벗어나고' 우상의 신전에서 식사를 거부해야 한다. 왜냐하면, 주님께서 질투하시고 그들은 그분의 징벌을 받을 것이기 때문이다.

### 신학

주의 만찬에서 성도들은 그리스도의 찢긴 몸과 흘린 피의 유익에 참여하고 그 유익을 누린다. 동시에, 신자들이 한 덩어리를 공유하기 때문에, 성찬에서 교회의 일치가 성례로 표현된다. 그러므로 주의 만찬은 그리스도 안의 구속과 서로의 결속을 일깨운다.

우리는 또한 본문에서 우상과 귀신 사이의 관계가 복잡함을 알 수 있다.

한편으로 우상은 아무것도 아니다(참조, 시 96:5; 렘 10:11). 우상은 전혀 힘이 없으며, 말하고 보고 듣고 냄새를 맡고 느끼고 걸을 수 없다(시 115:4-7).

다른 한편으로, 우상 숭배가 있는 곳에 귀신의 힘이 있다. 그러므로 신자들은 우상의 신전에서 식사하고 아무 탈 없이 도망칠 수 없다.

우리는 또한 질투의 주제와 관련하여 신명기 32장의 영향을 볼 수 있다. 귀신에게 제사하는 사람들은 하나님의 질투를 불러일으킨다(신 32:16-17, 21). 주님은 우상 숭배를 용납하지 않고 용납할 수 없으므로 이 질투는 심판과 멸망으로 이어진다.

### 4) 개인적 음식을 먹는 일에 대한 가르침(10:23-11:1)

### 문맥

우상에 바쳐진 음식에 대한 논의는 마지막 단락과 밀접한 관계가 있다. 바울은 시장에서 음식을 살 때나 불신자의 집에 초대될 때 음식에 대해 해야 할 일에 대해 조언한다.

6:12의 내용이 다시 반복된다. 우리는 모든 것이 가하지만 모든 것이 유익하지 않다는 말을 듣는다(10:23). 비슷하게 허락되는 것이 다른 사람들을 세우지 않는다. 그러므로 모든 믿는 자는 다른 사람들의 유익을 위해 살아야 한다(10:24).

그러나 이 원칙이 공개적 시장에서 팔리는 음식에 어떻게 적용되는가? 우상의 제물로 바쳐진 음식 중 일부는 신전의 제사에서 태워졌고, 일부는 우상의 신전에서 먹었고, 나머지는 시장에서 공개적으로 판매되었다. 신자들은 시장에서 팔리는 음식이 어디에서 왔는지 알지 못했기 때문에 우상에 바쳐졌는지에 대해 걱정하지 않고 먹을 수 있다(10:25). 땅과 거기 충만한 것이 주의 것이기 때문에 모든 음식은 선하다(10:26).

이 원리는 불신자가 신자를 식사에 초대하는 상황에 적용된다. 신자는 양심을 위해 제공된 모든 것을 먹을 수 있다(10:27).

반면에 누군가가 신자에게 음식이 우상에게 바쳐졌다고 말하면 먹지 말아야 한다(10:28-29). 감사함으로 먹으면 그 기원이 확실하지 않은 음식을 자유롭게 먹을 수 있다(10:30). 먹고 마시는 것과 신자들이 하는 모든 일에 대해 그들의 동기는 하나님께 영광을 돌리는 것이어야 한다(10:31).

하나님께 영광을 돌리는 자들은 유대인, 헬라인, 또는 교회에 속한 자들에게 거치는 사람이 되면 안 된다(10:32). 바울은 자신을 기쁘게 하지 않고 다른 사람들의 유익을 구하여 그들이 구원을 받게 하므로 본보기가 된다(10:33). 그러므로 신자들은 바울이 그리스도를 본받는 것처럼, 바울을 본받아야 한다(11:1).

### 주석

**〈23〉** 6:12의 언어가 반복되지만, 이 구절에서 그 언어는 우상에 바쳐진 음식에 적용된다. 다시 고린도 교인들이 한 말이 인용되었을 것이다. 그들은 **모든 것이 가**하다고 주장했다. 그러나 다른 질문을 해야 한다. 왜냐하면, 그들이 원하는 행동이 유익한지 아니면 다른 사람을 세우는지(오이코도메이, *oikodomei*) 결정해야 하기 때문이다.

어떤 행동은 허용될 수 있지만, 다른 사람들에게 도움이 되지 않거나 다른 사람을 멸망시키는 것으로 증명될 수 있다. 바울은 우상의 신전에서 음식을 먹는 것이 허용된다고 하지 않는다. 그는 이와 같은 행동이 우상 숭배이고 마지막 심판으로 이어질 수 있다고 주장했기 때문이다.

이 단락의 주제는 공개적 시장에서 판매되는 우상의 음식을 먹을 수 있는지 여부이다. 신자들은 그렇게 할 권리가 있다고 생각할 수 있지만, 신자들의 권리만 고려할 수 없다. 이런 음식을 먹는 것이 다른 사람들에게 도움이 되고 그들을 세우는지 고려해야 한다. 바울이 염두에 두는 것은 이어지는 구절에서 더 정확하게 드러난다.

〈24〉 24절은 23절의 요점을 더 선명하게 한다. 신자들이 구하는 것은 자신의 유익이 아니라 다른 사람들의 유익이어야 한다. 고린도 교인들은 다른 사람들에게 유익이 되고 그들을 세우는 대신에 자신들의 권리와 자유를 생각하려고 했다. 바울이 고린도전서 13:5에서 말하는 것처럼 사랑은 자기의 유익을 구하지 않는다.

로마서 15:2는 음식과 관련해 같은 정서를 표현한다. 우리 각 사람이 이웃을 기쁘게 하되 선을 이루고 덕을 세우도록 할지니라.

또는 빌립보서 2:4에서 신자들은 각각 자기 일을 돌볼뿐더러 또한 각각 다른 사람들의 일을 돌보아야 한다. 여기에서 '다른 사람들'은 불신자들을 포함한다. 이것은 이어지는 구절에서 드러난다.

〈25〉 자유와 책임은 이제 공개적 시장에서 팔리는 음식의 문제에 적용된다. 제사를 드릴 때, 일부 음식은 제사로 불태워졌고, 일부는 신전에 초대된 사람들이 먹고, 남은 음식은 시장에서 팔렸다는 것은 앞에서 언급했다. 여기에서는 시장에서 팔리는 음식에 대해 신자들이 어떻게 해야 하는지에 대한 질문을 고려한다. 시장에서 팔린 음식 중 일부는 확실히 우상에게 바쳐졌지만, 분명하게 표시되지 않았으며 그것을 사는 사람들은 음식이 우상의 신전에서 나왔는지 알 수 없었다.

바울은 신자들에게 먹는 것을 금하기 위해 우상에 바쳐졌는지 주의 깊게 조사하도록 권면하지 않는다. 대신 그들은 **양심의 문제**를 제기하지 않고 자유롭게 걱정 없이 먹어야 한다. 문맥은 **양심**이 약한 자의 양심뿐만 아니라 그리스도인의 양심을 포함한다는 것을 분명히 한다. 다시 말해, 우상 음식이 본질적으로 더럽혀진 것이 아니기 때문에 문맥은 중요하다.

"우상 숭배의 문맥과 거리가 먼, 우상의 제물은 단순히 음식이며 하나님께 속한다."[25]

신자들은 시장에서 음식을 사고파는 것에 대해 어떤 거리낌도 느끼지 않아야 하며, 그중 일부가 우상에 바쳐졌던 것인지 걱정해서는 안 된다. 바울의 유대인 배경과 차이점은 분명하다. "열심 있는 유대인으로서 정결법에 따라 종교 의식으로 도살된 것이 분명하지 않으면 바울은 결코 시장의 고기를 먹지 않았을 것이다."[26]

⟨26⟩ 26절은 시장에서 산 음식을 먹는 것이 정당한 이유를 설명한다. 바울은 시편 24:1을 인용한다. 땅은 여호와의 것이다. 신자들은 음식을 포함하여 세상의 모든 것이 하나님께 속하기 때문에 시장에서 파는 음식을 자유롭게 먹을 수 있다(참조, 신 10:14; 시 50:12).

그 주장은 디모데전서 4:3-4의 견해와 비슷하다. 여기에서 신자들은 특정 음식을 삼가야 한다고 주장하는 사람들의 권고를 거부해야 한다는 가르침을 받는다. 왜냐하면, 음식은 하나님이 지으신 것이니 감사함으로 받아야 하기 때문이다. 동일한 방식으로 시장에서 판매되는 음식은 감사로 받아야 한다.

---

**25** Garland, 490.
**26** Hays, 176.

⟨27⟩ 불신자들이 신자들을 집으로 초대하여 식사하는 구체적 상황이 고려된다. 이와 같이, 불신자가 신자를 초대한 상황은 아마도 일상생활의 일부였을 것이다. 이 초대를 받아들여야 하는지 여부는 개인의 결정이며 자신이 원하는지에 달려 있다(너희가 가고자 하거든).

바울은 신자들이 가야 한다거나 가지 말아야 한다고 말하지 않고, 이 경우 그들의 지혜와 영적 성숙을 신뢰한다. 신자들은 제공되는 식사의 내용을 걱정하면서 우상에 바쳐졌는지 염려해서는 안 된다.

대신 그들은 자신들 앞에 놓인 것이 무엇이든지 기꺼이 참여해야 한다. 그들의 양심(옳고 그름에 대한 감각)은 이전에 우상에 바쳐진 음식인지 판단하는 문제로 근심해서는 안 된다. 그들은 자신들에게 제공된 음식이 하나님의 선물이라는 것을 알고 평화와 기쁨으로 먹을 수 있다.

⟨28⟩ 누군가가 신자가 먹으려고 하는 음식이 이전에 우상에 바쳐졌다는 것을 알리는 또 다른 상황이 예상된다. 실제로 바울은 **우상에 바쳐진**(에이돌로뒤톤, *eidōlothyton*, 개역개정: 우상의 제물)을 사용하지 않고 '신께 바쳐진'(히에로뒤톤, *hierothyton*, L&N 53.21, 개역개정: 제물)을 사용한다(NIV 성경). **이것은 제물로 바쳐졌다.** 용어의 변화는 아마도 불신자들의 말이었을 것이다. 그들은 신자들이 꺼리는 것을 고려해서 그들이 먹게 될 음식에 대해 신자들에게 알린다.

신자들은 우상에 바쳐진 음식을 자유롭게 먹을 수 있지만, 일단 음식이 우상에 바쳐졌다는 것을 알게 되면, 그 음식을 먹지 말아야 한다. 신자들이 먹으면 음식에 대해 알려 주는 사람들에게 걸림돌이 될 것이기 때문이다. 양심이라는 단어에서 바울은 음식이 무엇인지에 대해 신자들에게 말해 주는 사람들의 양심을 염두에 두고 있다. 그 내용을 알린 사람은 음식을 먹는 것이 신자들에게 잘못될 것이라고 확신했기 때문에 알렸다.

⟨29⟩ 수신자들은 음식이 신에게 바쳐졌다는 말을 들었을 때, 자신의 양심을 위해 음식을 삼가야 한다고 생각할 수도 있다. 바울은 자신의 의도

를 분명히 한다. 문제가 되는 것은 신자의 양심이 아니라 알려 준 사람의 양심이다. 다음 어구와 30절은 바울이 주장해 왔던 내용과 모순되는 것처럼 보이기 때문에 해석하기가 어렵다. 그는 신자들에게 신에게 바쳐졌다는 말을 들으면 먹는 것을 삼가야 한다고 말했다.

이제는 자유가 왜 다른 사람의 양심에 의해 판단되어야 하는지 묻는다. 가장 가능성이 있는 해결 방법은 29b-30절이 27절로 돌아가는 것이다. 다시 말해, 28-29절은 괄호이고, 27절로 돌아가서 바울은 왜 신자들이 시장에서 팔리는 음식을 우상에 바쳐졌는지 묻지 않고 자유롭게 먹을 수 있는지 설명한다. 양심에 따라 자유롭게 먹는 자들은 계속 그렇게 해야 한다.

〈30〉 29하반절의 생각은 계속된다. 바울은 성전의 우상 음식을 먹는 것이 허용된다고 말할 수 없다. 또는 그런 음식으로 알려졌을 때 가서 우상의 음식을 먹을 수 있다고 말할 수 없다. 우상의 음식으로 분류한 음식은 먹지 말아야 한다고 말했기 때문이다. 그러므로 바울은 25-27절에서 숙고한 상황을 염두에 두었을 것이다. 신자들은 시장에서 팔린 음식을 자유롭게 사고 음식이 우상에게 바쳐졌는지를 묻지 않고 불신자의 집에서 식사를 즐길 수 있어야 한다.

다른 사람들이 이 상황에서 신자들을 비난하더라도 신자들은 감사로 음식을 먹는 한 자유롭게 먹을 수 있다. 감사로 음식을 먹으면 인간의 필요를 채우시는 하나님의 선하심을 이해하고 하나님의 주 되심과 주권을 인정하는 것이다(참조, 롬 14:6; 딤전 4:3). 이 해석이 정확하다면, 신자들이 다른 사람들로부터 느껴야 하는 제약은 제한된다.

우상에 바쳐진 것으로 알려진 음식은 먹지 말아야 하지만, 음식이 우상에게 바쳐졌는지 확실하지 않은 상황에서는 제공된 음식을 자유롭게 먹을 수 있으며 다른 사람들이 말하는 비판은 무시되어야 한다.

〈31〉 바울의 가장 유명한 말이 나온다. 그런즉 너희가 먹든지 마시든지 무엇을 하든지 다 하나님의 영광을 위하여 하라.

여기에서 먹고 마시는 것은 우상에 바쳐진 음식과 관련이 있으며 일반적으로 먹고 마시는 것이 아니다. 신자들은 근본적으로 자신의 이익을 추구해서는 안 된다. 무엇을 먹고 마실 것인지를 고려하면서 하나님께 영광을 돌리고 하나님을 찬양하는 일이 무엇인지를 생각해야 한다.

우상에 바쳐진 음식의 문제가 더 가깝지만, 여기 진술은 모든 삶의 분야에 적용되는 일반적 원칙이다. 왜냐하면, 바울은 무엇을 하든지를 더하고 있기 때문이다. 그러므로 신자들은 모든 상황에서 무엇이 하나님께 영광과 찬양이 되는지 고려하여 그에 따라 행동해야 한다.

우리는 골로새서 3:17에서 비슷한 말을 발견할 수 있다. 또 무엇을 하든지 말에나 일에나 다 주 예수의 이름으로 하고 그를 힘입어 하나님 아버지께 감사하라. 하나님의 영광을 위해 모든 일을 하는 것은 모든 일이 예수 그리스도를 위해 행해짐을 의미한다.

〈32〉 하나님의 영광을 위해 사는 것은 다른 사람의 유익을 위해 사는 것과 불가분의 관계가 있다. 하나님의 영광을 위해 살라는 부르심은 추상적이 아니며 신자들이 그들의 삶을 살아가는 방식에서 나타난다. 그들은 **다른 사람들이 넘어지지**(개역개정: 거치는) 않도록 목표를 정한다(참조, 행 24:16; 롬 14:13; 고전 8:9, 13; 고후 6:3).

신자들은 유대인이든 (헬라인으로 바울이 의미하는) 이방인이든 모든 사람의 믿음을 증진하는 방법으로 살 때, 하나님의 영광을 위해 사는 것이다. **하나님의 교회**에 대한 언급은 우상에 바쳐진 음식 문제가 여전히 바울의 관심이라는 점을 보여 준다. 교회에 속한 자들의 믿음의 안정성과 지속성이 모든 신자의 관심일 때, 하나님은 영광을 받으신다.

〈33-11:1〉 바울은 9장의 주제로 돌아간다. 그는 수신자들에게 자신이 하나님의 영광을 위한 삶과 다른 이들의 유익을 위해 사는 삶의 본이 됨을 상기시킨다. 그러므로 바울은 모든 사람을 기쁘게 하려고 노력한다고 말하면서 그들의 존경과 호의를 얻기 위해 살지 않는다고 제시한다(참조, 갈 1:10; 엡 6:5-8; 골 3:22-23). 그는 자신의 기쁨을 추구하는 대신 다른 사람들의 유익을 위해 산다(참조, 고전 10:24; 13:5).

다시 말해 바울은 다른 사람들이 구원받을 수 있도록 삶을 살았다. 그러므로 그는 수신자들에게 자신이 그리스도를 본받는 자가 된 것 같이 자신을 본받는 자가 되라고 요청한다(참조, 고전 4:16; 빌 3:17; 살전 1:6). 그리스도는 다른 이들을 대신해 저주를 짊어짐으로 그들을 위해 자신의 삶을 내어 주셨다(갈 3:10-13). 예수 그리스도를 움직였던 구원의 동기가 사역에서 바울을 이끌어 간다.

## 신학

권리와 자유는 인생에서 고려해야 할 유일한 또는 가장 중요한 요소는 아니다. 신자들은 유익한 것 특별히 다른 사람들을 세우고 그들을 강하게 하는 일을 고려해야 한다. 삶의 모든 차원에서 신자들은 하나님의 영광과 명예를 따라 살아야 한다. 하나님의 영광을 위해 사는 삶은 다른 사람들의 유익과 구원을 위해 사는 것과 밀접한 관련이 있다.

그리스도인들이 다른 사람들을 세우고 강하게 하려고 자신의 삶을 살아갈 때 하나님의 영광과 찬양을 위해 사는 것이다. 신자들은 음식이 우상에 바쳐진 것을 안다면 그 음식이 신전에 바쳐진 것이든 공개적 시장에 있는 것이든 먹어서는 안 된다. 만약 음식이 어디에서 왔는지 모른다면 질문하지 않고 자유롭게 먹을 수 있다.

## 4. 질서와 예배(11:2-34)

이 부분을 시작하면서 11-14장의 구조를 폭넓게 살펴볼 것이다. 그리고 각 주제를 다룰 때, 다양한 부분을 자세하게 살펴볼 것이다. 이 장들의 통일된 주제는 공동체의 예배, 즉 신자들이 모일 때 일어나는 일에 초점을 맞춘다.

논의는 공동체가 모일 때, 여자들이 가리는 것으로 시작한다(11:2-16). 그리고 주의 만찬에서 교회가 어떻게 해야 할지 다룬다(11:17-34). 다음에 영적 은사의 문제를 고려한다(12:1-14:40).

각각의 문제는 분명히 교회가 모이는 것과 관련이 있다. 각 단락의 연결이 바울의 관심사이다. 그는 교회가 질서 있고 체계적으로 되기를 원했다. 그러므로 교회 전체의 유익을 위해서 여자들은 가려야 하고(11:2-6), 주의 만찬에서 가난한 자들을 돌봐야 하고(11:17-34), 영적 은사가 사용되어야 한다(12:1-14:40).

올바른 질서를 가진 교회는 교회 구성원들의 덕을 세우도록 스스로 행한다. 신자들은 그리스도께서 그의 죽음에서 보여 주신 사랑으로 살아 내는 십자가의 삶을 살아가도록 부르심을 받았다. 개인주의는 교회 전체를 세우는 목표 대신 자기를 드러내고 자기의 욕망을 위해 살아간다는 점에서 고린도 교인들에게 해를 끼치고 있었다.

### 1) 여자들이 꾸미는 문제(11:2-16)

**문맥**

교회의 공동체적 모임이나 예배에 관한 첫 번째 문제는 여자의 가리는 것과 관련이 있다. 이 단락은 칭찬으로 시작한다. 고린도 교인들이 바울이 전한 전통을 지키고 있었기 때문이다(2절). 바울은 전체 토론에 대한 신학적 근거를 따라간다. 그리스도는 남자의 머리, 남자는 여자의 머리, 하나님은 그리스도의 머리이다(3절). 그러므로 여자의 꾸미는 일은 남자의 머리 됨과의 연관성을 반영한다. 여자들이 하나님께서 정하신 권위에 올바르게 연관되어 있는지 보여 준다.

바울의 신학적 관심은 특별한 문화적 상황에서 나타난다. 남자가 머리를 가리고 기도하거나 예언을 하면 그리스도를 부끄럽게 하는 일이다(4절). 그리고 여인들이 적절하게 머리를 가리지 않고 기도하거나 예언하면 남자와 자신을 부끄럽게 하는 것이다(5-6절). 실제로 이 부분에서 고려하는 관습은 집중적으로 토론된다. 이 문제는 5절에서 더 자세히 논의될 것이다.

이 가르침에 대한 신학적 기초는 7-10절에서 자세히 설명된다. 남자는 하나님의 형상과 영광이기 때문에 머리를 가리지 말아야 하지만, 여자는 남자에게 영광이기 때문에 그 머리를 가려야 한다(7절). 바울은 창조 내러티브를 반영한다. 창세기 2장에 따르면 여자가 남자에게서 나왔다(8절). 바울은 9절에서 창조 내러티브를 계속하면서 왜 여자들이 머리를 가려야 하는지 설명한다. 남자가 여자를 위해 창조되지 않았고 여자가 남자를 위해 창조되었다.

여기에서 바울은 여자가 남자를 돕는 자로 창조되었다는 개념에 주의하고 있다(창 2:18, 20). 10절의 의미는 크게 논란이 된다. 모두 그 의미가 어렵다는 것에 동의한다. 나는 머리를 가리는 일이 권위에 대한 올바른 관계를 상징한다는 점을 아래에서 변호하려고 한다. 천사들은 인간의 예배에 참석하기 때문에 언급되었다.

마치 여성이 남성보다 열등한 것처럼 남자에 대한 여자의 적절한 역할에 대한 강조가 오해될 수 있다. 바울은 이와 같은 결론이 그의 가르침을 오해하거나 잘못 적용하고 있다는 점을 분명히 한다. 주 안에서 남자와 여자는 서로 의존한다(11절). 첫 여자는 남자에게서 왔지만, 그 후에 모든 남자는 여자에게서 왔다(12절). 그러나 하나님은 모든 만물의 궁극적 근원이다.

마지막 단락(13-16절)에서 바울은 여자의 가리는 문제를 결론짓고 토론을 마무리 짓는다. 바울은 특정한 문화적 상황을 다룬다. 그러므로 바울은 고린도 교인들이 여자들의 머리를 가리지 않고 하는 기도가 적당하지 않다고 이해하기를 기대한다(13절).

긴 머리는 남자에게 부끄러움이 되고, 여자에게는 영광이 되기 때문에 남자와 여자의 차이는 머리와 관련해서 두드러진다(14-15절). 실제로 여자의 긴 머리는 머리를 가려야 함을 가리킨다. 머리를 가리는 일에 대한 바울의 가르침에 이의를 제기하는 사람들은 바울이 여성이 올바르게 가리는 것에 관해 쓴 것이 모든 교회의 관습임을 알아야 한다. 바울은 고린도 교인들만을 위한 특별한 규칙을 발명하고 있지 않다(16절).

## (1) 적절한 꾸밈(11:2-6)

### 주석

**〈2〉** 바울은 고린도 교인들이 그를 기억하고 자신이 전한 전통을 지키는 것을 칭찬하면서 시작한다. 이 서론은 **호의 끌기**(캡타티오 베네볼렌티아에, *captatio benevolentiae*)이다. 이것은 그리스-로마 세계에서 청취자 또는 수신자들의 호의를 얻는 전형적 방법이다. 그러므로 이 구절의 모든 일은 과장법이다. 왜냐하면, 특별히 바울은 주의 만찬에서 그들의 행동을 칭찬할 수 없다고 말했기 때문이다(11:17, 22).

**전통**은 바울이 그들을 방문했을 때(참조, 고전 4:17; 15:1-4; 살후 2:15; 3:6) 믿는 자들에게 가르친 교리와 행동을 나타낸다.

현재 문맥에서 이 구절의 기능은 무엇인가?

바울은 자신이 일반적으로는 그들을 기뻐한다고 말할 수 있다. 그러나 바로 여자의 가리는 일과 관련된 부족한 점으로 돌아선다. 바울은 다음 단락에서 주의 만찬(11:17, 22)과 관련하여 고린도 교인들을 기뻐하지 않는다고 구체적으로 언급했기 때문에, 즉 곧바로 반대로 말하고 있으므로, 이 (일반적으로 그들을 기뻐한다는) 해결책은 설득력이 없다.

아마도 바울이 말한 것을 반대하는 소수의 사람이 있었고, 그들의 반대는 모든 사람에게 질문을 일으켰을 것이다. 그러므로 바울은 자신의 의견을 더 지지하기 위해 새롭게 말해야 했다.

**〈3〉** 바울은 여자가 머리에 쓰는 것과 관련하여 문화적으로 중요한 문제를 다룬다. 특히, 이것은 그리스-로마 세계에서 중요한 역할을 했던 명예와 수치의 문제와 관련이 있다. 문화적 관습과 신학적 문제가 충돌하기 때문에 우리 앞에 있는 본문은 특별히 더 어렵다. 더 나아가 20세기와 21세기에 새롭게 발견된 여성의 자유와 해방을 고려할 때 여성에 대한 우리의 문화적 관점에 중요한 역할을 한다.[27]

3절은 이어지는 논의의 신학적 기초이지만, 이 구절의 의미는 첨예한 논쟁이 되고 있다. 서론적 말들은 이어지는 내용이 수신자에게 중요한 정보임을 보여 준다(참조, 롬1:13; 11:25; 16:19; 고전 10:1; 12:1; 골 2:1). 이 구절에는 세 가지 설명과 순서가 있다.

첫째, 그리스도는 남자의 머리이다.

둘째, 남자는 여자의 머리이다.

셋째, 하나님은 그리스도의 머리이다.

이 구절의 의미는 특히, 머리(케팔레, *kephalē*)의 의미에 달려 있다. 학자들은 적합한 번역에 대해 날카롭게 토론해 왔다.

어떤 학자들은 머리가 '권위'를 의미한다고 주장하면서, 이것은 여자에 대한 남자의 권위를 의미한다고 주장한다. 다른 학자들은 '근원'이라는 의미를 주장한다. 바울은 아담이 하와의 근원이자 기원이라고 가르친다. 또 다른 학자들은 이 단어가 '뛰어난' 또는 '으뜸인' 사람을 언급한다고 주장하며 여자에 대한 남자의 문화적 탁월성을 주장한다.

이 해석들은 신약성경과 일반적 헬라어 문헌을 볼 때 가능하다. 그러나 권위가 문맥상 가장 가능성이 크다. 다른 본문에서, '케팔레'(*kephalē*)는 '근원'이라는 의미일 수 있지만(예, 엡 4:15; 골 2:19), '권위'가 문맥에 더 잘 어울리는 경우도 있다(참조, 엡 1:22; 5:23; 골 1:18; 2:10). 가장 중요한 증거는 에

---

[27] 3절의 대부분 자료는 앞으로 나올 다음 에세이에서 온 것이다. 'Much Ado about Headship: Rethinking 1 Corinthians 11:3'. 이 에세이는 앞으로 출판될 *Scripture and the People of God*, Presbyterian & Reformed에 실릴 것이다.

에베소서 5:23과의 유사점인데, 바울은 이 구절에서 남자와 여자의 관계에 관해 이야기하지만, 에베소서는 남편과 아내에게 초점을 맞춘다.

남편은 머리이기 때문에 아내는 남편에게 복종하라고 요청한다(엡 5:22-23). 여기에서 머리는 분명히 권위를 나타내며, 문맥상 권위의 개념은 아내가 복종하라는 요청에 적합하기 때문이다. 또한, 바울이 고린도전서 11:11-12에서 가르치는 것처럼 모든 남자가 여자에서 나왔기 때문에 남편이 아내의 신체적 근원은 아니다. 남편은 아내의 영적 근원도 아니다. 영광은 예수 그리스도께 돌려야 하기 때문이다.

남성이 사회적으로 뛰어나거나 여자와의 관계에서 탁월하다는 개념이 더 가능성이 있다. 데이비드 갈란드(David Garland)는 '머리'를 대표의 관점으로 이해한다.[28]

이 개념은 의미가 통하지만, 대표의 개념이 '뛰어난' 또는 '으뜸인' 것과 같은 단어에서 나올 수 있는지 이해하기 힘들다. '대표'가 '머리'의 만족스러운 의미일지라도 (그러한 증거는 부족하지만) 우리는 남자가 어떻게 여자를 대표하는지, 그리고 11:2-16의 문맥에서 남자가 여자를 대표한다는 의미가 무엇인지 더 정확하게 살펴볼 필요가 있다.

'뛰어난' 또는 '으뜸인'이라는 번역은 더 고려해야 한다. 바울이 육체적으로, 지적으로, 감정적으로 남자가 뛰어나다고 생각한다는 것은 의심스럽다. 다른 학자들은 이것이 '사회적으로 뛰어나다'는 의미라고 말하지만, 설득력이 없다. 로이 씨암파(Roy Ciampa)와 브라이언 로스너(Brian Rosner)는 다음과 같이 올바르게 말한다.

> 바울은 '머리'를 '더 두드러지고/뛰어난 배우자' 또는 (가능성이 적지만) '하나는 다른 하나를 통해서 존재한다'라는 의미로 제시할지라도, 그의 언어와 논증의 흐름은 계급 구조를 가정하는 것처럼 보인다. ⋯ 문맥에서 이 단

---

[28] Garland, 516.

어는 확실히 다른 사람에 비해서 권위 있는 사람을 의미한다.[29]

다른 학자들은 여기에서 권위의 개념이 없고, 바울이 사회적 관계에 초점을 맞추고 있다고 주장한다. 틀림없이 이 단락은 쉽지 않다. 본문에는 분명히 사회적 그리고 문화적 차원이 있다. 예를 들어, 명예와 수치는 결정적 역할을 한다. 바울은 여자들이 부끄러워하지 않을 것을 걱정한다.

그러나 본문을 사회적 현실로 제한하려는 시도는 본문의 신학적 차원을 이해하는 데 방해가 될 수 있다. 우리는 논의를 사회적, 신학적 차원으로 너무 날카롭게 분리하는 함정에 빠질 수 있다. 사실 사회적 실재들과 신학적 실재들은 놀랍게 서로 수렴한다.

사회적으로만 이해하는 방식은 3절에 나타나는 생각의 흐름을 잘 설명하지 못한다는 근본적 문제점이 있다. 본문을 사회적으로만 읽으려는 시도는 신학적 차원을 괄호로 묶지만, 신학의 빛은 그렇게 쉽게 소멸하지 않는다. 3절은 하나님이 그리스도의 머리라는 주장으로 결론을 맺는다.

바울이 이와 같은 언어로 무엇을 의미하는지는 아래에서 더 자세히 설명하겠다. 여기에서 살펴보아야 할 중요한 점은 이와 같은 진술이 단순히 하나님과 그리스도 사이의 사회적 관계를 정의하지 않는다는 점이다. 어떤 학자들은 존재론적 삼위일체에 대한 언급으로 보는 데 반해 다른 학자들은 그것이 경륜적 삼위일체를 지칭한다고 생각한다.

그러나 어느 경우에도 신학적으로 깊이가 있다. 3절의 하나님과 그리스도와의 관계에 대한 바울의 언급은 이 구절의 문화적, 사회적 차원이 신학에서 분리될 수 없음을 보여 준다. 하나님과 그리스도의 관계는 단순히 사회적이지 않으며 또한 문화적인 면만을 보여 주지도 않는다. 바울은 수신자들이 남자와 여자의 관계가 어떤 의미에서 하나님과 그리스도와의 관계

---

29 Ciampa and Rosner, 509. 헤이즈는 텍스트가 가부장적이며 계층구조를 설명하려는 시도가 특별한 탄원임을 인정해야 하지만 그는 바울의 주장이 문제가 있으며 오늘날 바울이 말한 것을 받아들이지 말아야 한다고 말한다(Hays, 184, 190-192). 나는 헤이즈의 견해에 반대해 바울의 견해가 권위가 있다고 받아들인다.

와 유사한지 보여 주기 원한다.

창조 내러티브에 대한 호소는 바울의 논의가 단지 사회적 또는 문화적일 뿐만 아니라 신학적이라는 것을 보여 준다. 바울은 창조 기사에서 고린도의 문화적 상황에서 드러나야 할 남자와 여자의 차이를 발견한다. 여자들이 적절하게 꾸미지 않고 예언하면 머리의 명예를 손상한다(11:4-6). 적절하게 머리에 쓰지 않는 여자들은 교회의 리더십을 무시한다.

이와 같은 읽기는 교회의 모임에서 여성의 행동이 고소당하는 고린도전서 14:33b-36과 일관성을 가진다. 그들의 행동은 그 남편에게 순종하지 않는 것이기 때문이다. 정리하면 케펠레가 뛰어나고 으뜸이라는 의미일지라도, 남자가 뛰어나다는 의미 또는 남자가 으뜸이라는 의미가 무엇인지에 대한 계급적 구조의 개념이 존재한다. 바울이 하나님이 단지 사회적으로 그리스도의 머리라고 말하지 않는 것처럼 그는 문화적 사회적 측면에서 남자가 여자보다 두드러진다고 말하지 않는다.

또 다른 질문은 바울이 남자와 여자 또는 남편과 아내를 언급하는지와 관련이 있다. ESV 성경은 고린도전서 11: 3에서 남편과 아내에 대한 언급으로 이해한다. NIV 성경은 남자와 여자로 번역한다. 브루스 윈터는 언급된 주제가 베일을 가리는 일, 즉 아내가 언급된다고 주장한다.[30] 이 해석을 지지하는 다른 주장들이 있다. 남자가 여자의 머리라고 말하는 것보다 남편이 아내의 머리라고 말하는 것이 더 타당하게 보인다(11:3).

바울서신에서 일반적으로 남자가 여자의 머리가 아니라 남편이 아내의 머리라는 구절들이 나타난다(엡 5:22-24). 더 나아가 머리를 가리지 않은 여자가 어떻게 회중의 모든 남자를 불명예스럽게 만드는지 이해하기 힘들다(11:5). 그러나 우리는 어떻게 아내가 머리인 남편을 불명예스럽게 만드는지 볼 수 있다. 또한, 일반적으로 여성들이 남자들의 '영광'이라는 주장(11:7)은 바울서신의 다른 곳에서는 볼 수 없는 생각이다.

---

30  Winter, *After Paul Left Corinth*, 127; *idem*, *Roman Wives, Roman Widows*, 77-96; Westfall, *Paul and Gender*, 26-28.

그러나 일반적으로 여자를 언급한다는 데 적절한 주장들이 가능하다. 데이비드 갈란드가 지적하듯이, 결혼하지 않은 여자도 기도하고 예언할 수 있으므로, 결혼한 여자로 제한하면 안 된다.[31]

다시 말해, 가리는 것에 대한 지침은 결혼한 사람들에게만 적용되는가?

결혼한 여자들은 가려야 했지만, 머리에 쓴 것을 벗고 기도나 예언을 하는 독신이나 과부를 그려보는 것은 이상해 보인다(11:5). 그러나 윈터가 주장하듯이 결혼한 여성이 머리를 가리고 공개적으로 나타나는 것이 가능했지만 미혼 여성은 그렇지 않았다.

**천사 때문에 머리를 가린다는 말**(11:10)은 일반적으로 아내뿐만 아니라 일반적 여성에게 더 설득력 있게 적용된다.

천사들은 왜 기도하거나 예언하는 동안, 특별히 공적 예배를 행할 때, 결혼한 여자들의 가리는 것에만 관여하는가?

바울은 또한 하와가 아담에게서 왔다는 창조 기사를 반영하기 때문에 결혼보다 더 넓은 그물을 던지고 있다. '그래, 아담과 하와가 결혼했다'고 말할 수 있다. 그러나 바울은 모든 남자가 여자에게서 왔다고 말한다. 이것은 결혼의 경계를 벗어난다(11:12).

바울은 아마도 11절에서 결혼을 암시할 수 있지만, 또한 그의 논의에서 결혼의 경계 밖으로 움직인다(11:12). 본성에서 왔다는 주장(11:13-15)은 결혼에 제한시키지 않는다는 개념을 지지한다. 본성이 여자에게 긴 머리를 쓰라고 가르친다면, 이 관찰은 결혼한 여성에게만 국한되지 않는다.

바울이 남편과 아내만을 언급할 때, 결혼 관계의 본문에 분명한 가르침이 있다는 점에 주의해야 한다(다음을 보라. 고전 7:2-5, 8-16; 엡 5:22-23; 골 3:18-19; 참조, 벧전 3:1-7).

그러나 고린도전서 11:2-16에서 아내로 보는 증거 중 일부는 상당히 강력하다. 따라서 나는 중재하는 해결책을 제시한다. 이 본문에서 바울의 가르침은 회중의 결혼한 여자와 미혼인 여자 모두를 위한 것이다.

---

**31** Garland, 514.

그런데도 그의 논의에는 유연함과 여유가 있다. 따라서 바울은 일반적으로 여자를 언급하지만, 특별히 11:4-5에서 남편과 아내 사이의 관계로 넘어간다. 이렇게 논의를 바꾸는 것은 대부분 여자가 결혼했을 가능성이 있으므로 놀랍지 않다. 실제로 고린도전서 14:33b-36에 해당하는 논의는 특히, 아내들이 잘못된 것을 제시할 수 있다.

우리가 특히, 11:3에 대해 생각할 때, 바울은 남편과 아내로만 제한하지 않는다. 모든 남자가 회중의 모든 여자의 머리라는 점은 이 점과 다르다. 그 대신 바울은 이 부분에서 보다 일반적이고 보편적으로 생각한다(우리는 교회론적이라고 말할 수 있다). 그러므로 3절에서 바울은 남자와 여자 사이의 창조에서의 차별성을 반영한다.

이어서 바울의 가르침은 결혼 관계의 구체적 방식으로 자연스럽게 적용되지만, 이 본문에서 그의 주된 관심사는 결혼이 아니라 공동체의 집회에서 여성이 가리는 것이다. 그러므로 그는 자연스럽게 아내와 남편이 아니라 남자와 여자의 관계를 생각한다.

3절에서 아버지와 아들의 관계는 어떻게 이해해야 하는가?

권위는 (역할과 관련이 있는) 기능적인가 또는 (존재 또는 본질과 관련이 있는) 존재론적인가 아니면 이 두 선택 가운데 중간이 있는가?

본문을 자세히 살펴보면 그리스도라는 단어가 사용된 것을 알 수 있다. 메시아에 대한 언급은 삼위일체의 두 번째 인격인 영원한 아들이 아니라 예수님의 지상의 사역과 성육신에 초점을 맞춘다.

물론 메시아라는 칭호가 사용될 수 있지만, 여전히 영원한 하나님의 아들인 로고스에 대한 언급을 본다. 결국, 삼위일체 교리는 하나님 아들의 인간됨을 가르치고 그의 인간과 신적 성품 모두에서 행동하는 아들의 위격을 가르친다. 하지만 고린도전서 11:3에서 그리스도에 대한 언급은 삼위일체의 내적 생명이 아니라 그의 구속 사역에 초점을 맞추기 위해 인간으로서 일하시는 그리스도를 강조한다.

다른 한편으로 우리가 경륜적 삼위일체에서 보는 것은 서로의 위격적 관계에서 삼위일체의 세 위격의 참인 것을 반영한다. 아버지는 항상 아버지이고, 아들은 항상 아들이며, 성령은 항상 성령이다. 아버지는 보내시고, 아들은 기꺼이 오신다. 성령은 아버지와 아들 두 분에게서 나오신다.

물론 이 문제들은 이후의 교회사에서 진행되었으며, 바울 자신은 이 견해를 충분하게 표현하지 않는다. 바울과 다른 신약 기자들의 글은 이와 같은 교리들을 만드는 원재료를 구성한다.

이 구절에서 하나님과 그리스도와의 관계와 남자와 여자 사이의 관계가 병행된다면, 남자와 여자의 관계와 관련해서 무엇을 말해야 하는가?

아들에 대한 아버지의 머리 되심(아들의 기능적 순종)은 남자와 여자의 관계에서 기초가 된다. 어떤 학자들은 여기에서 '종속'이라는 단어를 사용했는데, 이 단어는 아들이 아버지보다 가치와 위엄이 낮은 것으로 여겨지는 고대의 이단을 떠올리게 하므로 도움이 되지 않는다. 성경과 신앙 고백은 아들이 아버지와 같은 본성을 가지며, 동등하며, 아버지는 아들 그리고 성령과 함께 완전히 공유되지 않는 어떤 속성도 가지고 있지 않다는 점을 증언한다. 그러므로 오해를 불러일으키기 때문에 '종속'이라는 단어는 사용하지 않는 것이 좋다.

우리는 삼위일체와 남성-여성의 관계 사이에서 유사점을 발견하지만, 정확한 병행은 아니다. 성부와 성자의 유일한 관계성을 고려한다면 성육하신 아들(삼위의 두 번째 위격)과 아버지의 관계는 모든 인간의 관계와 정확히 유사하지 않기 때문에 불연속성이 있다는 사실은 놀랍지 않다.

그러나 여전히 유비를 발견할 수 있다. 예수님은 하나님-인간이시며, 영원한 하나님의 아들로서 아버지께 속한 모든 속성을 공유한다. 그러나 영원한 아들로서 그는 기꺼이 아버지께 복종한다. 따라서 그리스도의 기능적 복종이 아버지와 본질적 연합과 모순되지 않는 것처럼 교회의 여성이 가지는 다른 역할로 여성의 본질적 존엄성, 가치, 중요성에 의문을 제기하지 않는다.

따라서 바울은 남자와 여자, 그리스도와 남자, 그리고 그리스도와 하나님의 관계에 주목하면서 신학적 기초에 대해 논의를 시작한다.

⟨4⟩ 바울은 문화적 이슈에 대해 자신이 쓴 것을 적용한다. 그는 남자를 언급하면서 시작한다. 남자가 집회에서, 즉 예배 모임 중에 기도하거나 예언을 할 때 머리에 토가가 있으면 그는 **자신의 머리를 욕되게 한다**(개역개정: 그 머리를 욕되게 하는 것이요).

그가 욕되게 하는 머리는 그리스도이다. 우리는 3절에서 이 결론을 내릴 수 있다. 이처럼 욕되게 하는 것은 명예-수치 문화에서 많은 것을 말해 줄 것이다. 머리라는 용어는 또한 그 사람을 언급할 수도 있다(참조, 삼하 1:16; 겔 18:13; 33:4; 행 18:6; 롬 12:20). 따라서 바울은 두 가지를 염두에 두고 사용한다. 머리를 가리고 기도하는 남자는 그리스도와 자신을 욕되게 한다. 그러나 초점은 그리스도를 욕되게 하는 것이다.

바울은 카타 케팔레(*kata kephalēs*, 개역개정: 머리에)라는 문구를 사용하기 때문에 확실하게 머리를 가리는 것을 언급한다. 에스더 6:12에서도 같은 표현이 사용되는데, 여기에서 하만이 머리를 가리는 것을 말한다. NIV 성경은 에스더 6:12를 다음과 같이 번역한다. 나중에 모르드개가 왕의 문으로 돌아왔다. 그러나 하만은 슬픔으로 머리를 가리고 집으로 달려갔다(에 6:12).

이 구절에서 바울은 남자가 예배 중에 실제로 머리를 가리고 있는 것에 대해 관심을 가지지 않는다. 그는 단순히 남자가 그렇게 하는 것이 잘못된 일이라고 주장한다. 아마도 이처럼 머리를 가리는 일은 이교도 예배에 있는 사람들에게 공통적이었고 사회적 엘리트 남자만이 토가를 입었기 때문일 것이다. 토가를 입는 것은 그들이 사회적 지위를 과시하고 있음을 의미한다.[32]

⟨5⟩ 남자가 먼저 다루어지더라도 이 본문의 핵심적 관심은 여자의 행동이다. 아마도 일부 여성들은 바울이 선포했듯이 그리스도 안에서 남자와 여자가 같기 때문에(개역개정: 하나이다. 갈 3:28) 사회적, 문화적 제한에서 해방되었다고 느꼈을 것이다.

---

[32] See Garland, 517.

여기에 언급된 문제는 바울이 교회가 모일 때 일어날 일들인 기도와 예언을 하는 여자들에 대한 언급이기 때문에 교회의 공개적 모임에 관한 것이다. 일부 학자는 14:33b-36과 대조를 본다. 즉 11:2-16에서 개인적 가정의 모임이 고려되고 공식적 교회 집회는 14:33b-36에서 고려된다고 생각한다. 그러나 교회는 일반적으로 집에서 모이기 때문에 그 모임이 별도의 개인 모임이라는 증거가 없다.

그러므로 이 구절에서 14:33b-36에서 찾을 수 있는 모임과 구별할 근거는 없다. 바울은 교회가 모일 때 여자들이 기도하고 예언할 것을 가정한다(참조, 행 21:9). 그러나 여자가 머리를 가리지 않고 기도하거나 예언하면 그 머리에 수치를 안겨 준다. 머리에 쓴 것을 벗으면 머리를 자른 것과 다름없이 수치와 불명예가 된다.

아마도 바울은 특별히 아내와 남편을 생각할 것이다. 그러나 앞에서 언급했듯이 여기에서 바울의 권면은 일반적으로 남자와 여자를 포함한다. 여자가 머리에 쓰지 않거나 가리지 않고 기도하거나 예언을 하면 남편을 욕되게 하는 것과 같다. 더 나아가 4절에서 살펴본 것처럼 머리는 아마도 여자 자신을 포함할 것이다.

학자들은 실제로 머리를 가렸는지를 토론한다. 많은 학자가 여성들이 머리에 쓰는 것이나 가리는 것을 머리에 하지 않았다고 주장한다. 대신 여성의 머리 모양에 대한 문제라고 본다. 1세기 문화적 배경에서 머리카락을 어깨에 늘어뜨리는 것은 매춘부의 행동이라고 주장한다.

예를 들어, 민수기 5:18의 의심 소제물과 관련해서 간음이 의심되는 여성은 **머리를 풀게 한다**(아포칼립세이 텐 케팔렌 테스 귀나이코스, *apokalypsei tēn kephalēn tēs gynaikos*). 11: 5에서 고린도 여자들의 습관을 묘사하는 동일한 헬라어(아카타칼립토스, *akatakalyptos*)가 레위기 13:45(70인역, 70인역)에서 사용된다.

그러므로 고린도 여자들의 문제는 머리카락을 풀어 등 아래로 흘러내리게 한 것일 가능성이 있다. 이 해석에 대한 가장 강력한 주장 가운데 하나는 15절이다. 여기서 바울은 긴 머리는 가리는 것으로 주어진다(개역개정: 긴 머리는 가리는 것을 대신하여 주셨다)고 언급한다.

전치사 anti('~으로'라고 번역됨)는 대체를 의미한다. 따라서 우리는 그 구절을 '가리는 것 대신 긴 머리가 주어졌다'고 번역할 수 있다. 가리는 것 대신 긴 머리가 주어지기 때문에 바울은 가리는 것을 생각하지 않는다고 주장한다.

가리는 것을 대신하는 머리 모양에 대한 언급으로 이해할 수 있다는 강한 주장에도 불구하고, 다음과 같은 이유로 바울이 어떤 쓰는 것이나 가리는 것을 가리킬 가능성이 크다.

첫째, 바울은 로마의 관습에 관해 설명한다. 가리는 것은 조각상, 무덤의 부조, 동전에서 얻을 수 있는 증거와 잘 맞는다.[33]

둘째, '가리다'(카타칼륍토, *katakalyptō*)로 번역된 동사는 6-7절에 세 번 등장한다. 동족어는 5절과 13절에 나타난다. 이 단어들은 대부분 어떤 종류의 덮개를 가리킨다.[34] 예를 들어, 성전에서 여호와의 영광을 보았던 천사들은 얼굴을 가렸다(사 6:2). 유다는 며느리인 다말이 얼굴을 가리고 있었기 때문에 창녀로 생각했다(창 38:15).

셋째, 필로는 고린도전서 11: 5에서 바울이 말하는 **머리를 가리지 않고**(아카타칼륍토 테 케팔레, *akatakalyptō tē kephalē*)를 사용한다. 필로는 분명히 제사장이 머리에 쓰는 장식을 벗었기 때문에 머리를 가리는 것이 제거되었다고 말하고 있다(Spec. Laws, 3.60, 그리고 3.56; 참조, *Alleg. Interp.* 2.29). 실제로 이 부정적 형용사는 카타칼륍토(*katakalyptō*) 동사를 기초로 한다. 이 단어는 일반적으로 '가리다' 또는 '덮다'를 의미한다.

넷째, 에스더 6:12(70인역, 70인역)은 4절에서 같은 표현인 하만의 카타 케팔레(*kata kephalēs*)를 사용한다. 하만은 부끄러움으로 머리를 가리고 슬퍼하면서 집으로 달려갔다. 아마도 옷 일부분으로 머리를 가렸을 것이다.

다섯째, 머리를 가리는 여성에 대한 묘사가 많이 있다. 플루타르크는 "여자들은 머리를 가리고, 남자들은 머리를 가리지 않고 공개적으로 나오

---

33    예로 Schnabel, 589-591, 600, 602-603을 보라.
34    가리는 것에 대한 자료는 Schreiner, 'Head Coverings', 126에서 가져왔다.

는 것이 더 일반적이다"(*Quaest. rom.* 267A)라고 말했다.

앞에서 언급했듯이, 15절에서 바울이 긴 머리는 가리는 것으로 주어진다고 말하기 때문에 어려움이 있다. 15절의 **으로**(안티, *anti*, 개역개정: 대신하여)는 종종 대체를 의미하지만, 이 경우 대체의 의미 대신 동등함을 의미한다. 다시 말해, 바울은 여자가 가리는 것 대신 긴 머리를 받았다고 말하지 않는다. 만약 바울이 머리와 가리는 것을 연결한다면, 바울은 여자의 긴 머리카락은 머리 위로 머리카락을 올려야 할 필요를 보여 준다는 점을 지적하는 것일 수 있다.

결론적으로, 이 구절에서 추천되는 관습은 아마도 어떤 종류의 면사포나 가리는 것의 의미일 것이다. 1세기에 이처럼 가리는 것을 쓰지 않은 여자는 성적 의미가 있을 수 있는데, 성적으로 이용할 수 있음을 의미한다.

예를 들어, 루키우스 아풀레이우스는 그의 작품에 여자의 머리에 대해 "나의 유일한 관심은 항상 사람의 머리와 머리카락에 있다. 처음에는 공개적으로 그것을 살피고 나중에 집에서 그것을 즐기기 위해서이다"(*Metam.* 2:8)라고 썼다. 문맥에서 성적 의미가 있음을 분명히 보여 준다(*Metam.* 2:8-9). 어떤 경우든 본문의 요점은 분명하다. 여자는 어떤 방식으로든 꾸며야 한다.

**⟨6⟩** 바울은 가리지 않은 여자의 부끄러움에 대해 자세히 설명하지 않는다. 만약 가리지 않는다면, 머리카락을 잘라야 한다(행 18:18). 여자가 머리카락을 자르는 일은 부끄러운 일이었지만(참조, *T. Job* 24:10; *Sib. Or.* 3:356-362), 머리를 가리는 것을 거부하는 일은 바울에게 같은 부끄러움이다. 다시 말해, 머리카락을 깎거나 자르는 일은 수치스러운 일이며(아이스크론, *aischron*), 존경을 받는 여성은 그렇게 하지 않을 것이다.

같은 방식으로 여성은 머리를 가리고 남편과 자신을 부끄럽게 만들지 말아야 한다. 머리를 가리는 것을 거부하는 일은 그 당시 문화에서 적절한 남자의 리더십과 관련이 없는 여자라는 메시지를 던지며, 바울은 그들이 다른 사람들에게 걸림돌이 되지 않기를 바란다.

## (2) 신학적 기초(11:7-12)

⟨7⟩ 여자가 왜 베일(veil)이나 가리는 것을 써야 하는지에 대한 추가적 이유가 있다. 우리는 문화적 관습이 신학적 토대를 가지고 있음을 다시 보게 된다. 남자는 하나님의 형상과 영광이기 때문에 베일(veil)이나 가리는 것을 쓰면 안 된다. 마땅히(오페일레이, *opheilei*)는 필요성과 의무를 나타내며 무엇이 적합한지 가리킨다.

바울은 남자가 하나님의 형상으로 만들어졌다고 말하면서 창세기 1:26-27을 암시한다. 하나님의 형상으로 창조됨은 인간을 나머지 피조물과 구별되게 한다(참조, 창 5:3; 9:6; 약 3:9; 또한, Wis. 2:23; Sir. 17:3). 특별히 남자와 여자가 하나님을 대리로 통치하는 자로서 창조된 세계를 다스리는 인간의 통치와 관련이 있다.

남자는 하나님의 형상으로 창조되었을 뿐만 아니라 하나님께 영광을 돌린다. 영광(독사, *doxa*)은 특별히 명예와 수치가 중요한 역할을 하는 문화에서 하나님이 인간에게 받으시는 명예와 찬양을 가리킨다.

반면에 여자는 남자의 영광이다. 명예-수치라는 배경은 다시 결정적이다. 여자는 남자를 명예롭게 해야 한다. 아마도 남편을 특별히 염두에 두고 있을 것이다. 특별히 예배 중에 머리를 가릴 때 명예가 주어진다.

어떤 학자들은 여자가 남자와 같은 방식으로 하나님의 형상과 영광이 되지 않는다고 해석한다. 왜냐하면, 남자는 하나님의 형상과 영광이라고 말하지만, 여자는 그렇게 말하지 않기 때문이다. 바울은 특별한 방식으로 남자가 하나님의 형상과 영광이며 여자와는 다른 방식이라고 강조할 가능성이 있다. 이 경우에 여자에 대한 남자의 차별성이 명확해진다.

이와 같은 해석의 문제는 추론적 성격을 가진다. 논의가 너무 축약되어 남자가 어떻게 여자와 다르게 하나님의 형상과 영광인지 분명하지 않기 때문이다. 어쨌든 남자와 여자 모두 하나님의 형상대로 창조되었다고 성경은 확언한다(창 1:26-27).

그러므로 바울은 여자들이 하나님의 형상이며 영광이라는 사실을 부인하지는 않지만, 남편들에게 영광과 명예를 주는 여자들의 독특한 역할에 집중한다. 그는 여자들이 특히, 적절하게 꾸미는 것으로 남자들에게 명예를 돌려야 하므로 이 진리에 주의를 기울인다.

⟨8⟩ 바울은 남자와 여자의 차이를 더 설명한다. 그 차이는 여자들이 예배 중에 가려야 함을 의미한다. 첫 남자는 여자에게서 오지 않았지만, 첫 여자는 남자에게서 왔기 때문에 여자는 남자의 영광이다. 바울은 분명히 창세기 2:21-23에 나오는 남자의 갈비뼈에서 여자가 창조된 기사를 상기시킨다. 남자가 더 위엄과 가치를 가지며 남자에게서 나온 여자가 남자의 우월성을 표현하지는 않는다.

바울은 여자가 존재론적으로 열등하다는 생각을 지지하지 않는다. 동시에 그는 창조된 질서에서 여자들의 다른 역할과 기능을 살핀다. 그 차이는 남자가 여자의 머리라는 개념과 일치한다(11:3). 여성, 특별히 남편과 관련해서 아내는 남자에게 명예와 영광을 가져다준다. 그들의 특별한 부르심은 창조에서의 하나님의 목적에 도달한다.

⟨9⟩ 바울은 8절의 논증에 대해 자세히 설명하면서 창조 기사를 다시 상기시킨다. 남자가 **여자를 위하여**(디아, *dia*) 지음 받지 아니하고 여자가 남자를 위하여 지음을 받았다. 확실히 바울은 이 구절들에서 문화적 문제를 다룬다. 그러나 동시에 문화적 관습으로만 제한할 수 없는 창조의 기준과 신학적 원칙에 호소한다. 1세기 문화에서 베일을 쓰는 것은 남녀 간의 관계 본질을 알려준다. 남녀 간의 기능 차이는 창조에 뿌리를 두고 있다.

바울은 여자가 남자를 위해서 창조되었다고 말하면서, 특히, 창세기 2장의 창조 기사, 여자가 남자의 **돕는 배필**(창 2:18, 20)로 창조되었다고 말하는 본문을 다시 인용한다. 물론 창세기에서 '돕는 배필'의 의미는 격렬하게 토론이 되지만, 여기에서 바울이 사용하는 의미는 창세기 2장의 의미와 일치한다. 남자에게 영광을 돌리는 특별한 부르심은 창조 자체에 뿌리를 둔다.

⟨10⟩ 이 본문의 많은 구절과 마찬가지로 10절의 의미도 논란의 대상이다. 천사에 대한 언급은 특별히 어렵다. 이 구절을 해석하기 위한 가장 중요한 단서는 구조이다. 10절의 그러므로(디아 투토, *dia touto*)는 8-9절과 10절을 연결한다. 8-9절이 10절에서 언급된 근거임을 보여 준다.[35]
다음과 같이 구조를 묘사할 수 있다.

(1) 남자는 머리를 가리지 말아야 한다(11:7)
(2) 명령을 위한 뒷받침: 창조 질서(11:8-9)
(3) 그러므로 여자는 머리를 가려야 한다(11:10)

반면에 많은 주석가는 매우 다른 방식으로 이 구절을 이해한다. 그들은 권세(엑수시아, *exousia*)가 능동적이라고 주장한다. 따라서 바울은 권세에 대한 여자의 순종을 말하는 것이 아니라, 여자들이 예언해야 하는 권위를 말한다는 것이다.

이와 같은 견해는 매력적이고 가능하지만, 다음과 같은 이유로 설득력이 없다.

첫째, 앞에서 지적한 것처럼, 본문의 구조는 7절과 10절이 병행이다. 남자는 머리를 가리지 말고(11:7), 여자는 가려야 한다(11:10).

둘째, 능동적 측면은 권세나 권리, 즉, 예언에 대한 여자의 자유에 초점을 맞춘다. 그러나 이 구절의 초점은 자유가 아니다. 그 대신 본문은 **여자는 그 머리에 권세를 두어야 한다**(오페일레이, *opheilei*, 여자는 권세 아래에 있는 표를 그 머리 위에 둘지니라).[36]

**해야 한다**(참조, 롬 13:8; 15:1, 27; 고전 7:36; 11:7; 고후 12:11, 14)는 여기에서 여자들이 예언할 때 어떻게 스스로 꾸며야 할지에 대한 명령을 보여 준다(참조, 11:5). 즉, 자유가 아니라 의무를 전달한다.

---

35 10절의 자료는 부분적으로 Schreiner, 'Head Coverings', 134-136에서 가져왔다.
36 나의 번역이다. NIV 성경은 'over'를 사용해 능동적 의미로 읽는다.

셋째, 11절(아래를 참조하라)에 주어진 조건은 여자가 남자에게 복종하는 상징으로 머리를 가리라는 명령과 가장 잘 어울린다. 11절은 그런데도(플렌, *plēn*, 개역개정은 생략)라는 단어로 시작한다. 11-12절에서 바울은 어쨌든 여자가 남자보다 열등하다는 오해를 막고 있다. 그러나 10절에서 강한 언어로 여자가 예언할 권위와 권리를 가진다고 확언했다면 여자의 자격에 대한 언급은 불필요해 보인다.[37]

넷째, 10절에서 엑수시아(*exousia*)를 '권세의 표시' 또는 '권세의 상징'(NRSV, ESV, NASB, NET, CSB 성경)으로 이해하는 것은 무리가 없다. 누구든지 머리에 쓴 무언가가 표시나 상징으로 기능할 수 있다는 점은 이해할 수 있다.

요한계시록 12:3의 용은 일곱 왕관을 가진 일곱 머리를 가진다. 왕관은 용의 권위와 힘을 상징한다. 예수님이 백마를 타고 돌아온다는 환상(그 머리에는 많은 관이 있고, 계 19:12)은 왕의 권위를 상징한다.

디오도로스 시켈로스(Diodorus Siculus, BC 60-30)는 그 머리에 세 개의 왕국(에콘톤 트레이스 바실레이아스 에피 테스 케팔레, *echontōn treis basileias epi tēs kephalēs*)을 가진 석상을 언급한다(1.47.5). 문맥에서 의미하는 바는 조각상이 세 개의 왕관을 가졌다는 것이다. 왕관은 왕국을 다스림을 상징한다. 머리 위에 있는 것은 무엇인가를 상징한다.[38]

본문은 오지만디아스왕의 어머니를 만든 조각상을 묘사한다.

"그의 어머니의 조각상이 서 있다. 20 규빗의 거대한 돌기둥이다. 그 머리에는 세 개의 왕국이 있다. 이것은 왕의 딸과 왕의 아내, 왕의 어머니를 의미한다"(1.47.5).

---

[37] 티슬턴(Thiselton, 2000)은 본문을 다르게 해석하지만, 여기에서 자격이 있음을 동의한다.

[38] 10절이 초대 교회에 이와 같은 방식으로 이해되었다. 이것은 베일을 의미하는 *kalumma*의 다양한 읽기가 지지한다. 다양한 읽기는 원본이 아니지만, 아마도 초기의 독자들이 베일을 쓰는 것에 대한 권위를 이해했기 때문에 일어났을 것이다. 또한, Thiselton (2000), 837을 참조하라.

(디오도로스가 왕관이라고 부르는) 세 개의 왕관은 모두 다른 사람의 권위를 표현한다. 그 권위는 이 여인의 (왕이었던) 아버지, (왕이었던) 남편, 그리고 (왕이었던) 아들의 권위를 나타낸다. 왕관은 여자의 권위를 상징하지 않는다. 마찬가지로 고린도전서 11장에서 여자의 머리를 가리는 것은 남자의 권위를 나타낼 수 있다.

10절에서 바울은 머리에 써야 하는 새로운 이유를 **천사들 때문에**(개역개정: 천사들로 말미암아)라고 제시한다. 이 의미는 논란이 되고 있으며 어렵다.[39] 모든 해석을 설명하기에 지면이 부족하다.

어떤 학자들은 천사가 소식을 전하는 사람을 의미한다고 생각한다. 그러므로 바울은 고린도에서 일어난 일에 충격을 받을, 다른 교회로부터 온 소식을 전하는 사람을 말한다고 제안한다. 예언적 계시가 천사들에 의해 중재되었다. 다른 제안이 있다.[40]

다른 학자들은 예배에서 천사들이 여자들에 대해 정욕을 느끼기 때문에 가리는 것이 필요하다고 제안한다. 가장 좋은 해결책은 아마도 예배를 돕고 창조의 질서가 유지되기를 바라는 선한 천사들일 것이다.[41]

⟨11-12⟩ 바울의 이제 발생하는 오해를 피하는 주장을 한다. 그 자격은 **그럼에도 불구하고**(플렌, *plēn*, 개역개정은 생략)로 표현된다. 남자의 머리 됨(3절), 여자의 베일을 써야 할 필요성(5-6, 10절), 여자는 남자의 영광이 됨(7절), 남자로부터의 여자의 기원(8절)과 남자를 위해서 여자가 창조된 점

---

39 다양한 해석에 대해 도움이 되는 비판적 조사와 여기에서 논쟁되는 내용에 대한 변호에 대해서는 Garland, 524-529를 보라. 덧붙여서 이 점에 대한 불확실성은 본문의 중요한 무게가 분명하기 때문에 오늘날을 위한 본문의 중요성에 영향을 미치지 않는다. 창조된 질서를 지키는 천사들에 대한 비슷한 언급은 디모데전서 5:21과 베드로전서 1:12를 참조하라.
40 머피-오코너는 고린도에서 일어난 일에 충격을 받은 다른 교회의 소식을 전달하는 자들에 대한 언급으로 이해한다('1 Corinthians 11:2-16', 271-272). 건드리-볼프(Gundry-Volf)는 천사들이 예언적 계시를 중재했다고 제안한다('Gender and Creation', 164).
41 Fitzmyer, 'Feature of Qumran Angelology', 48-58; Thiselton (2000), 839-841을 보라.

들이 남자가 여자보다 우월하다는 생각을 하게 만들 수 있다. 바울은 이 생각들로 만들어지는 여자들이 존재론적으로 열등하다는 생각을 피하려고 한다.

따라서 바울은 주님 안에서 남자와 여자의 상호 의존성을 강조한다. 여자는 남자를 통해서 존재하지만, 남자도 여자를 통해서 세상에 온다. 첫 여자는 첫 남자에게 났지만, 모든 남자는 여자를 통해서 세상에 온다. 즉, 어머니를 통해서 세상에 온다.

남녀의 기능 차이가 남성과 여성의 평등과 가치를 부정하지 않는다. 모든 것이 하나님에게서 났다고 말함으로 주님은 생명의 궁극적 근원으로 인정되며 모든 것은 선하다. 동시에 남성과 여성의 다양성과 통일성이 그분에게서 나왔음이 인정된다. 하나님은 두 가지 성을 주권적으로 정하셨고, 지시하셨고, 축복하셨다.

### (3) 본성으로부터의 논증(11:13-16)

〈13〉 가리는 것에 대한 논의가 신학적(창조에 호소함)으로 그리고 문화적(명예-수치에 호소함)으로 다루어졌다. 이제 바울은 본성과 올바른 분별력으로 논의를 바꾼다. 바울은 고린도 교인들에게 호소하고 상황을 평가해 달라고 요청한다. 우상에 바쳐진 음식을 다루었던 고린도전서 10:15의 입장과 매우 비슷하다. 그들이 올바르게 판단한다면, 여자들이 머리를 가리지 않고 기도하는 것이 **마땅하지 않고**(프레폰, *prepon*) 적절하지 않다는 것을 분별할 것이다.

다른 곳에서 바울은 다양한 연령층의 올바른 행동을 다루면서 무엇이 적절한지(딛 2:1)와 무엇이 여자들이 해야 할 행동으로 적절한지(딤전 2:10)에 호소한다. 여자들은 교회에서 모일 때 그리고 특별히 모임에서 기도하거나 예언할 때 가려야 한다(11:5). 바울은 여기에서 자신의 말이 문화적으로 동감되고 동의될 것을 기대한다. 이것은 그가 수신자들이 놀라게 할 말을 하지 않고 있음을 보여 준다.

〈14〉 14절과 15절에서 바울은 본성에 호소해서 주장한다.

대부분의 번역과 같이 NIV 성경의 **본성이 아니냐**라는 번역은 명확하지 않다. NRSV는 더 명확하고 정확하다. 본성이 너희에게 가르치지 않느냐.

바울이 **본성**(퓌시스, *physis*)으로 의미하는 바는 더 연구할 필요가 있다. 인간은 본성으로 남성과 여성이다. 그러므로 같은 성의 관계는 **본성에 반대된다**(롬 1:26, ESV 성경). 이 용어는 또한 창조된 본질적인 것을 나타내는 데 사용된다. 본성이라는 단어는 로마서 11장에서 가지들이 감람나무의 원래의 가지였으며 그 시작부터 있었음을 표현한다(롬 11:21, 24).

마찬가지로 이방인들은 본질적으로 무할례자이고(롬 2:27) 태어날 때 율법을 가지지 않았지만(롬 2:14), 유대인들은 본질적으로 유대인들이다(갈 2:15).[42] 태어나면서부터 그리고 본질적으로 모든 사람은 진노의 자녀이다(엡 2:3, 참조, Wis. 13:1).

우상은 본질적으로 거짓 신들이다(갈 4:8). 안티오쿠스 에피파네스(Antiochus Epiphanes)는 유대인들이 "본성이 우리에게 그것을 부여했기 때문에" 돼지고기를 먹어야 한다고 주장했다(4 Macc. 5:8, 또한, 5:9). 본성은 아마도 어떤 것의 본질, 그것이 무엇인지를 나타내는 특징들(약 3:7; 벧후 1:4; Wis 7:20; 19:20)이다.

또는 가족에 존재하는 사랑과 같은 본성적 사랑을 언급할 수 있다(4 Macc. 13:27; 15:13, 25; 16:3). 그리고 이 용어는 다양한 의미를 표현한다. 우리는 그 의미를 결정해야 한다. 이 구절에서는 창조와 문화가 결합한 것으로 보인다.

남자와 여자의 머리카락은, 일반적으로 말하면, 매우 다르다. 그러므로 남자의 긴 머리는 **부끄러움**(아티미아, *atimia*)이다. 긴 머리의 의미가 정의되어 있지 않지만, 바울은 아마도 남자가 여자처럼 보이려고 긴 머리로 있는 것을 염두에 두고 있을 것이다.

---

**42** 물론 유대인도 할례를 받지 않고 태어났지만 8일이 지나면 모든 유대인 남자아이가 할례를 받았기 때문에 바울은 이렇게 말할 수 있다.

위-포킬리데스(Pseudo-Phocylides)는 이렇게 말한다. "아이가 소년이라면, 긴 머리가 머리 위로 자라지 않도록 해라. 머리에 꼭대기에 왕관 모양으로 땋거나 매듭 모양을 만들지 말라. 긴 머리는 소년에게 적합하지 않고, 요염한 여인에게 어울린다"(Ps.-Phoc. 200-212).

본성은 인간에게 남자와 여자의 구분을 가르친다. 이 구분은 문화적 반향이다. 따라서 긴 머리를 가진 사람은 반감을 끌어내고, 그 자신을 부끄럽게 만든다.

**〈15〉** 본성이 남자의 긴 머리를 수치스럽고 명예롭지 않다고 가르친다면, 여자의 긴 머리는 그녀의 **영광**이라고 가르친다. 영광(doxa)은 이미 이 본문에서 여자가 남자에게 가져오는 영광을 나타내는 데 사용되었다(11:7). 영광이 14절에서 '부끄러움'의 반의어이기 때문에 이 구절에서 분명히 고려된다.

여자의 긴 머리는 남성과 여성의 구별을 문화적으로 전달한다. 그리고 그 긴 머리는 그녀의 영광이 된다. 반대로 여자가 머리카락을 자르거나 깎는다면 부끄러움이 된다(11:5-6). 창조와 문화는 여기에서 만난다. 남자와 여자의 창조적 차별성이 특정한 문화 환경에서 반영되기 때문이다.

15절의 마지막 주석은 우리가 원하는 만큼 명확하지는 않다. 앞서 언급한 것과 같이, 어떤 학자들은 머리카락이 가리는 것을 **대신해서**(안티, *anti*) 주어지기 때문에 여자가 머리를 가리거나 베일을 쓸 필요가 없다는 뜻이라고 이해한다. 전치사 *anti*가 일반적으로 다른 것에 대한 대체를 의미하기 때문에 이 해석은 장점이 있다. 그러나 이 해석의 문제점은 이 단락의 모든 내용과 반대된다는 점이다(11:2-16).

바울은 4-7절에서 가리는 것이나 베일을 쓴다는 단어를 분명하게 사용한다. 그러므로 바울이 여자의 긴 머리만으로 충분하고 따라서 가리는 것이 불필요하다고 결론을 내리고 있다는 것은 말이 되지 않을 것이다. 만약 이 구절뿐이라면 설득력이 있겠지만 바울의 모든 말을 고려할 때, 여자의 긴 머리를 가리는 것이 합당하다는 결론을 내릴 수 있다. 논증은 유사하다. 여자가 긴 머리를 가지고 있으므로, 가리는 것이 합당하다.

〈16〉 이 단락은 아마도 교회에서 소수를 대표하는 **논쟁적 사람들**(개역개정: 논쟁하려는 생각을 하는 자)을 언급하면서 마무리한다. 소수가 원하는 것은 혁신이지만 이 경우 그들이 경계를 넘는 것은 적절하지 않다. 우리는 이 구절에서 바울을 나타낸다. 그리고 아마도 다른 교회들까지 나타낼 것이다. 바울은 이 문제에서 혼자가 아니다. 왜냐하면, 하나님의 교회가 동의하기 때문이다. 바울에게는 교회들의 보편적 실천이 중요하다.

바울은 고린도전서에서 이 점을 여러 번 언급한다(4:17; 7:17; 14:33). 그는 교회의 전통에서 벗어나는 자유를 추천하지 않는다. 이와 같은 벗어남을 심각하다고 이해한다. 교회가 행하는 '관례'는 확실히 여자들이 가리는 것이다. 어떤 학자들은 바울이 본문의 결론에서 자신 또는 교회가 여성의 가리는 관례를 따르지 않는 것을 가르친다고 주장한다.

그러나 이와 같은 해석은 본문의 나머지 부분에서 가르치는 것과 모순되기 때문에 분명히 잘못되었다. 그리고 매우 이상하다. 바울이 교회들에 강하게 강조한 관례를 자신이 따르지 않는다고 말하면서 마무리하는 것은 이상하다.

### 신학

이 단락의 신학은 오늘날 논쟁이 되고 있다. 문화와 신학이 엮여 있으므로 이 단락의 의미를 이해하기는 쉽지 않다. 남녀 사이의 구별이 유지되어야 한다는 점은 분명하다. 그러므로 성별이 단지 사회적으로 이루어진다는 개념은 지지를 받지 못한다.

하나님은 처음부터 남성과 여성 사이에 아름답게 서로 돕는 것을 계획하셨다. 남자와 여자는 하나님의 형상을 따라 동등하게 만들어졌다(창 1:26-27). 그들은 구원에 동등하게 접근하고(갈 3:28), 같은 운명을 공유한다(벧전 3:7). 그들은 동등한 존엄성, 가치 및 중요성을 가지고 있다.

동시에 본문은 남자와 여자의 다른 역할이 의도되어 있음을 보여 준다. 남자는 머리로서 (결혼이든지 교회 리더십이든지) 사랑의 권위를 행사한다. 여성은 스스로 베일을 씀으로 이와 같은 지도력에 순응할 수 있음을 나타낸다. 어떤 학자들은 (예배 중에 베일을 쓰는) 역할 관계의 표현이 오늘도 적용된다고 생각한다.

그러나 이 본문에서는 신학과 문화가 서로 충돌할 가능성이 크다. 그러므로 이 본문이 권위가 있다고 해서 남녀 간의 관계에 대한 문화적 표현이 오늘날에도 지켜져야 한다고 요구하지 않는다. 오늘날 많은 문화에서, 예배 중에 여자가 머리에 쓰든지 베일로 가리든지 하는 점은 남녀 관계에 대해 아무것도 전달하지 못한다.

그러나 1세기 고린도에서는 강력한 메시지를 던진다. 만약 여성이 머리를 가리지 않으면, 자신과 남편에게 부끄러움을 가져왔다. 각 문화는 특정한 상황에서 분명하게 표현된 신학적 원리가 어떻게 작용하는지가 연구되어야 한다.

### 2) 주의 만찬(11:17-34)

**문맥**

이 단락에서 바울은 주의 만찬에서 일어나는 분열에 관한 전해 듣고 대답한다. 주의 만찬에 관한 토론은 네 가지 주요한 흐름이 있다.

첫째, 만찬에서 부유한 사람들의 행동은 바울에게 걸림돌이 되고 있다. 그들은 가난한 사람들이 배고픈 상태에 있는데 호화롭게 먹고 마시기 때문이다(11:17-22). 그들의 모임이 매우 해가 되기 때문에 그 전통을 지키는 것을 칭찬할 수 없다(17절). 실제로 회중은 부유한 자와 가난한 자로 나뉘고(18절), 사회적 엘리트는 가난한 사람들을 학대하고 있다. 분열은 공동체의 참 신자가 누구인지 밝히는 유익이 있다(19절).

고린도 교인들은 친교 식사를 할 때, 주의 만찬에 참여한다고 주장한다. 그러나 바울은 사회적으로 높은 계층이 가난한 자들이 배고플 때도 잔뜩 먹고 마시기 때문에(21절), 주님의 만찬이 아니라고 말한다(20절). 바울은 부자들이 가난한 사람들을 부끄럽게 하고 하나님의 회중을 멸시하는 방식으로 행동하기 때문에 매우 화가 났다(22절). 그러므로 바울은 그들의 행동 때문에 칭찬할 수 없다.

둘째, 바울은 첫 성찬의 예수님의 말씀을 일깨운다(11:23-26). 성찬 제정의 말씀은 가난한 사람들을 억압하는 부유한 고린도 교인들의 행동과 반대되기 때문이다. 바울은 고린도 교인들에게 주의 만찬의 전통을 상기시킨다.

예수님은 떡을 가지시고 떼셨다. 이것은 자신의 사람들을 위해 그분의 생명을 주신 것을 상징한다(23-24절). 신자들은 예수님의 자신을 주시는 희생을 기념하면서 식사를 해야 하지만, 자신의 필요에만 주목하고 가난한 자들을 무시하며 그렇게 하지 않았다. 비슷하게 잔은 예수님의 피로 맺은 새 언약을 상징한다.

그리고 신자들은 예수님을 기억하며 그것을 마신다(25절). 신자들은 주의 만찬에서 먹고 마시면서 주님이 오실 때까지 그의 죽음을 선포한다. 그러나 그들이 궁핍한 형제들과 자매들을 함부로 대한다면 주님의 죽음을 선포하지 않는 것이다(26절).

셋째, 신자들은 주의 만찬에 참여하기 전에 자신을 살펴야 한다. 왜냐하면, 스스로를 올바르게 살피지 않고 주의 만찬에 참여해서 병과 죽음을 경험하고 있기 때문이다(11:27-32). (가난한 자들을 무시하면서) 합당하지 않게 먹고 마시는 자는 주의 몸과 피에 대하여 죄를 짓는다(27절).

그러므로 그들은 먹고 마시기 전에 자신들의 삶을 살펴야 한다(28절). 몸을 분별하지 않고 먹고 마시는 자는 자신에게 심판을 더한다(29절). 많은 사람이 자신을 살피는 일에 부족해서 약해지고 병들고, 죽음에까지 이른다(30절). 합당하게 분별했다면 심판을 피할 수 있다(31절). 그러나 사실 심판은 큰 자비이다. 왜냐하면, 주님께서 최종 심판에서 정죄를 받지 않도록 심판하시기 때문이다(32절).

넷째, 신자들은 모두가 함께한다고 느낄 수 있게 주의 만찬에서 서로를 환대해야 한다(11:33-34). 배가 고픈 사람들은 집에서 먹어야 한다. 그 모임이 심판을 피하기 위해서이다. 바울은 도착하면 그 외의 문제들을 바로잡을 것이라고 말한다.

### (1) 걸림돌이 되는 행동(11:17-22)

### 주석

**⟨17-18⟩** 바울은 고린도 교인들을 칭찬하면서 교회의 질서에 관한 토론을 시작했지만(11:2), 주의 만찬에 관해서 지시할 때 그들을 칭찬할 이유를 찾을 수 없었다. 실제로 그들의 모임은 건설적이지 않고 파괴적이다. 17절의 주장에 대한 증거가 18절에 제시되어 있다. 신자들이 **교회로**(개역개정: 교회에) 모일 때 분열이 드러난다.

**교회**(에클레시아, *ekklēsia*)는 또한 회집을 의미한다. 바울은 여기에서 신자들의 공동체적 모임을 강조한다. 이 공동체적 모임은 11:2에서 14:40까지 다루어진다. **분열**(스키스마타, *schismata*)은 다양한 사역자들로 발생한 분열의 문제가 다루어졌던 1:10-4:21을 생각나게 한다. 여기에서 분열은 신학적이 아니라 사회학적이라는 점에서 다른 성격을 지닌다.

18절의 바울의 마지막 말은 해석하기 어렵다. 분명히 바울은 분열이 존재한다고 믿었다. 그래서 아마도 전해 들은 분열이 과장될 수 있음을 바울이 의미할지도 모른다. 바울은 고린도 교인들을 가혹하게 비난하지 않기 위해서 정중하게 쓰고 있는 것 같다. 그러나 이후의 구절들은 분열이 존재하고 바울이 그것을 알고 있음을 분명히 보여 준다.

**⟨19⟩** 분열의 이유 중 하나인 신학적 근거가 설명된다. NIV 성경은 **다름**(differences)으로 번역하는데, NRSV 성경의 **파벌**(하이레세이스, *haireseis*)이

더 명확하다. 다름은 아무 잘못이 없고 도움이 될 수 있다는 의미이기 때문이다. 파벌(개역개정: 분쟁)은 이기적 동기에서 나오는 분열을 분명하게 밝힌다.

영어 단어 heresy(이단)는 이 헬라어 단어의 음역이지만, 고린도전서 11:19에서는 잘못된 가르침이 아니라 분열, 파벌주의, 불화에 초점을 맞춘다(참조, 갈 5:20). 놀라운 점은 바울이 이 분열이 **필요하다**(데이, *dei*)고 말하고 있다는 점이다.

어떤 학자들은 인간의 관점에서 필요하다고 이해하지만, 바울은 아마도 하나님의 관점에서 필요성을 생각하고 있을 것이다(참조, 고전 15:25, 53; 고후 5:10). 하나님은 교회에서 자라는 분열에서 자신의 목적과 계획을 실행하고 계신다.

바울은 분명하게 분열을 만드는 사람들의 책임을 면제하지 않는다. 왜냐하면, 하나님의 주권은 인간의 자유로운 결정과 책임을 배제하지 않기 때문이다. 하나님은 주권자이시며 인간은 책임이 있다. 이 두 진리가 어떻게 양립할 수 있는지 설명하는 대답이 주어지지 않는다.

파당과 분열에 대한 하나님의 목적이 설명된다. **하나님의 인정을 받은**(도키모이, *dokimoi*) 사람들이 분명히 나타나게 될 것이다. 진정한(NRSV) 또는 인정함을 받은(CSB, *dokimoi*)이라는 단어는 참된 그리스도인들을 의미한다(참조, 고후 13:7). 이것은 공동체 안의 사회적 엘리트 집단을 말하지 않는다. 가난한 사람들에 대한 엘리트 그룹의 차별이 있었지만, 바울은 이 구절에서 사회학적으로 관찰하지 않는다.

**인정을 받지 못한**(아도키모이, *adokimoi*) 사람들은 하나님께 속해 있지 않다(참조, 롬 1:28; 고전 9:27; 고후 13:5, 6, 7; 2 딤 3:8; 딛 1:16; 참조, 히 6:8).

교회에서 일어난 파당은 교회를 정련하고 정화해서 누가 하나님께 참되게 속하는지 밝히고 또 하나님께 속하지 않은 사람들을 밝혀 낸다. 우리는 복음서에서 부, 박해 그리고 어려움이 누군가의 처음 믿음이 참되지 않은지 드러낸다는 비슷한 구절들을 본다(막 4:16-20; 13:13).

⟨20⟩ 고린도 교인들은 함께 모여 주의 만찬을 먹었다. 이것은 주의 만찬이 집에서 먹는 개인적 식사가 아니라 공동체적 행사였음을 보여 준다. 주의 만찬을 기념하는 것은 초기 그리스도인의 예배의 중심적 요소였지만, 바울은 고린도 교인들이 주의 만찬을 먹는 것이 아니라고 말하면서 충격을 준다.

그들은 주의 만찬을 먹고 있다고 주장하고 주의 만찬을 먹고 있다고 생각했다. 거의 확실하게 예수 그리스도께 전해 받은 말씀을 사용하고 있었다. 그런데도 그들이 먹는 것은 주의 만찬이 아니다. 만찬에 분열, 파당, 이기심이 지배하고 있기 때문이다. 바울에 따르면, 식사 중에 악이 만연해 있다면, 주의 만찬이 될 수 없다.

⟨21⟩ 바울은 이제 기념되는 만찬이 주의 만찬으로 불릴 수 없는 이유를 설명한다. 식사 때에 각 사람은 자신이 주의 만찬에 가져온 음식을 먹는다. 부유한 사람들은 만족스럽게 먹지만, 가난하고 배고픈 사람들은 만찬에서 충분히 먹지 못하기 때문에 사회적 분열이 분명히 드러난다.

아마도 부유한 사람들은 식당이었던 트리클리니움(triclinium)에서 먹고 마셨을 것이다. 가난한 사람들은 아트리움(atrium)의 마당에서 음식과 마실 것을 충분히 얻지 못했다. 실제로 부유한 자들 일부는 술에 취하기까지 했다.

NIV 성경은 동사 프로람바네이(*prolambanei*)의 의미를 일부 사람들(즉, 부자)이 가난한 사람들이 도착하기 전에 먼저 와서 먹는 것으로 번역한다. 이 동사는 그 의미일 수 있지만, 특정한 상황의 의미는 아닐 것이다.

CSB 성경은 그 의미를 보여 준다. 식사 때 각자 자기 만찬을 먹는다. 동사 프로람바노(*prolambanō*)는 항상 시간적 의미는 아니다(참조, 갈 6:1). 헬라어의 구조는 다음과 같다. 식사하는 모든 사람은 동시에 식사를 한다(엔 토 파게인, *en tō phagein*, 문자적으로 '먹는 동안'). 문제는 먹는 시간이 아니라 함께 먹는 데 있었다. 일부는 호화롭게 먹고 마시지만 다른 이들은 무시되고 배고팠다.

〈22〉 사회적 엘리트는 공동체의 가난한 사람들을 차별하고 학대하고 있다. 바울은 부자들이 집에서 호화롭게 먹어야 한다고 제안하지 않는다. 그의 충고는 과장법으로 생각해야 한다. 동료 신자들을 자기애(나르시시즘)와 이기심에 빠뜨리는 대신 집에서 호화롭게 먹고 마시는 것이 훨씬 좋다.

그들은 하나님의 교회를 공개적으로 업신여기는 행동을 한다. 교회는 교회의 지체들이 사랑으로 환영받을 때만 명예롭게 되기 때문이다. 동시에 교회의 부유한 사람들은 사회의 명예-수치 구조를 받아들임으로 그들이 살아가는 세계의 사회적 기준을 흡수했다.

따라서 그들은 주의 만찬을 먹지만, 교회의 가난한 지체들을 무시하는 데 거리낌이 없다. 그러므로 그들의 행동은 가난한 사람들을 모욕하고 수치스럽게 한다. 바울은 놀라서 이렇게 뻔뻔스럽게 그리스도의 사랑을 실천하는 데 실패한 그들을 칭찬할 수 없다고 강조한다.

### (2) 주의 만찬의 전통(11:23-26)

〈23〉 바울은 주의 만찬의 제정을 되돌아보면서 단순히 예수님의 말씀을 역사적 목적으로 기억하지 않는다. 고린도 교인들은 자신들의 상황에서 주의 만찬 제정과 예수님 말씀과의 관련성을 이해해야 한다. 본문은 공관복음과 정확히 일치하지 않으며 고유한 특징이 있지만, 이 부분의 언어는 누가복음의 주의 만찬과 가장 비슷하다(눅 22:15-20).

바울은 고린도 교인들에게 주님의 만찬 전통을 전해 주었다. 이것은 그가 또한 주님께 받은 것이다. 받은(*paralambanō*)은 전통을 전할 때 사용된다(고전 15:1, 3; 갈 1:12; 살전 4:1; 살후 3:6). 바울이 이 말씀을 직접 예수 그리스도께 받았다는 말은 의심의 여지가 없다. 왜냐하면, 이 제정의 말씀이 예루살렘의 사도들이나 다른 초기 신자들에 의해 거의 확실히 전해졌기 때문이다.

바울은 독립적으로 예수 그리스도께 그의 복음을 받았다(갈 1:11-17). 그러나 이와 같은 주장은 예수님의 많은 전통이 그에게 전해졌다는 개념과 충돌되지 않는다. 다메섹 도상에서 예수 그리스도를 믿음을 통한 구원이라는 근본적 진리가 그에게 계시되었다(참조, 롬 3:21-4:8; 갈 3:1-14). 이 가르침에 위배되는 것은 무엇이든 거짓 복음이었다(갈 1:8-9).

그러나 이것은 바울이 예수님의 전통을 즉각적이면서도 깊이 알았다는 것은 아니다. 확실히 예수님의 전통의 중요한 요소들은 다른 신실한 제자들에 의해 그에게 전해졌다(참조, 고전 15:11; 갈 1:18-19).

바울은 또한 주의 만찬이 제정된 주 예수께서 잡히시던 밤의 상황에 주의를 기울인다. 가장 흥미로운 질문은 왜 이 언어들이 포함되었는가 하는 점이다. 주의 만찬에 대한 다른 복음서의 병행 기록에는 포함되어 있지 않기 때문이다(마 26:26-29; 막 14:22-25; 눅 22:15-20).

예수님의 생명이 위협을 받았을 때도 다른 이들을 위해 예수님의 자신을 내어 주는 사랑을 증언하기 때문에 이 언어가 포함되었을 것이다. 반대로 고린도 교회의 사회적 엘리트들은 주의 만찬을 기념하는 식사에서 자신의 즐거움과 자신의 배에 사로잡혀 있다.

배신당한(개역개정: 잡히시던)이라는 단어는 '넘겨지다'로 번역되어야 한다. 이 단어는 하나님께서 우리의 구원을 위해 예수님을 고통과 죽음에 넘겨주심을 의미한다(롬 4:25; 8:32; 사 53:6, 12). 아마도 바울은 유다의 행동보다는 하나님의 일하심을 염두에 두고 있을 것이다.

**⟨24⟩** 전형적 유대인의 식사처럼, 예수님은 떡을 취할 때 축사하셨다. 그러나 이 식사는 매우 특별했다. 유월절을 기념했기 때문이다(마 15:26; 막 8:6; 행 28:15). 떡의 의미는 다음과 같다. 이것은 너희를 위하는 내 몸이니.

이 말의 의미는 교회사에서 강렬한 논쟁의 주제였다. 마태복음과 마가복음은 단순히 이것은 내 몸이니라(마 26:26; 막 14:22)라고 말한다. 누가복음은 바울과 더 가깝다. 이것은 너희를 위하여 주는 내 몸이라(눅 22:19).

로마가톨릭 신자들은 떡과 포도주의 구성 요소가 그리스도의 몸과 피가 된다는 화체설의 관점에서 이 말을 이해한다. 그러나 그것들은 여전히 떡과 포도주로 경험된다. 루터 교인들은 그리스도가 그 구성 요소들 안에,

함께 그리고 아래에 있다는 공재설을 변호한다. 이렇게 그분의 실재적 임재를 변호한다.

쯔빙글리는 "이다"가 상징적이며 떡이 그리스도를 나타낸다는 의미라고 주장한다. 신자들은 주의 만찬에서 영적으로 새롭게 된다. 마치 은혜가 전해지지 않는 것처럼 쯔빙글리가 단순한 기념을 믿었다는 개념은 잘못되었다. 따라서 쯔빙글리의 견해는 개혁주의의 입장과 먼 것이 아니었다.[43]

이 문제에서 발생하는 복잡한 문제를 판단하기에는 지면이 부족하다. 나는 그리스도의 지상의 몸이 최후의 만찬에서 초자연적으로 임재하지 않았기 때문에 영적 임재가 가장 가능성이 크다고 생각한다.

학자들은 예수님의 말의 의미를 여러 가지로 분류하지만, 떡이 예수님의 몸을 대표한다는 주장이 두드러진다. 예수님은 제자들의 구원을 위해 자신의 생명, 자신의 몸을 포기하셨다. 죽음에 자신을 내어 주심은 신자들을 위해서이다. 그의 죽으심은 신자들을 대속한다. 신자들을 위해서 그리고 대신하여 죽으셨기 때문이다.

제자들은 그들을 대신해서 그리고 그들을 위해서 예수님이 죽으셨다는 것을 정기적으로 기억하기 위해 식사를 기념해야 한다(참조, 레 24:7; 민 10:10). 기억은 단순히 마음만으로 돌이켜보는 것이 아니다. 전인격을 포함한다.

그리고 이스라엘이 유월절을 기억해야 할 구약으로 돌아간다(출 12:14). 신자들이 예수님의 죽으심을 기억한다고 하면서 동시에 가난한 사람들을 차별하고 자신들만 축제를 즐기면 예수님의 죽으심에 대한 정당한 말을 사용하더라도 그의 죽으심을 기억하지 못하는 것이다.

⟨25⟩ 식후에 잔을 가지는 것은 누가복음의 전통을 따른다(눅 22:20). 누가의 영향은 예수님의 보혈로 세워진 새 언약에 대한 언급과 관련해서도 분명하다. 잔 자체가 새로운 언약이 아니므로 이 잔은 내 피로 세운 새 언약

---

43  Ware, 'Meaning of the Lord's Supper'를 보라.

이니는 문자적으로 이해할 수 없다. 대신 잔은 예수님의 피에 기초하여 시작된 새로운 언약을 나타낸다.

새 언약에 대한 언급은 주님께서 자신의 백성과 새로운 언약을 맺으실 것을 약속하신 예레미야 31:31-34를 연상시킨다. 더욱 특별히 새 언약은 죄의 용서를 보장한다(렘 31:34). 바울이 예수님의 전통에 따라 가르치는 죄의 용서가 예수님의 피, 즉 그의 희생적 죽음을 통해 보증된다. 예수님 죽음의 희생적 특징은 구약의 배경을 따라 해석될 때 분명해진다.

레위기 17:11은 예수님의 피 흘림의 중요성을 밝힌다.

> 육체의 생명은 피에 있음이라 내가 이 피를 너희에게 주어 제단에 뿌려 너희의 생명을 위하여 속죄하게 하였나니(레 17:11).

예수님의 피는 그의 백성을 위해 성취되는 대속과 속죄의 수단이다. 동시에 새 언약은 시작된다. 왜냐하면, 언약은 죄가 용서될 때 세워지기 때문이다. 신자들은 예수님이 그들을 위해서 성취하신 일을 기억하기 위해 정기적으로 잔으로 마셔야 한다. 이 기억은 단순하게 정신적인 것이 아니라 기억하는 사람의 삶을 형성하고 변화시킨다. 그러나 이와 같은 일은 가난한 사람들이 노골적으로 굴욕을 당하는 고린도에서는 일어나지 않았다.

⟨26⟩ 바울은 주의 만찬의 중요성을 독특하게 숙고한다. 공관복음 전통을 반영하지 않기 때문이다. 신자들은 떡을 먹고 잔을 마실 때 예수님의 죽으심을 선포하고 전파한다. 주의 만찬은 예수님이 다른 사람을 위해 목숨을 바치신 희생적 사랑의 이야기를 세상에 전한다. 이 설교, 이 선포는 예수님이 오실 때까지 지속해야 한다. 여기에서 우리는 공관복음 전통에 대한 암시를 발견한다.

예수님은 최후의 만찬에서 말씀하셨다. 내가 포도나무에서 난 것을 이제부터 내 아버지의 나라에서 새것으로 너희와 함께 마시는 날까지 마시지 아니하리라 하시니라(마 26:29; 참조, 막 14:25; 눅 22:18).

그러므로 주의 만찬은 예수님의 오심을 예상하기 때문에 종말론적이다. 주의 만찬은 예수님의 죽으심으로 오는 하나님 나라의 도래를 고대한다. 주의 만찬은 기억일 뿐만 아니라 그리스도의 희생으로 하나님의 사랑에 관한 메시지가 세상에 전파되는 선언이다. 과거뿐만 아니라 미래를 바라본다.

그러나 부유한 고린도 교인들은 가난한 형제와 자매를 위해 자신을 드리지 않고 오히려 무시하고 학대하고 있으므로 십자가의 메시지에 반대된다. 그들이 만찬에서 기억한다고 주장하는 그리스도의 사랑은 그들의 행동에서 나타나야 한다.

### (3) 자기 분별에 대한 요청(11:27-32)

〈27〉 바울은 이제 주의 만찬 제정으로부터 결론을 내린다(그러므로). 만찬은 단순히 예수님이 성취하신 일에 대한 공식적 그리고 의식적 기념이 아니다. 합당하지 않게 먹고 마시는 사람들은 **주의 몸과 피에 대하여 죄를 짓는다**. 바울은 신자들이 죄와 싸우는 것을 알고 있으므로 믿는 사람들의 완전함을 기대하지 않는다(참조, 갈 5:16-18).

고린도 교인들은 가난한 사람들을 노골적으로 학대한다는 점에서 합당하지 않게 먹고 있다. 가난한 사람들을 향한 그들의 행동은 주의 만찬에서 자신을 주는 사랑과 모순된다. 그러므로 사실상 예수님의 자신의 몸을 찢음과 피 흘림을 업신여기고 있다. 주의 만찬이 뒤바뀌어 이타적 내어 줌 대신 이기적으로 움켜쥠의 기회가 되었다. 이런 방식으로 행동하는 사람들은 하나님 앞에서 유죄이며(약 2:10) 그 행동의 결과로 고통받는다.

〈28〉 빵을 먹고 잔을 마시기 전에 신자들은 **스스로 살펴야 한다**. 주의 만찬에서 먹고 마시는 일에서 신자들은 예수님의 죽음을 기억하고 미래에 그분의 오심을 선포한다. 그리고 그들은 자신의 행동이 이 제도의 목적과 일치하는지 여부를 고려해야 한다. 주의 만찬을 먹고 마심은 의식이 아니다. 그것은 반드시 신자들의 삶에서 울려야 한다. 그들은 자신들의 삶이 예수님의 자신을 주시는 사랑에 일치하는지 고려해야 한다(참조, 애 3:40; 고후 13:5).

**〈29〉** 자기를 살피는 일이 필요한 이유가 설명된다. 신자들이 그 떡과 잔을 먹고 마시면서 몸을 분별하지 않는다면, 먹고 마시는 바로 그 행위에서 그들은 자신에게 심판을 내린다.

**몸을 분별한다**는 의미는 논쟁의 여지가 있다. 그리스도의 몸을 언급할 수 있다. 이것은 예수님이 떡을 자신의 몸과 동일시하는 주의 만찬의 언어와 일치한다. 어떤 학자들은 신자가 이제 떡이 그리스도의 몸이 되었다는 사실을 깨달아야 한다는 의미로 보고 성례전적으로 이해한다.

이와 같은 읽기는 앞에서 언급한 이유로 거의 불가능하다. 더 그럴듯하게 말하면 그리스도의 몸의 중요성에 대한 언급일 수 있는데, 이는 교회에서 사회적 엘리트들이 그리스도의 희생의 의미를 보지 못했음을 의미한다. 그들은 주의 만찬을 먹고 마셨지만 가난한 사람들을 계속해서 압박하고 있었다.

**몸의 분별**은 교회를 언급할 가능성도 있다. 부유한 사람들은 몸의 연합을 분별하지 못했다. 그리하여 그들은 가난한 사람들을 괴롭히고 그들을 2등석의 위치로 강등시켰으며, 그 결과 사회의 기준을 교회에 부과했다. 확실하지는 않지만, 최선의 해결책은 둘 중 하나를 선택하는 것이 아니다.

떡에 참여하면서 신자들은 **그리스도의 몸에 참여한다**(고전 10:16). 그리고 **떡이 하나요 많은 우리가 한 몸이다**(고전 10:17). 바울은 이미 그리스도의 찢겨진 몸과 교회인 한 몸 사이의 밀접한 관계를 구축했다. 여기에도 아마도 동일한 연결과 유대가 있을 것이다. 떡과 잔을 먹고 마시는 동안 교회 공동체의 다른 지체들을 차별하는 사람은 그리스도의 죽음의 중요성을 분별하지 않으며 그 몸의 연합을 인식하지도 못한다.

사실 그리스도는 그의 죽음으로 모든 믿는 자를 하나로 만드셨다. 그리스도의 찢겨진 몸의 중요성과 교회의 연합을 인식하지 못하는 사람들은 심판을 초래한다. 이 심판의 본질은 다음 구절에 설명되지만, 그 심판은 적절하다. 그들의 행동은 그리스도께서 그의 죽음으로 성취하신 것과 모순된다. 그들은 그리스도가 연합하신 교회를 나누기 때문이다.

⟨30⟩ 그리스도의 죽음과 그 몸의 연합의 의미를 분별하지 못하면 심판이 일어난다. 바울은 이제 심판의 성격을 설명한다. 공동체의 **많은 사람**(폴로이, *polloi*)이 병으로 고생했고 **적지 않은 사람**(히카노이, *hikanoi*)은 죽었다. 많은 사람에서 적지 않은 사람으로의 전환은 의도적이며, 사망한 사람의 수가 병든 사람보다 적음을 나타낸다. 어떤 사람은 여기서 심판이 최종적 심판(주님으로부터의 배제)을 나타내며, 그러므로 그들은 죽었고 영원히 주님과 분리되었다고 주장한다.

나는 31-32절 때문에 이런 읽기가 설득력이 없다고 주장한다. 이 구절에서도 최종 심판이 아니라는 암시가 있다. 심판은 최종적이 아니고 고침과 징계를 위해서이다. 바울은 실제로 어떤 사람들은 '죽었다고' 말하지 않고 잠자고 있다고 말한다.

**잠자다**(코이마오마이, *koimaomai*)는 신자들의 죽음을 말할 때, 항상 죽음에 대한 은유로 사용된다.[44] 불신자에 대해 사용된 예는 없다. 이것은 바울에게는 이 구절에서 최종 판단이 아니라 일종의 징계적 심판을 암시한다.

⟨31-32⟩ 만약 병이 들었거나 잠들었던 신자들이 자신에 대해 더 분별력이 있었다면 그들은 이런 심판을 받지 않았을 것이다. 그런데 바울은 몸을 분별하는 일의 중요성이 강조되는 29절에서 사용된 동사 **분별하다**(디아크리노, *diakrinō*)를 사용한다. 다시 말해서, 신자들이 스스로 점검했다면, 주님에 의해 점검되거나 심판받지 않았을 것이다.

그러므로 주님이 부과하시는 심판은 최종적 심판이 아니라 **징계**(파이듀오메다, *paideuometha*)와 고침이다. 주님이 사람들을 버리지 않고 징계하신다

---

[44] 마 27:52; 요 11:12; 행 7:60; 13:36; 고전 7:39; 15:6, 18, 20, 51; 살전 4:13, 14, 15; 벧후 3:4를 보라.

는 관점은 공통된 주제이다.

시편 94:12는 이렇게 말한다. 여호와여 주로부터 징벌을 받으며 주의 법으로 교훈하심을 받는 자가 복이 있나니(시 94:12).

잠언 3:11-12는 매우 비슷하다(참조, 신 8:5; 욥기 5:17-18; 계 3:19). 내 아들아 여호와의 징계를 경히 여기지 말라 그 꾸지람을 싫어하지 말라 대저 여호와께서 그 사랑하시는 자를 징계하시기를 마치 아비가 그 기뻐하는 아들을 징계함 같이 하시느니라(잠 3:11-12).

히브리서 12:5-11은 주님이 사랑하는 사람들의 삶에서 징계의 유익한 역할을 강조한다. 32절의 마지막 어구는 심판이 마지막이 아니라는 것을 확인시킨다. 어떤 사람은 병들고 죽게 된다. 이는 우리로 세상과 함께 정죄함을 받지 않게 하시려는 것이라고 바울은 말한다. 심판을 받고 있는 사람은 정죄함을 받지 않을 것이다. 심판은 보복보다 징계로 묘사된다. 그러므로 심판은 엄격한 자비를 나타낸다.

### (4) 마지막 말(11:33-34)

〈33-34〉 바울은 주의 만찬의 기념에 관한 결론적 말을 덧붙인다. 바울은 신자들이 서로 환영함(CBS 성경)을 권고한다. 다른 번역들은 바울이 서로 기다리라(ESV, NET, NRSV 성경)고 말했다고 이해한다.

그러나 21절에서 논한 것처럼 상황은 다른 사람들이 오기 전에 먼저 먹은 것이 아니다. 21절이 분명히 보여 준 것처럼, 모든 사람이 동시에 먹었다. 이 구절의 동사 에크데코마이(*ekdechomai*)는 '기다리다'를 의미할 필요는 없다. 시간적 의미가 있지 않고 '환영하다' 또는 '받아들이다'를 의미할 수 있다(다음을 보라. 2 Macc. 5:26; *Sir.* 6:23, 33; 18:14; 32:14). 그리고 파피루스에서 '환대를 보이라'는 의미를 찾을 수 있다.[45]

---

[45] Schnabel, 670.

바울의 말은 가난한 사람들이 도착하기 전에 부유한 사람들이 먹고 있다는 것이 아니다. 대신 그들이 그리스도처럼 가난한 사람들을 환영하고 받아들이지 않았기 때문에 바울은 혼란스러워한다. 그들이 함께 모일 때, 더 나은 사람들이 가난한 사람들과 나누어야 하지만, 자신들의 음식과 음료를 게걸스럽게 먹고 가난한 사람들을 무시했다.

집에서… 먹을지라는 조언은 부자들이 집에서 만족스럽게 먹어야 한다는 의미가 아니다. 요점은 공동체가 함께 모일 때 공개적 모임에서의 이와 같은 행동은 심판으로 이어진다는 점이다. 아마도 바울이 비교적 중요하지 않다고 생각하는 다른 문제들이 주의 만찬에 대해 제기되었을 것이다. 바울은 그 문제들이 그다지 중요하지 않기 때문에 고린도 교인들을 방문할 때까지 대답을 미루고 있다.

### 신학

이 본문에서 교회의 연합이 가지는 중요성이 빛을 발한다. 신자들은 다른 형제와 자매를 차별하면서 동시에 성찬에서 주님과 그의 죽으심에 영광을 돌린다고 주장할 수 없다. 주님의 죽으심으로 기념되는 자신을 내어주시는 사랑은 신자들이 서로를 대하는 방식에서 드러나야 한다. 사회적 측면과 신학적 측면은 서로 분리되면 안 된다.

주의 만찬에 참여하기 전에 자신을 살피는 일은 단지 개인주의적 일일 뿐만 아니라 신자들이 서로를 어떻게 대하고 있는지에 관한 것이다. 확실히 바울은 주의 만찬을 먹을 때 완전함을 요구하지 않는다. 주의 만찬은 용서받은 죄인을 위한 것이기 때문이다.

바울이 반대하는 것은 공동체 안에서의 죄, 즉 그리스도의 희생의 목적에 반대되는 죄이다. 우리는 또한 이처럼 분명한 죄가 주님으로부터 징계와 책망을 가져오는 것을 보았다. 이와 같은 징계를 최종 심판과 동일시해서는 안 되며, 징계는 죄에 대한 보복이 아니라 고침이며 교정이다.

고린도에서 논쟁이 되지 않았다면, 바울의 주의 만찬에 대한 논의는 부족했을 것이다. 사실 바울이 논하는 다른 구절은 고린도전서 10:16-17이다. 우리는 바울서신이 특별한 경우를 위해 썼다는 특징을 고려한다. 주의 만찬이 언급되지 않았기 때문에 바울에게 중요하지 않았다고 학자들이 말하는 것을 상상할 수 있다.

바울의 편지는 일반적으로 수신자들의 삶에 나타나는 논쟁이나 어려움에 초점을 맞춘다. 주의 만찬에 대한 바울의 이해는 공관복음의 이해와 일치하며, 누가복음과 가장 가깝다. 떡은 주님의 찢겨진 몸을 나타내고 잔은 흘린 피를 나타낸다.

주의 만찬은 신자들과 함께 기념할 때 신자들에게 주님의 희생적 사랑을 강력하게 일깨우고 은혜를 제공한다. 피에 대한 언급은 주님의 만찬이 희생임을 나타낸다.

새 언약은 그리스도의 죽음으로 시작되었다. 따라서 선지자들에게서도 확인된 아브라함과 다윗에게 하신 위대한 언약이 이제 그리스도 안에서 성취되고 있다. 유배로부터 돌아옴은 죄의 용서와 그리스도의 자기 백성을 위한 대속적(substitutionary) 죽음에 이르렀다.

그리스도 안에서 하나님의 언약 성취는 종종 말해지는 것처럼 "이미 그러나 아직"(already but not yet)의 성격을 가지며 신자들은 그리스도께서 다시 오실 때까지 예수님의 죽음을 선포한다. 마지막 성취인 하나님의 언약 완성과 하나님의 나라가 활짝 피어나는 것을 기다린다.

## 5. 성령의 은사(12:1-14:40)

여기에서 12-14장의 폭넓은 스케치가 그려질 것이다. 성령의 은사는 세 가지 주요 부분으로 구성될 수 있다.

첫째, 12:1-31a는 다양한 은사들이 교회의 지체에 주어지더라도 교회는 하나임을 그리고 있다. 모든 은사를 평가하는 기준은 그리스도께서 주 되심이다(12:1-3). 이 장의 나머지 부분은 다양한 은사를 묘사한다. 바울은 예수 그리스도를 믿는 자들의 평등을 강조한다. 몸의 지체는 열등하지 않으며 더 우월한 지체는 없다. 하나님은 지체들이 서로 돌아볼 수 있도록 몸에 선물을 주셨다.

둘째, 12:31b-13:13에는 사랑의 우선순위가 중심을 차지한다. 이 단락은 다른 내용을 말하고 있다거나 서투르게 삽입되지 않았다. 사랑이 없는 은사는 쓸모가 없고 심지어 해롭다는 것을 보여 준다. 바울은 계속해서 사랑의 본질을 보여 주고 사랑의 우월함을 보여 준다. 은사는 사라질 것이고 사랑은 영원히 지속할 것이기 때문이다.

셋째, 14:1-40에서 은사의 목적이 더 자세히 설명된다. 교회는 이해할 수 없는 내용을 담은 영적 은사로 세워지지 않고 이해할 수 있는 말로 세워지기 때문에 방언보다 예언을 더 원해야 한다(14:1-19). 실제로 통역이 없는 방언은 불신자들을 심판으로 인도하지만, 예언은 누군가를 구원으로 인도할 수 있다(14:20-25).[46]

마지막으로 교회의 모임이 혼란스럽고 이해하기 어려운 경우 교회가 세워지지 않기 때문에 모일 때 질서가 있어야 한다. 성령의 은사를 가진 사람은 은사의 드러남을 통제할 수 있으므로 자신의 은사를 통제할 수 없다는 변명을 할 수 없다.

따라서 방언을 말하는 사람의 수는 제한되어야 하고, 한 번에 한 사람만 말해야 한다(14:26-28). 비슷하게 특정한 수의 예언만 말해야 한다(14:29-33a). 교회의 질서는 또한 순종을 보이는 여자들과 관련이 있다. 이들은 교회가 모일 때 반항하며 혼란을 일으키는 질문을 하지 않는다(14:33b-36). 바울의 권위에 대한 재확인(14:37-38)과 모든 것을 질서 있게 수행하라는 권고(14:39-40)로 끝이 난다.

---

46  대부분의 경우 방언의 은사를 언급할 때, '혀들' 또는 '혀'라는 단어를 사용하지만, 경우에 따라 나는 '언어들' 또는 '언어'라는 용어를 사용한다. 내 이해에서 방언의 은사는 항상 언어를 의미한다.

## 1) 하나 됨과 다양성(12:1-31a)

### 문맥

바울은 은사에 대한 논의를 그 기초로 시작한다. 성령의 은사의 기초는 그리스도가 주 되심이다(12:1-3). 영적 경험은 스스로 타당성을 가지지 않는다. 불신자들은 우상에 헌신하기 때문에, 그들의 영적 경험은 결함이 있다. 성령의 사역은 예수 그리스도를 주님으로 고백할 때 분명해진다.

12:4-11에는 많은 은사가 나열되어 있다. 은사를 수여하는 성령의 역할이 특별히 특징적으로 나타나지만, 12:4-6에서 은사에 대한 삼위일체적 설명을 한다. 성령이 다양한 은사를 수여하지만, 그 은사들은 개인의 영성을 나타내지 않는다. 오히려 은사들은 성령의 주권을 반영한다.

논의는 그리스도의 몸의 일치와 다양성으로 진행되며 그 강조점은 일치에 있다. 신자들은 모두 한 몸으로 세례를 받았기 때문에 한 몸이 되었지만(12:12-13), 몸은 많은 부분으로 구성되어 있으므로 다양성이 있다(12:14). 몸이 하나이기 때문에 열등한 지체는 없다(12:15-16). 다른 지체를 포함하는 포괄적 지체도 없다(12:17-20).

몸 안에 있는 한 사람의 위치는 하나님이 직접 정하신다. 몸은 약한 부분도 필요하므로 몸의 어떤 지체도 더 우월하지 않다(12:21-24). 하나님은 삶의 고통과 기쁨의 모든 상황에서 서로를 돌볼 수 있도록 몸을 만드셨다 (12:25-26).

이 장은 교회의 은사가 다양함을 다시 보여 주는 은사를 받은 자들을 나열하면서 마무리한다(12:27-31a). 어떤 은사는 다른 이들을 돕고 덕을 세우는 측면에서 다른 은사들보다 더 유용하다. 신자들은 다양한 은사가 있음을 깨달아야 한다. 그러나 바울이 13장에서 보여 주듯이 사랑은 다른 모든 은사보다 더 중요하다.

## (1) 그리스도의 주 되심(12:1-3)

### 주석

⟨1⟩ 고린도전서(7:1, 25; 8:1; 16:1, 12)에서 종종 새로운 단락을 소개하는 이제는(페리 데, *peri de*, 개역개정은 생략)이 1절에 나타난다. 앞에서 언급한 것처럼 학자들은 바울이 고린도 교인이 보낸 편지에 대답하고 있는지, 아니면 단순히 새로운 주제를 소개하고 있는지에 대해 논란을 벌이고 있다. 편지에 대한 대답이라는 것이 의심되기는 하지만 해석은 차이가 없다.

대부분의 번역은 성령의 은사에 대하여(톤 프뉴마티콘, *tōn pneumatikōn*)로 번역하지만, 이 용어는 '영적인 것' 또는 '영적 사람'를 언급할 수 있다(개역개정: 신령한 것에 대하여). 그러나 성령의 은사일 가능성이 더 크다.

바울은 영적인 것들이나 사람들이 아니라 성령의 은사에 대해 논하고 있기 때문이다. '성령의'라는 단어는 은사가 성령에게서 온다는 것을 강조한다. 바울은 고린도 교인들에게 성령의 은사에 대해 알기 원한다는 것을 나타내는 전형적 어구(너희가 알지 못하기를 원하지 아니하노니)를 사용한다(롬 1:13; 11:25; 고전 10:1; 고후 1:8; 살전 4:13; 참조, 롬 6:3; 7:1).

⟨2⟩ 바울은 수신자들에게 이방인(에드네, *ethnē*)이었던 그리스도인 이전의 삶을 상기시킨다. '이방인'으로 번역될 수 있는 이 단어는 이방인 신자들이 더 이상 이교도가 아니라 하나님의 참이스라엘, 참백성의 일부임을 보여 준다(참조, 고전 5:1; 10:1; 롬 2:26-29; 갈 6:16). 이교도일 때 그들은 말 못하는 우상에게 끌려다녔고 길을 잃었다.

많은 번역가가 일종의 황홀경 경험으로 이해하지만, 바울은 이 동사로 황홀경의 의미를 전달하지 않는다. 이 용어들은 무아지경의 의미로는 부족하다. 바울은 불신자들이 우상과 거짓 신의 다스림 아래 있음을 전하고자 한다. 우상들의 무익함과 무력함에 대한 묘사는 유대인의 논쟁에 전형적이다. 우상은 입이 있어도 말하지 못한다(시 115:5).

예레미야 10:5는 우상의 유익하지 못함을 요약한다(참조, 시 135:16; 사 41:23-24; 44:9; 45:20; 46:7; 렘 10:14; 합 2:18-19). 그것이 둥근 기둥 같아서 말도 못 하며 걸어 다니지도 못하므로 사람이 메어야 하느니라 그것이 그들에게 화를 주거나 복을 주지 못하나니 너희는 두려워하지 말라 하셨느니라(렘 10:5).

왜 바울은 이 점을 지적하는가?

그것은 영적 경험이 자신에 대한 검증과 인정이 아니라는 것을 보여 주며 3절에서 세워진다. 이교도들도 영적 경험이 있지만, 그들은 우상에 이끌리는 것이므로 거절되어야 한다.

**〈3〉** 2절과 3절 사이의 밀접한 연결은 **그러므로**(디오, *dio*)로 뒷받침된다. 시작하는 어구인 **내가 너희에게 알리노니**는 이어지는 내용의 중요성을 확인시켜 준다. 하나님의 영으로 말하는 자는 결코 **예수를 저주할** 자라고 말하지 않는다. 고린도 공동체에 어떤 사람들이 성령으로 영감을 받았지만, 여전히 예수를 저주했다고 주장하는 일이 있었고 어떤 학자들은 바울이 그것을 책망한다고 해석해 왔다.

학자들은 여러 다른 시나리오를 그린다. 그리고 고린도 교회 공동체의 신자들이라고 주장하는 사람들이 실제로 예수님을 저주했을 가능성을 설명한다. 그러나 고린도 교인들이 예수님을 저주했다고 추정하는 모든 재구성은 거부되어야 한다.

바울이 공동체에서 실제로 일어나는 일에 대답했을 가능성은 거의 없다. 고린도 교인들이 실제로 예수님을 저주하고 있었다면 바울의 반응은 더 폭넓고 격렬할 것이기 때문이다. 예수님의 주 되심이 영적 경험의 기준이기 때문에 예수님에 대한 저주와 주님으로 고백하는 것 사이의 대조가 소개된다(참조, 롬 10:9).

예수님의 주 되심의 진리는 성령의 은사에 대한 모든 논의에 기초가 되고 중요하다. 자신의 은사를 뽐내는 자들은 자신이 주권을 가진다고 미묘하게 (또는 아마도 미묘하지 않게) 생각한다. 헤이즈가 말하듯이 "성령의 영감을 받은 사람들은 예수님의 주 되심을 영화롭게 하는 방법으로 말하고 행

동할 것이다."⁴⁷

예수님을 주님으로 고백하는 것은 인간의 통찰력의 산물이 아니며 인간의 의지에서 나오지도 않는다. 반대로 그것은 성령의 일하심을 나타내며, 성령은 인간이 예수님의 주권을 인정하게 하려고 그들 안에서 역사한다.

### 신학

기독교 신앙의 기본 진리는 예수님이 주님이라는 사실이다. 예수님이 자신을 낮추셨기 때문에, 하나님께서 그분을 높이시고 보좌 우편에 앉히셨다(빌 2:6-11). 우리는 사람들이 예수님을 주님으로 고백할 때 구원이 온다는 것을 안다. 그리고 그것에 놀라지 않는다. 예수님의 주 되심은 기독교 신앙의 중심이기 때문이다(롬 10:9).

이교도들은 거짓 신들에 유혹되고 끌려갔지만, 믿는 자들은 예수님을 주로 고백한다. 이런 고백은 스스로 만들어낸 것이 아니라 성령의 사역이다. 사람들이 행하는 모든 은사는 예수님의 주 되심과 그분의 주권에서 흘러나온다.

### (2) 은사의 다양성(12:4-13)

### 주석

⟨4-6⟩ 4-6절의 눈에 띄는 특징 중 하나는 삼위일체적 진술인데, 성령, 주 예수님, 그리고 하나님 아버지에 대한 언급을 볼 수 있다. 고린도 교인들 가운데 하나님의 일하심은 삼위일체의 일하심이며 삼위일체의 한 위격에만 국한되지 않는다. 바울은 같은 단어를 반복하면서 몸의 연합을 강조한다.

---

47  Hays, 209.

은사의 다양성은 각 구절에서 디아이레세이스(*diaireseis*)로 분명해진다. 이 용어는 종종 다른(개역개정: 여러 가지)으로 번역된다. 이 용어는 단순하게 '분배' 또는 '배분된 것'(BDAG)를 의미할 수 있다.

4절에서 여러 가지 다양한 은사가 나온다. 은사에는 카리스마타(*charismata*)가 사용된다. 단어 카리스마(*charisma*)는 다른 곳에서도 사용되지만(롬 12:6; 딤전 4:14; 딤후 1:6; 참조, 벧전 4:10), 이 장에서 성령의 은사를 위해 자주 사용된다(12:9, 28, 30, 31).

은사가 '영적'이며 '선물'이라는 이해는 공동체에서 하나님의 일하심을 설명하는 두 가지 보완적 방법이다. 한편으로 성령의 일하심이 나타난다(참조, 12:7). 다른 한편으로는 그것은 선물이다. 은사는 하나님의 은혜로 신자들에게 자유롭게 수여된다.

4-6절의 경우에 은사에 대한 설명은 바울이 강조하는 하나님에 대한 언급과 어울린다. 그러므로 4절에서 은사들은 성령에 돌려지고 초자연적 나타남이라는 것을 분명히 한다. 다른 은사들이 다양성을 강조한다면, 같은 성령은 연합을 강조한다. 몸은 나누어지지 않는다. 수여된 은사는 각각에 거하지만 동일한 성령에게서 나오기 때문이다.

5절에서 다양한 은사는 이제 섬김(디아코니온, *diakoniōn*) 또는 '사역'(개역개정: 직분)의 관점에서 설명된다. 이 구절에서 바울은 은사가 다른 이들을 섬기기 위해 그리고 견고하게 하려고 주어진다는 진리에 주의를 기울인다. 14장에서 은사의 목적이 다른 이들의 덕을 세움이라고 묘사되는 긴 토론이 예상된다.

신자들은 자신들이 받은 은사로 놀랍고 다양하게 서로 섬긴다. 서로를 섬기는 모든 방법은 같은 주님(개역개정: 주는 같으며)에게서 나온다. 신자들이 자신의 은사를 사용할 때, 그리스도의 주권 아래 섬기기 때문에 은사들은 분명히 섬김을 위한 의도이다(참조, 12:3!). 서로를 위한 섬김과 사역은 스스로 만들어 낸 것이 아니다. 그것은 주님이신 예수님에 대한 복종과 헌신을 표현한다.

III. 교회의 현재 문제들에 대한 대답(7:1-16:4)  337

다음으로 주어진 선물은 **다양한 사역**(에네르게마타, *energēmata*, 개역개정: 사역은 여러 가지나) 또는 일들이라는 용어로 묘사된다. 이와 같은 사역은 하나님의 일하심이다. 바울은 모든 사람 가운데서 '이루시는'(에네르곤, *energōn*) 하나님을 확인하면서, 명사형과 같은 어근의 동사를 사용한다. 인간의 사역은 은사에서 분명해지는데 이것은 궁극적으로 하나님의 선물이다(빌 2:12-13). 하나님은 신자들이 은사를 사용할 때 사역에 힘을 주시고 이루신다.

⟨7⟩ 영적 은사의 성격이 이 구절에서 더 자세히 설명된다. 수동태 동사 **주어지다**(디도타이, *didotai*, 개역개정: 나타내심)는 은사가 선물이라는 것을 강조한다. 은사는 하나님, 그분에게서 받았고 인간 의지의 산물이 아니다. 그러므로 4-6절에서 설명되는 은사의 근원이 하나님이심을 재확인한다. 우리는 또한 **각 사람에게** 은사가 주어지기 때문에 모든 신자가 예외 없이 적어도 한 가지 은사를 가지고 있음을 알 수 있다.

공동체의 모든 지체는 공헌할 것이 있으며 각자의 사역은 가치가 있다(참조, 고전 14:26; 엡 4:7). 은사는 **성령의 나타내심**(개역개정: 성령을 나타내심)으로 묘사된다.

이 표현은 두 가지 다른 방식으로 이해될 수 있다. 성령은 나타나는 것일 수 있으므로 은사는 성령을 보여 준다. 다른 이해는 아마도 성령이 나타내시기 때문에 나타내심이 **성령에게서** 나온다는 것일 수 있다. 모호할 수 있지만 두 가지 개념이 모두 존재한다. 어쨌든 은사는 자신을 나타내지 않는다. 은사는 인간을 드러내지 않으며 인간에 의해 만들어지지 않는다.

⟨8⟩ 8-10은 영적 은사의 목록이다. 목록은 대표적 은사들의 목록이며 모든 은사를 포함하지 않는다. 나열된 은사 중 일부는 매우 정의하기 어렵다. 동사 **받다**(디도타이, *didotai*, 개역개정은 생략함)는 7절에서 고른 단어이며 8-10절의 모든 은사가 함축된다.

다시 한번 바울은 수신자들에게 은사가 참된 은사임을 강조한다. 은사를 행할 때 어떠한 자랑의 근거도 배제한다. 이와 같은 관점을 확인하기 위해, 지혜와 지식을 모두 성령에게 돌린다. 나타난 은사는 초자연적이다. 왜냐하면, 성령의 역사의 결과이기 때문이다.

지혜의 말씀과 지식의 말씀이 무엇을 의미하는지 구별하기는 쉽지 않다. 어떤 주석가들은 해결책을 제시하지 못하고 이 은사가 무엇인지 알지 못한다고 주장한다.

지혜는 때로 지식의 실천적 적용으로 이해된다. 지식이 추상적이며 실천적 유익이 없다고 이해하지만 이와 같은 관점은 잘못되었다. 성경의 지식이 추상적이고, 실천적이지 않다고 말할 근거가 없기 때문이다. 어떤 은사주의자들은 지식의 말씀이 다른 사람의 상황, 생각 또는 죄를 분별할 수 있는 능력을 언급한다고 이해한다. 그러나 이 정의는 매우 임의적이다.

지혜와 지식이 가르침의 은사를 언급한다는 이해가 가장 가능성이 크다.[48] 이것이 옳다면 지혜와 지식의 뚜렷한 구분은 필요 없다. 이 두 단어는 구약에서 종종 결합하기 때문이다(예, 출 31:3; 35:31; 대하 1:10; 잠 1:7; 2:6; 14:6; 전 1:18; 2:21, 26; 사 11:2). 다음 주장들은 이 해석을 지지한다.[49]

첫째, 고린도전서 12:8-10에는 가르침의 은사에 대한 언급이 없지만, 이 은사는 바울에게 매우 중요하며 다른 곳에서 영적 은사의 목록에 항상 포함된다(롬 12:6-8; 고전 12:28-30; 엡 4:11). 은사의 첫 목록에 가르침의 은사에 대한 언급이 없지 않을 것인데 이 구절에서는 없다.

둘째, 바울의 지혜에 대한 오랜 논의(참조, 고전 1:18-2:16)는 **십자가의 메시지**(개역개정: 십자가의 도, 고전 1:18)의 선포와 관련이 있고, **지혜의 말씀**이 십자가의 메시지를 푼다.

셋째, NASB 성경을 보면 '지혜의 말씀/지식의 말씀'과 바울이 전한 메시지의 병행을 볼 수 있다. 바울은 **하나님의 말씀**(롬 9:6; 고전 14:36; 고후 2:17; 4:2; 엡 6:17; 빌 1:14; 골 1:25; 살전 2:13; 딤전 4:5; 딤후 2:9; 딛 2:5), **믿음의 말씀**(롬

---

[48] 나는 이 부분에서 Houston, *Prophecy*, 98-107을 따른다.
[49] 이 구절에 대한 이어지는 논의는 나의 다음 책, *Spiritual Gifts: What They Are and Why They Matter* (Nashville: Broadman & Holman, 2018)에서 가져왔다.

10:8), 진리의 말씀(엡 1:13; 골 1:5; 딤후 2:15), 생명의 말씀(빌 2:16), 주의 말씀(살전 1:8), 그리고 그리스도의 말씀(골 3:16)을 언급한다. '말씀'은 바울이 전파하고 가르치는 복음을 말한다.

넷째, 지식은 가르침, 즉 선포된 복음과 밀접하게 관련이 있는 것처럼 보인다(참조, 롬 15:14; 빌 1:9; 골 19-10; 2:2-3:2 딤후 2:25; 3:7; 딛 1:1). 이 모든 것은 지혜의 '말씀'과 지식의 '말씀'이 가르침의 은사라는 이해가 가장 좋다는 것을 보여 준다. 바울은 이 단어들을 명확히 구분하지 않는다. 이것들은 의미가 겹치며 동일한 실재의 다른 측면들이다.

⟨9⟩ 동사 주어지다(디도타이, $didotai$, 개역개정: 나타나심은)는 믿음과 병 고치는 은사에 계속된다. 은사와 관련된 성령의 역할은 지속으로 유지된다. 따라서 같은 성령으로 믿음이 제공되고, 한 성령으로 병 고치는 은사가 주어진다. 은사는 성령의 사역이기 때문에 인간의 자랑이나 교만은 자리 잡을 수 없다.

믿음의 은사는 구원하는 믿음과 같을 수 없다. 모든 신자가 구원하는 믿음을 가진다. 그러나 믿음의 은사는 일부 그리스도인들만을 위한 것이기 때문이다. 믿음의 은사는 특별한 믿음, 즉 산을 옮길 만한 믿음을 뜻한다(고전 13:2).

아마도 우리는 병든 자를 낫게 할(개역개정: 병든 자를 구원하리니, 약 5:15) '믿음의 기도'에서 믿음의 은사를 볼 수 있을 것이다. 병 고치는 은사는 아픔, 질병과 눈이 멀거나 다리를 절거나 귀가 들리지 않는 약함으로 고통받는 사람들을 치유하는 것을 말한다.

병 고침과 관련하여 은사들($charismata$)이 어떤 의미가 있는지 알기 어렵다. 대부분의 제안은 추측이거나 증명하기 힘들다. 아마도 여러 종류의 병 고침이 있으므로 복수 명사가 사용될 수 있다. 일부는 질병의 고통 또는 다른 일부는 눈이 보이지 않는 것과 같은 선천적 문제를 고치는 은사일 것이다.

⟨10⟩ 10절에 다섯 가지 은사를 언급한다. 이 은사들은 성령에게서 왔다. 수신자들이 간과하지 않도록 바울은 11절에서 가장 강력한 언어로 다시 확인시킨다. 다섯 가지 은사는 능력 행함, 예언, 영들 분별함, 각종 방언 말함, 방언 통역이다. 예언과 방언의 은사는 앞으로 더 논의되기 때문에 이 은사들에 관심이 더 기울여진다.

**능력 행함**은 이해하기 쉽다. 어떤 학자들은 병 고침이 언급되었으므로 능력 행함이 병 고침과 구별되어야 한다고 본다. 능력 행함은 귀신의 퇴치와 자연적 기적까지 의미할 수 있다. 그러나 아마도 이 목록은 구체적이지는 않을 것이다. 보지 못하는 자들이 보고 다리를 저는 자들에게 힘을 얻는 것 같은 능력 행함은 치유의 은사를 대신해 이 위치에 두어야 할 것이다. 병 고치는 은사와 능력 행함을 날카롭게 구별하려고 할 필요는 없다. 우리는 이미 지혜와 지식의 은사(8절) 의미가 겹치는 것을 살펴보았다.

**영들 분별함**은 참된 것과 거짓 것을 구별할 수 있는 은사를 나타낸다. 우리는 바울이 자신의 복음을 다른 이들에게 권하는 여종이 실제로는 귀신 들렸고 그 귀신을 쫓아냈던 사실을 알고 있다(행 16:16-18). 이 은사는 거짓 가르침을 발견하는 데 특별히 가치가 있다(참조, 요일 4:1-3).

**예언**(프로페테이아, *prophēteia*)의 의미는 특히 어려우며 학자들의 해석은 다양하다.

어떤 학자들은 예언을 은사적 주석과 관련해서 이해한다.[50] 그러나 선지자들이 실제로 성경적 주석에 관여했다는 증거는 부족하므로 이 견해는 거부해야 한다.

다른 학자들은 예언이 설교와 같다고 주장한다.[51] 이 견해는 청교도 윌리암 퍼킨스(William Perkins)의 유명한 작품 『설교의 기술』(*The Art of Prophesying*)에 반영되어 있다. 예언하는 사람들은 하나님의 말씀을 말하므로 예

---

50  Ellis, 'Role of the Christian Prophet', 130-144.
51  Hill, *New Testament Prophecy*, 128. 또한, Martin, *The Spirit and the Congregation*, 14; Garland, 632를 보라. 예언이 바울서신에서 복음의 강해라는 Gillespie의 견해 (*The First Theologians*, 28)는 이와 더 비슷하다.

언에 하나님의 말씀 선포가 있다. 그런데도 일반적으로 예언의 은사는 가끔 일어나며 즉흥적이다. 그러나 '설교'는 준비된 메시지를 의미한다. 예를 들어, 아가보의 말(행 11:28; 21:10)과 가야바의 말(요 11:51-52)은 예언적이지만 설교는 아니었다.

예언은 즉흥적으로 자연스럽게 일어나는 말로 하나님의 계시를 전달한다.[52] 고린도전서 14:29-32에서 즉흥적 특징은 분명하다. 계시는 모임에 앉아서 예언하는 사람에게 오며 말하는 사람은 다른 앉아 있는 사람에게 순서를 양보해야 하기 때문이다. 사도행전 11:27-28에서 아가보의 예언에서도 비슷한 현상을 본다. 하나님은 기근이 있을 것이라고 계시하셨지만 예언은 항상 미래를 미리 말하지 않는다.

예언은 현재 상황에 적용될 수도 있다. 사도행전 13:2에서 바울과 바나바가 선교에 참여하는 계시가 나타난다. 마음의 숨은 일을 밝히기 때문에 다른 이들을 믿음을 인도하는 데 예언이 사용될 수도 있다(고전 14:24). 그러므로 설교하는 동안 예언이 주어질 수 있다. 예언이 개인(또는 그룹)이 들어야 하는 것에 대한 통찰력을 제공하기 때문이다.

고린도전서 13:2는 예언의 은사가 쉽게 접근할 수 없는 비밀과 지식을 아는 일에 관련이 있음을 알려 준다. 예언은 덕을 세우고 권면하고 위로하는 일을 위한 것이지만(고전 14:3), 이와 같은 복은 예언에만 제한되지 않는다. 가르침과 권면의 은사 같은 은사들도 덕을 세우고 권면할 수 있기 때문이다.

웨인 그루뎀(Wayne A. Grudem)은 구약의 예언과 달리 신약의 예언은 오류가 있을 수 있으므로 신약의 예언이 오류와 섞여 있을 수 있다(하나님이 계시한 내용을 전달할 때 오류가 발생할 수 있다)고 주장한다.[53] 그에 따르면, 신약의 예언자들은 오류의 가능성을 가진다. 왜냐하면, 그들의 예언은 판단

---

52  이것은 계시가 즉흥적으로 주어지고 나중에 전달된다는 것을 부인하는 것은 아니다. 사무엘하 12:4-17의 나단의 말을 참조하라.
53  Grudem, *Gift of Prophecy*, 54-74, 특별히 58-67.

을 받고(고전 14:29; 살전 5:20), 어떤 예언은 순종되지 않고(행 21:4), 유대인들이 바울을 묶지 않고 로마인에 넘겨주는 것으로 아가보의 예언은 오류가 있었음(21:11)을 알 수 있기 때문이다.

그러나 그루뎀은 흥미롭지만 설득력이 없다. 다음과 같은 이유로 구약의 예언과 같이 신약의 예언은 오류가 없음이 더 타당하다.

첫째, 예언의 판단은 예언자들이 틀릴 수 있음을 가리키지 않는다. 구약에서 어떤 사람이 참된 예언자인지 판단하는 유일한 방법은 예언을 평가하는 것이기 때문이다. 예언이 잘못되었다면 그 사람은 진정한 선지자가 아니다(다음을 보라. 신 18:21-22; 삼상 3:19-20).

둘째, 아가보는 사도행전 21:11에서 틀리지 않았다. 바울은 사도행전 28:17에서 자신이 잡히는 이야기를 다시 말할 때 아가보가 사용한 바로 그 단어(파라디도미, *paradidōmi*)에 소호해서 로마인들에게 넘겨지는 것을 묘사하기 때문이다.

아가보가 구약의 선지자들처럼 주님의 선지자로 말했음이 분명하다. 그는 자신의 손과 발을 묶는데 예언적 상징주의를 사용하여 구약에서 발견할 수 있는 예언적 상징주의를 모방하고 있다(예, 사 20:1-6; 렘 13:1-11; 겔 4:1-5:17). 또한, 아가보의 말, 성령이 말씀하시되(행 21:11)는 선지자의 형식이 반영된다.

헬라어 단어 **타데**(*tade*, 문자적으로 '이것들')는 구약에서 여호와의 말씀을 소개하는 데 계속해서 사용된다(참조, 계. 2:1, 8, 12, 18; 3:1, 7, 14).

셋째, 사도행전 21: 4에서 예언은 성령의 영감을 받아 정확했지만(바울이 고난을 당할 것임), 예언에서 나오는 추론(바울은 예루살렘에 가서는 안 됨)이 잘못되었다. 나는 신약에서 예언의 선물은 구약의 선물과 같은 본질이라고 결론을 내린다. 하나님은 그의 선지자들로 권위 있고 완전히 참된 계시를 전하신다.

바울은 **방언**의 본질에 대해서도 논의한다. 대부분 학자는 12-14장의 은사가 사도행전과 다르다고 생각한다. 많은 학자는 '황홀경에서 말하는 것'이라고 생각한다. 그러나 이 점은 불확실하며 나는 이 은사가 사도행전에

서 보는 것처럼 외국어라고 제안한다.[54]

사도행전 2장에서 전 세계에서 온 사람들이 각각 자기 방언으로 말하는 것을 듣기(2:6) 때문이다. 우리 각 사람이 난 곳 방언으로 듣고(2:8), 우리의 각 언어로 듣는도다(2:11)라고 말한다.

바울은 사도행전 11:17에서 고넬료와 그의 친구들(행 14:44-48)이 자신과 같은 은사를 받았으며, 그 은사를 인간의 언어로 이해하는 것이 가장 자연스럽다고 말한다(참조, 행 19:6). 고린도전서 13:1의 '천사의 말'에 대한 언급은 비인간적 언어나 '황홀경에서 말하는 것'을 가리킬 수 있다. 그러나 이 구절은 아마도 바울의 입장에서 수사학적 풍성함일 수 있다. 왜냐하면, 13:2에서 '모든 비밀과 모든 지식'을 안다고 말할 때 수사학적이기 때문이다.

사도행전 2:11에서 방언으로 말하는 사람들은 하나님의 위대한 일을 선포하고 그 곳에 있던 사람들은 그것을 이해한다. 그러나 고린도전서 14: 2에서 방언은 사람들이 아니라 하나님께 직접 말하는 것으로 사도행전 2장과 대조된다. 사도행전 2장에서는 아무도 말한 것을 이해하지 못한다. 말하는 사람은 그의 영으로 그리고 그녀의 영으로 비밀을 말하고 많은 학자들은 이것은 황홀경에서 말하는 것과 기도의 언어를 의미한다고 본다.

많은 주석가가 이 구절에서 방언이 외국어라는 개념을 보여 준다고 믿는다. 14:2를 논할 때 더 많은 설명을 하겠지만, 사도행전과 고린도전서의 상황을 주의 깊게 살펴보면 이 은사는 다르지 않다.

첫째, 헬레니즘 문학에서 방언(글로싸, *glōssa*, tongue)이 의미 없이 횡설수설하는 황홀경에서 말하는 것을 의미하는 증거가 없다. 거의 확실히 고린도전서에서도 같은 결론을 내릴 수 있다.

---

54  Forbes, *Prophecy and Inspired Speech*, 44-74; Gundry, 'Ecstatic Utterance'을 보라. 다른 견해로는 Thiselton, 'Interpretation of Tongues?'이 있다. 만약 *glōssa* 말하는 기관인 혀를 의미하지 않는다면 '언어'를 의미한다(BDAG: '분별되는 언어를 만들어 내는 단어들과 시스템의 몸; LSJ을 참조하라).

둘째, 고린도전서 14: 2에서 바울은 사람들이 언어를 모르고 통역하는 사람이 없다면 방언을 이해할 수 없다고 말한다. 이 경우에 방언은 하나님께만 말한다. 전달하는 내용을 자신만이 이해하기 때문이다. 방언의 본질은 다르지 않지만 두 곳의 문맥이 다르다. 사도행전에서 말해지는 언어는 거기에 있는 사람이 이해한다. 그러나 고린도전서에서는 아무도 그 언어와 해석을 모른다.

**방언**(글로싸이, *glōssai*)은 이해하기 어려울지 모르지만 인지된다. 방언이 이해되지 않더라도 어떤 식별할 수 있는 코드나 언어여야 한다. 황홀경에서 말하는 것은 의미 없는 횡설수설이며 식별할 수 있는 코드가 없기 때문에 황홀경에서 말하는 것은 해석하거나 번역할 수 없다. 따라서 글로싸는 어떤 종류의 언어를 가리킨다.

**다양한 종류의 방언**은 다양한 언어를 가리킨다. 통역의 은사는 이해하기 어렵지 않다. 이 은사를 가진 사람은 이해할 수 없는 언어를 통역하여 다른 사람들이 방언으로 말하는 것을 이해시킨다.

〈11〉 여러 가지 은사(8-10절)를 언급한 후, 바울은 은사의 논의에서 중심적 진리로 돌아간다. 은사는 인간의 지혜나 선천적 인간의 능력으로 돌릴 수 없다. 은사는 같은 한 성령이 행해서(개역개정: 행하사) 그의 뜻대로 각 사람에게 나누어 주시는 것이다.

은사가 성령의 주권에 따라 주어지면, 인간은 자신들이 행하는 은사를 자랑할 근거가 없다. 성령의 인격성은 또한 분명하다. 그는 **뜻대로**(불레타이, *bouletai*) 행하시며 오직 한 인격이 결정하시기 때문이다. 그러므로 성령이 힘 또는 영향력이라는 개념은 배제된다.

〈12〉 은사의 다양성은 인간의 몸과 관련해서 설명된다. 예전에는 영지주의의 원초 인간 신화(primal-man myth)에서 바울이 몸이라는 용어를 차용한다는 설명이 인기가 있었지만, 이 이론은 거의 버려졌다.

어떤 학자들은 예수님이 교회의 박해에 자신의 박해가 포함되어 있다고 드러내신 다메섹 길의 계시에서 비롯되었다고 생각한다(행 9:4-5). 또는 아마도 바울의 아담 그리스도론, 그의 '그리스도 연합'(in Christ) 신학, 공동체적 개인, 성례 신학이나 도시나 국가가 몸과 같다는 그의 개념에서 왔을 것이다.

그러나 어떤 이론도 증명하기는 어렵다. 결국, 바울이 그 개념을 어디에서 얻었나보다 어떻게 사용하는가가 중요하다. 전자는 가설이지만, 후자는 바울의 서신에서 밝혀낼 수 있다. 몸의 하나 됨과 다양성, 단일성과 다수성은 바울이 교회와 지체들에 대해 전하려고 하는 것을 잘 보여 준다.

그는 교회의 하나 됨에 대해 두 번이나 이야기하며 그의 주된 관심사를 밝힌다. 몸의 다양성은 사람들이 그 하나 됨을 상실하거나 잊어버리게 해서는 안 되며, 하나 됨에 대한 열망은 이론적인 것이 아니라 교회의 일상에서 실행되어야 한다.

우리는 이 문장이 '그러므로 그것이 교회와 함께 있다'로 끝날 것을 기대한다. 그러므로 그것이 그리스도와 함께 있다(개역개정: 그리스도도 그러하니라)라는 언어에 놀란다. 그리스도를 제시함으로 몸이 평범한 몸이 아님을 나타낸다. 몸의 지체들은 그리스도의 것이며 세상에 그리스도를 나타낸다. 바울은 교회가 마치 세상에 있는 예수 그리스도의 육체가 된 것처럼 문자 그대로 그리스도의 몸이라고 가르치지 않는다. 이런 해석은 너무 문자적이다.

⟨13⟩ 신자들이 하나의 몸을 이루고, 모든 신자가 성령으로 세례를 받고 성령을 마셨기 때문에 몸의 하나 됨이 확인된다. **성령으로 세례를 받아라**는 문구를 어떻게 번역할지에 대한 논란이 있다. 이 구절의 의미는 토론의 주제이기도 하다. 가장 중요한 병행은 세례 요한의 말에서 나타난다. 세례 요한은 오실 자가 성령으로 세례를 베풀 것이라고 약속했다(다음을 보라. 마 3:11; 막 1:8; 눅 3:16; 행 1:5; 11:16). 확실히 이 예언은 예수님이 제자들에게 성령으로 세례를 주신 오순절에 성취되었다.

여기서 고린도전서의 구절을 제외하면 성령으로 세례를 받는다는 모든 언급은 세례 요한의 예언과 관련이 있다. NIV 성경은 성령을 세례를 베푸는 분으로 번역한다. 우리는 모두 한 성령으로 세례를 받았다(참조, CSB, KJV, NASB, NKJV). 나는 NRSV 번역, 왜냐하면, 한 성령 안에서 우리가 모두 한 몸으로 세례를 받았다(참조, ESV, NET)가 더 정확하다고 제안한다.

수동태 동사는 예수 그리스도가 세례를 베푸는 분이시며, 성령은 세례를 받는 사람이 세례 때 잠기는 인격을 보여 준다. 이 번역을 뒷받침하는 또 다른 주장은 세례 요한의 말이다. 이것은 신약에서 다섯 번 언급된다. 모든 언급에서 예수님은 세례를 베푸는 자이며 성령으로 또는 성령 안에서 세례를 베푼다.

고린도전서 12:13에서 성령의 세례가 회심할 때 일어남을 알 수 있다. 바울은 모든 사람에게 은사가 주어짐을 특별히 강조한다. 그는 유대인이나 헬라인이나 종이나 자유인이나 모두 성령으로 세례를 받았다고 구체화하면서 다시 모두라는 단어를 붙인다.

바울은 우리가 … 다 한 성령을 마시게 하셨느니라고 말한다(참조, 갈 3:28; 골 3:11). 더욱이 세례를 받아는 이 경험이 회심할 때 일어났음을 보여 준다. 바울에게 성령의 세례는 필연적으로 물세례와 분명히 연결되기 때문이다.

바울의 시대에는 거의 모든 그리스도인이 회심 직후 세례를 받았으므로 세례의 언어는 그리스도인의 삶이 출발하는 시작의 경험을 암시한다. 그는 세례에서 성례적 효력을 제시하지 않는다. 세례의 사건은 신앙, 회개, 그리고 그리스도를 주로 고백하는 것과 같이 다른 실재들과 밀접한 관련이 있다. 이는 회심할 때 일어난다.

이 구절의 두 문장은 병행된다. 회심할 때 예수 그리스도를 믿는 사람들은 성령에 빠져들어 구원을 받을 때 성령에 잠긴다. 같은 방식으로 회심할 때 신자들은 성령을 마시게 된다. 그들은 성령에 흠뻑 젖어 있다. 신자들은 세례를 받거나 성령으로 뛰어들어 성령을 마시게 될 때, 그리스도의 몸인 교회의 일부가 된다.

성령을 마시는 것은 교제를 말하는 것이 아니다. 한 성령은 공동체의 모든 사람에게 흘러넘치게 주어졌다.[55] 신자들은 그리스도의 몸에 함께 묶여 있다. 왜냐하면, 그들 모두 성령에 빠지고 흠뻑 젖어 있기 때문이다.

### 신학

이 구절들의 중심 내용은 성령의 일하심이다. 성령은 신자들에게 영적 은사를 갖추게 한다. 그분은 자신이 원하시는 대로 은사를 주신다. 성령은 능력의 영으로 신자들에게 필요한 모든 것을 제공한다. 그러므로 성령은 신자들의 은사에 관한 결정을 내리기 때문에 단순한 영향력이나 힘이나 에너지가 아니다.

더 나아가 우리는 12:4-6에서 암시되는 삼위일체적 신앙 고백을 살펴보았다. 이는 아버지, 아들, 그리고 성령이 같은 신적 지위를 공유함을 암시한다. 아버지와 아들과 같이 성령은 인격이시다.

티슬턴(Thiselton)은 12:4-6에서 아타나시우스를 인용한다. 성령께서 각자에게 나누어 주는 은사는 그 말씀을 통해 아버지로부터 수여된다. 아버지의 모든 것은 또한 아들의 것이기 때문이다. 그러므로 성령으로 아들에게서 받은 것들은 아버지의 선물이다. 성령이 우리 안에 거할 때 성령을 주시는 그 말씀은 또한 우리 안에 있으며, 그 말씀 안에 있음은 아버지 안에 있음이다.[56]

은사는 성령에게서 나왔고 주권적으로 정해졌기 때문에 마치 은사가 자신의 영성이나 탁월함을 나타내는 자랑이나 교만의 근거가 될 수 없다. 주어진 은사는 다양하지만, 공동체 전체를 위해 주어진 것이다. 따라서 다양성은 공동체의 연합을 증진하기 위한 것이다. 교회는 또한 여기에서 그리스도의 몸으로 묘사된다(참조, 10:17), 이것은 다시 교회의 하나 됨과 다양성을 강조한다.

---

55  Hays, 214.
56  Thiselton (2000), 935.

### (3) 그리스도의 몸으로서의 하나 됨과 다양성(12:14-31a)

**문맥**

바울은 몸의 하나 됨과 다양성을 계속 강조하지만, 다양성 가운데 하나 됨에 중점을 둔다. 몸에 속해 있지 않는다고 생각하는 지체는 자신이 그렇게 생각하든지 아니든지 여전히 몸의 중요한 지체이다(12:15-16).

몸 전체가 눈이나 귀로만 구성된다면 참된 몸이 될 수 없으므로 몸의 어떤 부분도 모든 것을 광범위하게 포괄하지 않는다(12:17-20). 자신들은 우월하고, 덜 인상적이거나 은사가 부족한 다른 지체는 필요하지 않다고 생각하는 지체는 심각하게 잘못되었다(12:21-24a).

몸의 구성은 하나님의 지혜를 반영한다. 왜냐하면, 몸의 지체가 하나가 되고 다른 이들에 관해 관심을 가지고 사랑하는 것이 하나님의 의도이기 때문이다(12:24b-26). 가장 큰 은사를 추구해야 하지만(12:31a), 누구도 모든 은사를 가지고 있지 않다는 점을 인정하면서 바울은 다양한 은사를 받은 사람들과 선물의 목록으로 결론을 내린다(12:27-30).

**주석**

**〈14-16〉** 바울은 교회가 몸과 같다는 것을 재확인한다(12절을 보라). 교회는 한 몸이기 때문에 하나이며 연합되어 있다. 물론 몸은 많은 지체와 많은 부분으로 구성된다. 몸은 하나 됨과 다양성이 특징이다. 몸의 다양성은 하나 됨을 위협하지 않는다. 몸의 모든 지체가 여전히 같은 몸에 속하기 때문이다. 몸의 일부 지체들은 열등하므로 중요하지 않거나 필요하지 않다고 생각되더라도 여전히 몸의 중요한 지체들이다. 발은 손이 아니므로 실제로 몸에 속하지 않는다고 말할 수 있다.

마찬가지로 귀는 눈이 아니므로 몸 일부가 아니라고 생각할 수 있다. 15절과 16절의 생각은 동일하다. 몸에 존재하는 일부는 은사가 너무 초라하고 작아서 배제될 수 있다고 느낄 수 있다. 그러나 실제로 몸이 기능하기 위해서는 몸의 모든 지체가 필요하다.

〈17〉 바울의 계속되는 주제는 한 몸의 다양성과 다채로움이다. 배타적 정신은 몸의 하나 됨과 다양성을 부인하기 때문에 자신을 높이는 일은 여지를 가질 수 없다. 바울은 로마서 12:3에서 은사와 관련하여 비슷한 견해를 나타낸다. 마땅히 생각할 그 이상의 생각을 품지 말고… 지혜롭게 생각하라.

만일 온몸이 눈이나 귀로 구성되어 있다면 몸은 괴기한 괴물이 될 것이다. 그것은 몸이 아닐 것이다. 몸은 정의상 많은 지체로 구성되므로 눈은 귀가 필요하고 귀는 코가 필요하다. 다른 지체들과 다른 은사를 배제하는 일은 실제로 자해하는 행동이다.

〈18-20〉 몸의 구성(지체들 사이에 은사의 배분)은 우연이 아니다. 몸의 모든 각 지체는 하나님이 원하시는 대로 '두셨다'(에데토, *etheto*, '지정하다' 또는 '배치하다'라는 의미이다). 각 개인의 선물은 하나님의 주권과 지혜를 반영한다. 그러므로 한 몸으로 존재하는 몸의 다양성은 하나님의 지혜와 주권을 나타낸다. 많은 부분이 있지만 하나의 몸이 있다는 점은 하나님의 의도였다.

〈21〉 몸의 상호 의존성이 논의에서 계속 발전되고 있다. 너를 쓸데가 없다고 눈은 손에게, 머리는 발에 말할 수 없다. 하나님이 몸 안에서 각 사람의 위치와 역할을 주권적으로 그리고 지혜롭게 정하셨기 때문이다. 그리고 인간의 몸에서 볼 수 있듯이 교회의 통일성과 다양성은 하나님의 의도이기 때문이다. 자신이 독립적이라고 생각하는 사람들은 속임을 당한다. 말하자면 자신의 손과 발을 자른다.

〈22-24a〉 인간의 몸 구조가 다시 설명된다. 발과 귀처럼 약해 보이는 몸의 부위가 몸의 올바른 기능을 위해 절대적으로 필요하기 때문이다. 그러므로 교회의 지체들을 부인하거나 과소평가하면 안 된다. 또한, 덜 귀히 여기는 몸의 부분들은 더 귀히 여겨진다.

바울은 아마도 사람들이 성(性)과 관련된 부분들이 드러나지 않도록 옷을 입기 때문에 그 기관들을 염두에 두고 있었을 것이다. 다른 한편으로, 드러날 수 있는 부분은 특별한 영광이 필요하지 않다. 하나님은 지혜롭게 몸을 구성해서서 각 부분이 자신의 올바른 역할을 하도록 하셨다. 몸의 모든 부분은 필요하다.

〈24b〉 바울은 강한 자와 약한 자, 즉 대표할 수 있는 자와 대표할 수 없는 자의 예를 교회의 은사에 적용한다. 하나님은 부족한 지체에 귀중함을 더하시면서 몸을 조직하고 구성하여 각 지체가 필요한 영광을 얻도록 한다. 아마도 바울은 방언의 선물을 염두에 두고 있을 것이다. 왜냐하면, 그것은 가장 필요가 없는 것처럼 보이지만 그 화려하고 흥미를 끄는 성격은 은사를 행하는 사람들에게 영광을 가져온다. 그러므로 이 은사를 가진 사람들은 몸에 쓸모가 없다고 느끼지 않는다.

〈25-26〉 하나님은 교회 안에 분열(스키스마, schisma)이 없도록 몸의 각 지체에게 필요한 영광을 주셨다. 우리는 고린도 교회를 분리하는 균열을 살펴보았다(예, 1:10-4:21; 11:17-34). 분열로 찢기는 대신 교회의 지체들은 **서로 관심을 가져야 한다**. 한 몸으로서 교회는 교회의 지체들이 서로 사랑할 때 세워지고 덕을 세운다.

여기에서 13장의 논의를 예상한다. 다른 사람들에 대한 이와 같은 사랑은 은사가 올바르게 행해지고 있음을 나타내기 때문이다. 서로 사랑하는 일과 관심을 가지는 일, 두 가지 예가 제시된다. 몸의 지체가 고난을 겪으면 교회 전체가 그와 함께 고난을 겪는다. 그들은 고난으로 슬퍼하는 사람들을 동정함으로 사랑을 보인다.

반대로 지체가 **존경을 받으면**, 몸의 다른 지체들은 부러워하거나 질투하거나 괴로워하지 않는다. 이것은 그들 자신에게 초점을 맞추면 쉽게 이루어질 수 있다. 그들은 몸의 다른 지체의 행운에 기쁨을 느끼며, 영광을 받는 사람과 함께 즐거워한다.

로마서 12:15도 같은 느낌이다. 즐거워하는 자들과 함께 즐거워하고 우는 자들과 함께 울라. 갈라디아서 6:2는 또한 적절한 병행이다. 너희가 짐을 서로 지라 그리하여 그리스도의 법을 성취하라. 교회가 사랑의 장소일 때, 몸이 잘 기능하고 은사가 올바르게 행해진다.

〈27〉 바울은 이 논의를 마무리한다. 고린도 교회는 그리스도의 몸이다. 어떤 의미에서 고린도 교인들은 (문자적이 아니라 육신이 된다는 의미에서) 세상에 대한 그리스도이다. 이 장의 논의는 요한복음 17장과 비슷하다. 교회의 하나 됨이 하나님의 사랑을 증거한다고 말하는 17장은 하나님이 예수 그리스도를 보내신 것을 확인한다.

교회는 그리스도의 몸일 뿐만 아니라 각 개인이 그 몸에 개인적으로 그리고 인격적으로 속한다. 모든 사람은 그 몸 안에서 역할이 있다. 로마서 12:5에도 같은 개념이 나타난다. 우리 많은 사람이 그리스도 안에서 한 몸이 되어 서로 지체가 되었느니라.

〈28〉 이어지는 구절들(28-30절)에서 바울은 그 몸에서 개인들이 가지는 다른 역할들 또는 다양한 은사들을 설명한다. 바울은 18절에서 하나님께서 이제 하나님이 그 원하시는 대로 지체를 각각 몸에 두셨으니라고 말할 때 사용한 동사(에데토, *etheto*)를 다시 사용한다.

마찬가지로 하나님은 몸에 은사를 가진 사람과 은사를 그 몸에 주권적으로 세우셨다. 바울은 은사가 있는 사람들의 명칭(사도, 선지자, 교사)을 부르며 목록을 시작한다. 이어서 능력, 병 고침, 돕는 것 등의 선물로 바꾼다. 29-30절에서 같은 패턴이 나온다.

이 전환을 어떻게 이해해야 할지 명확하지 않다. 아마도 전환에 대해 전혀 결론을 내릴 수 없을 것이다. 이 변화는 단순히 스타일이다. 다른 학자들은 처음 열거된 세 가지 목록은 이미 정착되고 지속하는 은사를 나타낸다고 제안한다. 그러나 이 해결책은 효과가 없어 보인다. 돕거나 다스리는 은사를 가진 사람은 그 은사를 가끔 행하는 것이 아니기 때문이다.

여기에서 무슨 일이 일어나고 있는지 이해하는 단서는 **첫 번째, 두 번째, 그리고 세 번째**의 사용이다. 순서는 중요하지 않지만, 목록의 조합과 은사를 가진 사람에서 은사로의 전환은 바울이 수신자들에게 처음 세 가지에 특별한 주의를 기울이기 원한다는 것을 나타낸다. 이것은 교회 생활에서 기초적 은사이기 때문에 그 이유를 이해하기 어렵지 않다.

모든 은사는 중요하며 각 지체의 기여는 중요하지만 어떤 은사는 다른 것보다 더 중심적 역할을 한다. 왜냐하면, 교회의 삶의 기초인 복음을 선포하고 설명하기 때문에 사도, 선지자, 그리고 교사는 교회를 세우고 유지하는 일에 중요한 역할을 한다. 열거된 다른 은사들은 복음의 본질을 풀고 설명하는 측면에서 같은 역할이 아니다. 그러므로 이 숫자는 교회의 설립과 유지에 필요한 은사들을 의미한다는 점에서 시간적 순서이다. 아마도 교회는 **사도와 선지자들의 터 위에 세워졌기**(엡 2:20) 때문에 사도와 선지자들이 첫 번째와 두 번째일 것이다.

일부 은사와 은사를 받은 사람들이 이 구절에서 처음으로 나타난다. 언급된 첫 사람들은 **사도**들이다. 일부 주석가들은 이 용어는 엄격하게 사용되는 것이 아니므로 교회의 기초가 된 사도들(엡 2:20)이 아니며 선교사들을 가리키는 것으로 이해한다.

우리는 바울이 안드로니고와 유니아(롬 16:7)에게 이 단어를 사용하는 것을 본다. 그러나 확실하지 않아도 엄격하게 사도들일 가능성이 더 높다. 우리는 에베소서에서 사도들과 선지자들의 동일한 조합을 발견할 수 있고(엡 2:20; 3:5; 4:11), 특히, 에베소서 2:29와 3:5에서 이 엄격한 의미는 분명하다. 교회의 기초인 사도로 섬기려면 적어도 두 가지 자격이 요구된다(눅 6:13; 행 1:15-26; 고전 9:1-2; 15:7-9; 갈 1:11-17). 부활하신 주님을 보는 것과 그분으로부터 위임받는 것이다.

**사도**들은 십자가에 못 박히고 부활하신 예수 그리스도의 교회의 기초를 놓았기 때문에 가장 먼저 불리고 있다(롬 4:25; 고전 2:2; 3:10).

예언 은사의 성격은 고린도전서 12:10의 주석에 자세히 설명했다. 예언은 사도 다음 두 번째 위치해 있다는 점에서 그 중요성이 나타난다. 선지자들은 교회를 인도하고 명령하는 권위 있는 말을 했으며, 신약에서 선지자들의 사역은 사도와 함께 교회의 기초가 되었다(엡 2:20). 교사는 세 번째로 나열된다. 가르침의 은사(개역개정: 교사, 행 13:1; 롬 12:7; 엡 4:11)는 이미 기록된 전통(그 전통이 구약성경인지 예수님의 말씀과 사역인지 또는 교리문답적 자료인지 여부에 따라)의 설명이라는 점에서 예언과 다르다.

앞에서 언급한 것처럼 가르침은 전통을 이해하고 설명하기 위해 확립된 은사였으며 연구와 노력이 필요했지만, 예언은 즉흥적이고 구체적인 상황에 대한 것이었다. 전통적 가르침의 성격은 초대 교회가 "사도들의 가르침에… 힘썼다"는 주장으로 제시된다.

가르침과 전통의 밀접한 관계는 바울에게서 분명히 나타난다. 예를 들어, 고린도전서 4:17에서 바울의 길(호두스, *hodous*, 개역개정: 행사)은 그의 가르침과 관련이 있다(또한, 다음을 보라. 엡 4:21; 골 1:28; 2:7). 이 가르침은 교회에 전해지는 전통에 포함되어 있다(롬 6:17; 16:17; 살후 2:15; 딤전 4:11; 6:1-2; 딤후 2:2; 딛 1:11).

**능력을 행하는 은사**와 **병 고치는 은사**가 이어서 나온다. 방언은 마지막인데 확실히 의도적이다. 그러나 이 순서에 어떤 중요성이 있는지 알기 어렵다. 능력 행함과 병 고침의 순서는 12:9-10의 순서와 다르다. 이 부분에서는 병 고침이 가장 먼저 언급된다. 이 은사들에 대한 정의는 12:9-10의 주석에도 설명되어 있다.

**도움**(안틸렘프세이스, *antilēmpseis*)의 은사는 12:8-10에서 나타나지 않는다. 이 단어는 신약에서 유일하게 이 부분에 나타난다. 여러 가지 방법으로 동료 신자들을 돕는 매우 실용적 은사이다. 도움의 은사는 아마도 로마서 12:7의 **섬기는 일**(디아코니아, *diakonia*)과 같은 은사일 것이다.

다음 은사는 **지도**(퀴베르네세이스, *kybernēseis*, 개역개정: 다스리는 것), **관리**(CSB), 또는 **리더십**(NRSV)의 은사이다. 다시 말하지만, 이 용어는 신약에서는 유일하게 나타나지만, 관련 명사 퀴베르네테스(*kybernētēs*)는 **선장**(행 27:11; 계 18:17)을 가리키며 리더의 위치에 있는 사람들이 분명하다.

이 은사는 아마도 로마서 12:8의 **지도자**(호 프로이스타메노스, *ho proistamenos*, 개역개정: 다스리는 자)와 동일할 것이다. 어떤 학자들은 로마서에 있는 이 은사를 다른 사람들을 돕거나 돌보는 은사로 본다. 그러나 데살로니가전서 5:12와 디모데전서 3:4-5(잘 다스리는 장로)에서 같은 단어를 사용해서 리더의 의미를 나타낸다. 고린도전서 12:10에서 논의한 것처럼 **각종 방언**은 아마도 다른 언어(외국어)를 가리킬 것이다.

**〈29-31a〉** 이 구절들에서 질문들이 이어진다. 바울은 28절의 목록에 부분적으로 다시 돌아간다. 은사를 가진 사람들과 은사가 같은 순서로 나열된다. 사도, 선지자, 교사, 능력을 행하는 자, 병 고치는 은사, 방언, 통역하는 자이다. 돕는 것과 다스리는 것은 생략되고 통역하는 은사가 추가된다. 헬라어 부정어 '아니다'(메, *mē*)는 부정적 대답을 이끈다(한글 개역개정 성경은 질문에 부정을 의미하는 단어가 포함되어 있지 않다. 역자 주). 모두가 사도, 선지자, 교사 등이 아니다.

바울은 이 문제에 대해 절대적으로 명확한 것을 원했다. 한 사람이 모든 은사를 행해야 한다는 요구나 기대는 없었다. 실제로 하나님은 모든 선물이 똑같이 나누어지지 않고 분배되도록 문제를 조정하셨다. 이 단락은 더욱 큰 은사를 사모하라는 권면과 함께 끝난다.

동사 **사모하라**(젤루테, *zēloute*)는 직설법일 가능성이 있다. 소수의 주석가가 직설법으로 이해한다. 이 경우에 바울은 화려한 은사를 구하는('사모한다') 고린도 교인들을 냉소적으로 비난할지도 모른다. 그러나 바울이 이른바 더욱 큰 은사를 말하면서도 더욱 큰 은사를 냉소적으로 말한다는 증거는 없다.

그러므로 이와 같은 읽기는 거절되어야 한다. 우리는 분명히 고린도전서 14:1(다음 구절도 보라. 14:39)의 긍정적 권면에서 같은 동사를 볼 수 있다. **성령의 은사를 간절히 사모하라**(개역개정: 신령한 것들을 사모하되). 그러므로 신자들은 개인이 아니라 교회를 위해 더 큰 은사를 사모해야 한다. 더 큰 은사는 예언과 가르침이 포함되며 특별히 예언은 14장에서 방언보다 더 강조된다.

### 신학

교회에 속한 자들은 그리스도의 몸의 지체이며 교회의 은사는 몸의 다양성과 하나 됨을 반영한다. 바울은 은사의 다양성에 대해 고린도 교인들에게 깊은 인상을 준다. 그리스도의 몸은 단편적이지 않고 지체들 사이에서 지루하고 단조롭지 않다.

모든 사람의 은사는 중요하며 아무도 열등감을 느끼지 않아야 한다. 몸이 한 지체로만 구성된다면 그것은 몸이 아닐 것이다. 모든 지체가 필요하며, 누구든지 다른 지체가 필요 없다고 말할 수 없다. 몸은 모든 부분을 사용하지 않고 제대로 기능할 수 없기 때문이다.

그러므로 교회의 은사는 동일한 다양성과 하나 됨을 반영한다. 어떤 은사는 몸을 더 직접으로 세울 수 있지만 모든 은사가 중요하다. 모든 은사가 기여하기 때문이다. 어떤 신자도 자신이 소유한 은사로 더 경건하거나 영적이라고 생각해서는 안 되며, 반대로 특정한 은사가 없다고 열등하다고 생각해서는 안 된다. 바울은 고린도 교인들이 방언을 높이고자 했기 때문에 의도적으로 마지막에 배치한다.

### 2) 사랑: 가장 뛰어난 길(12:31b-13:13)

### 문맥

바울이 우상에 바쳐진 음식(8:1-11:1)에 관한 토론 중에서 사도적 모범(9:1-27)을 삽입한 것처럼, 여기에서 사랑의 길(12:31b-13:13)은 영적 은사(12:1-14:40)에 대한 바울의 설명 가운데 위치한다.

13장은 아름다운 글이다. 어떤 학자들은 13장을 찬가 또는 바울 이전의 글로 보았다. 그러나 13:1-3과 13:8-13의 본문과 특별히 영적 은사와의 연결을 고려한다면 바울이 이 본문을 썼을 가능성이 더 크다. 심지어 13:4-7의 사랑의 설명은 고린도 교인들의 상황과 깊이 연결된다. 사랑에 대한 논의는 주제를 벗어나지 않는다. 사랑의 주제는 영적 성숙이 근본적으로 은사가 아니라 사랑으로 나타난다는 것을 고린도 교인들에게 보여주려고 일부러 넣었다.

1-3절은 놀랍게 행하지만, 사랑이 없는 은사를 보여 주고 있다. 바울은 사랑이 없는 은사는 쓸모없다고 주장한다. 따라서 방언으로 말하는 사람들은 천사의 언어로 말하더라도 사랑하지 않으면 성가신 소리와 같다(1절). 마찬가지로 모든 비밀이 드러나는 예언의 은사가 있고 산을 움직일 수 있는 은사가 있더라도 사랑이 없으면 아무것도 아니다. 어떤 사람이 자신의 모든 소유와 생명조차 포기하는 엄청나게 큰 희생을 잘못된 동기를 가지고 사랑 없이 행한다면 아무런 유익이 없다(3절).

4-7절은 능동태 동사로 사랑이 어떠한지 설명한다. 대부분의 영어 번역은 납득할 수 있게 형용사를 사용하지만, 헬라어 성경은 동사가 나타난다. 사랑은 능동적이고 활동적이다. 사랑의 모든 가치가 표현되지 않는다.

4절에서 눈에 띄는 점은 사랑은 자랑하지 않는다는 것이다. 5절에서 사랑은 자기에게 사로잡히거나 자기중심적이지 않다. 6절에서 사랑은 진리를 사랑하고 악을 미워한다. 7절에서 사랑은 정복되지 않는다는 점이 두드러진다.

8-13절은 사랑은 영원하고 은사는 일시적이기 때문에 사랑의 우월성이 주장된다. 예언, 방언, 그리고 지식의 선물은 폐할 것이다(8절). 이 은사들은 사실 부분적이고 불완전한 지식을 증언하기 때문에 그리스도인의 삶의 최고선이 아니다. 그러므로 '온전한' 것이 올 때 이 은사들은 사라질 것이다(9-10절).

바울은 어린아이와 장성한 자를 대조시킨다. 하나님은 우리가 어릴 때, 즉 이 시대에 신자들에게 은사를 주신다. 그러나 마지막 때가 오면, 즉, 종말이 오면 신자들은 장성한 자가 되고 은사들은 그친다(11절). 현재 지식은 부분적이고 불완전하지만, 그리스도가 오면 신자들은 직접 그를 만나고 그들의 지식은 완전해질 것이다(12절). 은사와 달리 믿음과 소망과 사랑은 영원히 남아 있겠지만, 믿음과 소망의 목적은 사랑이기 때문에 사랑이 가장 크다.

## (1) 사랑이 없으면 유익이 없는 은사들(12:31b-13:3)

### 주석

⟨31b-13:1⟩ 은사는 교회를 세우지만, 은사의 목적과 목표는 사랑이므로 사랑이 우월하다. 은사는 하나님의 능력과 임재를 전달하지만, 하나님의 사랑하시는 아들의 임재에서 기쁨을 찾기 때문에 사랑은 관계에서 매우 기뻐한다.

1-3절은 사랑이 없는 은사는 유익하지 않다고 주장하면서 은사보다 사랑의 우선순위를 선포한다. 바울은 방언의 은사로 시작하는데, 방언은 고린도 교인들이 가장 자랑하는 은사였음이 분명하다. 바울은 방언을 낮추고 은사의 목록에서 방언과 통역을 가장 나중에 배치한다(12:10, 28, 30).

14장의 오랜 논의에서 예언은 교회를 세우기 때문에 방언보다 높여진다(14:1-25). 1절에서 바울은 사람의 방언 또는 심지어 천사의 말을 하는 상황을 상상한다. 어떤 학자들은 사람들이 천사의 말을 하는 **욥의 유언**(Testament of Job)과 병행시킨다(48:3; 49:2; 50:1-2; 52:7).[57]

또한, 천사의 말에 대한 언급은 고린도 교인 중 일부가 높은 영적 위치에 있다고 믿었음을 보여 준다. 이 말은 과장법이기 때문에 천사의 말에 대한 언급에 영향을 받을 필요는 없다. 2절에서 예언을 논의할 때 과장법의 예가 나타난다(아래를 보라). 아마 여기에서도 마찬가지일 것이다.

**욥의 유언**(*Testament of Job*)보다도 문맥이 가장 중요한 고려 사항이다. 그러므로 고린도 교인들이 천사의 말을 했다고 읽으면 안 될 것이다. 일부 신자들이 실제로 천사의 말을 했다고 바울이 믿었는지 여부는 이 구절에서 확인할 수 없다. 이 구절의 요점은 이해하기 쉽다. 신자들이 상상할 수 있는 가장 높은 언어로 말하는 경우에도 사랑이 없으면 성가신 소리를 내는 악기와 같다. 그들의 은사는 그들의 삶과 모순된다.

---

[57] 예, Fee, 698-699.

방언을 말하는 것은 '소리나는 구리'와 울리는 꽹과리와 비교된다. 멈추지 않는 삐걱거리며 신경을 거스르는 잔향과 꽹과리의 날카로운 소리와 같다.

⟨2⟩ 바울은 이제 예언의 은사와 믿음의 은사로 향한다. 우리는 14:1-25의 논의에서 바울이 방언보다 예언을 선호한다는 것을 알고 있다. 왜냐하면, 예언은 교회의 덕을 세우기 때문이다.

1절에서와 같이 바울은 과장법으로 이 단어를 말하면서 예언을 모든 비밀과 모든 지식을 알고라고 묘사한다. 예언의 은사를 가진 사람은 모든 비밀과 모든 지식을 알고 있지 않다. 놀라운 예언의 은사를 가지고 있더라도 여전히 숨겨진 많은 것이 있다.

9절에서 우리는 **부분적으로 알고 부분적으로 예언하니라**고 말하기 때문에 과장된 언어임이 분명하다. 또한, 즉흥적 계시는 받는 순간 바로 전달하지 않고 나중에 공유될 수 있을지라도 예언은 즉흥적 계시를 받는다는 암시가 있다. 계시는 즉흥적이고 연구되지 않는다. 왜냐하면, 비밀은 연구와 숙고를 통해서 얻을 수 없는 신적 비밀이다(참조, 단 2:18, 19, 27, 28, 29, 30, 47; 4:9).

믿음의 선물은 또한 믿음이 산을 옮길 수 있다는 과장된 용어로 묘사된다. 예수님도 산을 옮기는 믿음에 대해 말씀하셨지만(마 17:20; 막 11:23), 문맥은 매우 다른 것처럼 보인다. 예수님은 산을 옮기는 믿음과 아주 작은 믿음(겨자씨와 같은 믿음)을 연결한다. 그러므로 예수님은 모든 신자의 믿음을 언급한 것으로 보이며, 바울은 믿음의 은사, 즉 극복할 수 없는 방해물이 사라지는 특별한 은사를 묘사한다.

그러나 이와 같은 놀라운 예언과 믿음의 은사는 사랑이 없으면 중요한 것이 아니다. 실제로 사람은 자신의 은사가 아니라 사랑에 의해 평가되며 사랑이 없으면 **아무것도 아니다**. 모든 사람의 업적과 은사는 잊힐 것이며 은사들은 중요한 점이 아니다.

⟨3⟩ 사랑을 정의하는 것으로 보이는 두 가지 행동을 더 고려하면서 본문은 점점 더 나아간다.

첫째, 모든 소유물을 나누어 줄 수 있지만, 사랑이 없이 그렇게 할 수 있다. 예수님은 사람들이 하나님이 아니라 다른 사람들 앞에서 좋은 평판을 얻을 수 있다고 경고한다(마 6:2).

둘째, 어떤 사람은 '몸을 내줄' 수 있다. 이것은 아마도 다른 사람을 위해서 자신의 삶을 포기한 것일 수 있다.

NIV 성경은 덜 명확하다(만약 내가 나의 몸을 고난에 넘겨준다면). 가장 가까운 병행은 다니엘서 3:28(3:95 70인역, 70인역)에 나타난다. 이 구절은 고린도전서 13:3과 같이 동사 **넘겨주다**(파라디도미, *paradidōmi*)와 **몸**(소마, *soma*)이 함께 사용된다. 다니엘서에서 세 친구는 몸을 불사르는 데 내어 주면서 참되신 한 분 하나님을 위해 목숨을 걸었다.

따라서 바울은 고린도전서 13:3에서 자기 삶의 희생을 언급하는 것 같다. 그러나 바울은 이와 같은 놀라운 자기희생이 사랑이 아닌 상황을 상상한다.

이 구절에는 성가시게 만드는 본문의 문제도 등장한다.

바울은 내 **몸을 내주어 자랑하게**(카우케소마이, *kauchēsomai*, NRSV; 참조, NIV, CSB, NET 성경)라고 쓰는가 아니면 내 **몸을 불사르게 내주어**(카우데소마이, *kauthēsomai*, ESV; 참조, KJV, NASB, NKJV 성경)라고 쓰는가?

본문의 증거는 나누어지지만 '자랑'의 외적 증거가 강하다. 많은 학자가 NRSV 성경을 선호한다. 알렉산드리아 본문 전통이 자랑에 포함하기 때문이다. 자신의 삶을 포기하는 것은 사랑으로 보일 수 있지만, 자기희생 정신을 자랑하기 위해 그렇게 하는 것은 사랑이 아니다. 사랑은 행동에만 제한될 수 없으며 동기와 의도와도 연관된다. 강한 '자랑'에 대한 주장에도 불구하고 나는 다음과 같은 이유로 '**불사르다**'를 선호한다.

첫째, '자랑'이 원문이라면 **사랑이 없으면은** 불필요하다. 자랑은 사랑이 없는 행동을 정의하며 제시하기 때문이다. 이 구절의 단어들은 오히려 '불사르다'라는 의미와 더 잘 맞는다. 몸을 불사르게 내어 주는 행위는 사랑하는 것으로 보이기 때문이다.

둘째, 필사가들이 아마도 '불사르다'를 '자랑하다'로 바꾸었을 것이다. 후자가 더 일반적이고 이와 같은 희생이 사랑이 아닐 수 있다는 상상을 하기 어렵기 때문이다.

셋째, '자랑'에 대한 외적 본문 증거는 눈에 띄지만 압도적이지는 않다. 따라서 이 구절은 불사르게 몸을 내어 주고 유익을 얻고 있다고 생각하는 자는 사랑이 없이는 아무것도 얻지 못한다고 가르친다.

### (2) 사랑에 대한 묘사(13:4-7)

〈4〉 4-7절은 행동과 태도에서의 사랑을 묘사해 수신자들이 진정한 사랑의 성격을 분별하도록 도와준다. 우리는 완전한 목록을 가지고 있지 않지만, 이 부분은 대표적 목록이다.

바울의 윤리에서 사랑의 중심성은 분명하다. 사랑은 그의 가르침의 목표이며(딤전 1:5), 율법의 모든 가르침은 이웃을 사랑하라는 명령에 요약될 수 있다(롬 13:8-10; 갈 5:14). 사실 모든 덕은 사랑으로 묶여 있다(골 3:14). 바울이 덕의 목록을 시작할 때, 우리는 그가 사랑으로 시작하는 것에 놀라지 않는다(롬 12:9; 갈 5:22).

어떤 음식을 먹을 수 있는지와 관련해서 사랑은 동료 신자들의 유익을 고려한다(롬 14:15; 고전 8:1-3). 이것은 바울이 너희 모든 일을 사랑으로 행하라(고전 16:14)라고 말하는 이유를 설명해 준다. 사랑은 결국 인간을 위해 생명을 바침으로 그리스도께서 보여 주신 그 사랑을 표현한다. 그러므로 신자들은 사랑의 방식으로 살아야 한다(엡 5:2; 참조, 살전 4:10).

이 목록은 사랑은 오래 참는다는 언어로 시작한다(참조, 고후 6:6; 12:12; 갈 5:22; 엡 4:2; 골 1:11; 3:12; 살전 5:14; 딤후 2:24). 참지 못함은 자신을 우선시하면서 자신의 스케줄과 시간이 다른 사람의 필요보다 우선순위에 있다고 생각한다.

## III. 교회의 현재 문제들에 대한 대답(7:1-16:4) 361

사랑은 또한 **온유하다**(참조, 고후 6:6; 갈 5:22; 골 3:12). 가혹함, 엄격함, 비열함은 사랑에 반대된다. 특히, 사랑은 그리스도 예수 안에서 죄인들에게 하나님의 선하심을 베푼다(롬 2:4; 엡 2:7; 딛 3:4). 사랑은 시기하거나 질투하지 않고 다른 사람들에게 오는 선을 기뻐한다(롬 12:15).

요셉의 형제들은 야곱이 자기들보다 요셉에게 호의를 베풀기 때문에 요셉을 질투했다(창 37:11; 행 7:9). 악인에 대한 시기를 반대하는 경고가 의인들에게 주어진다(참조, 잠 3:31; 4:14; 23:17; 24:1; 또한, 약 3:14, 16; 4:2를 보라).

바울은 특별히 고린도 교인들에게 분열에서 나타나는 시기를 경고한다(고전 3:3; 또한, 갈 5:20을 보라). 위대한 세익스피어 연극 오델로에서도 볼 수 있듯이 시기는 내면에서 번져서 끔찍한 결과를 초래할 수 있다.

사랑은 **자랑하지 않는다**. 여기에서 사용된 단어 페르페류에타이(*perpereuetai*)는 사람들이 그들의 업적과 은사를 계속해서 뽐내는 것을 가리킨다. 아마도 바울은 자신의 지식을 자랑하는 사람(8:1-3)이나 영적 은사를 자랑하는 사람들을 생각하고 있을 것이다. 잠언 27:2는 바울의 생각을 포착한다. **타인이 너를 칭찬하게 하고 네 입으로는 하지 말며 외인이 너를 칭찬하게 하고 네 입술로는 하지 말지니라**(잠 27:2).

바울은 다른 사람들과 비교해서 자신을 칭찬하지 말라고 경고한다(고후 10:12). 마지막으로 사랑은 **교만하지 않는다**. 여기에서 고린도 교인들의 오만을 묘사하는 바울이 특별히 좋아하는 단어가 있다. 그는 고린도전서에서 그 단어(퓌시오오, *physioō*)를 다섯 번이나 사용한다.

유일하게 나타나는 다른 곳은 골로새서 2:18이다. 이 단어는 **부풀어 오르다**(KJV, NET, NKJV) 또는 **팽창하다**로 번역할 수 있다. 이것은 자신으로 가득 찬 사람들을 나타낸다.

〈5〉 사랑에 대한 설명은 계속된다. 사랑은 **다른 사람들의 명예를 더럽히지 않고 무례하지 않는다**(ESV, NET, CSB, NRSV). 사랑은 다른 사람들을 충격에 빠뜨리지 않고 적절한 방식으로 행동한다(참조, 고전 7:36). 이 단어 그룹은 종종 성적 문제에서 적절한 행동을 하는 것으로 사용된다(예, 렘 18:6, 7, 8;

겔 23:29; 롬 1:27; 고전 12:23; 참조, *Sir.* 29:21). 이것은 고린도전서에서 근친상간(5:1-13)과 창녀(6:12-20)와의 성관계라는 것은 성적 죄와 관련이 있다.

이 용어는 또한 일반적 의미에서 불명예를 가리킨다(신 25:3; 스 4:14). '사랑은 대화, 예배, 또는 공적 모임에 분열시키고 무례하고 관심을 요구하는 방식으로 밀치고 들어가지 않는다.'[58] 이어서 바울은 사랑은 자기의 유익을 구하지 않는다고 말한다. 이것은 고린도전서 10:24의 훈계와 일치한다. 누구든지 자기의 유익을 구하지 말고 남의 유익을 구하라(참조, 고전 10:33; 롬 15:1). 또는 바울은 빌립보서 2:4에서 신자들은 각각 자기 일을 돌볼뿐더러 또한 각각 다른 사람들의 일을 돌보아 … (참조, 빌 2:21)라고 말한다. 사랑은 자기애적이거나, 자기에게만 관심이 있거나, 자신에 몰두하지 않는다.

사랑은 또한 쉽게 화내지 않고 성내지 않는다. 다시 말해, 사랑은 쉽게 화를 내거나 분노하지 않는다. 듣기는 속히 하고 말하기는 더디 하며 성내기도 더디 하라(약 1:19) 사랑은 자신의 범죄와 죄를 기억하고 큰 용서를 받았음을 기억하기 때문에 다른 사람들을 계속해서 비난하지 않는다(마 18:21-35).

같은 구절에서 사랑은 악한 것을 생각하지 않는다고 말한다. 악한 일을 당했다고 여겨질 때(마 18:21), 누군가가 억울한 일을 당했을 때 그 일들을 기록하고 기억할 때 사랑의 결핍이 나타난다. 이 권면은 특별히 법적 소송의 경우에 나타난다(6:1-8). 사랑하는 사람들은 자신의 잘못을 기억하고 다른 사람들을 실망하게 한 많은 경우를 생각한다.

⟨6⟩ 사랑은 덕과 선한 것에서 기쁨을 찾는다. 그러므로 악을 기뻐하지 않는다. 반대로 악한 자들은 **행악하기를 기뻐하며 악인의 패역을 즐거워한다**(잠 2:14). 사랑은 근친상간(5:1-13), 이기적 법정 소송(6:1-11), 또는 창녀와의 성관계(6:12-20)를 축복하지 않는다. 자신을 악에 내어 준 사람들은 잘못된 일을 하는 사람들의 승인을 받는다(참조, 시 50:18; 롬 1:32).

---

[58] Thiselton (2000), 1050.

그러나 의로운 자는 진리 안에서 기뻐한다. 기뻐하다(쉰카이레이, *synchairei*, 개역개정: ~와 함께 기뻐하다)라는 단어는 전치사적 접두어가 함께 기뻐하다(NIV 성경)라는 의미를 만들지는 않는다. 아마도 스타일의 특징일 것이다. 접두어가 붙은 이 동사는 5절의 앞에 나온 동사 기뻐하다(카이레이, *chairei*, NRSV)와 같은 의미가 있다. 의가 번성하고 발전할 때 사랑은 기뻐한다(참조, 요한2서 3-4장).

바나바는 여기서 바울이 무엇을 말하는지 설명한다. 수리아 안디옥으로 여행했을 때 많은 사람이 하나님의 은혜로 회심한 것을 보았을 때, 그는 기뻤다(행 11:23). 의로운 사람은 복음이 바울을 통해서 발전하든지 아니면 아볼로를 통해서 발전하든지 상관없이 복음의 진전을 기뻐하며 어떤 사역자가 더 효과적인지를 다투는 당파를 만들지 않는다.

⟨7⟩ 이 단락은 수사학적으로 풍성하게 끝난다. 네 개의 동사는 같은 소리로 끝나며(에이, *ei*) 각 동사 앞에는 같은 부사 항상(판타, *panta*)이 있거나 목적어 모든 것(*panta*)을 가진다. 다행히 부사나 직접 목적어로 의미가 변하지 않는다. 첫 번째 동사는 아마도 보호하다라는 의미를 가진다(스테게이, *stegei*, BDAG). 사랑이 다른 사람들의 죄를 덮고 드러내지 않는다. 반면에 다른 곳에서(고전 9:12; 살전 3:1,5) 이 동사는 참다(ESB, ESV, KJV, NASB, NET, NKJV, NRSV 성경 등)라는 의미를 가지며 아마도 이 읽기가 좀 더 선호되어야 한다.

고린도전서 9: 12에서 바울은 복음을 위해 모든 것을 참는 사람의 본으로 자신을 내어놓는다. 이 해석에 반대하는 한 가지 주장은 이 구절의 마지막에서 사랑에 대해 같은 의미를 말하고 있다는 점이다. 사랑은 모든 것을 견디느니라. 이 견해는 본문의 수사학을 고려할 때 설득력이 없어진다. 믿다와 바라다.

두 동사는 서로 크게 구별되지 않는다. 사랑은 참으며 견디고 더 많이 인내한다. 삶이 힘들고 무리하게 혹사당할 때, 사랑은 사람들을 포기하지 않는다. 골로새서 3:13은 바울의 의도를 다음과 같이 표현한다. 누가 누구에게 불만이 있거든 서로 용납하여 피차 용서하라.

가운데 있는 두 개의 동사는 비슷하다. 사랑은 모든 것을 '믿으며' 바란다. 이 동사를 마치 사랑이 가장 불가능하거나 우스꽝스러운 일을 믿는 것처럼 순진하다는 의미로 읽을 필요는 없다. 그러나 사랑은 냉소와 절망에 빠지지 않는다. 왜냐하면, 죽은 자를 살리시는 하나님을 믿기 때문이다(롬 4:17).

사랑은 죄를 용서하고 범죄와 죄로 죽은 자들에게 새로운 시작을 허락하는 하나님을 바라보기 때문에 가장 좋은 것을 믿고 바란다(참조, 엡 2:1-7). 믿음과 소망은 진공 상태에 존재하지 않는다. 그들은 약속의 하나님께 닻을 내리고 있다.

### (3) 사랑의 영원성(13:8-13)

〈8〉 이 부분의 주제는 사랑의 영원함이다. 그러므로 바울은 사랑이 결코, 실패하지 않음을 확인하면서 시작한다. 이것은 '사랑은 결코 끝이 없다'는 의미이다. 사랑은 일시적 영적 은사들과 대조를 이룬다. 예언과 지식은 폐하고, 방언은 그칠 것이다.

'폐하다'는 말은 동사 카타르게오(*katargeō*)에서 왔다. 바울은 종말론적 문맥에서 자주 사용한다(예, 롬 6:6; 7:6; 고전 2:6; 15:24, 26; 고후 3:7, 11, 13, 14; 엡 2:5; 살후 2:8; 딤후 1:10). 여기에서 종말론적 맥락은 그리스도의 오심-부분적으로 행하던 것이 폐하는(카타르게데세타이, *katargēthēsetai*) 날이다.

그치다(파우손타이, *pausontai*)는 이 동사의 동의어이며, 중요하지 않다. 일부 세대주의 신학자들은 중간태 동사 '그치다'에서 예언과 지식이 사라지기 전에 방언이 그 자체로 그칠 것이라고 주장했다. 그러나 이와 같은 해석은 중간태 동사가 보장해 주는 것보다 더 과도하다. 다른 동사의 사용은 문체적 다양성 때문이다.

〈9〉 이 구절에서 바울은 예언과 지식만 설명하지만, 예언, 방언 그리고 지식과 같은 영적 은사가 왜 사라지는지 설명한다. 예언과 지식은 영원하지 않다. 이 시대에 제한된다.

왜 그러한가?

예언과 지식이 부분적이고 불완전하기 때문이다. 바울은 예언들이 오류와 섞여서 부분적으로는 정확하고 부분적으로는 부정확하다고 하지 않는다. 그의 요점은 예언과 지식이 모두 완전하지 않다는 것이다(참조, 욥 11:7-8). 신자들이 즐기는 지식은 참되지만 포괄적이지 않다. 다가오는 시대에는 부분적이고 불완전한 것이 사라지기 때문에, 이런 은사가 필요하지 않을 것이다.

⟨10⟩ 온전한(텔레이온, *teleion*) 것이 올 것이다. 온전한 것이 올 때 예언과 지식과 같은 은사는 **폐할 것이다**(NRSV). 영적 은사를 드높이기 좋아하는 고린도 교인들의 생각을 멈추게 만든다. 은사들은 훌륭하지만, 임시적이고 부분적이다. 완전함이 오면, 은사들은 뒷전으로 밀려날 것이다.

여기서 '온전한' 것은 무엇인가?

어떤 학자들은 신약 정경이라고 제안했다. 신약 정경이 완성되고 확립되면 영적 은사는 더 이상 필요하지 않거나 적어도 (이 읽기에 따르면) 더 극적 영적 은사는 중지된다. 다른 학자들은 여기에서 '온전한' 것은 영적 성숙을 말하며 정경의 마무리는 아니라고 제안했다. 정경이 완성되었을 때, 신자들은 영적 성숙을 얻는다고 제안한다. 그러므로 예언과 방언과 같은 극적 은사들은 불필요해졌다.

특별히 '온전한' 것에 대한 해석은 12절을 이해하는 방법과 연결되어 있으므로 위의 두 가지 해석은 신빙성이 없다(아래 참조). 12절에서 나는 바울이 미래 그리스도의 오심과 현재 역사의 종말을 말한다고 주장할 것이다. '온전한' 것은 인간을 향한 하나님의 모든 목적이 실현되고 성취되는 종말의 도래를 언급한다.

바울은 자신의 말과 글이 권위가 있음을 알았지만, 수백 년 또는 수천 년 동안 자신의 글이 모여서 신약성경이 될 것으로 생각하지 않았기 때문에 신약 정경의 완성에 대한 언급은 거부되어야 한다. 바울은 예수님이 곧 다시 오실 것을 기대했다. 정확한 날짜를 정하지 않았다고 해서 그가 틀렸다고 말할 수 없다. 영적 성숙 또한 설득력이 없다.

오늘날 신자들이 정경이 완성되었기 때문에 신약 시대의 신자들보다 더 성숙하다는 것은 분명하지 않기 때문이다. 다시 한번 이 주장은 바울이 신약 정경이 발전될 것을 알고 있었고 더 불가능한 일인 고린도 교인들이 이 점을 이해할 수 있었음을 가정한다. 고린도 교인들이 바울이 신약 정경에 관해 쓰고 있다고 생각할 만한 본문의 그리고 역사적 이유는 없다. 바울이 고린도 교인들이 이해하지 못하는 그리고 이해할 수 없는 것을 쓰는 것은 불가능하다.

〈11〉 수신자의 이해를 돕기 위한 한 가지 방법은 묘사이다. 바울은 11절에서 어린아이와 장성한 사람을 대조하면서 자신의 강조점을 묘사한다. 바울이 어린아이였을 때, 어린아이처럼 말하고 어린아이처럼 깨닫고 생각했다. 그러나 장성한 사람이 되었을 때 그는 **어린 시절의 방식을 버렸다.**

사실 버리다(카타르게오, *katargeō*)라는 동사는 8절에 사용된 동사와 같이 종말론적 문맥에서 나타난다. 바울은 같은 동사를 다시 사용하면서 단락을 묶는다. 수신자들은 바울이 종말론적 이야기를 한다는 실마리를 얻을 수 있다. 다시 말해, 바울은 자신의 삶에 대해 문자적으로 쓰고 있지 않다.

바울은 **지금** 장성한 자이고 예전에 어린아이였다고 말하지 않는다. 문맥에서 목적은 분명히 드러난다. 어린아이의 시절은 현재 시대와 비교되며, 예언, 방언, 그리고 지식과 같은 영적 은사는 이 시대에 필요하다. 바울은 이 은사들을 어린 시절과 비교하면서 무시하지 않지만, 일시적이라고 제한한다. 어린아이의 시절이 일시적인 것처럼 하나님께서 교회에 주신 은사도 마찬가지이다.

장성한 사람의 날이 다가오고 있다. 온전한 것-모든 것의 완성이 오고 있다. 그것이 오면 (그리고 아직 오지 않았지만), 신자들은 어린아이의 일을 버릴 것이다. 은사가 본질적으로 나쁘기 때문이 아니라 부분적이고 불완전하므로 불필요하고 쓸모가 없어질 것이다. 그러므로 고린도 교인들은 선물의 무질서한 사용을 주의해야 한다. 은사들은 유익하고 덕을 세우지만, 최고선은 아니다. 더 큰 실재가 오고 있으며 은사들이 가리키는 영광이 도래할 때 은사들은 잊힐 것이다.

〈12〉 12절은 은사가 일시적이며 마지막 때에 온전함과 완성이 온다는 개념을 지지한다. 11절의 예는 조건적 서술로 설명된다. 수신자들은 두 번이나 반복되는 대조(지금은-그때에는)에 주의를 기울여야 한다. 바울은 이 시대(지금은)를 언급하고 나서, 다가올 시대(그때에는)를 언급한다. 그날은 10절에서 언급된 온전한 것이 올 날이다.

지금 신자들은 거울에 반사된 것만 본다. 반사라는 단어는 또한 희미하게(ESV, NRSV, NASB), 불명료하게(HCSB), 어둡게(KJV) 그리고 간접적으로(NET)라고 번역할 수 있다(개역개정: 희미하나). 이 단어는 수수께끼(참조, 수 12:8)를 의미할 수 있지만, 여기에서 '그 자체를 보는 것이 아니라 거울의 반사된 이미지를 보기 때문에'(BDAG) 계시의 간접성이 전달된다.

성령의 은사 도움으로 신자들은 사실대로 그리고 진실하게 보지만 그들의 시력은 불완전하고 부분적이다. 그 상황은 그들이 얼굴과 얼굴을 대하여 보는 오는 시대에 극적으로 달라질 것이다. 얼굴과 얼굴을 대하여라는 표현은 10절의 온전한 것과 11절의 성숙한 또는 장성한 자의 시대를 묘사하는 또 다른 방법이다.

구약에서 얼굴과 얼굴을 대하여라는 표현은 신현에 사용된다. 야곱의 하나님과의 씨름(창 32:30), 기드온의 주의 사자와의 만남(사 6:22), 모세의 주님을 대면하여 앎(신 34:10)에 사용된다. 10절의 온전한 것은 예수 그리스도께서 장차 오실 때 얼굴과 얼굴을 대하여 아는 것을 의미한다(참조, 마 5:8; 요일 3:2; 계 22:4).

그러므로 어린아이의 시절이 끝나고 장성한 자의 시절이 올 것이다. 성경을 읽는 것은 얼굴과 얼굴을 대하여 만나는 것이 아니므로 얼굴과 얼굴을 대하여라는 단어는 신약 정경을 언급할 수 없다. 예수님의 미래의 오심을 언급한다면 완벽하게 의미가 통한다.

마지막 때가 올 때, 온전한 것이 실현되면 신자들은 온전히 알게 될 것이다. 부분적이고, 불명확하고 간접적인 것은 사라지고 신자들은 온전히 이해하게 될 것이다. 하나님이 지금 신자들을 완전히 아시는 것처럼 그들은 미래에 온전히 인식하고 이해할 것이다. 신자들이 온전히 알게 됨은 마치 하나님이 전지하신 것처럼 전지해져서 무한한 지식을 누림을 의미하지 않는다. 어린아이의 시절과 장성한 자의 설명은 여기에서 도움이 된다. 신자들은 그들의 지식과 이해에서 성숙하게 될 것이다.

현재 그들의 지식은 불완전하며 미래에 알려질 것과 비교할 때 어린아이가 되는 것과 같다. 이것은 현재 알려진 것이 거짓이거나 왜곡되었다고 말하지 않는다. 그것이 불완전하고 단편적이라고 말할 뿐이다.

⟨13⟩ 전체 논의는 사랑이 제일이라는 주장으로 마무리한다. 지금(개역개정은 생략)이라는 단어는 시간적이 아니라 논리적이다. 지금 시대에는 영적 은사가 남아 있기 때문이다. 반면에 바울은 영적으로 성숙한 시기에, 즉, 온전한 것이 오면 마지막 때에 무엇이 남을지 그린다.

다가올 시대에 믿음, 소망, 사랑은 계속될 것이다. 오는 시대에 믿음과 소망이 멈출 것에 대한 좋은 주장이 될 수 있다. 결국, 바울은 부활 전에 우리가 믿음으로 행하고 보는 것으로 행하지 아니함이로라(고후 2:7)라고 말한다. 이것은 신자들이 예수님을 얼굴과 얼굴을 대하여 보면 믿음이 필요하지 않음을 암시한다. 다가올 시대에는 소망이 없을 것이라고 주장할 수도 있다. 로마서 8:24-25는 이렇게 말한다. 보이는 소망이 소망이 아니니 보는 것을 누가 바라리요. 만일 우리가 보지 못하는 것을 바라면 참음으로 기다릴지니(롬 8:24-25). 그러므로 신자들이 예수님을 직접 볼 때 믿음과 소망이 실현됨을 의미한다(참조, 요일 3:2-3).

바울은 예수님이 재림하실 때 믿음과 소망의 의미 있는 방식으로 성취될 것을 부인하지 않는다. 그러므로 이것들은 아마도 다른 의미로 남을 것이다. 다가올 시대의 삶은 하나님을 신뢰하고 하나님을 소망하는 것으로 계속 특징지워질 것이다. 신자들은 계속 그분을 의지할 것이며, 기대를 하고 미래를 기다릴 것이다.

현재와 미래의 믿음과 소망 사이에는 연속성과 불연속성이 있다. 이런 읽기가 맞아떨어진다면 사랑은 세 가지 중 영원히 지속할 유일한 것이라는 이유가 사랑을 가장 위대하게 만들지 않는다. 사랑은 믿음과 소망의 목적과 목표이기 때문에 가장 위대하다.

믿음은 죄를 용서하기 위해 그의 위대한 사랑으로 아들을 보내신 그 하나님을 신뢰하고 의지한다(롬 8:32). 소망은 영원히 성령을 통해 그리스도 안에서 하나님과 교제를 누리기를 고대한다. 사랑은 하나님의 사랑하는 자, 예수 안에 계시되고 그에게서 만족과 기쁨을 찾는다.

신자들은 하나님에 대한 사랑을 알고 하나님에 대한 사랑으로 보답하기 때문에 하나님을 믿는다. 그들은 하나님의 임재와 사랑을 아는 기쁨 때문에 소망으로 미래를 기대한다.

### 신학

인간은 방언이나 예언과 같은 은사로 가치를 평가하려고 한다. 바울은 수신자들에게 사랑이 없는 은사는 무가치하며 영적 성숙의 참된 척도는 사랑임을 상기시킨다. 바울은 또한 수신자들이 그 성격을 분별할 수 있도록 사랑에 대해 자세하게 설명한다. 그 목록을 요약하는 것은 어렵지만 사랑은 자기에게만 몰두하지 않고 항상 다른 사람들의 유익을 구하고, 진리를 소중히 여기고 낙관적이지만 결코, 순진하지 않다.

마지막으로 고린도 교인들은 은사를 행하는 것이 영적 삶의 정상이라고 믿으며 영적 은사에 도취하고 있었다. 이 은사들이 놀라운 점은 그것들이 일시적이며 영적 유아기에 속한다는 것이다. 영적 유아기를 말하면서 바울은 성숙한 그리스도인들은 삶에서 은사를 뒷전에 둔다는 것을 의미하지 않는다. 이 부분의 예는 영적 어린아이 시기가 현재 시대의 삶과 관련이 있다는 것이다.

바울은 은사를 깎아내리지 않는다. 은사는 그리스도인의 삶에서 유용하고 도움이 된다. 그러나 은사를 가진 삶은 다가올 시대와 비교할 때 영적 어린아이 시기이다. 그리스도께서 다시 오실 때, 온전한 것이 올 때, 은사에 대한 필요성은 사라질 것이며, 오직 믿음, 소망, 그리고 사랑만이 남을 것이다. 사랑은 믿음과 소망의 목표이자 목적이기 때문에 사랑은 탁월성을 가진다. 모든 은사가 신자들에게 주어져서 그들은 하나님을 사랑하고 영원히 그분을 즐거워할 것이다.

### 3) 은사의 목적: 덕을 세움(14:1-40)

**문맥**

사랑은 영원하므로 영적 은사들보다 우월하다. 바울은 이제 14장에서 은사의 문제로 돌아와서, 은사를 사용할 때 사랑은 동료 신자들의 덕을 세우고, 그들을 세우며, 강하게 한다고 설명한다. 이 장은 예언이 방언보다 선호되어야 한다고 강조하면서 시작한다(14:1-5).

방언을 말하는 사람들을 아무도 이해하지 못한다. 말이 이해될 때 다른 이들을 견고하게 한다. 예언하는 자들은 그 권면이 이해될 수 있다. 방언으로 말하는 사람들은 자신의 덕을 세운다. 그러나 예언하는 자들은 교회의 덕을 세운다. 방언을 통역할 수 있는 사람이 있다면 방언은 예언과 같다. 통역된 방언은 이해될 수 있고 덕을 세우기 때문이다.

6-19절은 통역되지 않은 방언이 덕을 세우지 못한다는 점을 지적하는 긴 토론이 나타난다. 다른 사람이 모르는 언어로 말하면 청중은 도움을 받지 못한다.

음이 올바르게 연주되지 않으면 악기의 곡조를 아무도 모른다(7절). 나팔이 분명하지 못한 소리를 내면 국가는 전쟁을 준비하지 않을 것이다(8절). 같은 방식으로 만약 아무도 그 언어를 이해하지 못하면 언어를 말하는 사람은 허공에 말하는 것과 같다(9절). 말해지는 언어를 아무도 이해하지 못하면 외국어를 말하는 사람을 완전히 이해할 수 없다(10-11절).

그러므로 신자들은 다른 사람을 세우는 은사를 추구해야 한다(12절). 방언으로 기도하는 사람들은 말해진 것이 이해되도록 통역을 위해 기도해야 한다(13-15절). 이해하지 못하는 말을 듣는 사람들이 '아멘'이라고 말할 수 없다(16-17절). 바울은 방언의 은사에 감사하지만 이해할 수 없는 수천 단어보다 이해할 수 있는 몇 단어를 말하는 것이 훨씬 낫다(18-19절).

20-25절은 어렵고 다양하게 해석된다. 수신자들은 성숙을 요청받는다(20절). 바울은 이사야 28:11-12를 인용하여 앗수르 사람들이 이스라엘에 들어갈 때 이상한 언어로 말한 것을 언급한다. 따라서 이해할 수 없는 언어를 듣는 것은 이스라엘에 대한 심판의 표지였다(21절). 방언은 불신자들에 대한 하나님의 심판의 표지가 되지만 예언은 신자들을 위한 표지이다(22절). 불신자들이 방언을 들으면 신자들이 열광한다고 생각하고 믿기를 거부할 것이기 때문에 방언은 심판을 이끈다(23절). 예언은 사람들에게 믿음을 가져다준다. 불신자들이 예언을 들을 때 죄의 판결을 받고 회중에서 하나님의 임재를 인식하기 때문이다(24-25절).

예배에는 질서가 필요하다. 구조와 명료함이 다른 이들의 덕을 세우기 때문이다(26-36절). 신자들의 모임은 다양한 지체들이 기여할 수 있도록 구성되어야 한다(26절). 방언을 말하는 사람은 두세 명으로 제한되어야 하며, 한 번에 한 사람만 말해야 한다. 그러나 통역이 없으면 방언을 말하는 사람은 침묵해야 한다(27-28절). 예언의 은사에도 질서가 있어야 한다(29-33a절). 두세 명의 예언자가 말해야 하며, 예언은 평가되어야 한다. 성령이 예언을 주실 때 누구든지 계속 말해야 한다고 말할 수 없다.

첫 번째 사람이 말하고 있을 때, 앉아 있는 사람이 예언을 받으면 첫 번째 사람은 다른 사람에게 양보해야 한다(30절). 그러므로 모든 사람은 말하고 예언할 수 있다(31절). 예언자는 예언의 은사를 통제할 수 있다(32절). 이런 방식으로 질서가 유지된다(33a절).

회중이 모일 때 여자들이 어떻게 행동해야 하는지에 대해서도 질서가 있어야 한다(33b-36절). 여자들은 조용하고 순종해야 한다. 그들은 예배를 방해하지 말고 집에서 질문해야 한다(35절). 고린도 교인들은 이 문제에서 오만을 주의해야 한다. 왜냐하면, 복음은 그들에게서 나오지 않았으며, 그들만이 세상의 유일한 신자가 아니기 때문이다(36절).

이 장은 마지막 권면으로 끝난다(37-40절). 바울은 자신들의 예언적이고 영적인 권위를 주장하는 사람들에 대해 자신의 권위를 주장한다(37-38절). 예언은 덕을 세우기 위해 더 선호되지만, 방언은 거절되지 않는다(39절). 어쨌든 회중의 모임은 질서가 있어야 한다(40절).

### (1) 방언보다 우월한 예언(14:1-5)

**주석**

〈1〉 사랑에 대한 토론(12:31b-13:13)은 수신자들이 영적으로 된다는 것이 실제로 무엇을 의미하는지 이해하도록 방향을 잡는다. 고린도 교인들은 은사로 현혹될 수 있지만, 가장 중요한 것은 사랑이다. 그러므로 그들은 사랑을 추구(디오케테, *diōkete*)해야 한다. NIV 성경의 따르다는 동사 '추구하다'의 열정과 힘을 포착하지 못한다. 그러나 사랑의 우선순위 때문에 성령의 은사가 중요하지 않음을 의미하지 않는다.

동사 간절히 원하다(젤루테, *zēloute*, 개역개정: 사모하다)는 12:31에서 가져온다. 이 구절에서 바울은 더 큰 은사를 사모하라고 신자들을 권고한다. 여기에서 바울은 성령의 은사를 '사모해야 한다'고 말한다. 그들은 성령의 은사를 갈망하지만, 사랑이 항상 최고의 자리에 있어야 한다. 고린도 교인들이 진정으로 성령의 은사를 사모한다면 바울이 설명하듯이 예언은 회중의 덕을 세우므로 특별히 예언의 은사를 구해야 한다.

〈2〉 바울은 왜 예언이 방언보다 우월한지 설명한다. 방언으로 말할 때 다른 사람이 아니라 하나님께 말한다. 방언을 말하는 사람은 성령으로 이해할 수 없는 비밀을 말하기 때문에 아무도 그가 말한 것을 이해하지 못한다. 많은 주석가가 이 구절은 방언이 황홀경에서 말하는 것이라는 개념을 지지한다고 믿는다. 왜냐하면, 이 은사는 사도행전에서 묘사된 방언의 은사와 다른 것처럼 보이기 때문이다(행 2:4, 11; 10:46; 19:6).

사도행전 2장에서 사람들은 말하는 내용을 이해하지만, 여기에서는 방언을 말하는 사람의 말을 이해하지 못한다. 사도행전에서는 방언이 사람들에게 말해지지만, 고린도전서에서는 하나님께 말한다. 그러나 이 논의가 결정적인 것은 아니다. 방언은 인간의 언어일 가능성이 크다.

첫째, 앞에서 언급했듯이 글로사이(*glōssai*)는 황홀경에서 말하기가 아닌 인간의 언어를 의미한다.

둘째, 차이는 다른 상황 때문이라고 설명할 수 있다.

2절에서 바울은 **통역되지** 않은 방언을 고려한다. 만약 방언이 통역되지 않으면 사람들에게 말해지지 않고 오직 하나님께만 말해진다. 왜냐하면, 하나님이 말하는 의미를 이해할 수 있는 유일한 분이시기 때문이다.

바울은 여기에서 방언이 기도에 제한되어 있다고 말하지 않는다. 바울의 요점은 방언으로 말하는 것을 아무도 이해할 수 없다는 의미에서 하나님께 말해진다는 점이다. 아무도 이해하지 못하는 이유는 방언이 통역되지 않기 때문이다. 따라서 이해의 부족은 황홀경에서 말하는 것을 가리키지 않는다. 비밀에 대한 언급도 마찬가지이다. 비밀이라는 단어는 황홀경에서 말하는 것을 나타내지 않는다. 회중이 이해하지 못하는 언어로 말하기 때문에 이 단어들은 비밀스럽고 숨겨져 있다.

〈3〉 예언은 이해되기 때문에 방언보다 우선한다. 예언으로 말하는 단어들이 비밀에 싸여 있지 않기 때문이다. 신자들이 말하는 내용을 이해할 수 있으므로 예언을 통해 덕을 세우며 **권면**하며 위로한다. 덕을 세우고 권면하고 위로하는 일은 예언의 은사에만 제한되지 않는다. 가르침이나 도움과 같은 다른 은사들도 이런 특징들이 있다. 예언이 이해하기 쉬우므로 이와 같은 유익이 있다고 말하는 것이 문맥의 목적이다.

⟨4-5⟩ 아마도 고린도 교인들은 흥미롭기 때문에 방언을 찾았을 것이다. 그러나 통역되지 않은 방언은 자기 자신만의 덕을 세우기 때문에 예언이 선호된다. 반대로 예언은 교회의 덕을 세운다. 사랑은 자신의 필요에 초점을 맞추기보다 다른 사람을 강하게 하고 격려하는 일을 한다.

방언과 예언의 대조는 방언을 부정하는 것처럼 보인다. 그러므로 바울은 모든 사람이 방언을 말하기를 원한다고 말함으로 오해를 없애려고 노력한다. 바울은 방언의 은사가 복이며 유익하다고 믿는다. 반면에 모든 사람이 방언을 말하기 원하는 것은 문맥에서 벗어나서는 안 된다. 왜냐하면, 그는 모든 사람이 방언을 말할 수 있다거나 말해야 한다고 기대하지 않기 때문이다(12:30). 바울의 바람은 수사적이다. 모든 사람이 독신이 되기를 바라는 바울의 바람이 너무 멀리 나가지 않아야 하는 것처럼 방언이 강요되면 안 된다(고전 7:7).

모두가 방언을 말한다면 그것은 더 좋을 수 있지만, 예언이 더 선호된다. 바울은 이것을 더 명확하게 말할 수 없었다. 예언하는 사람은 방언을 말하는 사람보다 더 크다(개역개정: 예언하는 자만 못하니라). 더 크다는 말은 예언하는 사람이 본질적으로 더 크다는 것을 의미하지 않는다. 그것은 기능적으로 예언하는 사람이 방언을 말하는 사람보다 교회를 더 많이 세우고 강하게 한다는 의미에서 더 크다는 의미이다.

이 구절의 마지막 어구, 교회의 덕을 세우지 아니하면은 이 해석을 확인해 준다. 만약 방언이 통역된다면 예언과 같이 덕을 세운다. 이 경우 통역을 통해 말하는 내용을 이해할 수 있으므로 교회가 강해지기 때문이다.

### (2) 덕을 세우지 못함: 통역되지 않은 방언(14:6-19)

⟨6⟩ 바울은 이해하기 쉬운 말이 통역되지 않은 방언보다 더 많이 덕을 세울 수 있다고 설명하며 긴 논의를 시작한다. 바울은 고린도 교인들을 방문하여 방언으로 말하는 시나리오를 상상한다. 이해할 수 있는 말이 없다면 좋지 않거나 '유익'하지 않다. 바울이 계시나 예언을 가져왔다면 더 나

앉을 것이다. 계시와 예언은 같은 실체를 언급한다. 예언이 전수한 전통의 연구 대신에 계시와 드러남의 방식으로 받아들여졌음을 확인시킨다.

그러므로 계시는 예언을 통해 사람들에게 주어진다. 마찬가지로 **지식과 가르침**이라는 단어 모두 가르침의 은사를 말한다. 지식은 가르침의 결과 또는 귀결이다. 아래의 도표는 바울이 어떻게 두 은사를 번갈아 사용하는 것을 보여 준다.

| 계시 A | 지식 B |
|--------|--------|
| 예언 A1 | 가르침 B1 |

12:8에 서술된 지식의 은사는 가르침의 은사를 말하는 또 다른 방식이라는 증거가 더 있다. 신자들은 전하는 내용을 이해할 수 있으므로 예언과 가르침 모두 방언보다 더 도움이 된다.

**〈7-9〉** 바울은 자신의 논점을 전달하기 위해 다른 그림을 가져온다. 소리는 음악의 세계에도 존재하지만, 명료성의 원리가 뒤따른다. 피리와 거문고를 연주하는 사람은 바른 음(분명한 음)으로 연주해야 한다. 그렇지 않으면 듣는 사람은 어떤 곡이 연주되고 있는지 모를 것이다. 운율이나 이유가 없는 소리로 된 불협화음이 들리면 음악을 이해하거나 감상하지 못할 것이다.

다른 그림이 8절에 나타난다. 나팔 부는 사람의 기능은 나팔을 불어 시민들과 군대가 전쟁 준비를 하도록 경고하는 것이다(민 10:9; 참조, 렘 4:19; 욜 2:1). 그러나 나팔 부는 사람이 **분명한 소리**를 내지 못하거나 소리가 나지 않으면, 사람들은 전쟁을 위한 준비를 하지 못할 것이다.

9절에서 바울은 이 그림을 방언에 적용한다. 어떤 사람이 언어로 말하지만, 그 단어들을 이해할 수 없는 경우 청중은 말하는 내용이 무엇인지 전혀 모를 것이다. 말하는 것을 아무도 이해하지 못하기 때문에 방언을 말하는 사람은 **공중에 말하는** 것과 같을 것이다. 방언을 말하는 사람은 그 은사를 기뻐할 것이다. 그러나 문제는 교회가 도움을 받고 힘을 얻는 것이다. 통역이 없으면 이 은사는 쓸모가 없다.

**〈10-12〉** 다음으로 언어들에 대한 논의로 바뀐다. 바울은 세상의 다양한 언어에 대해 그리고 어떻게 각 언어가 의미가 있는지를 언급한다. 사람들이 이해할 수 있도록 언어가 주어진다. 그러나 한 사람이 다른 사람이 사용하는 언어를 이해하지 못한다면 두 사람 사이의 대화와 이해는 불가능하다. 그들은 서로에게 외국인이 될 것이다.

다시 한번, 12절에서 바울은 이 그림을 방언과 모든 영적 은사에 적용한다. 영적 은사에 대한 고린도 교인들의 열심은 칭찬할 만하지만, 그들은 자신의 즐거움을 위해 은사를 사용하는 오류에 쉽게 빠질 수 있다. 그러나 은사의 목적은 **교회의 덕을 세움**에 있다. 고린도전서 13:5와 같이 **사랑은 자기의 유익을 '구하지'**(제테이, *zētei*) 않는다. 교회는 다른 사람들을 위해 은사를 구할 때 더 번성하고 풍성해질 것이다.

**〈13-15〉** 교회는 이해를 통해 덕을 세우므로 방언의 은사를 가진 사람들은 교회가 덕을 세울 수 있도록 통역을 위해서 기도해야 한다. 누군가 방언으로 기도할 때, 그의 영은 기도하고 있다. 이것은 아마도 인간의 영이 성령으로 기도한다는 의미일 것이다. 우리는 이 구절에서 방언이 기도로만 제한된다고 결론을 내리면 안 된다.

여기에 방언의 특징을 보여 주는 한 가지 예가 있다. 그러나 15절에서 알 수 있듯이 은사가 어떻게 작동하는지 다 규명했다고 생각할 이유는 없다. 어쨌든, 방언으로 영이 기도한다면 **마음의 결실이 없으므로** 이해를 위해 기도해야 한다. 그러므로 영으로 기도하고 또한 방언의 이해를 위해 기도하는 것이 이상적이다.

만약 누군가 영과 함께 방언으로 노래한다면 이는 방언의 은사가 찬송에도 사용될 수 있음을 보여 준다. 그 사람은 부르는 찬송을 이해할 수 있도록 기도해야 한다. 바울은 이해되지 않을 때, 즉 방언이 통역되지 않을 때의 기도와 찬송의 경험을 부인하지 않는다. 그러나 교회가 모이면 방언의 기도와 찬송은 통역되어야 하고 이해되어야 한다. 우리는 바울이 이해가 더 낫다고 여기는 것을 볼 수 있다. 덕을 세움은 마음을 통해, 즉 이해를 통해 온다.

⟨16-17⟩ 성령으로 찬양하다(개역개정: 영으로 축복하다)는 어구는 '영으로 찬양하다'로 번역할 수 있다. 실제로 둘 다 정확할 것이다. 앞에서 언급한 것처럼 인간의 영으로 말해지는 찬양은 성령의 영감을 받은 것일 가능성이 있다. 방언을 말하는 신자는 방언으로 하나님을 찬양하면서 기쁨으로 충만하지만, 바울은 이런 찬양이 다른 사람들에게 어떻게 도움이 되는지에 대해 계속 문제를 제기한다.

다른 언어로 찬양하는 사람들로부터 유익을 얻는지 질문해야 한다. 특별히 바울은 **구도자**(아이도테스, *idōtēs*)의 문제를 제기한다. 구도자가 누구인가 하는 것은 논의의 주제가 되고 있다.

어떤 번역본들은 **외부인**(ESV, NRSV, CSB)으로 번역한다. NET 성경은 '은사가 없는' 사람으로 번역한다. 외부인은 믿지 않는 자를 말할 수 있지만, NET는 신자로 이해하는 것처럼 보인다. 아마도 NIV의 번역(구도자)이 가장 좋을 것이다. 구도자는 기독교 신앙에 관심을 가지고 진리를 분별하려고 하는 사람을 나타낼 것이다.

바울은 통역이 없이 방언을 말할 때 구도자가 있는지를 고려한다. 왜냐하면, 구도자들은 무슨 일이 일어나고 있는지 분별할 수 없기 때문이다. 그들은 무슨 말을 하는지 모르기 때문에 신자가 하는 말에 '아멘'이라고 말할 수 없다. 방언으로 하나님을 찬양하는 사람은 경험에서 기쁨과 만족을 찾지만, 다른 사람들의 덕은 세워지지 않는다(참조, 롬 14:19).

⟨18-19⟩ 전체 논의는 방언의 은사를 부정하는 것처럼 잘못 해석될 수 있으므로 바울은 오해를 피하고자 자신의 말에 자격을 부여한다(참조, 14:5). 그는 고린도 교인들보다 방언을 많이 사용하는 것을 감사한다. 이

주장의 목적은 바울이 방언의 은사를 소중히 한다는 점을 고린도 교인들에게 확신시키려는 것이 아니다.

전체 부분의 요점이 곧 따라 나오며 이것은 방언의 은사를 추천하고 더 효율적으로 되도록 한다. 교회가 모일 때 바울은 수천 마디 방언보다 이해할 수 있는 다섯 마디의 말을 추천한다. 말하는 목적은 다른 사람들을 가르치기 위해서이며 자신의 영적 은사를 보이기 위함이 아니다.

**신학**

우리는 이 본문에서 영적 경험이 자신을 증명하는 것이 아니라는 것을 알 수 있다. 단순히 은사가 마음을 사로잡고 흥미를 끌기 때문에 교회에서 은사를 사용하는 것을 변호할 수 없다. 영적 성숙은 자기 몰두가 아니다. 영적 성장의 참된 표지는 다른 사람들에 관한 관심이며, 따라서 신자들은 다른 사람들의 덕을 세우는 일을 추구해야 한다.

마음과 이해에 중점을 두는 것은 놀랍다. 바울에 따르면 덕을 세움은 가르침과 마음을 통해 이루어진다. 그러므로 교회가 모일 때 형식뿐만 아니라 특별히 내용에 주의를 기울여야 한다. 내용 없는 형식, 이해 없는 경험은 다른 사람들을 세우지 못한다. 바울은 예언과 가르침을 선호한다. 이 두 선물은 모두 진리를 전하기 때문이다. 교회에서 성장은 진리에서 비롯된다. 그러므로 교회는 모일 때 진리를 듣기 위해 노력해야 한다.

### (3) 방언과 예언의 기능(14:20-25)

〈20〉 20-25절은 고린도전서에서 가장 어려운 내용 중 일부이다. 바울은 예언이 방언보다 더 낫다고 주장하며, 예언은 믿음을 가지게 하지만 방언은 불신자들이 멀어지도록 할 수 있다고 주장한다. 20절 자체는 어렵지 않지만, 본문의 자세한 내용은 여전히 논란이 되고 있다.

신자들은 어린아이처럼 생각하지 말고 장성한 자처럼 생각하도록 요청받는다. 악의 경험과 관련해서 어린아이 같아야 한다. 악의 경험은 지혜를 주지 않고 어리석기 때문이다. 신자들은 또한 어린아이가 종속적이고 겸손하다는 측면에서 어린아이를 닮아야 한다(마 18:3; 시 131:2).

동시에 아이들은 불안정하고 쉽게 진리에서 방향을 바꾼다(엡 4:14). 그러므로 신자들은 이해가 자라고 성숙해져서 안정되고 신뢰할 수 있어야 한다(참조, 고전 3:1-2). 특별히 고린도 교인들은 영적 은사에 대한 이해가 자라야 한다.

〈21〉 바울은 율법을 인용함으로 그들의 이해를 돕는다. 바울의 **율법**은 대개 모세 **율법**을 언급하지만, 바울은 이사야 28:11-12를 인용하기 때문에 여기에서는 오경이 아니라 성경을 가리킨다(참조, 요 10:34; 15:25). 이사야 인용은 다소 느슨하고 정확하지 않지만 중요한 질문은 이사야의 언어가 어떻게 고린도 교인들에게 적용되는지에 대한 것이다.

이사야 28장은 북이스라엘의 수도인 사마리아에 대한 심판의 예언이다. 이스라엘의 거짓 선지자들은 이사야의 심판의 말을 조롱하면서 말도 안 되는 아기의 말과 같다고 조롱했다. 이사야는 다음과 같이 반박했다. 심판이 올 때 그것은 마치 아기의 말과 같을 것이다. 왜냐하면, 심판이 사마리아에 도래할 때, 그들은 '더듬는 입술과 다른 방언으로 이 백성들에게 말할 것이다'(사 28:11).

이방인의 입술과 이상한 언어를 가진 사람들은 앗수르 사람들이었다. 이스라엘 사람들은 앗수르 사람들이 사마리아를 약탈하고 북이스라엘이 포로가 되었을 때 심판이 임했음을 알았다. 이사야의 예언은 BC 722년에 성취되었다. 그 백성이 듣는 것을 조건으로 하나님은 안식과 구원을 약속하셨다. 그러나 그들은 그것을 거부하고 심판을 경험했다(사 28:12).

왜 바울은 이 본문을 선택했을까?

아마도 이스라엘 사람들이 이해하지 못하는 외국어를 들었을 때의 경우를 이야기하기 때문일 것이다. 앗수르 사람들의 언어를 듣는 것은 기쁨이 아니라 이스라엘에 대한 하나님의 심판 표지였다.

⟨22⟩ 22절의 의미는 논쟁의 여지가 있지만, 첫 번째 단서는 22절과 21절을 연결하는 접속사 그러므로(*hōste*)이다.

방언이 불신자들을 위한 표적이라고 말하면서 바울이 의미하는 것은 무엇인가?

21절과 22절 사이에 밀접한 관계(그러므로)가 있다면, 대답을 위해서 21절을 살펴야 한다. 21절에서 이스라엘이 포로가 되기 때문에 앗수르 사람들의 언어는 이스라엘이 심판 아래 있음을 보여 주었다. 그러므로 방언은 믿지 않는 자들에 대한 하나님의 심판을 의미한다는 점에서 불신자들을 위한 표적이 된다. 물론 심판은 방언의 유일한 기능은 아니다. 통역된 방언은 교회의 덕을 세우기 때문이다(14:5). 그러나 통역되지 않은 방언은 불신자들의 회개와 믿음을 이끌지 않는다. 대신 23절에서 볼 수 있듯이, 불신자들은 방언이 말해질 때 복음을 거부한다.

반면에 예언은 불신자들을 위한 것이 아니라 신자들을 위한 것이다. 일부 주석가들은 표적이라는 단어가 계속 이어진다고 제안하지만 의심스럽다. 바울은 이 구절의 후반부에서 의도적으로 표적이라는 단어를 생략한다. 바울은 예언이 신자들을 위한 표적이라고 말하지만, 24-25절에 불신자들이 예언을 통해서 믿음에 이른다고 기록한다. 이 그림은 바울이 말한 내용과 모순되는 것처럼 보인다. 필립스(J. B. Philips)의 번역은 이 구절의 본문을 바꾸면서 아마도 필사자의 실수가 있었을 것이라는 결론을 내린다.

방언은 믿지 않는 자들이 아니라 이미 믿는 자들에게 하나님의 능력의 표적임을 의미한다. 반면에 하나님의 말씀을 전파하는 것은 믿는 자들보다 믿지 않는 자들에게 하나님의 능력의 표적이 된다. 이 제안은 어떤 면에서 매력적이지만 본문이 변형되었다는 증거가 없고 본문 그대로 의미를 줄 수 있으므로 거절되어야 한다.

방언이 심판의 표적이라는 개념은 이사야 28:11-12와 일치한다.

24-25절의 예언이 불신자들에게 어떻게 믿음을 가져오는지 말한다면 신자들을 위한 예언은 어떻게 설명해야 하는가?

그 대답은 예언이 여러 면에서 신자들을 위한다는 것이다.

첫째, 예언은 이해하기 쉬우므로 회중 가운데 신자들의 덕을 세우며, 이것은 이 장 전체에서 바울의 요점이었다.

둘째, 24-25절의 예는 예언이 믿음을 키운다는 것을 보여 준다. 예언이 불신자들의 죄에 대해 유죄 판결을 내리고, 그들을 믿음으로 인도할 수 있기 때문이다. 방언으로 말하면 불신자들은 믿음을 거부하고 그들은 심판을 받게 되지만, 예언은 신자들의 믿음을 격려하고 불신자들도 회심에 이르게 한다.

⟨23⟩ 바울은 방언이 불신자들에게 심판의 표적 이유를 더 설명한다. 교회 전체가 모여 모든 사람들이 방언으로 말하는 상황에서 구도자 또는 불신자들이 방문하면 그들은 당신들이 미쳤다고 말할 것이다.

16절에서 언급한 것처럼 구도자는 그리스도인의 믿음이 참인지 살피는 관심이 있는 방문객을 의미한다. 구도자와 불신자가 교회를 방문하고 교회 지체들이 열광적 광신도라는 생각을 하게 된다면 방언은 구도자와 불신자를 교회에서 몰아내므로 심판의 수단이 된다. 불신자와 구도자에게 이와 같은 영향을 미치는 것을 추천하지 않는다.

24-25절이 보여 주듯이 교회는 외부인을 위한 심판의 대리자가 아니라 구원을 위한 대리자가 되어야 하기 때문이다. 교회는 구도자와 불신자를 소외시키지 않고 구원으로 이끌도록 노력해야 한다(고전 9:19-22).

⟨24-25⟩ 이제 바울은 또 다른 교회가 모이는 상황을 그리고 있다. 교회의 모든 사람이 예언할 때 구도자와 불신자도 방문할 수 있다. 예언의 말씀은 명확하고 이해될 수 있다. 방문하는 사람들은 숨겨진 비밀이 밝혀지기 때문에(엡 5:13) 그들이 잘못되었다는 것을 인식한다(참조, 요 16:8).

이 구절에서 모든 사람이 방문하는 불신자를 평가하는 것처럼 모든 사람을 언급하지 않는다. 모든(개역개정: 모든 사람, 참조, ESV: by all)은 말해지는 모든 말이다. 구도자와 불신자들도 자신들이 심판받아야 한다는 점을 인식한다. 마지막 날에 하나님께서 예수 그리스도로 말미암아 사람들의 은밀한 것을 심판하실 것이기 때문이다(롬 2:16).

그들은 하나님이 참으로 너희 가운데 계신다라고 인정하면서 엎드리어 하나님을 경배하고 회개한다. 여기에서 이사야 45:14와 스가랴 8:23의 암시를 본다. 두 구절의 문맥은 중요하다. 이사야 45장은 여호와가 유일한 하나님이라고 선포한다(사 45:5-6). 그는 구원이 올 것을, 즉 이방인의 왕 고레스를 통해 유배에서 돌아올 것이라고 예언했다(사 45:8-13).

하나님께서 예수 그리스도의 구원 사역에서 궁극적으로 이루시는 두 번째 출애굽의 위대한 일을 행하실 때, 이방인들조차도 주께서 이스라엘 가운데 계심을 인정하게 될 것이다(45:14). 바울은 또한 빌립보서 2:9-11에서도 이 본문을 암시한다. 모든 무릎이 꿇을 것이고 모든 혀가 예수님이 주님이라고 고백할 것을 확증한다(사 45:23-24).

스가랴 8장은 주님께서 예루살렘과 유다를 회복시킬 날을 그린다. 이것이 일어나면 열방과 백성들은 주님을 찾을 것이다. 왜냐하면, 그들은 주님이 유대인 가운데 계심을 들을 것이기 때문이다(슥 8:20-23). 바울에게 이사야와 스가랴의 말씀은 이방인들의 구원에서 성취되고 있다. 이 구원은 예수 그리스도를 믿는 믿음을 통해서 이루어진다. 예언의 말씀은 사람들에게 믿음과 회개를 가져다준다는 점에서 신자들을 위한 것이다.

### (4) 예배에서의 질서(14:26-36)

〈26〉 바울은 교회가 모일 때 덕을 세움이 목적이 되어야 하고 덕을 세움은 신자들이 가르침을 받을 때 일어난다는 점을 확실히 한다. 예언은 통역하지 않은 방언보다 선호된다. 방언은 듣는 사람을 이해시키기보다 혼란을 일으키기 때문이다. 여기에서 바울은 교회가 모일 때 질서와 덕을 세움에 초점을 맞춰 무엇을 해야 하는지 가르친다.

우리는 이 본문을 예배에 대한 포괄적 설명으로 또는 교회가 모일 때마다 해야 할 명령으로 읽으면 안 된다. 바울에 따르면 교회가 모일 때 각 사람은 각각 다른 방식으로 기여한다. 그러나 우리는 모든 사람이 실제로 기여한다고 억지로 해석하면 안 된다.

바울의 요점은 많은 사람이 덕을 세우는 일에 참여하는 시간이 있다는 것이다. 어떤 사람은 찬송 시, 어떤 사람은 회중을 가르치는 말씀의 은사가 있다. 예언의 은사를 가진 사람은 계시를 가져올 수 있다. 방언은 통역이 동반된다면 정당하다. 모임을 지도하는 원칙은 교회의 덕을 세우기 위해 모든 것이 이루어져야 한다는 것이다.

⟨27-28⟩ 바울은 방언의 은사에 대한 규칙들을 준다. 방언으로 말하는 것은 교회가 모일 때 두세 명으로 제한해야 한다. 이것은 회중의 질서를 유지하기 위해서이다. 방언으로 말하는 사람들은 동시에 말하면 안 된다. 사랑은 말을 시작하기 전에 다른 사람이 끝나기를 기다려야 함을 의미한다.

방언을 말할 때 통역이 있어야 한다. 실제로 통역이 없으면 방언은 교회가 함께 모일 때 금지된다. 그 이유는 앞에서 분명하게 논의되었다. 통역 없이 방언으로 말하면 회중은 덕을 세우지 못하고 가르침을 받지 못할 것이다. 통역이 없는 경우, 방언의 은사를 가진 사람들은 집회에서 침묵해야 한다. 그들은 개인적으로 하나님 앞에 말할 때 방언으로 말하는 것이 허락되지만, 회중이 모일 때는 그만두어야 한다.

⟨29⟩ 집회에서의 방언에 대해 가르쳤던 것처럼(27-28절), 이제 예언에 관한 지시를 가르친다(29-32a). 다시 한번 예언을 할 수 있는 사람들의 숫자가 제한된다. 방언과 같이 두세 명으로 제한된다. 예언을 받은 이후에 **다른 이들이 그 예언을 분별해야 한다.**

30절을 지침으로 사용한다면, 다른 이(알로, *allō*)는 다른 예언자를 가리킨다. 반면에 요한일서 4장과 데살로니가 5장에서 인용된 본문에서 모든 공동체는 거짓 선지자와 예언자를 시험하도록 요청받는다. 더욱이 분별하는 영의 은사는 예언의 은사를 가진 사람들에게 주어지지 않는다. 따라서 전체 공동체에 대한 말을 살펴보는 것이 바람직해 보인다. 예언의 분별이 가지는 중요성은 신약의 다른 곳에서도 분명히 나타난다.

요한은 영을 다 믿지 말고 오직 영들이 하나님께 속하였나 분별하라고 경고한다(요일 4:1).

데살로니가전서 5:19에서 바울은 신자들에게 성령을 소멸시키는 것에 대해 경고한다. 이것은 아마도 예언을 허용하지 않는 것으로 보일 것이다. 왜냐하면, 다음 구절은 이렇게 말하기 때문이다. 예언을 멸시하지 말라(살전 5:20). 그러나 예언은 반드시 분별되어야 한다. 모든 것을 시험하여 좋은 것을 붙들고(개역개정: 범사에 헤아려 좋은 것을 취하고, 살전 5:21). 어떤 사람들은 예언에 진리와 오류가 섞여 있으므로 분별을 받아야 한다고 주장한다.

그러나 요한일서 4:1에서 알 수 있듯이 거짓 선지자들인지 판단하는 분별일 가능성이 크다. 거짓 선지자인지 판단하는 유일한 방법은 말해진 예언을 검토하고, 시험하고, 평가하는 것이다(참조, 신 18:21-22).

〈30-31〉 우리는 여기에서 예언이 준비된 연설이 아니라는 증거를 본다. 선지자에게는 순간적 계시가 주어진다. 물론 선지자들은 순간적으로 계시를 받고 다를 때에 회중에 그것을 나눌 수 있다. 바울은 선지자가 앉아 있는 동안 갑자기 계시를 받는 상황을 그리고 있다. 이 경우 첫 번째 말하는 사람은 두 번째 말하는 사람을 허락해야 한다. 우리는 다시 바울의 질서에 관한 관심을 본다.

바울은 한 선지자가 예언을 위해 계속해서 정해진 시간을 지배하지 못하도록 한다. 그는 모든 선지자가 각각 예언할 시간을 보장받기 원한다. 그 목적은 교회의 덕을 세움에 있다. 왜냐하면, 교회의 모든 사람이 배우고 가르침을 받고 그 결과로 그들이 **격려를 받기**를 원하기 때문이다.

〈32-33a〉 어떤 학자들은 성령의 지배를 받는 사람들은 성령의 영향을 받기 때문에 바울의 가르침이 실행될 수 없다고 반대를 할 수 있다. 만약 그들이 예언하는 자들에게 제재를 받는다면 그렇게 해야 한다. 예언하는 자들의 영(즉 예언하는 자들의 성령의 은사)은 예언하는 자들에게 순종한다(NRSV

성경, 개역개정: 제재를 받는다), 또는 NIV 성경처럼 예언하는 자들의 통제에 순종한다.

그러므로 성령의 은사는 사람들을 장악해서 방언이나 예언으로 말하도록 강요하지 않는다. 성령의 은사는 그 은사를 가진 사람들의 통제 아래에 있으며, 언제든지 은사 사용을 멈출 수 있다. 성령 안에서의 삶은 혼란스럽고 무질서하지 않다. 활기와 질서는 적이 아니라 친구이며 하나님 자신은 무질서, 혼란, 혼동의 하나님이 아니라 평화와 질서의 하나님이기 때문에 은사들을 통제할 수 있다.

〈33b〉 33절의 마지막 부분은 앞의 서술과 연결되거나 그 대신 34절의 첫 번째 서술을 수식할 수 있다. 이 둘 중 하나를 결정하기는 쉽지 않다. 다른 예로, 교회의 실행은 명령과 함께 나타난다. 그러므로 고린도전서 7:17에서 바울은 각각 나누어 주신 위치에서 살아야 하며 이것은 모든 교회에서의 그의 가르침과 걸맞다고 말한다. 고린도전서 4:17에서 바울은 고린도 교인들에게 디모데가 바울의 행사를 상기시켜 줄 것이며 이것은 모든 교회에서 가르치는 방식이라고 말한다.

이 서술은 명령이 아니지만, 바울의 행사는 다른 신자들이 본받아야 할 삶의 방식이며, 따라서 이 서술은 암시적으로 명령이다. 마찬가지로 고린도전서 11:16에서 바울은 하나님의 교회에서 발견되는 (가리는 것과 관련된) 관례를 권한다. 34절은 명령법이기 때문에, 여자들이 집회에서 조용하도록 권면하는 것은 모든 교회에서 명령받은 것과 일치한다.

〈34〉 34-35절의 해석을 시작하기 전에, 이 구절들은 삽입되었고 원문의 일부가 아니라는 일부 학자의 주장에 주의해야 한다.[59] 서방 전통의 사본들에서 이 구절들은 14:40 이후에 위치한다. 그리고 원문이 아니라고 생각하게 만드는 기술적 특징을 보여 주는 필사가 보인다.

---

[59] 예, Fee, 780-792.

삽입에 대한 논쟁에도 불구하고 이 구절들은 확실하게 원문이다. 이용할 수 있는 모든 헬라어 사본은 이 구절들이 포함한다. 몇몇 사본은 40절 이후에 이 구절들을 배치하지만, 위치가 바뀐 것에 대한 설명이 가능하다. 몇몇 필사가는 아마도 여자들에 관한 토론이 14:29-33과 14:37-40의 예언에 대한 바울의 언어에 끼어든다고 생각했을 것이다. 그들은 이 구절들을 뒤로 옮기면서 예언에 대한 가르침을 지켰다.

모든 회중(개역개정: 모든 성도의 교회)의 관례는 **여자들이 교회에서 잠잠해야 한**다는 것이다. 모임에서 말하는 것은 허락되지 않는다(참조, 딤전 2:11). 여자들은 율법에 이른 것과 같이 **복종해야 한다**(휘포타세스도산, *hypotassesthōsan*). 이 구절에 대한 질문과 논쟁이 많지만, 논의는 단순해야 한다.

어떤 학자들은 바울이 여자가 교회에서 말하는 것을 제한하지만 집에서 말하는 것은 허락한다고 생각한다(11:2-16). 회중이 집에서 모였기 때문에 이 제안은 틀렸으며 집과 교회의 구별이 명확하게 설명되지 않았다. 또한, 11:16은 11:2-15에서 논의한 문제가 교회와 관련이 있음을 보여 준다.

바울이 11:2-16의 집회에서 예언하고 기도하라고 여자들에게 권유하기 때문에 잠잠하라는 명령은 절대적이지 않다. 다른 학자들은 34-35절이 바울이 36절에서 거절한 고린도 교인의 견해를 나타낸다고 제안한다. 그러나 이것은 확실히 틀린 해석이다. 왜냐하면, 고린도 교인들에게서 온 긴 인용이라는 것은 더 분명해야 하기 때문이다.

다른 학자들은 여자가 방언으로 말하는 것을 금지한다고 제안했다. 그러나 문맥을 고려하면 방언만 금지하는 것으로 보이지 않는다. 여자들의 예언에 관한 판단이 허락되지 않았다는 것이 훨씬 더 타당하다. 이와 같은 읽기는 순종과 율법에 대한 언급과 일치한다. 예언을 판단함으로 여성들은 적절하지 않은 권위를 가로채고 있었다.

이 견해가 매력적임에도 불구하고, 본문에서 예언에 대한 금지는 분명하지 않다. 바울은 일반적으로 말하는 것을 금지하고 있다. 예언에 관한 판단을 구체적으로 고려하고 있다는 단서는 없다.

우리는 바울이 금지하는 말하기의 성격이 무엇인지 알려 주는 본문에서 실마리를 찾아야 한다. 35절에서 아내들은 **집에서 자기 남편**에게 물어야 한다는 말을 듣는다. 그러므로 아내들이 분열을 일으키거나 도전적 질문으로 교회 공동체의 모임을 방해하고 있다는 추론은 타당하다.

고대 세계에서 아내와 남편의 공개적 불일치는 굴욕적이고 남편에게 모욕을 준다고 여겨져서 아내들은 이런 식으로 자유롭게 말할 수 없었다. 이 해석으로는 모든 여성이 이런 방식으로 질문을 했다고 결론을 내릴 수 없다. 그러나 바울은 어떤 여자도 예배를 방해하면 안 된다는 말을 하고 있다. 동일하게 이런 읽기는 남녀가 떨어져 앉아 있으므로 질문으로 방해하지 않고 집에서 물어야 한다는 결론을 이끌지 않는다. 권위에 도전하는 질문으로 방해를 일으킨다고 이해할 수 있다.

이 해석은 또한 바울이 순종을 말하는 이유를 설명해 준다. 바울은 교회 공동체의 모임에서 남자 지도자의 리더십을 거부하는 여성들을 가르친다. 바울의 권면을 지지하는 원칙은 순종이다.

바울은 다른 구절들에서 여자들에게 교회와 가정에서 남자의 권위에 순종하라고 요구한다(참조, 엡 5:22-24; 골 3:18; 딤전 2:11-14; 딛 2:5). 어떤 구약 본문인지 분명하지 않기 때문에 율법을 말하는 것은 놀랍다. 어떤 학자들은 율법이라는 단어가 랍비 전통을 의미한다고 제안했다. 그러나 바울은 대체로 '율법'을 구약 본문으로 말하기 때문에 이 해석은 거절되어야 한다.

디모데전서 2:11-14와 고린도전서 11:3-10의 병행 본문을 고려할 때 가장 좋은 해결책은 바울이 창세기 2장의 창조 기사를 언급한다는 점이다. 회중의 지도자는 남자여야 한다.

(1) 남자가 먼저 창조되었다(창 2:20-21).
(2) 여자는 남자를 돕는 배필로 창조되었다(창 2:18, 20).
(3) 선악과를 먹지 말라는 지시가 남자에게 주어졌다(창 2:16-17).
(4) 남자는 여자의 이름을 지었다(창 2:23).
(5) 뱀은 하와에게 다가가 남성의 리더십을 뒤엎었다(창 3:1-6).
(6) 하와가 먼저 죄를 지었음에도 하나님께서 아담에게 먼저 다가가셨기

때문에 아담은 하와보다 죄에 대한 더 큰 책임이 있다(창 3:10-12; 롬 5:12-19).

**〈35〉** 이 구절에서 우리는 아내들이 모임에서 혼란스럽게 만드는 질문 또는 아마도 도전적 질문을 한다는 증거를 발견한다. 질문들은 정당하지만, 주의를 딴 대로 돌리게 하고 당혹스럽게 만들 수 있다. 만약 후자의 시나리오가 정확하다면 아내들은 아마도 방해가 된다고 들었을 때도 질문을 할 수 있어야 한다고 주장했을 것이다.

부끄러움(아이스크론, *aischron*)은 여자들이 말하는 것 그 자체만이 아니다. 이 경우에 여자들은 교회에서 기도하거나 예언할 수 없었다(11:5). 11:2-16의 주석에서 보았듯이 여자들의 행동은 명예의 방법이다. 명예-수치가 이 본문에서도 나타난다. 고대 세계에서 공적 여자들의 침묵이 예상되었다. 플루타르크는 여자에 대해 말한다.

고결한 여인의 팔뿐만 아니라 연설도 대중을 위한 것이 아니어야 한다. 자신을 드러내기 때문에 외부인의 말을 들을 때 조심히 신중하게 말해야 한다. 그녀의 대화에서 감정, 성격, 성향을 볼 수 있기 때문이다(Conj. praec. 142.31).

**〈36〉** 바울은 고린도 교인들이 자신의 권고에 반대할 것을 예상했다. 그러나 예수 그리스도의 복음인 하나님의 말씀이 자신들에게서 난 것이 아니므로 이런 권한을 주장하면 안 된다. 복음은 사도들에 의해 전해졌다. 사도의 말을 거절하면서 고린도 교인들은 사실상 그들이 마치 복음의 원천인 것처럼 행하고 있다. 이와 같은 대답은 자신들에게서 난 권한으로 주장하는 것이며 오만과 자랑을 반영한다.

고린도 교인들은 다른 교회에서 행해지는 것과 대조되는 자신들의 규칙을 만들어 낼 수 있다고 생각하는가(14:33b을 보라)?

하나님의 말씀은 그들에게만 오지 않았다. 모든 교회는 같은 메시지와 같은 관례를 공유한다(4:17; 11:16을 보라). 고린도 교인들은 다른 교회에서 행해지는 일에서 벗어나면 안 된다. 그러한 입장은 파당적 자랑과 분열의 영을 반영하기 때문이다.

### (5) 마지막 호소(14:37-40)

〈37-38〉 성령의 은사에 대한 논의를 마무리하면서 바울은 세 장에 걸쳐 말한 내용을 거부하는 사람들을 생각한다. 어떤 사람들은 자신을 선지자 또는 신령한(프튜마티코스, pneumatikos) 자라고 생각할 수 있다. 신령한 자나 선지자로서 하나님의 말씀을 말하기 때문에 그들은 아마도 모든 문제에 대한 바울의 가르침이 필요하지 않다고 생각할 수 있다. 신령한 자들과 선지자로서 그들은 하나님의 말씀에 스스로 접근할 수 있다.

바울은 이런 방식으로 생각하려는 유혹에 대해 자신의 말이 주님의 명령을 나타낸다고 일깨운다. 그는 단지 자신의 개인적 견해를 쓰는 것이 아니다.

바울의 말은 교회에 권위를 가진다(참조, 고전 7:10; 벧후 3:2; 요일 4:6). 바울의 말에 주의하지 않는 것은 결정적이다. 바울이 쓴 것을 무시한 사람들은 하나님이 알지 못할 것이다(개역개정: 그는 알지 못한 자니라) 우리는 하나님께 속한 자들은 하나님에 의해 알려진다는 구절들을 볼 수 있다. 예를 들어, 무릇 의인들의 길은 여호와께서 인정하시나 악인들의 길은 망하리로다(시 1:6).

하나님을 무시하는 사람들을 하나님은 알지 못하신다. 그들은 최종 심판을 받을 것이다(또한, 창 18:19; 렘 1:5; 롬 8:29; 11:2를 보라). 바울은 이미 고린도전서에서 다음과 같이 말했다. 누구든지 하나님을 사랑하면 그 사람은 하나님도 알아 주시느니라(8:3. 참조, 갈 4:9). 바울은 분명히 자신의 말이 하나님의 권위를 담고 있다는 것을 알고 고린도 교인들에게 자신의 가르침을 받아들이도록 권한다.

〈39-40〉 영적 은사에 관한 토론은 이 두 구절로 마무리된다. 신자들은 예언을 사모해야 한다. 12-14장에서 바울은 같은 단어(젤루테, zēloute)를 사용하여 더욱 큰 은사를 사모하라(12:31) 그리고 신령한 것들을 사모하되(14:1)라고 말한다. 전체 논의는 예언이 교회의 덕을 세우기 때문에 그들이 특별히 예언을 사모해야 한다고 결론을 맺는다.

실제로 14장의 많은 부분이 방언보다 예언이 우월하다는 점에 주의를 기울인다. 영적 은사의 문제는 방언에 대한 과도한 강조로 촉발되었음을 다시 보여 준다. 하지만 다른 방향으로 몸을 비틀어 완전히 방언을 억누를 수 있다. 신자들은 방언 말하기를 금지하지 말아야 한다. 방언이 합당하다는 인정은 마지막 말을 이끈다.

방언, 예언, 및 다른 은사들은 적절하고 질서 있게 행해져야 한다. 앞서 말한 규칙은 준수되어야 한다. 통역 없이 방언을 말하면 안 되며, 사람들은 한 번에 한 사람씩 예언하고 방언으로 말해야 한다. 은사를 행하는 동기는 교회를 강하게 하고 세우는 것이다.

### 신학

예언은 사람들의 믿음을 견고하게 하고 그들을 믿음으로 이끌 수 있으므로 방언보다 선호된다. 신자의 덕을 세우고 강하게 하는 것은 질서와 밀접하게 연결된다. 사람들이 성령의 인도를 받고 있다고 느낄 때마다 은사를 무질서하게 사용해서는 안 된다.

교회가 모일 때, 많은 은사가 행해지는 점은 제한되어야 한다. 오직 한 사람이 한 번에 말해야 한다. 마찬가지로 몇몇 아내가 질문하면서 만들어 내는 교회의 혼란은 없어야 한다. 소리의 불협화음이 아니라 이해를 통해서 덕을 세운다. 은사는 자기를 드러냄이 아니라 다른 사람을 세우기 위해 주어진다.

## 6. 부활(15:1-58)

이제 주제는 부활로 바뀐다. 분명히 일부 고린도 교인들은 육체의 부활을 부정하고 있었다. 이것은 지나치게 실현된 종말론 때문이 아니라 육체는 열등하다고 거부하는 전형적 그리스와 이교도의 견해를 반영한다. 바울은 전형적 이제는을 사용하지 않기 때문에 이 문제가 바울에게 전달되었는지 알기 어렵다(7:1, 25; 8:1; 12:1; 16:1, 12). 그러나 아마도 바울이 쓴 것은 그들의 소식에 대한 반응이었을 것이다.

이제 이 장의 개요를 요약하려고 한다. 바울은 고린도 교인들에게 그가 가르쳤던 복음을 상기시킨다. 이 복음은 십자가에 못 박히고 부활하신 그리스도께 초점을 맞춘다. 그리고 그리스도가 진정으로 부활하셨다는 증언자들의 증거를 제공한다(15:1-11). 다음 논의의 단계는 그리스도의 부활과 신자들의 부활이 나눌 수 없다는 것이다(15:12-19). 그리스도의 부활은 신자들의 부활을 수반한다.

바울은 그리스도의 부활을 부인하는 결과가 무엇인지를 보여 준다. 20-28절은 순서에 초점을 둔다. 신자들의 부활은 그리스도의 부활을 즉각적으로 따르지 않는다. 신자들의 부활은 미래에 일어나며, 그리스도의 부활은 종말의 도래와 충만한 하나님의 왕국이 임하는 것으로 끝나는 과정을 열었다. 부활을 위해 경험적 논증이 더해진다(15:29-34).

부활이 없었다면 죽은 자를 위한 세례를 받는 것은 합리적이지 않다. 그리고 복음을 위해 생명을 위험에 빠뜨리는 것은 말이 되지 않는다. 마지막으로 바울은 몸의 부활을 뒷받침하는 논증을 제시한다. 이 주장들은 15:35-58의 연구에서 더 자세히 요약될 것이다.

## 1) 복음과 그리스도의 부활에 대한 증언(15:1-11)

### 문맥

바울은 고린도 교인들에게 자신이 전하고 그들이 받았던 복음을 일깨우며 시작한다. 그들은 또한 그 가운데 서 있다. 그들이 끝까지 믿으면 복음으로 구원을 받을 것이다(1-2절). 복음은 가장 중요한 두 가지 요소를 가진다.

(1) 그리스도는 죽으셨고 그의 죽음은 장사 지낸 것으로 확증된다(3-4절).
(2) 그리스도는 일으킴을 받았고 부활은 그의 나타나심으로 확인된다(4-10절).

그는 게바에게 보이시고, 열두 제자에게, 그 후에 오백여 형제에게 일시에 보이셨고, 야고보, 모든 사도의 마지막인 바울에게 보이셨다(5-8절). 바울은 교회를 박해했기 때문에 사도로서 일반적이지 않은 위치를 숙고한다. 그러나 그는 하나님의 은혜로 사도로서 섬긴다(9-10절). 그런데도 사도들은 십자가에 못 박히고 부활하신 그리스도에 대한 공통된 메시지를 선포하고 고린도 교인들은 그 메시지를 믿는다(11절).

### 주석

⟨1⟩ 아마도 고린도전서의 마지막 주요한 논의에 부활의 주제가 들어가서 복음이 서신의 처음(1:18-2:5)과 마지막에서 강조된다. 왜냐하면, 고린도 교인들에게 복음을 잊지 말라는 것은 명령이기 때문이다.

**복음**(유앙겔리온, *euangelion*, 동사 '유앙겔리조마이', *euangelizomai*는 전하다로 번역된다. 갈 1:11도 보라.)은 구약의 유배에서 돌아오는 약속에까지 미친다. 이사야 40-66장에서 유배에서 돌아옴은 이스라엘에 대한 하나님의 약속 성취와 새로운 창조의 도래와 연결된다(사 65:17; 66:22).

바울은 예수 그리스도의 사역, 죽음과 부활에서 실현된 그 복음, 즉 하나님의 구원 약속의 성취를 본다. 십자가에서 성취된 죄의 용서는 하나님의 종말론적 약속과 이사야에서 예언된 새로운 출애굽의 성취를 나타낸다(11:11-15; 40:3-11; 42:16; 43:2, 5-7, 16-19; 48:20-21; 49:6-11; 51:10).

이스라엘은 죄 때문에 포로가 되었기 때문이다. 바울이 복음을 선포했을 때, 고린도 교인들은 복음을 받고 환영했다(참조, 갈 1:9; 골 2:6; 살전 2:13). 그들은 하나님과 구원의 관계로 들어갔다. 고린도 교인들은 복음 안에 서 있으며 이것은 믿는 자들은 은혜에 서 있고(롬 5:2) 믿음에 서 있다(롬 11:20; 고후 1:24)는 주장과 일치한다. 신자들은 복음으로 시작하여 복음 안에 계속 서 있다.

⟨2⟩ 신자들은 복음으로 **구원을 받는다**. 즉, 마지막 날에 쏟아질 하나님의 진노에서 구출된다(참조, 롬 5:9; 살전 1:10; 5:9). 그러나 마지막 구원은 인내 없이 오지 않을 것이다. 신자들은 그들이 받은 좋은 소식을 **굳게 지켜야** (카테케테, *katechete*) 한다. 이 동사는 인내를 정의하기 위해 다른 구절에 사용된다(눅 8:15; 히 3:6, 14; 10:23을 보라).

만약 신자들이 믿음에 남아 있지 않다면, 그들의 처음 믿음은 **헛되다**. 씨 뿌리는 자 비유를 다시 생각해 볼 때, 이 비유에서 바위가 많은 땅에 떨어지는 씨앗은 **잠깐 믿다가 시련을 겪을 때 배반하는** 자를 나타낸다(눅 8:13). 인내의 요구는 바울서신에서 드물지 않다. 바울은 종종 수신자들에게 믿음을 끝까지 계속 유지하도록 요청한다(참조, 롬 11:22; 갈 3:4; 골 1:23; 살전 3:1-5:2; 살후 2:15).

⟨3⟩ 3절에서 고린도 교인들이 받은 복음이 설명된다. 바울은 자신이 받은(파라람바노, *paralambanō*) 복음의 전통을 **전했다**(파라디도미, *paradidōmi*). 어떤 의미에서 바울이 선포한 복음은 그에게 독립적으로 주어졌지만(갈 1:11-17) 바울은 다른 사람들로부터 복음의 근본적 원리를 받았음을 부인하지 않는다. 그들이 받은 그 복음은 **가장 중요하며**, 기독교 신앙의 기초 즉 가르침을

받은 모든 사람을 위한 기준과 시금석을 보여 준다.

바울은 죄를 위한 그리스도의 죽음과 부활에 계속 집중한다. 성경대로 그리스도께서 우리 죄를 위하여 죽으시고라는 문구는 아마도 바울이 인용한 고백적 진술을 표현한 것일 수 있다. 그리스도께서 믿는 자들을 위한 죄의 용서를 보장하기 위해 죽으셨음이 복음의 기초이다.

갈라디아서 1:4처럼, 그리스도는 우리 죄를 대속하기 위하여 자기 몸을 주셨다. 바울의 의미는 확실히 그리스도께서 죄인을 대신하여 죽으시고 그의 죽으심으로 그들의 죄를 짊어지셨다는 것이다. 그리고 그는 이 진리를 다른 방식으로 표현한다(롬 3:24-26을 보라).

고린도후서 5:21은 하나님이 [그를] 우리를 대신하여 죄로 삼으셨다고 말한다. 또는 갈라디아서 3:13은 그리스도께서 우리를 위하여 저주를 받은 바 되사 율법의 저주에서 우리를 속량하셨으니라고 말한다. 같은 진리가 다르게 표현된다. 신자들은 그의 피로 말미암아 의롭다 하심을 받았다(롬 5:9). 그리스도께서 경건하지 않은 자를 위하여 죽으셨도다(롬 5:6), 우리가 아직 죄인 되었을 때에 그리스도께서 우리를 위하여 죽으심으로(롬 5:8), 예수는 우리가 범죄한 것 때문에 내줌이 되고 또한 우리를 의롭다 하시기 위하여 살아나셨느니라(롬 4:25).

성경이 이 내용을 뒷받침한다. 바울은 이사야 53장을 염두에 두고 있다. 그가 찔림은 우리의 허물 때문이요 그가 상함은 우리의 죄악 때문이라 그가 징계를 받으므로 우리는 평화를 누리고 그가 채찍에 맞으므로 우리는 나음을 받았도다(사야 53:5). 아마도 이사야 53:12를 특별히 염두에 두었을 것이다. 이는 그가 자기 영혼을 버려 사망에 이르게 하며 범죄자 중 하나로 헤아림을 받았음이니라 그러나 그가 많은 사람의 죄를 담당하며 범죄자를 위하여 기도하였느니라.

죄를 위한 그리스도의 죽음은 하나님이 미리 계획한 것이며 바울은 구약성경을 올바르게 읽는 사람들이 이것을 이해할 것이라고 믿는다.

〈4〉 바울은 성경에서 그리스도의 죽음이 발견되었다고 말하면서 거기에 그가 장사 되었다는 진술을 포함하지 않고 있다. 그리스도의 장사 됨은 그가 참으로 죽었다는 것을 확인시켰다. 그러므로 복음의 두 번째 요소는 그리스도께서 셋째 날에 부활하셨다는 것이다.

예수님은 사역하시는 동안 자신의 죽음과 부활을 예언하셨다(마 16:21; 17:22-23; 20:18-20). 그분의 부활은 또한 구약성경과 시편 16:9-11과 같은 본문을 따른다(참조, 행 2:24-28). 시편 22편의 고난에서 승리로의 갑작스러운 변화는 부활을 알려 주는 것으로 읽혔을 것이다(시 22:22). 그러므로 이사야 53장의 고난받는 종은 씨를 보게 되며 그의 날은 길 것이요(사 53:10). 그리고 '그가 자기 영혼의 수고한 것을 보고 만족하게 여길 것이다'(사 53:11). 마찬가지로 하나님은 그 종에게 존귀한 자와 함께 몫을 받게 하실 것이다(사 53:12).

어떤 학자들은 셋째 날에 대한 언급이 성경 예언의 일부가 아니라고 주장한다. 이와 다르게 신약의 기자들은 셋째 날에 하나님의 구원과 백성들에게 자신을 나타내는 패턴을 보았을 것이다(참조, 창 22:4; 출 19:11, 15, 16; 수 1:11; 삿 20:30; 호 6:2; 욘 1:17). 용서는 그리스도의 죽음과 부활을 통해 온다는 이해가 있다(참조, 롬 4:25; 5:9-10; 딤전 3:16).

〈5〉 장사가 그리스도의 죽음을 확인한 것처럼, 그의 나타나심도 그가 죽음에서 부활하셨음을 보여 주었다. 고린도 교인들이 특별히 신자들의 부활을 의심하고 있었기 때문에 이 나타나심이 강조된다. 따라서 바울은 그리스도의 부활이 사실에 기반을 둔 진리임과 이를 지지하는 증거를 그들의 마음에 확고히 하고자 한다.

많은 사람에게 보이신 부활의 모습은 누적되는 효과가 있다. 그렇게 많은 시간의 많은 다양한 사람은 속지 않는다. 복음은 여자들에게 나타남으로 시작되지만, 바울은 생략하고 있다. 아마도 당시의 로마 사회가 받아들이는 증인들로 호소하려고 했기 때문일 것이다. 바울은 게바에 나타나심으로 시작한다. 이 개인적 나타나심은 누가복음에도 기록되어 있다(24:34). 시간을 나타내는 단어를 반복해서 나타내는 순서는 시간적으로 보인다.

그 다음에(개역개정: 보이시고, 5절), 그 후에(6절), 그 후에(7절에 2번 사용), 맨 나중에(8절) 등이다. 열두 제자에게 나타나심은 확실히 확정하기 어렵다. 아마도 열두 제자에 대한 언급은 사도 그룹에 대해 말하는 또 다른 방법일 것이다. 억지로 열두 제자에 대한 언급이라고 강요할 필요는 없다.

사도들에게 나타나심은 요한복음 20:19-23에 기록되어 있다. 그러나 도마는 그들과 함께 있지 않았다(아마도 맛디아가 같이 있었겠지만!). 그러므로 그 다음 나타나심은 의도적일 수 있다(요 20:24-29). 아마도 복음서에 기록되지 않은 또 다른 나타나심을 염두에 두고 있었을 것이다. 유다가 더 이상 이 그룹에 속하지 않았기 때문에 열둘이라는 숫자는 문자 그대로 열두 사람이 있었다는 표현일 필요는 없다. 열둘은 사도들을 언급하는 데 사용될 수 있다.

〈6〉 그 다음 나타나심은 매우 놀랍다. 예수님은 **동시에 500명 이상의 형제자매에게 나타나셨기** 때문이다. 아마도 이렇게 많은 사람에게 나타나심에 대한 설명은 마태복음 28:16-20일 것이다. 놀라운 점은 예수님의 나타나심을 보았던 사람들이 매우 많았고 그들 모두 **동시에** 예수님을 보았다는 것이다. 500명이 넘는 사람들이 동시에 환영을 보았다는 것은 매우 의심스럽다.

일시에라는 언급은 바울이 개인적 경험을 언급하지 않고 있음을 나타낸다. 부활하신 그리스도를 보았던 500명 이상의 많은 사람이 여전히 살아 있으므로 그들은 사건의 신뢰성을 증명할 수 있다. 우리는 11:30에서 논의한 것처럼 죽은 신자들이 **잠들었다고** 말해지는데, 이것은 그들이 죽은 이후로 부활의 날이 다가오고 있었음을 나타낸다.

〈7〉 예수 그리스도는 또한 **야고보에게 보이셨다**. 여기서 야고보는 마리아와 요셉의 아들이다(마 13:55). 교회사에서 어떤 학자들은 야고보와 그의 형제자매들이 요셉의 이전 결혼의 자녀였거나 예수의 사촌이라고 주장했다. 그러나 그들은 요셉과 마리아의 실제 자녀였을 것이다(참조, 마 1:25). 야고보는 예수님의 사역 기간에는 불신자였다(참조, 막 3:31-35; 요 7:2-4). 아마도 예수님의 나타나심이 야고보에게 믿음을 가져왔을 것이다.

야고보는 사도 중에 한 사람으로 여겨진 것으로 보이고(갈 1:19), 예루살렘의 지도자 역할을 했다(행 15:13-21; 21:18-25). 그는 야고보서의 저자였으며 62년에 돌에 맞아 죽었다(Josephus, *Ant.* 20.199-200). 야고보는 베드로처럼 초기 교회에서 가장 존경받는 지도자 중 한 사람이었기 때문에 언급된다. 목록에 나타난 개인은 베드로, 야고보, 바울이다.

확실히 바울은 특별히 요한이 빠지기 때문에 포괄적이지 않다. 이어서 바울은 모든 사도에게 나타나심을 언급한다. 5절에서 열두 제자들에 대한 언급은 전통적이라면 아마도 모든 사도는 도마가 있었던 사건을 언급할 것이다(요 20:26-29).

또 다른 가능성은 누가복음 24:36-53의 기록이거나 아마도 복음서에 기록되어 있지 않은 나타남을 언급할 수 있다는 것이다. 사도들은 열두 제자보다 더 큰 그룹일 수 있다. 그러므로 언제 나타나셨는지 알아내기는 불가능하다. 세부사항이 무엇이든지 바울은 예수님의 역사적 부활에 대한 추가적 증거를 제공한다.

⟨8⟩ 예수님이 마지막으로 나타난 사람은 바울이었다. 마지막이라는 단어는 부활하신 예수님의 나타나심이 바울에게 나타나셨음으로 결론을 맺고 있음을 나타낸다. 사도행전은 마치 승천 후에 나타나심이 끝나는 것처럼 보이지만(행 1:1-11), 세 번 다메섹 길에서 예수님이 바울에게 나타난 기록이 있다(행 9장, 22장 26장). 사도로서 바울의 지위는 일반적이지 않다.

바울은 비정상적으로 태어나거나 '만삭되지 못하여 난'(에크트로마티, *ektrōmati*)자였다. 이 단어는 유산이나 낙태에 사용될 수 있지만 문맥상 출생이 정상적이지 않았다는 점이 강조된다. 바울이 그리스도를 따르는 자가 되려고 했다는 의미가 없기 때문이다.

⟨9-10⟩ 바울은 자신이 사도 중에 가장 작은 자라고 고백하며 사도 그룹에 속할 자격이 없다고 말한다(참조, 엡 3:8; 딤전 1:15). 그는 이전에 교회의

열렬한 반대자였기 때문에 자신에게 보이신 자비와 은혜를 인정한다.[60]

예수님에 대한 바울의 새로운 입장은 하나님의 은혜에 뿌리를 내리고 있으므로 바울은 사도 됨을 자랑할 수 없다(고전 4:7; 딤전 1:15-16). 바울이 말하는 내가 나 된 것, 그가 한 모든 일은 반드시 하나님의 은혜에 돌려져야 한다.

이와 동시에 하나님의 은혜는 바울의 행동을 촉발했으며 그가 받은 하나님의 은혜는 헛되지 않았다(참조, 고후 6:1). 따라서 바울은 자신이 그들 모두보다 열심히 일했으며 이것은 사도행전과 나머지 서신서의 기록들로 지지를 얻는다. 그런데도 마지막 말은 바울 자신의 노력이 아니라 하나님의 은혜이다. 자신의 성취가 초점일 수 없으며 하나님이 요구하는 것을 행할 능력과 힘을 제공하는 하나님의 은혜가 초점이다.

⟨11⟩ 이 단락은 교회가 공동의 신앙 고백을 공유한다는 확인으로 결론을 내린다. 15:1-4에 요약된 복음은 죄로 인한 예수님의 죽음과 죽은 자 가운데서 부활하심에 초점을 맞추며, 이것은 부활하신 그리스도를 본 모든 사람이 전파한 것이다. 일부 신약학자들의 흐름은 베드로와 야고보와 바울이 다른 복음을 선포했다고 주장하지만, 바울은 구체적으로 베드로와 야고보, 다른 사도들과 열두 제자를 말하면서 그들이 동일한 복음을 선포한다고 확언한다.

갈라디아서 2:1-10에서 베드로, 야고보와 요한은 바울과 바나바에 친교의 악수하였고 그들도 같은 복음을 가지고 있음을 인식하는 비슷한 시나리오를 볼 수 있다. 바울이 전하는 복음은 독특하지 않고 그 복음은 보편적으로 받아들여지고 고백되는 복음이다. 참으로 고린도 교인들이 처음 믿었던 복음과 동일한 복음이다. 그러므로 바울은 그들이 처음 받았던 (부활을 포함하는) 복음을 계속 믿도록 요청한다.

---

**60** 행 8:1, 3; 9:1, 13, 21; 22:4, 19; 26:10; 갈 1:13; 빌 3:6; 딤전 1:13을 보라.

## 신학

복음은 가장 중요하며, 죄인들이 마땅히 받아야 할 형벌을 받으신 예수님의 죄를 위한 죽음에 초점을 맞춘다. 예수님의 부활은 그의 대속의 사역을 신원하며 이사야 53장의 주의 종이 보증하는 죄의 용서를 보여 준다. 이것은 가장 중요한 복음일 뿐만 아니라 교회의 공통적이고 보편적인 고백이기도 하다.

보편적 교회는 예수님의 대속의 죽음과 부활을 용서와 새로운 삶의 기초로 확인한다. 복음은 혁신이 아니라 구약의 성취이다. 그러므로 복음은 옛것에 도달하면서도 동시에 보편적으로 가르쳐진다. 고린도 교인들, 또는 적어도 그들 중 일부는 부활에 대해 의문을 가졌기 때문에, 바울은 부활하신 그리스도를 본 사람들에게 집중하여 그리스도의 부활에 대한 확실한 증거를 보여 준다.

초기 그리스도인들은 부활이 믿기 어려움을 알고 있었다. 성경과 목격자들의 증언이 그들의 주장의 근거였다. 그들은 한두 사람의 증언은 의심받을 수 있음을 깨달았다. 그러므로 개인과 무리에 많이 부활하신 그리스도의 나타나심을 지적했다.

실제로, 부활하신 그리스도는 큰 무리의 사람, 즉 열두 제자, 사도들, 그리고 500명 사람에게 나타나셨다. 그러므로 나타나심은 환영이나 기대가 이루어진 탓으로 돌릴 수 없다. 예수님의 부활은 역사적으로 신뢰할 만하고 그 증거를 최상으로 설명할 수 있다. 부활은 보편적 교회가 전하는 것이다.

## 2) 나눌 수 없는 그리스도와 신자들의 부활(15:12-19)

### 문맥

바울은 이제 그리스도의 부활의 의미를 탐구한다. 특히, 어떻게 신자들의 부활이 예수님의 육체적 부활과 연결되는지 살핀다. 바울은 지나치게 실현된 종말론 대해 반대하지 않는다. 고린도 교인들은 부활이 이미 일어났다고 주장하지 않았다. 오히려 부활이 전혀 없었다고 주장했기 때문이다. 부활을 의심하는 사람들은 아마도 그리스-로마 세계의 많은 사람의 생각에 따라 영혼은 불멸이기 때문에 계속 살아 있지만, 몸은 죽는다고 믿었을 것이다.[61]

죽은 신자가 부활하지 않으면 그리스도도 부활하지 않았다고 주장하면서 이 단락에서 네 번이나 그리스도의 부활과 신자의 부활 사이의 떼어 놓을 수 없는 관계를 만든다(12, 13, 15, 16절).

그리스도의 운명이 그들의 운명이기 때문에 그리스도는 부활했지만 믿는 자들은 부활하지 않을 것이라고 말할 수 없다. 그들은 함께 묶여 있다. 바울은 또한 그리스도가 부활하지 않으면 다음과 같은 결과가 따라온다고 생각한다.

(1) 바울의 전파와 그들의 믿음은 헛것이다(14절).
(2) 실제로 그들은 하나님께서 왔다고 거짓을 선포하고 있다(15절).
(3) 그들의 믿음은 헛되고 여전히 죄 가운데 있을 것이다(17절).
(4) 그리스도인으로 잠들었던 자들은 사실 심판에 직면할 것이다(18절).
(5) 그리스도인들의 유일한 소망이 이 세상의 삶이면 불쌍한 자들이다 (19절).

---

[61] Garland, 700; Schnabel, 911-912를 보라.

## 주석

⟨12⟩ 전해졌다(케뤼세타이, *kēryssetai*)는 11절에서 선택한 단어이다. 그러므로 바울은 수신자들을 1-11절로 다시 인도한다. 교회와 사도들은 보편적으로 그리스도가 죽은 자 가운데서 살아나셨음을 전한다. 즉, 부활은 단순히 누군가의 영이 다시 살아난 것이 아니다. 무덤에 있었던 사람, 나사렛 예수는 더 이상 그곳에 있지 않았다.

그리스도의 육체적 부활은 복음의 기본적 요소이기 때문에 바울은 고린도 교인들 가운데 **죽은 자의 부활이 없다**고 주장하는 사람들이 있음에 놀랐다. 이와 같은 주장은 보편적으로 선포된 복음과 목격자들의 증거로 날아가 버린다. 또한, 그리스도의 부활을 동의하지 않는 사람들은 신자들의 부활도 부인한다. 그리스도의 부활은 그의 백성의 부활과 분리될 수 없다. 왜냐하면, 신자들은 그리스도와 연합하기 때문이다. 그러므로 그의 운명은 또한 그들의 것이다.

⟨13⟩ 그리스-로마 세계의 이교도들은 일반적으로 육체의 부활을 거부했으며 고린도 교회의 회의론자들은 육체의 부활을 묵살하면서 자신들의 이교적 배경을 드러냈다. 바울은 12절에서 요점을 선명하게 하여 그들이 가르치는 내용에서 벗어나지 못하도록 한다. 그들이 신자들의 육체적 부활을 거부한다면 그리스도께서 부활하신 진리를 부인하고 있다. 바울이 1-11절에서 쓴 것을 고려하면, 이런 부인은 모든 사람이 선포하고 받은 복음을 근본적으로 거부하는 것이 분명하다.

⟨14⟩ 그리스도께서 부활하지 않으셨다면 그 의미는 엄청나다. 바울은 이와 같은 주장이 얼마나 복음을 철저하고 완전하게 약화시키는지 고린도 교인들이 분명히 알기를 원한다. 여기에서 그는 **전파**와 **믿음**에 초점을 맞춘다.

전파(케뤼그마, kerygma)는 여기서 전파하는 활동이 아니라 전파하는 내용을 말한다. 바울은 1-11절에서 이미 그리스도의 부활을 기본적 요소로 하는 교회의 공통된 고백인 복음을 설명했다. 그러므로 그리스도가 부활하지 않으면 바울이 전파는 헛것이며 고린도 교인들의 믿음도 헛것이다.

〈15〉 부활이 일어나지 않았다면 단순히 바울의 메시지만 헛것이 되는 것이 아니라 그것을 넘어선다. 왜냐하면, 바울은 실제로 거짓을 전파하고 있으면서 당시의 사람들에게 하나님의 메시지를 대리한다고 주장했기 때문이다(참조, 욥 13:7).

바울은 하나님께서 그리스도를 죽음에서 부활시키셨다고 선포하지만, 실제로 믿는 자가 부활하지 않으면 그 주장은 사실이 아니다. 다시 우리는 믿는 자들의 운명과 그리스도의 부활 사이의 떼어 놓을 수 없는 관계를 본다. 신자들이 미래에 부활할 수 없다면 바울이 가장 강조해서 주장하는 그리스도의 부활은 사실이 아니다. 이 둘은 함께 묶여 있다. 그러므로 고린도의 이교도들이 옳다면 바울은 하나님의 거짓 증인이고 근본적으로 진리를 잘못 보여 주고 있다.

〈16-17〉 바울은 이 구절에서 네 번이나 자신이 선언한 진리, 그의 주장의 분명한 원리로 돌아간다. 믿는 자의 부활과 예수 그리스도의 부활은 서로 분리될 수 없다. 하나의 진리는 다른 것의 진리가 된다. 신자의 육체적 부활을 거부하는 고린도 교인들은 신자의 부활만 아니라고 할 수 없다. 그리스도의 부활에 관해서도 아니라고 말하는 것이다. 신자의 부활을 부인하는 의미가 다시 고려된다. 14절은 믿음이 '헛것'이라고 말했다.

여기에서도 비슷한 개념이 나타난다. 너희 믿음도 헛것이다. 이것이 의미하는 바가 더 자세하게 설명된다. 만약 그리스도가 부활하지 않으면 그리스도의 죽음과 부활을 통해 죄의 용서를 약속하는 복음(15:1-4를 보라!)은 거짓이다. 그리고 복음이 거짓이라면 신자들은 여전히 [그들의] 죄에 있다. 그들은 하나님 앞에서 용서받지 못하고 정죄당한다. 그가 여전히 무덤에 있다면 그들을 대신한 그리스도의 죽음이 분명하게도 헛되었기 때문이다.

⟨18⟩ 그 결과는 살아 있는 자에게만 제한되지 않는다. 그리스도 안에서 잠자는 자인 믿는 신자들에게도 영향을 미친다. 11:30에서 논의된 것처럼 잠잔다는 표현은 그리스도인의 죽음을 묘사하며, 본문은 잠자는 자들을 그리스도 안에 있는 사람들로 나타낸다.

바울은 하나님이 존재하지 않고 진리가 없는 세상을 상상하지 않는다. 그는 무신론자나 포스트모더니스트가 아니다. 대신 그리스도께서 부활하지 않으시면 죽은 신자들의 상태를 고려하여 하나님은 의롭고 그들의 죄가 용서받지 못했기 때문에 그들은 멸망할 것이라고 주장한다.

죽은 자들이 부활하지 않는다면 신자들에게 위로가 없다(참조, 살전 4:13-18). 왜냐하면, 죽은 신자들이 '망하였기' 때문이다. 동사의 의미를 살리지 않은 NIV 성경의 번역(잃어버렸다)은 명확하지 않다. 바울은 **망하다**(아폴뤼미, *apollymi*)라는 동사로 마지막 심판과 종말론적 멸망을 나타낸다(롬 2:12; 14:15; 고전 1:18-19; 8:11; 고후 2:15; 4:3; 살후 2:10을 보라).

⟨19⟩ 부활을 부인하는 마지막 결과가 제시된다. 죽은 자의 부활이 없다면 그리스도 안에서 우리가 바라는 소망의 유익은 이 세상의 삶으로 제한된다. 미래의 소망이 없다면 신자들은 **가장 불쌍한 자들**이다. 그들은 거짓말에 믿음과 소망을 둔 것이고, 바울은 그것을 불쌍히 여긴다.

바울은 그들의 믿음이 사실이 아닐지라도 그리스도인이 보여 줄 수 있는 고결함과 희생에는 경의를 표하지 않는다. 대신에 그리스도께서 십자가에 못 박히지 않으시고 그들의 죄를 위해 부활하지 않으셨다면 신자들은 꾸며낸 이야기를 믿어 자신의 삶을 낭비한 것이다.

### 신학

신자들의 육체적 부활은 예수 그리스도의 부활과 분리될 수 없다. 전자를 거부하면 후자를 거부해야 한다.

이에 대한 근거는 무엇인가?

그 근거는 신자들이 그리스도 안에 있다는 개념이다. 따라서 그의 운명은 그들의 운명이다. 바울은 15:21-22에서 그들이 아담이나 그리스도 안에 있음을 분명히 한다. 사람이 첫 아담에게만 속한 경우 그가 기다리는 것은 종말론적 죽음뿐이다.

바울은 또한 육체적 부활을 믿지 않는 것이 비참함을 보여 준다. 그리스도가 십자가에 못 박히지 않고 부활하지 않으면 죄의 용서가 없다. 죄를 용서받지 못하면 바울의 전파는 헛것이고, 실제로 하나님께서 하신 일을 거짓 증거하는 것이다. 동일하게 신자들의 믿음은 헛것이고 쓸모가 없으며 죽은 신자들에게는 희망이 없다. 그들은 망하였으며 최종 심판에 직면하게 될 것이다.

바울은 그리스도인의 믿음은 거짓이더라도 가치가 있다고 믿지 않는다. 그리스도인들은 그리스도가 부활했다고 믿지만, 부활이 사실이 아니라면, 그들은 속고 있고 불쌍하게 된다.

### 3) 마지막 부활의 첫 열매, 그리스도(15:20-28)

### 문맥

12-19절에 바울은 그리스도가 부활하지 않았다면 그 결과가 무엇인지 가정해서 생각하고 있다. 이제는 그리스도께서 실제로 부활하셨으며 잠자는 자들의 첫 열매임을 재확인한다(20절). 죽음은 아담을 통해 세상에 왔지만, 새로운 생명과 부활은 예수 그리스도 안에서 온다(21-22절).

하지만 그리스도의 부활과 신자들의 부활 사이에는 시간적 간격이 있다 (23절). 신자들의 부활은 마지막에 나라를 아버지께 바칠 때 실현될 것이다 (24절). 하나님은 모든 것을 그리스도의 발아래 두시지만, 하나님 자신은 그리스도의 통치를 받지 않으신다(25-27절). 모든 것이 그리스도께 복종된 후 그리스도께서는 아버지께 복종하실 것이며, 아버지는 만유 안에 계실 것이다(28절).

### 주석

〈20〉 12-19절에서 바울은 그리스도가 부활하지 않았을 것이라는 생각을 다루고 그 결과에 관해 이야기했다. 이제 그는 모든 사람이 선포하고 고백하는 그리고 자신에게 전해진 진리를 다룬다(15:1-11). 그리스도는 참으로 죽음에서 부활하셨다. 그러므로 신자들은 참으로 그들의 죄를 용서받았다. 그들의 믿음은 헛것이거나 쓸데없지 않다. 그런데도 신자들은 죽자마자 부활하지는 않을 것이다.

실제로 죽음에 사용된 용어는 **잠자다**이다. 이것은 신자들에게만 사용된다(11:30절의 논의를 보라). 신자들의 죽음은 일시적 좌절일 뿐이다. 왜냐하면, 그들은 다시 살아날 것이기 때문이다. 그리스도는 자신에게 속한 모든 사람의 운명을 보여 주는 첫 열매이다. 구약에서 첫 열매는 여호와께 바쳐졌다.[62]

첫 열매는 추수의 첫 부분이었으며 나머지 추수가 이루어질 것을 보장했다. 로마서 8:23에서 성령은 미래의 몸의 구속을 보장하는 첫 열매이다. 그리스도의 부활은 죽은 신자들이 나중에 부활할 것을 증명한다(참조, 살전 4:13-18). 우리는 예수가 죽은 자들 가운데서 먼저 나신 이(골 1:18; 계 1:5)라는 주장에서 비슷한 개념을 본다. 죽은 신자들은 마지막 날에 그의 부활을 공유할 것이다.

---

[62] 예, 출 23:19; 레 23:10; 신 18:4; 26:10; 겔 44:30; 참조, Tob. 1:6.

⟨21-22⟩ 죽음과 생명에 대한 근본적 이유가 간략하게 설명된다. 사망은 한 사람으로 말미암았다. 또는 22절에서 말하는 것처럼 아담 안에서 모든 사람이 죽는다. 로마서 5:12-19에는 아담의 영향에 대한 더 긴 논의가 있다.

죄, 정죄와 죽음은 아담을 통해 세상에 왔다(롬 5:12, 15-19). 인류의 근본적 연합은 분명해 보인다(참조, 행 17:26). (아담 안에서 모두 죽은) 모든 인류는 아담과의 연합으로 죽을 운명이었기 때문에 죄의 용서와 생명이 필요하다.

바울은 분명히 아담이 역사적이라고 믿었다. 실제로 아담의 역사는 예수 그리스도의 역사와 관련이 있다. 그러나 여기에서 아담을 통해 죽음이 인류 역사에 들어왔다는 점이 강조된다(참조, 창 2:17). 아마도 바울은 창세기 5장의 족보에서 죽음의 목록을 암시하고 있을 것이다. '그리고 그는 죽었다'라는 어구가 반복해서 나타나기 때문이다.

그러나 예수님은 마지막이자 더 나은 아담이다. 아담은 세상에 죽음을 가져왔지만, 부활의 생명은 그 사람 예수 그리스도를 통해서 왔다. 모두가 그분 안에서 **삶을 얻을 것이다**. **삶을 얻다**(조오포이에오, *zōopoieō*)는 부활을 정의하기 위해 사용된다(예, 롬 4:17; 8:11; 벧전 3:18). 예수 그리스도는 죽음을 이기고 승리하셨다. 그는 아담의 죄를 없애고 자신에게 속한 모든 사람에게 생명을 주신다(롬 5:15-19).

⟨23⟩ 그리스도의 부활과 신자들의 부활은 동시에 일어나지 않는다. 그리스도의 부활과 신자들의 부활 사이에는 시간적 **순서**(개역개정: 차례), 즉, 간격이 있다. 그리스도는 첫 열매이며, 그분이 다시 오시면 신자들의 부활이 일어날 것이다. 이 악한 시대에 신자들의 부활을 기대해서는 안 된다. 왜냐하면, 예수님이 오실 때까지 부활은 실현되지 않을 것이기 때문이다. **강림**(파루시아, *parousia*)은 예수님의 미래의 오심에 대해 매우 일반적으로 사용된다.[63]

---

[63] 마 24:3, 27, 37, 39; 살전 2:19; 3:13; 4:15; 5:23; 살후 2:1, 8; 약 5:7을 참조하라.

이 단어는 인간이 오는 것을 설명하지만(고후 7:6. 7; 빌 1:26), 항상 예수님의 미래의 오심을 나타낸다. 22절은 '그리스도 안에서 모든 사람이 삶을 얻을' 것이기 때문에 언뜻 보기에 보편적 구원의 약속을 이루어 모든 사람이 생명으로 부활할 것을 가르치는 것처럼 보인다.

그러나 23절은 22절의 '모두'의 자격을 소개한다. 그리스도께서 오실 때 부활할 사람은 그분께 속한 자들이다. 우리는 로마서에서도 같은 내용을 본다. 바울은 아담 안에 있는 모든 사람은 죽고 예수 그리스도 안에 있는 모든 사람은 의롭다 함을 받을 것을 주장한다(롬 5:15-19). 그러나 다시 한번 본문에 조건이 포함되어 있다. 더욱 은혜와 의의 선물을 넘치게 받는 자들은 ··· 생명 안에서 왕 노릇 하리로다(롬 5:17).

또한, 바울의 최종 심판에 대한 빈번한 언급으로 보편구원론은 불가능하다. 왜냐하면, 바울은 믿지 않고 불순종하는 사람들은 심판을 받을 것이라고 자주 가르치기 때문이다.[64]

⟨24⟩ 23절에 따르면 예수님이 오실 때, 그리스도께 속한 사람들은 부활할 것이다. 이 구절은 그 후에는 '마지막'(텔로스, telos)이니로 시작한다. 학자들은 이 어구를 다른 방식으로 해석한다. 어떤 학자들은 그리스도의 오심과 종말 사이의 간격이 암시되어 있다고 주장한다. 이 경우 종말이 올 때(불신자들이 일어날 때), 또 다른 부활이 일어날 것이며, 그리스도의 재림과 역사의 종말 사이에 천년(계20:1-10)이 있을 수 있다.

다른 한편으로 예수님이 오실 때 종말이 도래하는, 즉 종말이 즉시 발생하는 것으로 해석할 수 있다. 그때(에이타, eita)는 아마도 실제로 시간 간격이 없는 연속적 순서를 나타낼 수 있다(참조, 잠 7:13; 눅 8:12). 확실하지는 않지만, 바울은 그리스도의 재림과 종말 사이의 천년 또는 간격을 언급하지 않기 때문에 여기서 마지막은 그리스도가 오실 때 일어나는 것으로 이해되어야 한다. 바울은 여기에서 불신자들의 운명에 관심이 없으므로 논

---

64  예, 롬 2:5, 8-9; 6:23; 고전 1:18; 6:9-11; 고후 4:3; 갈 5:21; 6:8; 빌 1:28; 살후 1:5-9.

하지 않는다.

　마지막이 오면 아들은 나라를 아버지께 바칠 것이다. 나라가 아버지께 바쳐질 때, 우리가 알고 있는 역사는 끝이 날 것이며, 신자들이 부활할 것이다. 종말의 또 다른 차원이 그려지고 있다. 모든 **통치와 권세와 능력이 멸망**할 것이다. 이 구절들에서 동사의 주어를 파악하기 어려우므로 주어가 하나님인지 또는 그리스도인지 확신할 수 없다.

　이 구절에서 나는 아버지가 주어라고 생각하지만, 문제를 해결하기는 매우 어렵다. 아버지가 주어일 때 다음 구절과 일치한다. **멸하다**(카타르게오, *katargeō*)는 종말론적 맥락에서 바울서신에 매우 자주 등장한다(13:8을 보라). **통치, 권세, 능력**은 확실히 악한 영의 권세와 관련이 있다(참조, 롬 8:38; 엡 1:21; 6:12; 골 1:16; 2:10, 15). 아들은 모든 원수가 정복될 때 아버지께 나라를 바치실 것이다.

〈25〉 하나님께서 모든 원수를 그리스도의 발아래 두실 때까지 그리스도께서 통치하실 것이다. 동사의 주어가 다시 논란이 된다. 왕 노릇 한 자는 아버지께 나라를 바치기 때문에 분명히 그리스도이다(24절). 그리고 그의 다스림은 종착지가 있다. 그리스도의 다스림은 적들이 그의 발아래 놓일 때까지이다. 그리스도의 발아래 적들을 놓을 분은 아마도 아버지일 것이다.

　시편 110:1의 원래 의미는 이것을 지지한다. **여호와께서 내 주에게 말씀하시기를 내가 네 원수들로 네 발판이 되게 하기까지 너는 내 오른쪽에 앉아 있으라 하셨도다.**

　신약에서 이 구절이 인용되거나 암시될 때마다 아버지는 원수를 그의 아들에게 복종시키신다.[65] 바울은 특별히 에베소서에서 같은 구절을 암시한다. 아버지는 또 만물을 그의 발 아래에 복종하게 하신다(엡 1:22). 바울이 이 구절을 다르게 해석할 것 같지 않다.

---

[65] 마 22:44; 막 12:36; 눅 20:42-43; 엡 1:22; 히 1:13; 10:13; 참조, 시 8:6.

시편 110:1의 암시는 또한 그의 원수와 그의 발의 의미를 해석하는 데 도움이 된다. 이 구절의 중요한 점은 신자들이 완성 이전의 시대에 살고 있다는 점이다. 그러나 많은 주석가는 문맥상 아들이 주어라고 생각한다. 이와 같은 읽기는 분명히 가능성이 있다. 이 경우 바울은 시편에서 아버지에게 사실인 점을 아들에게 돌리고 있다.

〈26〉 사망은 멸망 받을 마지막 원수이기 때문에 마지막이 아직 오지 않았다는 것이 명백하다. 영혼의 불멸을 믿는 사람들에게 죽음은 마지막 원수가 아니라 친구이며 죽음이 인간을 육체에서 해방시킨 것으로 본다.[66]

멸망하다에 종말론적 의미가 있는 카타르게오를 다시 사용한다(13:8의 논의를 보라). 사망이 더 이상 없을 때, 역사의 끝이 올 것이다(참조, 사 25:8; 호 13:14; 계 20:14; 21:4). 그리스도는 첫 열매로 사망을 정복하셨지만, 믿는 자들은 죽은 자들 가운데 부활하기 전 사망이 정복될 때까지 기다려야 한다.

〈27〉 아들의 발아래 만물을 두는 것에 대한 언급이 반복된다. 24-26절은 악한 영이든 사망이든 모든 적이 복종할 것을 밝혔기 때문이다. 모든 악은 사라질 것이다. 그러나 바울은 오해를 피하고자 주의를 기울인다. 그리스도께 복종하는 만물은 아버지를 포함하지 않는다. 왜냐하면, 아버지는 아들의 발아래에 있는 만물을 복종시키는 분이시기 때문에 아들에게 복종할 수 없다. 당연히 만물을 아들에게 복종시킬 분은 아들에게 복종할 수 없다.

〈28〉 역사가 끝나고 만물이 아들에게 복종하면, 사망과 악한 영들도 패배할 것이다(참조, 시 2:8-9; 18:47; 계 20:10). 하나님의 목적은 온전히 실현될 것이다. 하나님의 통치를 나타내는 산은 온 땅을 채우고 모든 적은 없어질 것이다(단 2:35). 그러면 아들은 아들에게 만물을 복종시킨 아버지께 복종할 것이다. 그는 아버지께 나라를 바치고(15:24) 아버지께 복종할 것이

---

[66] Schnabel, 937.

다. 아버지가 최고가 될 것이며, 모든 찬양은 그에게 돌려질 것이다.

이 본문은 내재적 삼위일체로 이해되어야 할 아들의 영원한 복종을 말하는가?[67]

몇 가지 논란의 여지가 있으므로 부정적 대답이 나타난다.

첫째, 문맥은 그리스도의 부활에 초점을 두고 자연스럽게 그의 인간으로서의 부활을 강조한다(고전 15:20-21).

둘째, 본문에서 아담과의 대조(고전 15:21-22)는 예수님이 마지막 아담으로 이해되고 있다는 것을 보여 준다.

셋째, 그리스도의 통치는 그의 부활과 아브라함, 다윗, 그리고 선지자들에게 약속된 언약적 약속의 성취와 관련이 있다(고전 15:20-24). 다시 말해, 예수님은 다윗의 아들로 통치하신다. 물론 그는 또한 하나님의 아들이며 경륜적이고 내재적인 삼위일체 사이의 관계성이 있지만(여기서는 탐구할 수 없다) 본문의 강조점은 그의 인간 됨이다.

넷째, 십자가에 못 박히고 부활하신 분인 예수 그리스도를 통해 하나님께 왕국을 바치는 일과 죽음의 멸망이 성취된다(고전 15:24-26). 물론 죄와 죽음에 대한 승리는 온전한 하나님이며 온전한 사람만이 할 수 있지만(고전 15:1-11), 고린도전서 15:27-28에서 아들의 복종을 읽어야 한다. 다윗 왕과 메시아로서 그는 나라를 하나님께 바치고 자신은 그분께 복종시킨다. 그러나 실재는 복잡하다. 하나님과 동일함으로 인해 그는 또한 아버지와 동일하게 그리고 영원히 통치한다(계 11:15-19).

### 신학

신자들의 부활은 보장되지만, 그리스도의 부활과 신자들의 부활 사이에는 간격이 있다. 그리스도는 첫 열매이시며 마지막 아담이시다. 그리고 그분은 부활로 첫 아담 때문에 세상에 들어온 사망을 이기셨다. 그런데도 모

---

[67] 이 글은 앞으로 나올 나의 에세이 'Much Ado about Headship'에서 가져왔다.

든 적이 그리스도의 발아래 놓이는 마지막까지 신자들의 부활은 실현되지 않을 것이다.

예수님이 장래에 오실 때만 사망은 폐지되고 완전히 멸망될 것이다. 죽음과 악한 영들이 패배할 때, 예수님은 나라를 하나님께 바치실 것이다. 그러면 역사에서 하나님의 모든 목적이 성취될 것이며, 하나님께서 그분의 영광 가운데 영원히 높여지실 것이다.

### 4) 부활을 위한 경험적 논증(15:29-34)

### 문맥

바울은 육체적 부활에 대한 논쟁으로 돌아와서 이 진리를 위해 경험적 변호를 한다.

첫째, 부활이 없다면 죽은 자를 위해서 세례를 행하는 것은 이치에 맞지 않는다(29절). 죽은 자들에게 미래가 없다면 세례를 베푸는 일은 필요하지 않을 것이다.

둘째, 왜 위험과 고난을 직면하는가(30-32절)?

부활이 없었다면 바울의 위험과 고난은 어리석을 것이다. 죽음이 모든 것의 끝이면 인생을 즐기고 먹고 마시고 쉬는 것이 더 좋을 것이다.

이 단락은 두 가지 권면으로 끝난다.

첫째, 고린도 교인들은 속지 말아야 하며 나쁜 영향을 미치는 사람들의 영향을 받고 있음을 인식해야 한다(33절).

둘째, 어떤 사람들이 제기하는 부활의 견해가 그들이 하나님을 알지 못하는 것을 드러내기 때문에 고린도 교인들은 정신을 차리고 깨어 있어야 한다(34절).

## 주석

⟨29⟩ 이 단락에서 경험적 논쟁이 부활을 위해 추가된다. 첫째는 죽은 자를 위한 세례이다.

죽은 자들이 다시 살아나지 못하면 죽은 자들을 위하여 세례를 받는 자가 의미하는 바는 무엇인가?

부활이 없다면 세례를 베푸는 일이 의미가 없어진다. 바울이 목적은 죽은 자를 위한 세례를 설명하거나 변호하는 것이 아니라 고린도 교인들에게 그들의 불일치를 보여 주는 것이다.

부활이 없다면 왜 죽은 자를 위해 세례를 베풀고 있는가?

바울은 세례를 베푸는 일이 해롭다고 믿지 않는다. 왜냐하면, 그는 분명하게 비판하지 않기 때문이다. 그러나 바울은 추천하지도 않는다.

불행하게도 우리는 죽은 자를 위한 세례가 무엇을 의미하는지 분명히 알 수 없다. 많은 다른 해석이 제안되기 때문에 모든 논의를 언급하거나 논하기에 지면이 부족하다.[68]

어떤 사람들은 믿음을 가지고 곧 죽었고 세례를 받을 기회가 없었기 때문에 교회는 세례를 받기 전에 죽은 사람 대신 다른 사람에게 세례를 주었다는 견해가 있다. 그러나 이 견해는 의심스럽다.

또 다른 일반적 견해는 신자들이 세례를 받을 때 죽은 것으로 여겨졌다는 것이다. 이 해석은 교회 역사에서 흔했다. 여전히 수많은 해석이 제안되지만 확실한 주장은 없다.

⟨30-32⟩ 부활이 없다면 바울의 삶에서 일어나는 끊임없는 위험을 겪는 일은 어리석은 일이다. 바울이 매일 죽음에 직면하는 것은 그가 고린도 교인들에게 자랑하는 것처럼 확실하다(참조, 롬 8:36). 그는 부활의 날과 장차 받을 상을 기대하기 때문에 위험을 무릅쓴다. 바울은 위험의 구체적 예를

---

[68] 다양한 해석을 위한 조사를 위해서 Thiselton (2000), 1242-1249를 보라.

말한다. 에베소에서 그는 맹수와 싸웠다. 바울은 인간의 소망으로 이 일을 하지 않는다. 그렇다면 바울의 노력은 쓸데없을 것이 되기 때문이다.

바울은 여기에서 말 그대로 에베소의 경기장에서 맹수와 싸웠음을 의미하지 않는다. 로마 시민으로 바울은 이런 시련을 피하려고 했을 것이다. 더욱이 그가 살아남았을 가능성은 거의 없다. 구약에서 적들은 하나님의 백성들을 찢어 버리고 싶어 하는 맹수로 묘사된다(시 22:12-13; 35:17; 57:4; 58:6; 사 5:29; 렘 2:15).

따라서 바울의 적들이 은유적으로 사납고 흉포한 동물로 묘사된다(참조, 딤후 4:16-17). 바울의 언급은 아마도 고린도후서 1:8-11의 사건일 것이다. 그러나 우리는 확실한 사건을 찾을 수 없다. 어쨌든, 부활이 없다면 고난 대신에 파티를 열 것이다.

그는 이사야 22:13의 말씀을 고른다. 이사야 22장에서 여호와는 예루살렘에 대한 심판을 선포했다. 사람들은 회개하는 대신, '기쁨과 즐거움'으로 바꾸었고 축제를 기념했다. 죽음이 다가왔을 때, 그들은 현재에 '먹고 마시기'로 결정했다. 바울은 미래에 부활이 없다면 먹고 마시고 파티를 열기로 결정하는 것은 타당하다고 주장한다. 그러나 부활은 분명한 진리이므로(고전 15:4-10을 보라) 그리스도를 위해 생명과 고난을 감수하는 것은 어리석지 않고 오히려 현명하다.

**〈33-34〉** 고린도 교인의 부활에 대한 의심은 그들이 속기 쉬움을 나타낸다(참조, 갈 5:7; 엡 5:6). 그들의 의심은 이 문제에 대한 정직하고 지적 고심에서 나온 것이 아니다. 대신, 그들은 진실성이 없는 사람들의 영향을 받는다(참조, 벧후 2:2).

잠언 13:20은 말한다. 지혜로운 자와 동행하면 지혜를 얻고 미련한 자와 사귀면 해를 받느니라. 바울은 아마도 메난드로스의 〈타이스〉(*Thais*) 제목의 분실된 희극에서 잠언을 인용할지도 모른다(Frag. 218). 그러나 이 잠언은 더 오

래전에 만들어졌을 것이다(BDAG를 보라).[69]

따라서 바울은 일반적 잠언을 인용하고 있다. 바울은 고린도 교인들이 깨어 죄를 짓지 말라고 요청한다. 부활에 대한 의심은 하나님에 대한 무지를 가리키기 때문이다. 부끄럽게 하기 위해 말한다는 표현은 고린도전서에서 두 번째 나타난다(6:15를 보라. 참조, 4:14). 부활은 옳고 참되며, 고린도 교인들이 이것을 보지 못하는 것은 바울에게 문제를 일으킨다.

**신학**

미래의 삶을 준비하는 일(죽은 자를 위한 세례 등)을 행한다면 부활에 의문을 제기하는 일은 말이 되지 않는다. 부활은 참이기 때문에 그리스도를 위해 고난과 위험을 감수하는 일은 타당하다. 바울은 그리스도인들이 그들의 지적 능력을 희생해야 한다고 믿지 않는다. 미래에 희망이 없다면 신자들은 현재의 삶을 온전히 누려야 한다. 그리스도인들은 미래의 상을 생각하기 때문에 위험과 고난에 자신을 노출한다.

또한, 기독교 신앙에 대한 질문들과 그 신앙에서 나오는 일탈은 그가 속한 사람들의 도덕적 삶에서 비롯될 수 있다. 어떤 의심들은 합리적이고 지적인 질문에서 발생하지 않는다. 즉, 하나님을 기쁘시게 하지 않는 방식으로 사는 사람들과 어울리는 데서 만들어진다.

### 5) 부활의 몸을 부인하는 어리석음(15:35-58)

**문맥**

이제 육체적 부활의 가능성을 의심하는 사람들에 대한 대답으로 옮겨 간다. 이와 같은 의심을 가진 사람들은 아마도 육체의 부활이 불가능하다

---

[69] 소크라테스는 유리피데스의 말을 좇아간다(Euripides, Frag. 1025).

고 여겨지는 그리스 이교도의 영향을 받았을 것이다.

바울은 디아트리베 스타일로 이런 반대가 어리석다고 일축한다. 바울은 하나님이 죽은 자의 몸을 부활시킬 수 있다고 주장한다. 왜냐하면, 우리는 씨앗에서 식물이 자라는 데서, 자연 세계의 다양한 육체(인간, 동물, 새와 물고기)에서, 그리고 하늘과 땅의 형체들의 영광에서 하나님의 능력을 볼 수 있기 때문이다(35-41절).

42-49절은 현재와 미래의 몸 사이의 불연속성을 그린다. 신자들의 몸은 약하고 부패할 수 있지만, 그 몸은 영광스럽게 그리고 썩지 아니할 것으로 올 것이다(50-57절).

마지막이 오면 죽은 자는 변화될 것이며, 죽지 않을 몸을 얻고 살아 있는 자는 순간적으로 변화할 것이다. 죽음은 영원히 패배할 것이다. 이 굴복하지 않는 미래의 희망을 고려하면 신자들은 주님을 위해서 한 일이 헛되지 않기 때문에 주님의 일에 자신을 바쳐야 한다(58절).

## (1) 부활에 대한 비유들(15:35-41)

### 주석

⟨35-36a⟩ 논의는 부활의 몸의 성격으로 옮겨간다.

어떻게 몸이 부활하는가?

부활의 몸은 어떤 것일까?

미래 부활의 몸에 대한 다양한 질문들을 반영하는 이 질문들 자체는 매우 순수한 질문들로 보인다.

36절 바울의 대답에서 그들을 어리석다고 한다(어리석은 자여). 이는 이 질문들이 순수하거나 진실하지 않다는 것을 보여 준다(참조, 욥 22:13; 시 73:11; 요 3:4, 9). 이 질문들은 부활의 신뢰성에 이의를 제기하는 질문들이다(시 14:1을 보라). 그리스-로마 이교도의 영향을 받은 사람들의 조롱이다. 그들은 부활을 옹호하는 사람들에게 도전한다. 바울은 하나님의 능력을 생각하지 않았기 때문에 이 질문을 하는 사람들을 어리석게 여긴다.

〈36b-38〉 부활을 변호하는 첫 번째 예는 씨앗의 세계에서 나온다. 씨는 처음 땅에 심지 않으면 생명이 되지 못한다(참조, 요 12:24). 엄밀하게 말하면, 씨는 죽지 않지만, 씨는 죽은 모습을 보이기 때문에 논의는 현상학적이다.

씨를 땅에 뿌리거나 심을 때, 앞으로 어떤 것으로 나올지 알 수 없다. 모두가 보는 것은 씨이며 그 안에 잠재적 생명이 없는 것처럼 보인다. 하지만 씨에서 나오는 식물은 하나님의 뜻이다. 실제로 바울은 몸의 부활과 씨의 연결성을 끌어낼 때 몸(개혁개정. 형체)이라는 단어를 사용한다. 씨에서 나오는 다양한 식물은 하나님의 주권과 능력을 나타낸다(참조, 창 1:11-12). 하나님이 씨에서 놀라운 식물을 만들 수 있으시다면 그분은 분명히 인간에게 새로운 몸을 주실 수 있다.

부활에 대한 바울의 주장은 사실 사두개인들에 대한 예수님의 말씀과 매우 유사하다. 너희가 성경도, 하나님의 능력도 알지 못하는 고로 오해하였도다(마 22:29). 씨에서 이처럼 놀라운 식물을 나오게 하시는 하나님은 죽은 자를 일으키실 수 있다.

〈39-41〉 하나님 능력의 또 다른 예는 하나님의 창조 세계에서 발견된다. 다른 창조물들의 형체가 고려된다. 놀라운 것은 다양성과 차별성이다. 차이점은 분명하다. 인간의 육체는 동물의 육체와 다르며 새와 물고기도 다른 육체로 옷 입는다(참조, 창 1:20-22, 24-26).

바울은 몸(개역개정: 육체)이라는 단어로 돌아가지만, 차이점은 끝나지 않는다. 하늘의 몸과 땅의 몸이 있으며 그들만의 독특한 아름다움과 영광이 있다. 하늘을 바라보는 사람은 해의 영광이 달의 영광과 다르며 별들은 모두 같은 강도로 빛나지 않음을 인식한다(참조, 창 1:14; 시 8:3; 148:3).

이 설명에서 바울의 요점은 무엇인가?

그것은 이런 다양성과 아름다움을 창조물들과 각 개체에 주신 하나님은 확실히 죽은 자를 일으킬 수 있다는 것이다.

### (2) 현재와 미래의 몸 사이의 불연속성(15:42-49)

〈42-44a〉 씨와 창조된 세계의 다양성과 영광에 대한 설명은 이제 부활에 적용된다. 바울은 이 시대의 생명과 오는 시대의 생명 사이의 연속성과 불연속성을 강조한다. 같은 사람이기 때문에 연속성이 있지만, 부활의 몸은 불연속성을 가진다. 바울은 심다와 살아나다 동사를 네 번 사용해서 현재와 미래를 대조한다. 우리는 이 구절에서 네 가지 대조를 본다.

첫째, 썩을 몸으로 심는다(프도라, *phthora*; 참조, 골 2:22; 벧후 2:12).

이 몸은 죽고 사라질 것이다. 그러나 다시 살아날 몸은 썩지 않는다(아프다르시아, *aphtharsia*. 참조, 15:50, 53, 54). 썩지 않는다라는 단어는 영원한 생명과 밀접한 관련이 있다(롬 2:7; 딤후 1:10; 또한, 단 12:3; 마 13:43을 보라). 우리는 제4 마카비서 17:12에서 같은 개념을 볼 수 있다. 의인에 대한 상은 영원한 생명이 '죽지 않음'(*aphtharsia*)이다.

둘째, 몸은 욕된 것으로 심고 영광스러운 것으로 다시 살아난다.

몸은 본질적으로 악하지 않다. 그것은 부패와 약함으로 영광스럽지 못하다. 그러나 부활의 몸은 영광스럽다. 그리고 약함으로 고통받지 않을 것이다. 우리는 비슷한 개념을 빌립보서 3:21에서 본다. 그(그리스도)는 만물을 자기에게 복종하게 하실 수 있는 자의 역사로 우리의 낮은 몸을 자기 영광의 몸의 형체와 같이 변하게 하시리라.

셋째, 몸은 약한 것으로 심고 강한 것으로 부활한다.

인간의 몸은, 질병, 부상, 피, 그리고 마지막으로 죽음으로 시달린다. 그러나 부활할 때 그들은 강하게 될 것이다.

넷째, 바울은 육의 몸(프쉬키코스, *psychikos*)과 신령한 몸을 대조한다.

다른 구절에서 바울은 육에 속한 사람을 신령한 사람들과 대조한다(고전 2:13-14).

야고보는 이러한 지혜는 위로부터 내려온 것이 아니요 땅 위의 것이요 정욕의 것(프쉬키케, *psychikē*)이요 귀신의 것이니(약 3:15)라고 비판한다. 같은 의미로 유다는 교회에서 분열을 일으키는 자들을 육에 속한 자(프쉬키코이, *psychikoi*)며 성령이 없는 자니라(유 1:19)라고 말한다.

그러므로 자연적 몸은 모든 사람이 아담의 아들과 딸로서 세상에 올 때 소유하는 것이다(롬 5:12-19). 그리스도 안에서 새로운 생명이 신자들을 위해서 올 때, 그들은 영을 받지만, 즉각적으로 신령한 몸을 받지 않는다. 그들은 마지막까지 신령한 몸을 받지 못할 것이다(참조, 15:20-28).

신령한 몸은 물질적이지 않은 몸을 의미하지 않는다. 이와 같은 결론은 이에 대한 바울의 전체 논의와 모순을 일으킬 것이다. 일부 고린도 교인들이 멀게 느꼈던 점은 부활의 몸이 육체적이라는 생각이다. 바울에게 그리스도의 부활은 분명히 육체적이었다.[70] 신령한 몸이 의미하는 바는 성령으로 힘을 얻고 생명을 얻은 몸이다. 몸은 육체적이지만, 땅의 몸과는 다르게 완전히 새로운 영역에서 산다. 왜냐하면, 이제 성령으로 살아가는 몸이기 때문이다.

〈44b-46〉 44-49절에서 바울은 아담과 그리스도, 자연적인 것과 영적인 것, 땅의 것과 하늘의 것을 대조하며, 둘 사이에는 간격과 순서가 있음을 다시 강조한다. 먼저 육의 몸(프쉬키콘, *psychikon*)이 온 다음, 영의 몸(프뉴마티콘, *pneumatikon*)이 온다. 첫 아담은 마지막 아담과 대조된다.

바울은 아담이 창조되어 살아 있는 존재(개역개정: 생령)가 되었다는 기록이 있는 창세기 2:7을 인용한다. 바울은 계속해서 자연적인 것과 영적인 것을 대조한다. 존재(프쉬켄, *psychēn*, 개역개정: [생령])는 다른 곳에서 '자연의'로 번역되기 때문이다. 아담은 '자연적 존재'였고, 최후의 더 나은 아담은 생명을 주는 영(프뉴마, *pneuma*)이다. 여기에서 영은 아마도 성령에 대한 언급일 것이다. 우리는 위의 논의에서 '자연적'과 '영적' 것 사이의 대조를 언급했

---

[70] 이 부분은 고전적 작품인 Wright, *Resurrection of the Son of God*을 보라.

다(참조, 2:6-3:1). 영적인 자들은 성령을 가진 사람들이다.

그러므로 이 구절에서 부활하신 그리스도는 자신의 백성에게 성령을 주며, 결과적으로 그들에게 최종 부활의 경험이 보장된다(참조, 롬 8:11). 46절이 보여 주는 것처럼 순서는 바울에게 매우 중요하다. 그는 자연적 존재에 이어서 영적 존재를 상당히 강조한다. 자연이 **처음**이고 그 이후는 영적이다.

⟨47-49⟩ 바울은 흙에 속한 땅의 사람과 하늘에 속한 사람 예수님을 대조한다. 바울은 하늘의 사람과 땅의 사람에 대한 필로의 대조에 의지하지 않는다(Alleg. Interp. § 31). 바울은 하늘의 첫 아담이라는 개념을 거부한다. 필로와 반대로 바울은 아담을 플라톤적 의미에서 영원한 개념으로 이해하지 않고 실제 역사적 인물로 이해한다.[71]

**첫 번째** 사람이 땅의 흙이었다고 말하면서 창세기 2:7(여호와 하나님이 땅의 흙으로 사람을 지으시고)을 암시한다.

**두 번째** 사람은 순서와 시간적 개념에 중점을 둔다. 예수님은 '마지막 아담'(45절)이다. 두 번째 사람이 하늘에서 왔다고 말한다. 아마도 바울은 성육신을 염두에 두지 않을 것이다. 또는 예수님이 흙으로 이루어졌음을 부인하지 않을 것이다. 대신에, 그는 이 장의 맥락을 따라 예수님을 부활하신 주님으로 간주한다.

그분은 부활하신 만물의 주님으로 하나님의 오른편에 앉으셨다는 점에서 하늘의 사람이다. 세상에 태어난 모든 사람은 흙으로 만들어졌지만, 그리스도와 연합한 사람들도 하늘의 사람이 되었다. 그러나 그들의 하늘의 존재는 아직 이루어지지 않았다.

신자들은 흙으로 이루어진 사람의 형상, 즉 모양을 지녔다(참조, 창 5:3). 형상이라는 단어는 신자들이 흙의 사람들이라는 실존에 전적으로 참여했음을 의미한다. 그러나 미래에 그들은 하늘에 속한 이의 형상을 지닐 것이다. 그

---

71 Schnabel, 922. 또한, Schnabel이 지적한 것처럼 Philo는 마지막 아담을 언급하지 않고 동시에 존재하는 두 사람을 언급한다.

들은 하늘의 사람의 모양을 온전히 공유할 것이다. 따라서 그들은 죽지 않고 썩지 않는 몸을 갖게 될 것이다. 로마서 8:29(참조, 고후 3:18)에서 알 수 있듯이 신자들은 그(그의 아들)와 같은 형상으로 변화할 것이다.

### (3) 미래의 변화에 대한 약속(15:50-57)

⟨50⟩ 내가 이것을 말하노니라는 어구는 중요하고 무게 있는 선언을 의미한다. 혈과 육은 하나님의 나라를 이어받을 수 없다. 하나님의 나라를 이어받는다는 것은 종말론적 왕국에 들어가는 것을 의미하며 바울은 악인들이 이에 참여하지 못함을 분명히 한다(고전 6:9-10; 갈 5:21; 엡 5:5-6).

바울은 육신과 피가 그 나라에 없을 것이라고 말한다. 이와 같은 개념은 이 장에 스며들어 있는 육체적 부활에 대한 확신과 모순될 것이다. 대신에 이 구절의 다음 부분에서 알 수 있듯이, 15장 전체가 증명한 것처럼 썩을 수 있는 혈과 육은 그 나라에 들어갈 수 없을 것이다. 죄로 인해 타락하고 죽을 육신은 썩지 않을 것을 상속받을 수 없다. 이것이 어떻게 작용하는지 바울은 51-52절에서 설명한다.

⟨51-53⟩ 비밀은 이전에 숨겨졌지만 이제 드러난 비밀이다. 그러므로 바울은 수신자들에게 전에 숨겨졌던 것을 드러낸다. 우리는 앞서 잠자는 것(11:30을 보라)이 그리스도의 죽음을 묘사하고 있음을 보았지만, 여기에서 바울은 모든 그리스도인이 잠자지 않을 것을 알린다. 즉, 모든 그리스도인이 죽지는 않을 것이다.

이것은 그리스도께서 다시 오실 때 살아 있는 사람들이 죽고 썩을 몸으로 그리스도의 임재 앞에 안내될 수 있다는 것을 의미하는가?

분명히 아니다. 왜냐하면, 썩을 육신과 피는 그 나라에 들어갈 수 없기 때문이다(50절). 바울은 모든 신자가 **변할 것**이라고 약속한다. 이 변화는 눈 깜짝할 사이에 즉각적으로 이루어지며 마지막 나팔 때 일어난다. 마지막 나팔은 그리스도의 재림을 나타낸다(마 24:31; 살전 4:16). 나팔 소리가 들리면 믿는 자들은 죽지 않고 썩지 않을 몸으로 다시 살아나고 살아 있는 자들도 순식간에 변해서 더 이상 죽거나 썩지 않을 것이다.

이 본문은 데살로니가전서 4:13-18과 일치한다. 이 구절에서 바울은 수신자들에게 그리스도께서 다시 오실 때 죽은 신자들이 일어날 것이며, 살아 있는 신자들은 그리스도를 끌어 올려 주를 영접할 것이다.

우리는 지금 고린도전서 본문에서 신자들이 공중으로 끌어 올라갈 때, 변화해서 더 이상 죽을 몸을 가지지 않을 것을 배울 수 있다. 신자들은 다가올 미래에 몸을 가지지만 그 몸은 썩지 않을 것이다. 53절은 왜 변화가 일어나야 하는지 설명한다(반드시[데이, dei]는 신적 필연성과 관련이 있다). 죽을 것은 죽지 아니할 것으로 옷 입어야 한다(참조, 고후 5:2). 죄로 썩을 것은 하나님의 임재 안에 존재할 수 없다.

〈54-55〉 죽을 것이 죽지 아니함을 입고, 썩을 것이 썩지 아니함을 입을 날이 다가오고 있다(롬 8:11을 보라). 그날이 오면 이사야 25:8과 호세아 13:14의 약속이 실현될 것이다.

이사야 25장은 하나님이 악한 도성을 심판하시고 주님의 산에서 자신의 백성을 위해 종말의 잔치를 준비할 날을 고대한다. 주님은 그의 백성을 구원하실 것이며 그들은 기쁨으로 충만할 것이다. 주 여호와께서 사망을 멸하실 것이라 … 모든 얼굴에서 눈물을 씻기시며 자기 백성의 수치를 제하시리라(사 25:8). 바울은 이사야 25:8의 말씀이 종말에 성취될 것이라고 가르친다.

호세아 13:14의 말씀이 동시에 성취될 것이다. 이 구절에서 바울의 구약 사용은 조금 이해하기 어렵다. 호세아는 이스라엘의 우상 숭배와 교만 때문에 심판이 임할 것을 예언한다. 그 백성들은 주님을 잊었다. 그런데 갑자기 심판의 말 가운데 위로의 말이 나타난다. 내가 그들을 스올의 권세에서 속량하며 사망에서 구속하리니 사망아 네 재앙이 어디 있느냐 스올아 네 멸망이 어디 있느냐(호 13:14).

그러나 그 약속은 다음 부분에서 빠진 것처럼 보인다. 그가 비록 형제 중에서 결실하나(15절) 나는 측은히 여기지 않을 것이다(개역개정: 뉘우침이 내 눈앞에서 숨으리라, 14절).

　아마도 호세아 전체 메시지를 비추어볼 때, 심판이 분명히 올 것을 말할 수 있다. 그러나 주님은 마침내 이스라엘을 회복시키고(호 14:7) 그들의 반역을 고칠 것이다(호 14:4). 바울은 호세아에서 구속의 약속이 예수 그리스도 안에서 성취된 것으로 본다. 그러므로 바울은 호세아의 말씀이 궁극적으로 신자들의 삶에서 성취된 것으로 이해한다.

　사망의 승리와 쏘는 것은 없어졌으므로 바울은 사망의 패배를 열렬하게 축하한다. 그러나 이 승리는 아직 완전하게 경험되지 않는다. 신자들은 여전히 약속이 실현되기를 기다리고 있다.

〈56〉 56절은 사망, 죄, 그리고 율법에 대해 매우 간결한 방식으로 바울의 생각을 나타내기 때문에 매우 놀랍다. **죄**와 **율법**에 대한 언급은 특별히 흥미롭다. 왜냐하면, 이 문제는 논의의 중심이 아니기 때문이다. 바울의 근본적 확신은 표면적으로 나오지만, 매우 간략한 방식으로 이루어진다.

　바울이 다른 곳에서 이 문제를 말한 것은 그의 의도를 완전히 이해하도록 돕는다. 사망이 쏘는 것은 죄라고 말하면서 에덴으로 돌아가는 죄와 사망 사이의 결합이 밝혀진다. 죄는 죽음을 가져온다. 즉, 죄는 하나님으로부터 사람들을 분리한다(창 2:17; 3:3-4; 롬 5:12; 6:23; 고전 15:21-22). 그러므로 사망 안에서 쏘는 것은 하나님으로부터 사람들을 분리한다. 이 분리는 어떤 사람이 그리스도 안에서 생명이 가지지 못하면 영구적이 된다(롬 2:8-9; 살후 1:5-9).

　바울은 이렇게 더 언급한다. **죄의 권능은 율법**이다. 율법은 논의의 주제가 아니며 고린도전서에서 중요한 역할을 하지 않는다. 그러므로 우리는 이 구절에서 바울의 근본적 확신 하나를 발견한다. 우리는 유대인 전통에서 **율법을 더 많이 연구할수록 생명이 더 풍성하다**라는 말을 발견한다(*m. 'Abot* 2:7; 참조, *Sir.* 45:5; *4 Ezra* 14:30). 율법은 세상과 인류 가운데 악을 줄일 수 있는 수단으로 생각되었다. 인간의 죄는 억제되어야 할 필요가 있었다.

바울은 율법이 징계적 처벌을 수반할 때, 죄를 억제할 수 있다는 것에 동의하지 않는다(딤전 1:8-10). 놀랍게도 그는 율법이 불신자들의 삶에서 죄를 위한 통로의 역할을 한다는 점을 가르친다(롬 7:5, 7-25). 율법은 인간의 죄를 억제하지 않고 죄를 자극해서 범죄가 증가하도록 만든다(롬 5:20). 율법은 생명을 주지 않고 죽이며(고후 3:6) 사망(고후 3:7)과 정죄(고후 3:9)를 가져온다. 죄는 율법을 이 궤도로 그리고 영향을 미치는 영역으로 끌고 와서 생명이 아니라 죽음과 동맹을 맺는다.

〈57〉 죄와 사망에 대한 승리는 인간의 성취가 아니다. 바울은 승리를 주시는 하나님께 감사한다(롬 7:25; 고후 2:14). 죄와 사망에 대한 승리는 주 예수 그리스도를 통해서 온다. 독자로서 우리는 이 구절에서 바울이 말한 것을 15장의 시작 부분과 연결해야 한다. 죄의 용서와 죽음에 대한 승리는 예수 그리스도의 죽음과 부활을 통해서 온다(15:1-4). 예수님의 죽음과 부활의 복음으로 하나님께 감사한다.

### (4) 마지막 호소(15:58)

〈58〉 이 구절에서 전체 15장의 결론이 나타난다(그러므로). 그리스도를 통해 죄가 용서받고, 죽음이 정복되고, 신자들이 장래의 부활의 파괴될 수 없는 희망을 품고 있으므로 복음 안에서 굳게 서서 그들이 가진 소망에서 **흔들리지 않도록** 격려받는다(골 1:23).

이 땅에서의 수고가 쓸모없거나 헛되지 않기 때문에 기쁘게 그리고 **전적으로** 주님의 일에 자신을 드려야 한다(참조, 대하 15:7; 사 65:23). 바울에게 부활의 소망은 이 땅의 무기력과 이 세상의 삶과 단절로 이끌지 않고 신자들의 선한 일에 대한 인내와 노력을 이끈다.

### 신학

미래의 부활의 몸을 의심하는 사람들은 하나님의 능력을 고려해야 한다. 씨앗에서 식물을 만들고 인간에서부터 동물, 물고기, 그리고 새에 이르기까지 눈부시게 다양한 몸을 진열하시며 세상을 창조하신 하나님은 죽은 자를 일으키실 수 있는 능력이 있다.

하나님은 땅의 몸과 하늘의 몸(해, 달, 별)을 창조하셨기 때문에 미래의 부활 몸을 의심할 필요가 없다. 아마도 일부 사람들은 이 시대의 인간의 몸이 가지는 부패와 약함으로 부활을 의심했을 것이다. 그러나 이 시대와 다가올 시대에는 불연속성이 존재한다. 부활의 몸은 죽지 않을 것이고 영광과 힘으로 가득하며 성령으로 생명을 얻을 것이다. 부활의 몸은 육체적이지만 썩을 수 없고 죽을 수 없다. 썩어질 육신과 피는 그 나라에 들어갈 수 없다.

예수님이 다시 오실 때 죽은 신자들은 죽지 않을 몸으로 부활할 것이며 살아 있는 신자들은 순간적으로 변화되어 죽지 않을 몸을 갖게 될 것이다. 죄와 죽음에 대한 최후 승리가 실현될 것이다. 이와 같은 소망은 이 시대의 신자들에게 참음과 인내, 그리고 수고를 위한 동기를 부여할 것이다. 그들은 자신들의 일이 차별을 만들고 영원한 결과를 가져올 것을 알고 있기 때문이다.

## 7. 예루살렘 신자들을 위한 연보(16:1-4)

### 문맥

우리가 보았듯이 고린도전서에서 새로운 주제를 소개하는 전형적 도입 문구 이제는(*peri de*, 개역개정 생략)으로 새로운 주제가 소개된다(7:1, 25; 8:1; 12:1; 16:12). 이제는 아마도 고린도 교인들의 연보에 대한 질문에 대한 답

변을 반영할 수 있다. 이 연보는 바울에게 매우 중요한 문제였다. 그는 고린도후서 8-9장에서 이 주제에 대해 두 장을 사용한다.

로마서 15:25-29에서도 이 주제로 돌아간다. 바울은 이 부분에서 예루살렘에 있는 가난한 성도들을 위한 연보가 왜 중요한지 설명하지 않는다(롬 15:26). 우리는 여기에서 주어진 간단한 지침을 알려 주는 이전의 가르침, 서신, 또는 대화의 예를 볼 수 있다. 어쨌든 예루살렘에 있는 가난한 신자들을 위한 선물은 유대인 교회와 이방인 교회 사이의 연대와 후자의 전자에 빚지고 있는 영적 의무를 나타냈다(롬 15:27).

연보는 고린도의 교회들만이 아니라 갈라디아 교회들(고전 16:1)과 마게도니아 교회들(롬 15:26; 고후 8:1-5; 9:2)도 포함했고 아마도 다른 교회들도 포함했을 것이다. 고린도 교인들은 매주 첫째 날에 연보를 위해 돈을 모으도록 가르침을 받았다. 이날은 아마도 신자들이 함께 모인 날일 것이다. 바울은 인정을 받은 사람들을 보내어 이 은혜의 선물을 예루살렘으로 보내고 합당하면 그들과 함께 여행할 것이다.

### 주석

⟨1-2⟩ 주제는 동료 신자들을 위한 **연보**로 넘어간다. 연보는 바울이 이방인 교회에서 예루살렘의 가난한 성도들에게 마련한 선물이었다(롬 15:26). 여기에서 볼 수 있는 **주님의 백성** 또는 **성도들**은 재정적으로 고통을 받는 예루살렘의 성도들이다. 고린도의 교회들은 연보를 제공하는 유일한 교회가 아니었다. 앞에서 언급한 바와 같이 갈라디아 교회들과 마게도니아 교회들도 연보를 모았다. 연보는 체계적이고 계획적이어야 한다.

그러므로 신자들은 **매주 첫째 날**에 돈을 모아 두어야 한다. 주일의 첫날은 주일이었고 그날에 예수님은 죽음에서 부활하셨다(마 28:1; 막 16:1-2; 눅 24:1; 요 20:1, 19). 그날은 **주의 날**(계 1:10)로 불리게 되었고 그리스도인들은 첫날(행 20:7을 보라)에 주님의 부활을 기념하기 위해 모인 것 같다. 각 신자는 연보를 해야 한다. 연보는 신자들을 가난하게 만들어서는 안 된다.

연보는 관대해야 하며 신자들의 재정적 부유함을 따라서 해야 한다. 다시 말해, 더 부유한 사람이 더 많이 주어야 한다(참조, 고후 8:12-15).

바울은 신자들에게 강요하지 않는다. 그는 기쁜 마음으로 관대하게 내도록 격려한다(고후 9:6-11). 교회는 연보를 체계적으로 모아야 한다. 그러므로 바울이 도착했을 때, 그들은 갑자기 연보를 모을 필요가 없다. 모든 것은 준비되고 순서대로 진행된다.

**〈3-4〉** 바울이 고린도에 도착하면, 선물(개역개정: 은혜)을 예루살렘으로 가져오기 위해 인정받은 사람들에게 필요한 소개하는 편지를 줄 것이다. 바울은 선물을 예루살렘에 가져갈 사람을 지명하지는 않았지만, 바울은 고린도 교인들이 선물을 가져갈 진실하고 평판이 좋은 사람을 선택할 것을 믿는다.

우리는 고린도후서 8:16-24에서 바울이 선물을 예루살렘으로 가져갈 사람에 대해 염려했다는 것을 안다. 왜냐하면, 종교적 사기꾼들은 종종 돈을 빼앗았기 때문이다. 그러므로 최고의 성품을 가진 사람이 선물을 가져가야 하며 선물은 한 사람으로 보내지 말아야 한다. 많은 사람이 그 선물을 맡고 위험에서 그 돈이 해를 입지 않게 다룰 수 있도록 모든 주의를 기울였을 것이다.

마지막으로 바울은 그 선물을 가져가는 일에 동행하는 일이 합당하다면 예루살렘으로 여행할 것이라고 덧붙였다. 다시 바울은 그 돈이 어떻게 다루어지는지 의심을 일으킬 만한 일이 일어나지 않도록 관심을 기울인다. 분명히 바울은 자신이 선물을 가져와야 한다고 믿게 되었을 것이다. 우리는 바울이 사도행전 24:17과 로마서 15:25-29에서 다른 사람들과 함께 그 선물을 예루살렘에 가져왔다는 사실을 안다.

## 신학

도움이 필요한 사람들에게 베푸는 것은 바울의 큰 관심사였으며, 가난한 사람들, 특히, 동료 신자들을 돕는 것은 초대 교회의 표지 중 하나였다 (예, 마 25:35-40; 행 9:36; 롬 12:8, 13; 갈 2:10; 6:10; 딤전 5:3-16; 6:18; 히 13:16; 약 2:15-16; 요일 3:17). 바울은 베푸는 일이 체계적으로(일주일의 첫 번째 날) 조직되고(교회가 연보를 모으고), 비례해서(부유함에 따라) 이루어져야 한다고 가르친다. 또한, 그 돈은 진실한 사람들이 다루어야 한다. 부패나 도난의 여지가 없도록 하기 위해서이다.

# IV. 결론(16:5-24)

### 문맥

고린도전서는 바울의 여행계획(16:5-9), 디모데와 아볼로에 대한 권면과 정보(16:10-12), 교회를 위한 마지막 권면(16:13-18), 인사(16:19-21) 그리고 마지막 경고, 은혜를 위한 기도와 사랑의 표현(16:22-24)으로 마무리짓는다. 각 부분이 다소 간략하더라도 여기에서는 조금 더 자세하게 요약할 것이다. 여행 계획(16:5-9)의 관점에서, 바울은 마게도니아를 여행한 후 고린도를 방문하기를 희망한다.

주님의 뜻이면, 그는 고린도에서 상당한 시간을 보내려고 한다. 아마도 겨울 동안이 될 것이다. 겨울이 오면 여행이 더욱 어려워질 것이기 때문이다. 반대 가운데서도 복음에 대한 큰 반응이 있었기 때문에 오순절까지 에베소에 머물 계획이다.

바울은 또한 디모데와 아볼로에 관한 정보를 보낸다(16:10-12). 그는 교회 공동체가 디모데를 따뜻하게 받아들이고 평화롭게 길을 가도록 요청한다. 바울은 아볼로의 방문을 권했지만, 아볼로는 곧바로 여행하려고 하지 않는다. 그러나 바울은 아볼로가 앞으로 그렇게 하기를 바란다.

고린도전서의 결론은 바울에게 마지막으로 교회를 권면할 기회를 준다(16:13-18). 그들은 깨어 믿음에 굳게 서고 사랑으로 행하고, 스데바나와 같은 지도자들을 인정하고 순종하기를 권면받는다. 편지는 경고와 함께 끝난다. 주님을 사랑하지 않는 사람들은 저주를 받을 것이다(16:22).

바울은 또한 주님의 오심에 대한 그리고 모든 사람에게 은혜가 임하도록 하는 두 가지 기도를 한다(16:22-23). 이 편지는 바울이 모든 사람에 대한 사랑의 표현으로 끝난다(16:24).

### 1) 여행 계획(16:5-9)

**주석**

⟨5-7⟩ 바울은 여행 계획을 말하면서 고린도 교인들에게 마게도냐를 방문한 후에 보기 원한다고 알린다. 우리는 고린도후서 1:15-16절에서 마게도냐를 방문하기 전과 그리고 후에 고린도 교인들을 두 번 보려고 하는 바울의 계획이 발전되었음을 발견한다. 고린도전서를 쓸 때 고린도 교인들과 상당한 시간을 보내거나 심지어 **겨울을 보내기**를 소망하지만, 주님의 뜻에 달려 있음을 인정한다(참조, 고전 4:19).

분명히 바울은 고린도 교인들을 격려하고 덕을 세우려고 하지만(참조, 롬 1:12), 동시에 그들이 자신의 여행을 도울 수 있기 바란다. 여기에 사용된 동사 **프로펨포**(*propempō*, 개역개정: 보내어)는 규칙적으로 선교에 동참하는 사람들을 지원하고 돕는 데 사용된다(참조, 15:24; 고전 16:11; 고후 1:16; 딛3:13; 요삼 6) 주께서 **허락하시면** 바울은 고린도 교인들과 많은 시간을 보내기를 원한다.

⟨8-9⟩ 바울은 자신이 즉시 가지 않는 이유를 설명한다. 그는 현재 에베소에서 사역하고 있으며 유월절 이후에 50일을 기념하는 오순절을 맞이할 때까지 거기에 머물 계획이다. 그러므로 늦은 봄이 될 것이다. 이 구절에서 머무는 이유가 설명된다. 그 이유는 중요한 복음의 기회가 열렸기 때문이다. 문은 바울이 복음을 선포하기 위한 기회를 표현할 때 사용된다(참조, 고후 2:12; 골 4:3).

그러므로 바울은 머무르기 원한다. 누가는 바울의 에베소 사역을 자세히 설명하며(행 19:1-41), 바울이 2년 동안 머물렀음을 알린다(행 19:10). 누가의 기록은 또한 바울의 말을 검증해 준다. "아시아에 사는 자는 유대인이나 헬라인이나 다 주의 말씀을 듣더라'"(행 19:10; 참조, 19:20, 26). 바울이 언급한 적들도 사도행전에서 확인된다. 더메드리오와 그의 동료들은 폭동을 일으켜 사역을 위협했다(행 19:23-41; 또한 고전 15:32를 보라).

### 2) 디모데와 아볼로(16:10-12)

⟨10-11⟩ 디모데(4:17의 주석을 보라)는 바울이 소중한 동료이자 동역자였다. 바울은 디모데의 고린도 도착을 예상하고(4:17), 디모데가 잘 받아들여질지 고민한다. 고린도 교인들은 디모데를 잘 대하여 그가 **두려워하지 않도록** 해야 한다. 어떤 학자들은 이 가르침이 디모데가 소심했기 때문이라고 생각하지만, 이런 읽기는 분명히 잘못되었다. 바울은 디모데가 존중받도록 가르친다. 디모데가 바울의 이름으로 말하기 때문에 바울의 가르침을 거부하려는 사람들이 디모데를 멸시할 수 있다는 사실을 알고 있었기 때문이다.

디모데는 고린도 교인들이 바울의 편지를 받은 직후에 도착할 것이다. 그들은 디모데를 바울의 대리인으로 멸시할 수도 있다. 그러나 바울은 고린도 교인들이 디모데를 주의 선교에 힘쓰는 자로 여겨 바울에게 **돌려보내기**(*propempō*)를 기대한다.

⟨12⟩ 아볼로(1:12의 주석을 보라)는 고린도전서, 특히, 1:10-4:21의 분열에 대한 논의에서 중요한 역할을 한다. 바울은 아볼로를 따르는 자들로 일어난 분열에 대해 아볼로에게 책임이 있다고 생각하지 않았다. 왜냐하면, 바울이 아볼로에게 고린도를 방문하도록 **강력하게** 촉구한 것으로 이것을 알 수 있기 때문이다. 여기에서 분열의 문제가 교회 지도자들이 아니라 고린도 교인들 때문임을 확인하는 증거를 보여 준다. 분명히 바울은 아볼로가

분쟁으로 찢겨진 교회 가운데서 큰 도움이 될 것이라고 믿고 있다. 아볼로는 바울이 즉시 가서 방문하라는 제안에 동의하지 않았다. 아마도 선교와 사역의 이유로 또는 아마도 그의 이름이 관련 있는 고린도 교회의 분열에 동의하지 않았기 때문일 것이다. 그는 이후에 방문할 것을 제안했다. 주목할 만한 특징 중 하나는 바울이 아볼로가 고린도를 방문해야 하는지 여부를 스스로 결정하도록 자유를 준다는 점이다. 바울은 아볼로에게 방문을 촉구했지만 강요하지 않았으며 방문 여부와 시기를 아볼로에게 맡겼다.

### 3) 권면(16:13-18)

〈13-14〉 편지를 마무리하면서 바울은 수신자들에게 다양한 권면을 한다. 그는 고린도 교인들에게 **경계하라** 또는 **깨어 있으라**(그레고레이테, *grēgoreite*)고 한다. 이것은 신약에서 일반적 가르침이다(참조, 마 24:42; 25:13; 26:38, 41; 막 13:34, 35, 37; 14:34, 38; 눅 12:37; 행 20:31; 골 4:2; 살전 5:6; 벧전 5:8; 계 3:2, 3; 16:15).

그들은 **믿음에 굳게 서 있어야 한다.** 믿음은 아마도 그들이 배운 복음을 말할 것이다(고전 15:1-4). 서라는 요청은 신자들이 인내하고 믿음을 계속 유지해야 함을 의미한다(참조, 갈 5:1; 빌 1:27; 4:1; 살전 3:8; 살후 2:15).

삶은 어려우므로 신자들도 **용기를 내야** 하며 이것은 약속의 땅을 정복해야 하는 세대에게 공통으로 주어진 명령이었다(신 31:6, 7, 23; 수 1:6, 7, 9, 18; 10:25; 참조, 삼하 10:12; 시 31:24). **강건하라**는 명령은 아마도 담대하라는 말의 동의어일 것이다(참조, 시 31:24). 그리스도인의 삶은 용기를 가지고, 조심하고, 힘을 내야 한다.

그러나 우리는 다음으로 **모든 일을 사랑으로 행하라**고 촉구하는 점에 놀라지 않는다. 사랑의 중심성은 우상에 바쳐진 음식에 대한 논의 가운데 있는 8:1-3과 영적 은사에 대한 논의 가운데 있는 13장에서 분명하다. 강건하고 용기를 내라는 요청은 사랑의 중요성을 감소시키는 것으로 잘못 해석될 수 있다. 강함에 대한 권면은 결코 억누르는 부드러움이나 애정으로 해석되어서는 안 된다.

또한, 사랑은 단순한 감정이나 부드러움으로 해석해서는 안 된다. 그것은 노골적 죄를 지은 사람을 출교하는 것을 포함하기 때문이다(고전 5장을 보라).

⟨15-16⟩ 이제 고린도에서 바울을 방문한 사람들에 대한 권면이 주어진다. 스데바나의 집(1:16에 따르면 바울은 스데바나에 세례를 주었다)은 아가야 지방의 첫 열매였으며 이는 아마도 고린도에서 처음으로 믿은 사람이었음을 의미한다(참조, 롬 16:5). 스데바나의 집은 동료 신자들을 섬기는 것으로 유명하다. 다시 말해서, 그들은 16:14의 명령을 실행하고 그들의 삶을 사랑으로 행하고 있었다.

고린도 교인들은 또한 이와 같은 사람들에게 순종하도록 요청을 받는다. 세부적 사항이 부족하지만 적어도 스데바나의 집사람 중 일부가 리더십을 행사했음을 암시한다. 사역의 모든 동역자(쉬네르군티, *synergounti*, 개역개정: 함께 일하는 사람)와 수고하는 모든 사람(코피온티, *kopiōnti*)에게 순종은 적합한 일이다. 바울과 함께 사역한 많은 사람은 동역자(롬 16:3, 9, 21; 고후 8:23; 빌 2:25; 4:3; 골 4:11; 살전 3:2; 몬 1:1, 24)와 수고하는 사람(롬 16:6, 12; 살전 5:12; 딤전 5:17)으로 불린다.

바울은 또한 동역자(고전 3:9; 고후 1:24)와 수고하는 사람이라는 단어를 사용하여 자신의 사역을 설명한다(고전 4:12; 15:10; 갈 4:11; 빌 2:16; 골 1:29; 딤전 4:10). 그러나 '동역자'와 '수고하는 사람'이라는 단어로 사역의 본질을 정확하게 파악할 수는 없다.

⟨17-18⟩ 바울은 스데바나와 브드나도와 아가이고가 온 것을 기뻐했다. 고린도 교인들이 거리 때문에 할 수 없었지만, 바울이 필요했던 것을 그들이 제공했기 때문이다(참조, 빌 2:30). 일부 학자는 브드나도와 아가이고가 스데바나의 노예이거나 자유인이었을 것이라고 제안한다.

그들은 아마도 바울에게 묻는 편지를 가져왔을 것이다. 그들이 과거에 고린도 교인들을 시원하게 한 것처럼 그들의 존재는 바울을 시원하게 했다. 바울은 교회가 그들의 희생과 섬김을 알아주기를 요청한다(참조, 빌 2:29; 살전 5:12; 몬 1:7; 히 13:7).

### 4) 끝인사(16:19-21)

⟨19⟩ 인사말은 신약성경의 공통된 특징이며, 신약의 신자들이 가지는 가족적 특징을 나타내며 그것을 강화한다(예, 롬 16:3, 5, 6, 7, 8; 고후 13:12, 13; 빌 4:21-22; 골 4:10, 12, 14; 살전 5:26; 살후 3:17; 딤후 4:19, 21; 몬 23). 바울은 에베소에서 고린도전서를 썼다. 에베소는 현재 터키의 서부 지역인 아시아 지방에 있었다.

아시아 교회들의 문안은 바울이 1:2에서 강조한 복음이 고린도를 넘어서서 확장된다는 사실을 가리킨다(1:2의 주석을 보라). 브리스길라와 아굴라는 신약에서 매우 자주 언급된다. 그들도 자신들의 집에서 모이는 교회와 함께 문안한다.

우리는 사도행전에서 글라우디오의 법령으로 그들이 로마에서 추방되었음을 알고 있다(행 18:2; 참조, Suetonius, *Lives* [Claudius] 5.25 § 4). 그들은 고린도로 왔고 바울과 같은 직업을 가졌고 함께 사역했다. 그 이후에 에베소(행 18:25-26)에서 아볼로에게 복음에 대해 더욱 정확하게 가르쳤다.

로마서가 기록될 무렵 그들은 로마와 자신들의 집에서 모이는 교회로 돌아갔다(롬 16:5). 바울이 마지막 편지를 썼을 때 그들은 에베소로 갔다(딤후 4:19). 그들의 많은 여행은 아마도 그들의 사업과 관련이 있었을 것이고 그리스-로마 세계에 있었던 이동을 증명한다.

브리스길라는 일부 본문에서 먼저 언급되기 때문에(행 18:26; 롬 16:3; 딤후 4:19), 아굴라 보다 더 저명했을 것이다(BDAG를 보라). 그러나 구체적 지식은 불행히도 상당히 제한적이다. 이 본문에서 우리는 브리스길라와 아굴라가 함께 초기 기독교 운동에 크게 관여했다는 것을 안다. 바울과 동역자인 그들은 선교사로 활동했다.

⟨20⟩ 에베소에 바울과 함께 있는 형제자매들도 신자들 사이의 가까운 가족 관계를 나타내는 인사를 보낸다(참조, 롬 16:16; 빌 4:22). 교회는 거룩한 입맞춤으로 서로 문안하도록 권면한다. 거룩한 입맞춤은 초기 기독교 공동체의 공통적 인사였다(참조, 롬 16:16; 고후 13:12; 살전 5:26; 벧전 5:14).

그리스-로마 세계에서 시작된 관습이라는 증거가 없기 때문에 이것은 초기 교회의 관습에서 비롯되었을 것이다. 아마도 거룩한 이라는 단어는 에로티시즘을 가로막고 동시에 이것은 교회가 사랑과 애정으로 특징지어지는 평등한 공동체라는 것을 보여 준다. 예전의 일부로 이해해야 할 필요는 없다. 신자들이 서로에 대한 따뜻한 애정을 나타내는 수단으로 이해되어야 하며, 공동체 모임에 국한되지 않는다.

⟨21⟩ 고린도전서의 결론은 바울이 대필자로부터 갈대 펜을 가져와서 직접 작성했다. 우리는 다른 곳에서 바울이 자신의 서명으로 편지를 마치는 것을 알 수 있다(참조, 갈 6:11; 골 4:18; 살후 3:17; 몬 1:19). 데살로니가후서 3:17에서 서명은 그 내용이 사실임을 나타내는 표시로 기능하는 것 같다(참조, 살후 2:2). 아마도 여기서도 그 역할일 것이다.

### 5) 경고, 은혜와 사랑(16:22-24)

⟨22⟩ 바울은 주님을 사랑하지 않는 사람들에게 저주를 선포한다. 이 대화는 에베소서 6:24에서 볼 수 있다. 우리 주 예수 그리스도를 변함없이 사랑하는 모든 자에게 은혜가 있을지어다.

저주(아나데마, *anathema*)라는 용어는 이 구절에서 마지막 멸망과 정죄를 의미한다(참조, 롬 9:3; 갈 1:8-9). 이 단어는 구약의 멸망(헤렘, *ḥērem*)에 뿌리를 두고 있으며 이는 하나님께 바쳐진 것을 의미한다(예, 레 27:28-29; 민 18:14; 신 7:26). 예를 들어, 다른 신들에게 제사를 드리는 자는 멸해졌다(출 22:20). 그러므로, 주님을 사랑하지 않는 사람들에게는 돌이킬 수 없는 형벌이 이루어질 것이다.

예수를 사랑하는 사람들은 그분이 오시기를 기다린다. 주여 오시옵소서라는 어구는 아람어 마라나타(*marana tha*)에서 왔으며 기도로 번역된다. 계시록의 마지막에도 비슷한 기도를 발견할 수 있다. 주 예수여 오시옵소서(계 22:20; 참조, 디다케 10:6). 고린도전서 16: 22에 나오는 아람어 마라나타는 예수님의 주 되심이 팔레스타인 기독교보다는 헬레니즘 기독교에서 왔다고 가르치는 일부 학자에 반대해 예수님의 주 되심이 교회의 가장 이른 시기에 있었음을 보여 준다.

〈23〉 바울은 종종 그의 편지를 축복으로 마무리한다. 축복은 소원의 기도로 해석되어야 한다. 바울은 고린도 교인들의 삶에서 처음으로 드러난 은혜(1:4)가 계속 그들의 것이 되도록 기도한다. 주 예수님에 대한 사랑은 주 예수의 은혜가 있는 곳에만 존재하며, 고린도전서의 모든 명령은 예수 그리스도의 은혜로만 성취될 수 있다.

〈24〉 고린도전서는 그리스도에 대한 바울의 사랑 표현으로 끝나는 유일한 편지이다. 아마도 그는 이 편지에서 매우 강한 말을 했기 때문에 그의 애정을 표현하는 방법으로 이 편지를 마무리하는 것 같다. 그러므로 그는 모든 말이 그들에 대한 사랑에서 흘러나옴을 그들이 알기를 원하며(16:14), 모든 일에서 그들의 덕이 세워지고 더 그리스도를 닮기를 원한다(11:1).

편지를 마무리하는 아멘(*Amen*)은 문자적으로 논쟁의 여지가 있다. 아멘이 나오는 번역본은 ESV, KJV, NASB, NIV, NKJV이다. 반면 CSB, HCSB, NET, NLT, NRSV에서는 생략되어 있다. 만약에 '아멘'이 원본에 있다면, 이 단어는 수신자들에 대한 바울의 사랑을 확인한다.

### 신학

고린도전서의 마지막 부분의 주목할 만한 주제 중 하나는 신자들 사이의 사랑이다. 바울의 고린도 교인들을 방문하고 함께 시간을 보내려는 바울의 바람, 디모데가 고린도 교회를 방문해서 도와주려는 바람, 스데바나 집의 사역에 대한 헌신, 고린도에서 방문한 동료들로 마음이 시원하게 됨, 신자들 사이에 나누는 따뜻한 인사, 거룩한 입맞춤을 나눔, 바울이 사랑의 표현 등으로 이 사랑은 분명해진다.

신자 됨이 의미하는 바는 사랑으로 모든 것을 하고 주 예수를 사랑하는 것이지만, 이와 같은 사랑은 오직 은혜를 통해서만 실현될 수 있다.

# 참고 문헌

**Commentaries on 1 Corinthians**

Allo, E. B. (1956), *Saint Paul: Premiere Épître aux Corinthiens* (Paris: Gabalda).

Barclay, William (1975), *The Letters to the Corinthians* (Philadelphia: Westminster).

Barnett, Paul (2000), *1 Corinthians* (Fearn: Christian Focus).

Barrett, C. K. (1968), *The First Epistle to the Corinthians*, HNTC(New York: Harper & Row).

Blomberg, Craig L. (1994), *1 Corinthians*, NIVAC (Grand Rapids: Zondervan).

Bray, Gerald L. (ed.) (1999), *Commentaries on Romans and 1–2 Corinthians*, ACCS (Downers Grove: InterVarsity Press).

Bruce, F. F. (1971), *1 and 2 Corinthians* (London: Marshall, Morgan & Scott).

Calvin, John (1981), trans. W. Pringle, *Commentary on the Epistles of Paul the Apostle to the Corinthians* (Grand Rapids: Baker).

Ciampa, Roy E. and Brian S. Rosner (2010), *The First Letter to the Corinthians*, PNTC (Grand Rapids: Eerdmans).

Collins, Raymond F. (1999), *First Corinthians*, SP (Collegeville, MN: Liturgical).

Conzelmann, Hans (1975), *1 Corinthians*, Hermeneia (Philadelphia: Fortress).

Edwards, T. C. (1979), *A Commentary on the First Epistle to the Corinthians* (Minneapolis: Klock & Klock, 1979).

Ellicott, Charles J. (1887), *St Paul's First Epistle to the Corinthians: With a Critical and Grammatical Commentary* (London: Longmans, Green & Co.).

Ellingworth, Paul and H. Hatton (1985), *A Translator's Handbook on Paul's First Letter to the Corinthians* (London: United Bible Societies).

Fee, Gordon D. (2014), *The First Epistle to the Corinthians*, NICNT, 2nd edn (Grand Rapids: Eerdmans).

Findlay, G. G. (1961), 'St Paul's First Epistle to the Corinthians', in W. R. Nicoll (ed.), *The Expositor's Greek Testament* (orig. 1900; Grand Rapids: Eerdmans), 2:727–953.

Fisk, Bruce N. (2000), *First Corinthians*, Interpretation Bible Studies (Louisville: Westminster John Knox).

Fitzmyer, Joseph A. (2008), *First Corinthians*, AB, rev. edn (New Haven: Yale University Press).

Garland, David E. (2003), *1 Corinthians*, BECNT (Grand Rapids:Baker).

Godet, Frederic L. (1886–7), *Commentary on St Paul's First Epistle to the Corinthians*, 2 vols. (Edinburgh: T&T Clark).

Grosheide, Frederick W. (1953), *Commentary on the First Epistle to the Corinthians*, NICNT (Grand Rapids: Eerdmans).

Harrisville, Roy A. (1987), *1 Corinthians*, ACNT (Minneapolis:Augsburg).

Hays, Richard B. (1997), *First Corinthians*, IBC (Louisville:Westminster John Knox).

Hering, Jean (1962), *The First Epistle of St Paul to the Corinthians*(London: Epworth).

Hodge, Charles (1976), *An Exposition of the First Epistle to the Corinthians* (orig. 1857; Grand Rapids: Eerdmans).

Horsley, Richard A. (1998), *1 Corinthians* (Nashville: Abingdon).

Johnson, Alan F. (2010), *1 Corinthians*, IVPNTC (Downers Grove:InterVarsity Press; Nottingham: Inter-Varsity Press).

Keener, Craig S. (2005), *1–2 Corinthians*, NCBC (Cambridge:Cambridge University Press).

Kistemaker, Simon J. (1993), *Exposition of the First Epistle to the Corinthians* (Grand Rapids: Baker).

Lang, F. (1986), *Die Briefe an die Korinther* (Göttingen:Vandenhoeck & Ruprecht).

Lietzmann, Hans (1949), *An die Korinther 1/2* (Tubingen: Mohr Siebeck).

Lindemann, Andreas (2000), *Der erste Korintherbrief* (Tübingen:Mohr Siebeck).
Lockwood, Gregory (2000), *1 Corinthians*, ConcC (St Louis:Concordia).
Lull, David (2007), *1 Corinthians* (St Louis: Chalice).
Mare, W. H. (1976), '1 Corinthians', in F. E. Gaebelein (ed.), *The Expositor's Bible Commentary* (Grand Rapids: Zondervan), pp. 173–297.
Merklein, Helmut (1992), *Der erste Brief an die Korinther, Kapitel 1–4*(Gutersloh: Gutersloher).
Meyer, H. A. W. (1979), *Critical and Exegetical Handbook to the Epistles to the Corinthians* (Winona Lake: Alpha).
Moffatt, James (1938), *The First Epistle of Paul to the Corinthians*(London: Hodder & Stoughton).
Montague, George T. (2011), *First Corinthians*, CCSS (Grand Rapids: Baker).
Morris, Leon (1958), *The First Epistle of Paul to the Corinthians*, TNTC (London: Tyndale).
Murphy-O'Connor, Jerome (1998), *1 Corinthians* (New York:Doubleday).
Orr, W. F. and J. A. Walther (1976), *1 Corinthians: A New Translation*(Garden City, NY: Doubleday).
Oster, Richard (1995), *1 Corinthians* ( Joplin, MO: College Press).
Parry, R. S. J. (1937), *The First Epistle of Paul the Apostle to the Corinthians* (Cambridge: Cambridge University Press).
Powers, B. Ward (2008), *First Corinthians: An Exegetical and Explanatory Commentary* (Eugene, OR: Wipf and Stock).
Prior, David (1985), *The Message of 1 Corinthians: Life in the Local Church* (Leicester: Inter-Varsity Press).
Robertson, A. T. and A. Plummer (1911), *A Critical and Exegetical Commentary on the First Epistle of St Paul to the Corinthians*, ICC(Edinburgh: T&T Clark).
Ruef, J. S. (1971), *Paul's First Letter to Corinth* (Baltimore:Penguin).
Sampley, Paul (2001), *1 Corinthians*, The New Interpreter's Bible, Vol. 10 (Nashville: Abingdon), pp. 771–1003.
Schnabel, Eckhard J. (2014), *Der erste Brief des Paulus an die Korinther*, 3rd edn, HTA (Witten: Brockhaus; Giessen: Brunnen).
Schrage, Wolfgang (1991–2001), *Der erste Brief an die Korinther*, EKK, 4

vols. (Zurich: Neukirchen-Vluyn).
Senft, Christophe (1990), *La Premiere Épître de Saint Paul aux Corinthiens* (Geneva: Labor et Fides).
Snyder, Graydon F. (1992), *First Corinthians: A Faith Community Commentary* (Macon, GA: Mercer University Press).
Strobel, August (1989), *Der erste Brief an die Korinther* (Zurich:Theologischer Verlag).
Talbert, Charles H. (2003), *Reading Corinthians: A Literary and Theological Commentary*, rev. edn, RNTS (Macon, GA: Smyth & Helwys).
Theodoret of Cyrus (2001), *Commentary on the Letters of St Paul*, vol. 1, trans. Robert Charles Hill (Brookline, MA: Holy Cross Orthodox Press).
Thiselton, Anthony C. (2000), *The First Epistle to the Corinthians*, NIGTC (Grand Rapids: Eerdmans).
_____ (2006), *First Corinthians: A Shorter Exegetical and Pastoral Commentary* (Grand Rapids: Eerdmans).
Thrall, Margaret E. (1965), *The First and Second Letters of Paul to the Corinthians* (Cambridge: Cambridge University Press).
Weiss, Johannes (1910), *Der erste Korintherbrief* (Gottingen:Vandenhoeck & Ruprecht).
Witherington III, Ben (1995), *Conflict and Community in Corinth: A Socio-Rhetorical Commentary* (Grand Rapids: Eerdmans).
Wolff, Christian (1996), *Der erste Brief des Paulus an die Korinther* (Leipzig: Evangelische Verlagsanstalt).
Wright, N. T. (2004), *Paul for Everyone: 1 Corinthians* (Louisville: Westminster John Knox; London: SPCK).

**Other commentaries, books, monographs and articles**
Aune, David E. (1983), *Prophecy in Early Christianity and the Ancient Mediterranean World* (Grand Rapids: Eerdmans).
Bailey, Kenneth E. (1980), 'Paul's Theological Foundation for Human Sexuality: 1 Corinthians 6:9–20 in the Light of Rhetorical Criticism', *NETR* 3, pp. 27–41.
Bartchy, S. Scott (1973), *Mallon Chrēsai: First-Century Slavery and the In-*

*terpretation of 1 Corinthians 7:21* (Missoula, MT: Society of Biblical Literature).

Bauckham, Richard (2009), *Jesus and the God of Israel: God Crucified and Other Studies on the New Testament's Christolog y of Divine Identity* (Grand Rapids: Eerdmans).

Baur, F. C. (2003), *Paul the Apostle of Jesus Christ: His Life and Works, His Epistles and Teachings*, 2 vols. (orig. 1845; Peabody, MA:Hendrickson).

Beale, G. K. (2004), *The Temple and the Church's Mission: A Biblical Theolog y of the Dwelling Place of God* (Leicester: Apollos; Downers Grove: InterVarsity Press).

Beale, G. K. and D. A. Carson (eds.) (2007), *Commentary on the New Testament Use of the Old Testament* (Grand Rapids: Baker).

Bedale, S. (1954), 'The Meaning of *Kephalē* in the Pauline Epistles', *JTS* 5, pp. 211–215.

Bilezikian, Gilbert (1985), *Beyond Sex Roles* (Grand Rapids: Baker).

Bjerklund, C. J. (1967), *Parakalô: Form, Funktion und Sinn der parakalô-Sätze in den paulinischen Briefe* (Oslo: Universitetsforlaget).

Blattenberger, David E. (1997), *Rethinking 1 Corinthians 11:2–16 through Archaeological and Moral-Rhetorical Analysis* (Lewiston, NY:Mellen).

Blomberg, Craig L. (1992), 'Degrees of Reward in the Kingdom of Heaven?', *JETS* 35, pp. 159–172.

Blue, Bradley B. (1991), 'The House Church at Corinth and the Lord's Supper: Famine, Food Supply and the Present Distress', *CTR* 5, pp. 221–239.

Bockmuehl, Markus N. A. (1990), *Revelation and Mystery in Ancient Judaism and Pauline Christianity* (Tubingen: Mohr Siebeck).

Boer, Martinus C., de (1988), *The Defeat of Death: Apocalyptic Eschatolog y in 1 Corinthians 15 and Romans 5* (Sheffield: JSOT Press).

Boring, M. E. (1992), 'Prophecy (Early Christian)', *ABD*, vol. 5, pp. 495–502.

Boswell, John (1980), *Christianity, Social Tolerance, and Homosexuality:Gay People in Western Europe from the Beginning of the Christian Era to the Fourteenth Century* (Chicago: University of Chicago Press).

Bradley, K. R. (1987), *Slaves and Masters in the Roman Empire:A Study in*

*Social Control* (Oxford: Oxford University Press).

\_\_\_\_\_ (1994), *Slavery and Society at Rome* (Cambridge: Cambridge University Press).

Brookins, Timothy (2014), *Corinthian Wisdom, Stoic Philosophy, and the Ancient Economy*, SNTSMS 159 (Cambridge: Cambridge University Press).

Brookins, Timothy A. and Bruce W. Longenecker (2016), *1 Corinthians 1 – 9: A Handbook on the Greek Text* (Waco: Baylor University Press).

Bullmore, Michael A. (1995), *St. Paul's Theology of Rhetorical Style: An Examination of 1 Corinthians 2.1–5 in the Light of First CenturyGraeco-Roman Rhetorical Culture* (San Francisco: International Scholars).

Byron, John (2003), *Slavery Metaphors in Early Judaism and Pauline Christianity: A Traditio-Historical and Exegetical Examination*(Tubingen: Mohr Siebeck).

Callan, Terrance (1985), 'Prophecy and Ecstasy in Greco-Roman Religion and in 1 Corinthians', *NovT* 27, pp. 125–140.

Caragounis, Chrys C. (1995), ' "To Boast" or "To Be Burned": The Crux of 1 Cor 13:3', *SEA* 60, pp. 115–127.

Carson, D. A. (1986), 'Pauline Inconsistency: Reflections on 1 Corinthians 9.19–23 and Galatians 2.11–14', *The Churchman* 100, pp. 6–45.

\_\_\_\_\_ (1987), *Showing the Spirit: Theological Exposition of 1 Corinthians 12 – 14* (Grand Rapids: Baker).

\_\_\_\_\_ (1993), *The Cross and Christian Ministry: An Exposition of Passages from 1 Corinthians* (Grand Rapids: Baker).

Cervin, Richard S. (1989), 'Does *Kephalē* Mean "Source" or "Authority" in Greek Literature? A Rebuttal', *TrinJ* 10, pp. 85–112.

Chester, Stephen J. (2003), *Conversion at Corinth: Perspectives on Conversion in Paul's Theology and the Corinthian Church*(Edinburgh: T&T Clark).

Cheung, Alex T. (1999), *Idol Food in Corinth: Jewish Background and Pauline Legacy* (Sheffield: Sheffield Academic Press).

Chow, John K. (1992), *Patronage and Power: A Study of Social Networks in Corinth* (Sheffield: JSOT Press).

Ciampa, Roy E. (2009), 'Revisiting the Euphemism in 1 Corinthians 7.1',

JSNT 31, pp. 325-338.
Ciampa, Roy E. and Brian S. Rosner (2007), '1 Corinthians', in G. K. Beale and D. A. Carson (eds.), *Commentary on the New Testament Use of the Old Testament* (Grand Rapids: Baker), pp. 695-752.
Clarke, Andrew D. (1993), *Secular and Christian Leadership in Corinth: A Socio-Historical and Exegetical Study of 1 Corinthians 1 – 6*(Leiden: Brill).
Collins, A. Y. (1980), 'The Function of "Excommunication" in Paul', *HTR* 73, pp. 251-263.
Davidson, Richard M. (1981), *Typology in Scripture: A Study of Hermeneutical Typos Structures* (Berrien Springs, MI: Andrews University Press).
Deissmann, Adolf (1927), *Light from the Ancient East: The New Testament Illustrated by Recently Discovered Texts in the Graeco-Roman World* (orig. 1908; London: Hodder & Stoughton).
_____ (1988), *Bible Studies: Contributions Chiefly from Papyri and Inscriptions to the History of the Language, the Literature, and the Religion of Hellenistic Judaism and Primitive Christianity* (orig. 1895; Peabody, MA: Hendrickson).
Deming, Will (1995), *Paul on Marriage and Celibacy: The Hellenistic Background of 1 Corinthians 7* (Cambridge: Cambridge University Press).
deSilva, David A. (2000), *Honor, Patronage, Kinship and Purity:Unlocking New Testament Culture* (Downers Grove: InterVarsity Press).
De Young, James B. (1990), 'A Critique of Prohomosexual Interpretations of the Old Testament Apocrypha and Pseudepigrapha', *BSac* 147, pp. 437-454.
Dickson, John P. (2003), *Mission-Commitment in Ancient Judaism and in the Pauline Communities: The Shame, Extent and Background of Early Christian Mission* (Tubingen: Mohr Siebeck).
Dunn, J. D. G. (1970), *Baptism in the Holy Spirit: A Re-examination of the New Testament Teaching on the Gift of the Spirit in Relation to Pentecostalism Today* (Philadelphia: Westminster).
_____ (1995), *1 Corinthians* (Sheffield: Sheffield Academic Press).
Dutch, Robert S. (2005), *The Educated Elite in 1 Corinthians:Education and*

*Community Conflict in Graeco-Roman Context*(London: T&T Clark).

Elliott, J. K. (1971), 'In Favour of *Kauthēsomai* at 1 Corinthians 13:3', *ZNW* 62, pp. 297–298.

Ellis, E. Earle (1978), 'A Note on 1 Corinthians 10:4', in *Prophecy and Hermeneutic in Early Christianity: New Testament Essays*(Grand Rapids: Eerdmans), pp. 209–213.

_____ (1978), *Prophecy and Hermeneutic in Early Christianity:New Testament Essays* (Grand Rapids: Eerdmans).

_____ (1978), 'The Role of the Christian Prophet in Acts', in *Prophecy and Hermeneutic in Early Christianity: New Testament Essays*, WUNT 18 (Tubingen: Mohr Siebeck), pp. 130–144.

_____ (1981), 'The Silenced Wives of Corinth (1 Cor 14:34–35)', in E. J. Epp and G. D. Fee (eds.), *NT Textual Criticism and Its Significance for Exegesis: In Honour of Bruce Metz ger* (Oxford: Clarendon), pp. 213–220.

Ellis, J. Edward (2007), *Paul and Ancient Views of Sexual Desire: Paul's Sexual Ethics in 1 Thessalonians 4, 1 Corinthians 7, and Romans 1*, LNTS 354 (London: T&T Clark, 2007).

Enns, Peter E. (1996), 'The "Moveable Well" in 1 Corinthians 10:4: An Extra-Biblical Tradition in an Apostolic Text', *BBR* 6, pp. 23–38.

Fee, Gordon D. (1980), '*Eidōlothyta* Once Again: An Interpretation of 1 Corinthians 8 – 10', *Bib* 61, pp. 172–197.

_____ (1994), *God's Empowering Presence: The Holy Spirit in the Letters of Paul* (Peabody, MA: Hendrickson).

Fisk, Bruce N. (1989), 'Eating Meat Offered to Idols: Corinthian Behavior and Pauline Response in 1 Corinthians 8 – 10(A Response to Gordon Fee)', *TrinJ* 10, pp. 49–70.

_____ (1996), '*Porneuein* as Body Violation: The Unique Nature of Sexual Sin in 1 Corinthians 6.18', *NTS* 42, pp. 540–558.

Fitzgerald, J. T. (1988), *Cracks in an Earthen Vessel: An Examination of the Catalogues of Hardships in the Corinthian Correspondence*(Atlanta: Scholars Press).

Fitzmyer, Joseph A. (1957-8), 'A Feature of Qumran Angelology and the Angels of 1 Cor. 11.10', *NTS* 4, pp. 48–58.

_____ (1989), 'Another Look at *Kephalē* in 1 Corinthians 11:3', *NTS* 35, pp. 503–511.

Forbes, Christopher (1995), *Prophecy and Inspired Speech in Early Christianity and Its Hellenistic Environment* (Tubingen: Mohr Siebeck).

Fotopoulos, John (2003), *Food Offered to Idols in Roman Corinth: A Social-Rhetorical Reconsideration of 1 Corinthians 8:1 – 11:1*(Tubingen: Mohr Siebeck).

Furnish, Victor P. (1999), *The Theology of the First Letter to the Corinthians* (Cambridge: Cambridge University Press).

Gardner, Paul D. (1984), *The Gifts of God and the Authentication of a Christian: An Exegetical Study of 1 Corinthians 8 – 11:1*(Lanham, MD: University Press of America).

Gill, David W. J. (1989), 'Erastus the Aedile', *TynBul* 40, pp. 293–301.

_____ (1990), 'The Importance of Roman Portraiture for Head-Coverings in 1 Corinthians 11:2–16', *TynBul* 41, pp. 245–260.

_____ (1992), 'The Meat-Market at Corinth (1 Corinthians 10:25)', *TynBul* 43, pp. 389–393.

Gillespie, Thomas W. (1994), *The First Theologians: A Study in Early Christian Prophecy* (Grand Rapids: Eerdmans).

Glancy, Jennifer A. (2006), *Slavery in Early Christianity*(Minneapolis: Fortress).

Gooch, Peter D. (1987), ' "Conscience" in 1 Corinthians 8 and 10', *NTS* 33, pp. 244–254.

_____ (1993), *Dangerous Food: 1 Corinthians 8 – 10 in Its Context* (Waterloo, Ontario: Wilfrid Laurier University Press, 1993).

Goppelt, Leonhard (1982), *Typos: The Typological Interpretation of the Old Testament in the New* (Grand Rapids: Eerdmans).

Grudem, Wayne A. (1979), '1 Corinthians 14:20–25: Prophecy and Tongues as Signs of God's Attitude', *WTJ* 41, pp. 381–396.

_____ (1982), *The Gift of Prophecy in 1 Corinthians* (Washington, DC: University Press of America, 1982).

_____ (1985), 'Does *Kephalē* ("Head") Mean "Source" or "Authority Over" in Greek Literature? A Survey of 2,336 Examples', *TrinJ* 6, pp. 38–59.

_____ (1990), 'The Meaning of *Kephalē* ("Head"): A Response to Recent

Studies', *TrinJ* 11, pp. 3–72.

Gundry, Robert H. (1966), ' "Ecstatic Utterance" (N.E.B.)?', *JTS* 17, pp. 299–307.

Gundry-Volf, Judith M. (1996), 'Controlling the Bodies: A Theological Profile of the Corinthian Sexual Ascetics (1 Cor 7)', in R. Bieringer (ed.), *The Corinthian Correspondence* (Leuven: Leuven University Press, 1996), pp. 519–541.

_____ (1997), 'Gender and Creation in 1 Corinthians 11:2–16: A Study in Paul's Theological Method', in J. Adna et al. (eds.), *Evangelium, Schriftauslegung, Kirche: Festschrift für Peter Stuhlmacher zum 65 Geburtstag* (Gottingen: Vandenhoeck & Ruprecht), pp. 151–171.

Harrill, James A. (1995), *The Manumission of Slaves in Early Christianity* (Tubingen: Mohr Siebeck).

Harris, Murray J. (1985), *Raised Immortal: Resurrection and Immortality in the New Testament* (Grand Rapids: Eerdmans).

_____ (1999), *Slave of Christ: A New Testament Metaphor for Total Devotion to Christ* (Leicester: Apollos; Downers Grove: InterVarsity Press).

Harris, William (1982), ' "Sounding Brass" and Hellenistic Technology', *BAR* 8, pp. 38–41.

Hays, Richard B. (1989), *Echoes of Scripture in the Letters of Paul* (New Haven: Yale University Press).

_____ (1996), *The Moral Vision of the New Testament: Community, Cross, New Creation* (San Francisco: HarperSanFrancisco, 1996).

Hengel, Martin (1977), *Crucifixion: In the Ancient World and the Folly of the Message of the Cross* (Philadelphia: Fortress).

Hill, Charles E. (1988), 'Paul's Understanding of Christ's Kingdom in 1 Corinthians 15:20–28', *NovT* 30, pp. 297–320.

Hill, David (1979), *New Testament Prophecy* (London: Marshall, Morgan & Scott).

Hock, Ronald F. (1980), *The Social Context of Paul's Ministry* (Philadelphia: Fortress).

Holmes, Michael W. (1992), *The Apostolic Fathers: Greek Texts and English Translations of Their Writings*, trans. J. B. Lightfoot and J. R. Harner, rev. 2nd edn (Grand Rapids: Baker).

Hooker, Morna D. (1963-4), 'Authority on Her Head: An Examination of 1 Cor. 11:10', *NTS* 10, pp. 410-416.

_____ (1981), ' "Beyond the Things That Are Written": St Paul's Use of Scripture', *NTS* 10, pp. 127-132.

Horbury, William (1985), 'Extirpation and Excommunication', *VT* 35, pp. 13-38.

Horrell, David (1996), *The Social Ethos of the Corinthian Correspondence: Interest and Ideology from 1 Corinthians to 1 Clement*(Edinburgh: T&T Clark).

Houston, Graham (1989), *Prophecy: A Gift for Today?* (Downers Grove: InterVarsity Press).

Hurley, James B. (1981), *Man and Woman in Biblical Perspective*(Grand Rapids: Zondervan).

Hurtado, Larry W. (2016), *Destroyer of the Gods: Early Christian Distinctiveness in the Roman World* (Waco: Baylor University Press).

Instone-Brewer, David (1992), '1 Corinthians 9:9-11: A Literal Interpretation of "Do Not Muzzle the Ox" ', *NTS* 38, pp. 554-565.

_____ (2001), '1 Corinthians 7 in the Light of the Graeco-Roman Marriage and Divorce Papyri', *TynBul* 51, pp. 101-115.

_____ (2001), '1 Corinthians 7 in the Light of the Jewish Greek and Aramaic Marriage and Divorce Papyri', *TynBul* 52, pp. 225-243.

_____ (2002), *Divorce and Remarriage in the Bible: The Social and Literary Context* (Grand Rapids: Eerdmans).

Irons, Charles Lee (2015), *The Righteousness of God: A Lexical Examination of the Covenant-Faithfulness Interpretation*, WUNT 2/386 (Tubingen: Mohr Siebeck).

Jeremias, Joachim (1987), *The Eucharistic Words of Jesus* (London: SCM).

Jervis, L. Ann (1993), ' "But I Want You to Know . . . ": Paul's Midrashic Intertextual Response to the Corinthian Worshipers(1 Cor 11:2-16)', *JBL* 112, pp. 231-246.

_____ (1995), '1 Corinthians 14:34-35: A Reconsideration of Paul's Limitation of the Free Speech of Some Corinthian Women', *JSNT* 58, pp. 51-74.

Johanson, Bruce C. (1979), 'Tongues, a Sign for Unbelievers? A Structural and Exegetical Study of I Corinthians XIV. 20–25', *NTS* 25, pp. 180–203.

Jongkind, Dirk (2001), 'Corinth in the First Century AD: The Search for Another Class', *TynBul* 52, pp. 139–148.

Kaiser, Walter C., Jr (1978), 'The Current Crisis in Exegesis and the Apostolic Use of Deuteronomy 25:4 in 1 Corinthians 9:8–10', *JETS* 21, pp. 3–18.

Klein, William W. (1986), 'Noisy Gong or Acoustic Vase? A Note on 1 Corinthians 13:1', *NTS* 32, pp. 286–289.

Kroeger, Catherine C. (1987), 'The Classical Concept of Head as "Source" ', in G. G. Hull (ed.), *Equal to Serve* (London: Scripture Union), pp. 267–283.

Kruse, Colin G. (2015), *2 Corinthians*, rev. edn, TNTC (Nottingham:Inter-Varsity Press).

Kubo, Sakae (1978), 'I Corinthians VII.16: Optimistic or Pessimistic?' *NTS* 24, pp. 539–544.

Kuck, David W. (1992), *Judgment and Community Conflict: Paul's Use of Apocalyptic Judgment Language in 1 Corinthians 3:5 – 4:5* (Leiden: Brill).

Lanier, David E. (1991), 'With Stammering Lips and Another Tongue: 1 Cor. 14:20–22 and Isa. 28:11–12', *CTR* 5, pp. 259–286.

Litfin, Duane (1994), *St Paul's Theology of Proclamation: 1 Corinthians 1 – 4 and Greco-Roman Rhetoric* (Cambridge: Cambridge University Press).

McDonough, Sean M. (2005), 'Competent to Judge: The Old Testament Connection between 1 Corinthians 5 and 6', *JTS* 56, pp. 99–102.

Marshall, I. Howard (1981), *Last Supper and Lord's Supper* (Grand Rapids: Eerdmans).

Martin, Dale B. (1990), *Slavery as Salvation: The Metaphor of Slavery in Pauline Christianity* (New Haven, CT: Yale University Press).

_____ (1991), 'Tongues of Angels and Other Status Indicators', *JAAR* 59, pp. 547–589.

_____ (1995), *The Corinthian Body* (New Haven, CT: Yale University Press).

Martin, Oren, R. (2015), *Bound for the Promised Land: The Land Promise in*

*God's Redemptive Plan* (Nottingham: Apollos; Downers Grove: InterVarsity Press).

Martin, Ralph P. (1984), *The Spirit and the Congregation: Studies in 1 Corinthians 12 – 15* (Grand Rapids: Eerdmans).

May, Alistair Scott (2004), *'The Body for the Lord': Sex and Identity in 1 Corinthians 5 – 7*, JSNTSup 278 (London: T&T Clark).

Meeks, Wayne A. (1982), ' "And Rose Up to Play": Midrash and Paraenesis in 1 Corinthians 10:1–22', *JSNT* 16, pp. 64–78.

Mickelsen, Alvera and Berkeley Mickelsen (1986), 'What Does *Kephalē* Mean in the New Testament?', in A. Mickelsen (ed.), *Women, Authority and the Bible* (Downers Grove: InterVarsity Press), pp. 97–110.

Mitchell, Alan C. (1993), 'Rich and Poor in the Courts of Corinth: Litigiousness and Status in 1 Corinthians 6.1–11', *NTS* 39, pp. 562–586.

Mitchell, Margaret (1989), 'Concerning *peri de* in 1 Corinthians', *NovT* 31, pp. 229–256.

_____ (1993), *Paul and the Rhetoric of Reconciliation: An Exegetical Investigation of the Language and Composition of 1 Corinthians*(Louisville: Westminster John Knox).

Murphy-O'Connor, Jerome (1981), ' "Baptized for the Dead" (I Cor., XV, 29): A Corinthian Slogan', *RB* 88, pp. 532–543.

_____ (1981), '1 Corinthians 11:2–16 Once Again', *CBQ* 50, pp. 265–274.

Neusner, Jacob (1971), *The Rabbinic Traditions about the Pharisees before 70*, 3 vols. (Leiden: Brill).

Niccum, Curt (1997), 'The Voice of the Manuscripts on the Silence of Women: The External Evidence for 1 Cor. 14:34–35', *NTS* 43, pp. 242–255.

Novenson, Matthew (2012), *Christ among the Messiahs: Christ Language in Paul and Messiah Language in Ancient Judaism* (Oxford: Oxford University Press).

Oropeza, B. J. (2000), *Paul and Apostasy: Eschatology, Perseverance, and Falling Away in the Corinthian Congregation*, WUNT 2/115(Tubingen: Mohr Siebeck).

Osiek, Carolyn and Margaret Y. MacDonald, with Janet H.Tulloch (2006), *A Woman's Place: House Churches in Earliest Christianity* (Minneapolis:

Augsburg Fortress).

Oster, Richard E., Jr (1988), 'When Men Wore Veils to Worship: The Historical Context of 1 Corinthians 11:4', *NTS* 34, pp. 481–505.

Paige, Terrence (1991), '1 Corinthians 12:2: A Pagan Pompe?', JSNT 44, pp. 57–65.

Perkins, William (1996), *The Art of Prophesying* (orig. 1606; Carlisle, PA: Banner of Truth).

Perriman, A. C. (1994), 'The Head of a Woman: The Meaning of *Kephalē* in 1 Cor. 11:3,' *JTS* 45, pp. 602–622.

Peterson, David (1995), *Possessed by God: A New Testament Theology of Sanctification and Holiness* (Leicester: Apollos; Downers Grove: InterVarsity Press).

Pfitzner, Victor C. (1967), *Paul and the Agon Motif: Traditional Athletic Imagery in the Pauline Literature* (Leiden: Brill).

Phua, Richard Liong-Seng (2005), *Idolatry and Authority: A Study of 1 Corinthians 8:1 – 11:1 in the Light of the Jewish Diaspora*, LNTS 299 (London: T&T Clark).

Plummer, Robert L. (2001), 'Imitation of Paul and the Church's Missionary Role in 1 Corinthians', *JETS* 44, pp. 219–235.

Pogoloff, Stephen M. (1992), *Logos and Sophia: The Rhetorical Situation of 1 Corinthians* (Atlanta: Scholars Press).

Porter, Stanley E. (1993), 'The Theoretical Justification for Application of Rhetorical Categories to Pauline Literature', in S. E. Porter and T. H. Olbricht (eds.), *Rhetoric and the New Testament: Essays from the 1992 Heidelberg Conference* (Sheffield:Sheffield Academic Press), pp. 100–122.

Poythress, Vern S. (1977), 'The Nature of Corinthian Glossolalia: Possible Options', *WTJ* 40, pp. 130–135.

_____ (1980), 'Linguistic and Sociological Analysis of Modern-Tongues Speaking: Their Contributions and Limitations', *WTJ* 42, pp. 367–388.

Richardson, Peter (1983), 'Judgment in Sexual Matters in 1 Corinthians 6:1–11', *NovT* 255, pp. 37–58.

Robertson, O. Palmer (1975), 'Tongues: Sign of Covenantal Curse and Blessing', *WTJ* 38, pp. 43–53.

Rosner, Brian S. (1999), *Paul, Scripture, and Ethics: A Study of 1 Corinthians 5 – 7* (Grand Rapids: Baker).

Schreiner, Thomas R. (1991), 'Head Coverings, Prophecies, and the Trinity: 1 Corinthians 11:2–16', in John Piper and Wayne Grudem (eds.), *Recovering Biblical Manhood and Womanhood: A Response to Evangelical Feminisim* (Wheaton, IL: Crossway), pp. 117–132.

_____ (2001), 'Interpreting the Pauline Epistles', in D. A. Black and D. S. Dockery (eds.), *Interpreting the New Testament: Essays on Methods and Issues* (Nashville: Broadman & Holman), pp. 412–432.

_____ (2008), *New Testament Theolog y: Magnifying God in Christ*(Grand Rapids: Baker).

Schreiner, Thomas R. and Ardel B. Caneday (2001), *The Race Set before Us: A Biblical Theolog y of Perseverance and Assurance*(Downers Grove: InterVarsity Press; Leicester: Inter-Varsity Press).

Smith, David Raymond (2008), *Hand This Man Over to Satan: Curse, Exclusion and Salvation in 1 Corinthians 5* (New York: T&T Clark).

Stuhlmacher, Peter (1987), 'The Hermeneutical Significance of 1 Cor 2:6–16', in G. F. Hawthorne and O. Betz (eds.), *Tradition and Interpretation in the New Testament: Essays in Honor of E. Earle Ellis for His 60th Birthday* (Grand Rapids: Eerdmans; Tubingen: Mohr Siebeck), pp. 328–347.

Sweet, J. P. M. (1967), 'Sign for Unbelievers: Paul's Attitude to Glossolalia', *NTS* 13, pp. 240–257.

Thielman, Frank (1992), 'The Coherence of Paul's View of the Law: The Evidence of First Corinthians', *NTS* 38, pp. 235–253.

Thiselton, Anthony C. (1973), 'The Meaning of *Sarx* in 1 Corinthians 5.5: A Fresh Approach in the Light of Logical and Semantic Factors', *SJT* 26, pp. 204–228.

_____ (1977–8), 'Realized Eschatology at Corinth', *NTS* 24, pp. 510–526.

_____ (1979), 'The "Interpretation" of Tongues? A New Suggestion in the Light of Greek Usage in Philo and Josephus', *JTS* 30, pp. 15–36.

Tibbs, Clint (2007), *Religious Experience of the Pneuma: Communication with the Spirit World in 1 Corinthians 12 and 14*, WUNT 2/230(Tubingen: Mohr Siebeck).

Treggiari, S. (1991), 'Divorce Roman Style: How Easy and How Frequent Was It?', in B. Rawson (ed.), *Marriage, Divorce, and Children in Ancient Rome* (Oxford: Oxford University Press), pp. 31–46.

Turner, Max (1996), *The Holy Spirit and Spiritual Gifts: Then and Now* (Grand Rapids: Baker).

Verbruggen, Jan (2006), 'Of Muzzles and Oxen: Deuteronomy 25:4 and 1 Corinthians 9:9', *JETS* 49, pp. 699–711.

Vlachos, Chris A. (2004), 'Law, Sin, and Death: An Edenic Triad? An Examination with Reference to 1 Corinthians 15:56', *JETS* 47, pp. 277–298.

Wagner, J. R. (1998), ' "Not Beyond the Things Which Are Written": A Call to Boast Only in the Lord (1 Cor. 4:6)', *NTS* 44, pp. 279–287.

Ward, R. B. (1990), 'Musonius and Paul on Marriage', *NTS* 36, pp. 281–289.

Ware, Bruce A. (2010), 'The Meaning of the Lord's Supper in the Theology of Ulrich Zwingli (1484–1531)', in T. R. Schreiner and M. R. Crawford (eds.), *The Lord's Supper: Remembering and Proclaiming Christ until He Comes* (Nashville: B&H Academic), pp. 229–247.

Watson, Francis (2000), *Agape, Eros, Gender: Towards a Pauline Sexual Ethic* (Cambridge: Cambridge University Press).

Weima, Jeffrey A. D. (1997), 'What Does Aristotle Have to Do with Paul? An Evaluation of Rhetorical Criticism', *CTJ* 32, pp. 458–468.

_____ (2016), *Paul the Ancient Letter Writer: An Introduction to Epistolary Analysis* (Grand Rapids: Baker).

Westfall, Cynthia Long (2016), *Paul and Gender: Reclaiming the Apostle's Vision for Men and Women in Christ* (Grand Rapids:Baker).

Williams, H. H. Drake (2001), *The Wisdom of the Wise: The Presence and Function of Scripture within 1 Corinthians 1:18 – 3:23* (Leiden: Brill).

Willis, Wendell L. (1985), *Idol Meat in Corinth: The Pauline Argument in 1 Corinthians 8 and 10* (Chico, CA: Scholars Press).

Wimbush, Vincent L. (1987), *Paul, the Worldly Ascetic: Response to the World and Self-Understanding According to 1 Corinthians 7* (Macon, GA: Mercer University Press).

Winter, Bruce W. (1994), *Seek the Welfare of the City: Christians as Benefactors and Citizens* (Grand Rapids: Eerdmans).

_____ (1998), 'Puberty or Passion? The Referent of *Hyperakmos* in 1 Corinthians 7:36', *TynBul* 49, pp. 71–89.

_____ (2001), *After Paul Left Corinth: The Influence of Secular Ethics and Social Change* (Grand Rapids: Eerdmans).

_____ (2002), *Philo and Paul among the Sophists: Alexandrian and Corinthian Responses to a Julio-Claudian Movement* (Grand Rapids: Eerdmans).

_____ (2003), *Roman Wives, Roman Widows: The Appearance of New Women and the Pauline Communities* (Grand Rapids: Eerdmans).

_____ (2003), 'The "Underlays" of Conflict and Compromise in 1 Corinthians', in T. J. Burke and K. Elliott (eds.), *Paul and the Corinthians: Studies on a Community in Conflict; Essays in Honour of Margaret Thrall*, NovTSupp 109 (Leiden: Brill), pp. 139–155.

Wire, Antoinette C. (1990), *The Corinthian Women Prophets:A Reconstruction through Paul's Rhetoric* (Minneapolis: Fortress Press).

Witherington III, Ben (1993), 'Not So Idle Thoughts about *Eidōlothyton*', *TynBul* 44, pp. 237–254.

Wright, David F. (1989), 'Homosexuality: The Relevance of the Bible', *EvQ* 61, pp. 291–300.

Wright, N. T. (2003), *The Resurrection of the Son of God* (Minneapolis: Fortress Press; London: SPCK).

Yamauchi, Edwin M. (1973), *Pre-Christian Gnosticism: A Survey of the Proposed Evidences* (Grand Rapids: Eerdmans).

틴데일 신약주석 시리즈 7

# 고린도전서
1 CORINTHIANS

2022년 7월 30일 초판 발행

지 은 이 | 토마스 R. 슈라이너
옮 긴 이 | 김명일

편　　집 | 전희정
디 자 인 | 박성준, 서민정
펴 낸 곳 | (사)기독교문서선교회
등　　록 | 제16-25호(1980.1.18.)
주　　소 | 서울특별시 서초구 방배로 68
전　　화 | 02-586-8761~3(본사) 031-942-8761(영업부)
팩　　스 | 02-523-0131(본사) 031-942-8763(영업부)
이 메 일 | clckor@gmail.com
홈페이지 | www.clcbook.com
송금계좌 | 기업은행 073-000308-04-020 (사)기독교문서선교회
일련번호 | 2022-71

ISBN 978-89-341-2453-5 (94230)
　　　 978-89-341-1268-6 (세트)

이 한국어판 저작권은 알맹2 에이전시를 통해 Inter-Varsity Press와 독점 계약한 (사)기독교문서선교회가 소유합니다. 신저작권법에 의하여 한국 내에서 보호를 받는 저작물이므로 무단 전재와 무단 복제를 금합니다.